语法化与语法研究

(九)

吴福祥 吴早生 主编

2019年·北京

编委会

主编：吴福祥　吴早生

编委：何宛屏　洪　波　李思旭　李宗江
　　　刘丹青　吴福祥　吴早生　张谊生

目 录

《左传》中"矣"的多功能性的量化分析 ………… 陈前瑞 王继红(1)
小议"看"的衔接功能 …………………………………… 陈 颖(34)
"VV瞧"中"瞧"的语法化 ………………………………… 崔山佳(45)
汉语方言与"给"义动词相关的受益格标记
………………………………………… 黄晓雪 贺学贵(69)
扎坝语趋向前缀的语法化 …………………… 黄 阳 吴福祥(84)
汉语构式化过程研究
——以"V(不)到XP"构式为例 ………………… 雷冬平(112)
从叶斯柏森循环看侗台语否定句语序 ……………… 李繁贵(159)
副词"本"的演变 ……………………………………… 李 明(173)
从构式语法看汉语虚词研究 ………………………… 李思旭(201)
试论总括向高程度的演变 ……………………………… 李小军(218)
现代汉语确认词"是"的形成
——关于助动词还是副词的讨论 …… 龙海平 匡鹏飞(237)
清中叶以来北京话"给"字的历史发展 ………………… 卢小群(258)
"与"和"给"的不同演变模式 ……………… 马贝加 李 萌(279)

1

从特殊音变看宁波话传教士文献中多功能虚词"等"的来源
　　——兼论苏沪、宁波方言多功能虚词"搭"的非同一性
………………………………………………… 盛益民(322)
山西绛县方言处置式标记"昄"的语法化………… 史秀菊(346)
从"是时候VP了"看汉语从句补足语结构的崛起
　　——兼谈汉语视觉语体中的VO特征强化现象
………………………………………………… 唐正大(361)
安徽旌德三溪话疑问标记"唉"及其来源
………………………………………… 吴早生　郭艺丁(393)
时间副词"已经""曾经"的差异比较……………… 杨荣祥(412)
"不错、不假、没错"
　　——从词组到副词再到连词………… 于泳波　李宗江(433)
汉语否定不定代词的类型转变……………………… 张　定(451)
"之"的衰落及其对句法的影响……………………… 朱冠明(469)
"很是"的词汇化……………………………………… 朱俊玄(488)

后记………………………………………………………(505)

《左传》中"矣"的多功能性的量化分析[*]

陈前瑞　王继红

（中国人民大学文学院

北京外国语大学中文学院）

1　引言

本文依据时体类型学的概念系统，穷尽性分析《左传》中"矣"的多功能性。句末助词"矣"用法复杂，中外学者均有多种不同的见解。早期的研究倾向于对"矣"的用法做单功能的概括，详情参看刘承慧（2007）的评述。近些年来，语法语素多功能的思路开始较多地应用于"矣"及相关语气助词的研究。在近期对"矣"的研究中，刘承慧（2007）、曹银晶（2012）、洪波（2015）在理论和材料方面更具有启发性。[①] 三者都认同"矣"的基础用法都跟完成体（per-

---

[*]　本研究得到中国人民大学科学研究基金（中央高校基本科研业务费专项资金）项目（15XNL028）的支持。相关内容在第九届汉语语法化问题国际学术讨论会（安徽大学，2017年10月）等会议宣读时，洪波和杨永龙教授赐教甚多。审稿专家提出了许多宝贵意见。谨此一并致谢！

[①]　本文研究过程中，未曾注意到姚尧（2015）对先秦至唐宋语料中"矣"的研究。该文把"矣"的部分将来时用法和现在状态用法归为认知情态标记，将中古近代部分"矣"的用法归为过去时标记。因此，本文与姚文观点的异同需要另文讨论。

fect)相关,在此基础上梳理其他用法。其中,洪波(2015)重在比较"矣、也"相关形式的断言功能的强弱,对"矣"的分析较为概括;该文基于《左传》的材料,仅把"矣"分为两种功能:一是表示事件的已然或将然,如例(1)表已然;二是表示言者对命题的强烈的断言语气,如例(2)。

(1)公使阳处父追之,及诸河,则在舟中矣。(《左传·僖公三十三年》)

(2)夏,宋公伐郑。子鱼曰:"所谓祸在此矣。"(《左传·僖公二十二年》)

刘承慧(2007)将"矣"的功能分为既成、因果/推理、感知与评价三类,其中既成为 perfect 的一种译法,感知与评价跟强烈的断言语气较为接近,但后者的范围不限于静态谓词充当谓语,且涵盖部分对将然事件的断言。刘文的独特之处在于另立因果/推理类,该类除涵盖基于已然事实的推理外,还包括例(3)这样"既可以说是道理的推理,也可以是一种预测"的用例。刘承慧(2007)和洪波(2015)都是以《左传》为基础,刘文还扩展到西汉和中古的用法。曹银晶(2012)涵盖"矣"从上古至近代的演变过程。曹文认为战国时期"矣"的基本功能是表"[+完成/实现][+决定]"和"[+感叹]"。前者还包括将来时、状态如此在内的多种用法,如跟将来时相关的例(4);[①]后者是从表示"状态如此"的用法中分化出来的,如曹文所引的例(5)就是"矣"单表感叹。

(3)将齐,入告夫人邓曼曰:"余心荡。"邓曼叹曰:"王禄尽

---

① 感谢蒋绍愚教授近年来多次跟第一作者提及此例中"矣"的将来时功能及其演变路径。

矣。盈而荡,天之道也……"王遂行,卒于樠木之下。(《左传·庄公四年》)

(4)盆成括仕于齐。孟子曰:"死矣,盆成括!"(《孟子·尽心下》)

(5)子夏曰:"异哉,语也!美矣!宏矣!大矣!"(上博简《民之父母》简9)[①]

上述研究在理论和材料两方面奠定了重要基础,但从时体类型学致力于语法语素多功能性的多样性和一致性的追求来看,"矣"还有进一步研究的空间:

第一,时体意义的将然用法没有进行很好的处理。就洪文和曹文而言,如何把例(4)这种将然用法归入体或完成体,还需要进一步权衡。就刘文而言,把具有过去、现在和将来三种不同的时制意义的用例都归为因果/推理用法,并不能很好地与完成体区分开来。因为完成体的现时相关性相当程度上体现为小句之间的因果推理关系。

第二,对于动词内在的语义特征重视不够。刘文和洪文对于典型的语气用法只从语气入手概括出"强烈的断言"或"感知和评价"等标签;仅曹文提及感叹用法是从表示状态如此的用法中分化出来的,但没有专门分析这些用法中谓词的静态语义特征。如果不分析谓词的语义与句末助词的共现关系,就无法合理地解释典型的时体用法与语气用法之间的演变关系。

第三,虽然刘承慧(2007)引用了Comrie(1976)关于完成体的性质与用法的讨论,深化了对"矣"的研究,与本文的旨趣最为接近,但跨语言比较还不够细致。现在看来,还可以基于已发现的具

[①] 据曹银晶(2012:67),此句为子夏赞美孔子言语的句子,释文从刘洪涛(2008:18)。

有普遍意义的演化路径和古今汉语的比较,用汉语悠久的历时语料丰富和细化历时体貌类型学的理论认识。

第四,已有文献大都利用语料库来检索相关用法并进行一定程度的量化分析,但是量化分析还不够彻底。因而不能提供"矣"的多功能性的全景,也不能检验已有分析框架是否适用经典文献中的每个用例,甚至有可能遗漏具有重要理论价值的功能。

本文以时体类型学研究的代表作 Bybee 等(1994)的概念框架为基础,结合陈前瑞(2016)对完成体具体用法的类型学分析,陈前瑞、胡亚(2016)对现代汉语助词"了"多功能模式的研究思路,胡亚、陈前瑞(2017)对完成体与完整体的量化分析方法,进一步分析上古汉语句末助词"矣"的多功能性。关于多功能性与语义地图的介绍详见吴福祥(2009)等相关文献,限于篇幅本文不展开讨论。考虑到战国至西汉期间"矣"的用法已经有了一些变化,本文重点对战国早期文献《左传》中 829 例"矣"进行穷尽性分析,构建"矣"的语义地图和语法化路径,努力发掘上古汉语语料的类型学价值。[①] 下文首先分析"矣"的完成体功能,以及由此演变而来的将来时和祈使功能;然后分析"矣"被归为语气用法的现在状态功能,以及前人没有提及的结果体与疑似的进行体功能,适当讨论"矣"的完成体功能来源意义的类型。论文借鉴基于使用(usage-based)的语言演变研究的范式,集中讨论跟时体与情态相关的功能的使用情况,适当考量这些功能的分合情况。本文区分功能与

---

① 本文对"矣"的检索结果来自"上古汉语标记语料库"。华建光(2013:16)对战国传世文献的研究排除了这些文献引用的《诗经》《尚书》的用例,其中《左传》中"矣"的用例剩下 819 例。本文对《左传》文本的理解综合参考了杨伯峻(1990)、沈玉成(1981)、王守谦等(1990)、李梦生(1998)等多个注本或译本。

用法,把功能作为语义地图的一级节点的名称,功能倾向于语义的分类;把用法作为功能的下位节点的名称,用法倾向于语用的分类。但是,在具体语言中,某些一级节点由于用例较少,规约性不强,其地位还有待斟酌。

2 "矣"的完成体、将来时和祈使功能

2.1 完成体功能

完成体(anterior/perfect)表示情状发生在参照时间之前,且与参照时间相关。这一点学界没有异议。《左传》中"矣"的完成体功能共558例,占全部用例的67%。以往研究概括地认为"矣"表"动态的叙述,告诉人们一种新的情况"(如王力,1989:301);或表示"状态的改变"(蒲立本,2006:132),实际上也是对完成体功能不同角度的描述。这些描述难免以偏概全,是用"矣"最常见的完成体功能作为其全部用法的代表,一定程度上也是不得已而为之。陈前瑞(2016)进一步把完成体分为五种用法,即结果性、持续性、经历性、报道新情况、先时性。这五种用法的解释参看下文对"矣"的完成体用法的分类讨论和举例。陈前瑞、胡亚(2016)描述了现代汉语词尾和句尾"了"的语义地图,即图1。本文据此分析"矣"的完成体用法,并与助词"了"进行适当的比较。刘承慧(2007)已经根据Comrie(1976)对完成体四种用法的分析框架,发现"矣"具有结果性、持续性用法,并兼容经历性用法,显示了深入研究的方向;但该文没有进行量化分析,没有进一步验证完成体下位用法区分的类型意义。[①]

[①] 刘承慧(2007)对完成体这三种用法的中文表述为:结果、经验和持续状况。

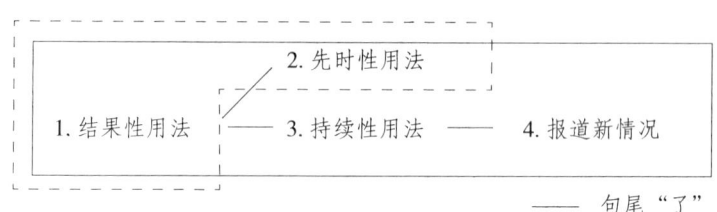

图 1 词尾和句尾"了"完成体的语义地图

研究发现,"矣"能够独立表达结果性、持续性、新情况、经历性四种用法,并可以与其他形式一起共同表达先时性用法。各种用法的具体情况如下:

第一,完成体的结果性用法,表示当前的状态是由过去发生的动作所引起的,即过去发生的事件的结果状态在说话时间(或其他参照点)仍然存在。这种状态往往可以从动词的语义推理而来。[①] 这是完成体最基本的用法,"矣"所在小句与前后分句或与说话情景之间存在广义的因果关系(含因果、条件、假设等语义关系)。刘承慧(2007)所引的例(6)"寇深矣"表示敌人已经深入腹地,造成严重的危险状态,"若之何"正是针对这种状态寻求应对,这是典型的因果关系。《左传》中"矣"的结果性用法共 484 例,占全部完成体用法的 87%,占绝对主导的地位。当然这一地位也与分类的标准有一定的关系。结果性用法之外的其他用法都具有特定的意义,因此,凡是不便于归入其他用法的用例,都归入结果性用法。

(6)晋侯谓庆郑曰:"寇深矣,若之何?"对曰:"君实深之,

[①] 状态可以从动词的语义衍推而来,这是完成体结果性用法最狭义的定义,实际分析中难以落实,因而许多研究对结果性用法采取广义的处理。详见陈前瑞(2016)及胡亚、陈前瑞(2017)对结果性用法和相关概念的评述与应用。

可若何?"(《左传·僖公十五年》)

刘承慧(2007)把例(7)视为因果/推理的用法,并认为:"矣"的"推论"从"实存依据和推理依据"(因果并重),转变为"推论重于实存依据"(偏重结果),并进而诱发假设条件之下的推论也用"矣"。该例与"矣"出现于条件分句略有不同。如果"矣"是出现在条件分句中,那么可以比较清楚地归入"虚拟事件的已然"(洪波,2015:61);有结果分句的存在,使得条件分句的已然更为明确。例(7)出现在结果分句中,还是可以表示在条件成立的情况下,"丧师无日"已经成立。在更大的上下文中,"丧师无日矣"这种推导而来的危险状态,又成为前文"备之善"和后文"不如备之"的原因。因此,多数跟时间相关的假设推论,仍然可以根据将来完成体的时间参照关系归为完成体,并进一步归为完成体的结果性用法。部分不便于归入将来完成体的用例可参看后文对将来时功能的分析。

(7)士季曰:"备之善。若二子怒楚,楚人乘我,丧师无日矣,不如备之……"(《左传·宣公十二年》)

第二,完成体的持续性用法,表示一个过去发生并持续到现在的情状,句中通常有时间词语。[①] 刘承慧(2007)所引的例(8)"政在季氏三世矣,鲁君丧政四公矣"为典型的持续性用法,只是从不同的角度形成不同的计算方法。该句作为上句"鲁君必出"的原因,并在此基础上推出后文的结论"国君是以镇抚其民"。因此,持

[①] 感谢吴福祥教授多次与第一作者探讨完成体的持续性用法的中文表述。之所以选择持续性用法这一术语,是因为类型学的时体概念框架排除了Comrie(1976)中非进行体与持续体这两个术语的实体地位(Bybee et al.,1994:139),并在汉语研究实践中用结果体和未完整体取而代之(陈前瑞,2009);另外延续体有更为具体的动作阶段的含义。

续性着眼于"矣"所在小句的谓词情状本身的延续性,该小句同样处于具有因果/推理关系的语篇之中。例(9)是谓词性成分直接做主语,时间形容词"久"直接做谓语。《左传》中"矣"的持续性用例有39例,占完成体用法的7%,在各类完成体用法中居第二位。

(8)如是,鲁君必出。政在季氏三世矣,鲁君丧政四公矣。无民而能逞其志者,未之有也。国君是以镇抚其民。(《左传·昭公二十五年》)

(9)子木曰:"晋、楚无信久矣,事利而已。苟得志焉,焉用有信?"(《左传·襄公二十七年》)

第三,完成体的报道新情况用法,表示所呈现的信息是第一次传递给其他人,一般呈现焦点信息。(Schwenter,1994)例(10)的"晋师至矣"为紧急军情,是典型的报道新情况并也有可能理解为后文提及的最近将来时。例(11)的"呼"以及现场情势证实"君登矣"具有煽动性的军情通报。"矣"所在小句与上文[如例(10)]同样也可以形成潜在因果与推理关系,只是不够突显,突显的是报道新情况。刘承慧(2007)未提及这种用法。该用法在《左传》中有22例,占完成体用例的4%。

(10)潘党望其尘,使骋而告曰:"晋师至矣!"楚人亦惧王之入晋军也,遂出陈。(《左传·宣公十二年》)

(11)瑕叔盈又以蝥弧登,周麾而呼曰:"君登矣!"(《左传·隐公十一年》)

第四,完成体的经历性用法,表示事件在过去不确定的时间内至少发生过一次。刘承慧(2007)已经指出,"矣"可以和表示经历的"尝"共现,如例(12),说明"矣"和经历性用法是相容的,有的还有"曾言"或"已言"的双重理解;但没有明确提及《左传》中"矣"还

8

可以独立表示经历性用法的用例,如例(13),其中的"皆"指向宾语,所在小句表示"所有的小人之食都品尝过"。《左传》中"矣"的经历性用法共11例,仅占完成体的2%,其中只有5例句中没有时间副词"尝"等成分帮助表达经历的含义。可见"矣"是一个涵盖多个用法且较为通用的完成体标记,可以但不经常用来表示经历性的用法。(可参看梅广,2015:442)从而与"尝"等仅用于经历性等个别用法的专用完成体标记区分开来。通用和专用的相对区分也是分析完成体标记用法的一个视角。Dahl & Velupillai(2013)用结果性和经历性两种用法来界定完成体,并以此为工作定义来描述世界语言完成体的地图。按照这种标准,"矣"是完成体,而现代汉语的句尾"了"不是完成体。这种定义显然比较机械,抹杀了汉语在经历性用法方面的特点。(参看陈前瑞,2016)

(12)且君尝为晋君赐矣,许君焦、瑕,朝济而夕设版焉,君之所知也。夫晋何厌之有?(《左传·僖公三十年》)

(13)对曰:"小人有母,皆尝小人之食矣;未尝君之羹,请以遗之。"(《左传·隐公元年》)

第五,完成体的先时性用法。表示相对于某一参照时间事件已经发生,多用来强调两个事件纯粹的时间参照关系。前一事件跟后一事件没有明显的现时相关性和因果联系。单独的"矣"目前未见典型的先时性用法,但"矣"与"已"或"既"可共同表示先时性用法,显示出该用法发展的萌芽。如例(14)《战国策》"(白起)功已成矣,赐死于杜邮"。该例强调各种"功成"与"身亡"之间的时间先后关系。它们虽然也暗含了因果关系,但并不是这两句的焦点含义。因为这种因果关系是在后续语篇的"此四子者,成功而不去,祸至于此"中特别表述出来的。《左传》的"矣"有2例与"既"共同表示先时性用法,如例(15)的"事既毕矣,侯伯致礼,地主归饩"是对程序性活动的说明,可见"矣"只是兼容于先时性用法,并不能独立表示先时性用法。因此,本文不把先时性用法归入《左传》中"矣"的完成体的多种用法之中。区分兼容与独立表达是观察时体标记共时差异和历时发展的一个重要维度。

(14)(白起)功已成矣,赐死于杜邮。……此四子者,成功而不去,祸至于此。(《战国策·秦策三》)

(15)子服景伯谓子贡曰:"夫诸侯之会,事既毕矣,侯伯致礼,地主归饩,以相辞也。今吴不行礼于卫,而藩其君舍以难之,子盍见大宰?"(《左传·哀公十二年》)

除典型的先时性用法之外,在完成体的"矣"独立表达或兼容的四种用法的上下文中均存在不同程度的因果或推理关系。刘承慧(2007)把"矣"分为既成、因果/推理、感知与评价三类,这种三分法在穷尽性标注中难以落实。古汉语的完成体确有从完成体发展出因果推理用法的现象,如副词"既"在上古汉语早期主要表示完成,后来也表示因果关系。

通过区别完成体的五种用法,可以细致分析《左传》中"矣"的完成体用法,并可以借助语义地图(见图2)比较它和现代汉语的句尾"了"覆盖的概念空间的异同:两者都涵盖结果性、持续性和报道新情况用法,均为通用的完成体标记。"矣"在表述完成体的先时性用法时不自足,却可以独立表达经历性用法;现代汉语的句尾"了"则可以表示先时性用法,如"吃了就走",但不能表示经历性用法。解惠全等(2008:918)曾认为:语气词"矣"的基本用法是用于陈述句,表示报道语气,一般可译为"了"。本文的研究表明,"矣"与句尾"了"即使是在完成体这一典型用法上还是存在类型学意义的差别。

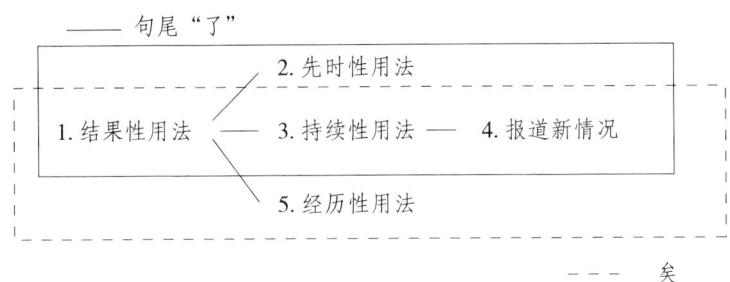

图 2 "矣"与句尾"了"的完成体用法的语义地图

2.2 将来时功能

前人的研究已经指出,"矣"具有表示"事物将会怎样"的用法(如杨伯峻、何乐士,1992/2001:855—856;蒲立本,1995;刘承慧,2007)。洪波(2015:62)明确指出:表已然和将然的"矣"都是从参照时间点上看待事物的状态,属于体范畴(aspect)。这句话的本意是将之与表示断言的用法区分开来。就区分而言是没有问题的,但是把已然和将然都看作体是一种更为概括的分析思路。本文倾向于在这一概括性范畴之下采用多个具体的范畴,同样是时间参照,时与体的时间参照关系的侧重点有所不同:体侧重参照时间与情状时间的关系,时侧重说话时间与情状时间的关系。

洪文认为例(16)之类的用例表将然。根据前文所引的观点,"矣"的这种将然用法仍然属于体的用法,也还是完成体的用法。根据陈前瑞(2005)对"了"的分析方法,该例中有时间副词"将",小句表示将要发生的事件,可以归为将来完成体;"矣"仍然不必分析为表示将然,也可以分析为完成体。这种分析与洪文的思路是一致的,是将完成与将来两种意义分别赋予不同的形式。当然,"将……矣"在一个小句中共现的用例有50例,具有较高的频率,就像现代

11

汉语的"要……了"一样,按照构式语法的思路,该例也可分析为"将"与"矣"共同表示将来时,并且表达的是一种具有特殊意义的将来时。

(16)冬,晋侯围原,命三日之粮。原不降,命去之。谍出,曰:"原将降矣。"军吏曰:"请待之。"公曰:"信,国之宝也,民之所庇也……"退一舍而原降。(《左传·僖公二十五年》)

同样,条件句中结果分句的"矣"也不能一并概括为将然的已然。例(17)"譬之如禽兽,吾寝处之矣"是典型的虚拟假设条件下的已然。例(18)"信有力"可以是"羯立"的直接结果,两者具有伴生关系,也可以视为将然的已然。例(19)的"必不捷"是对"有事"这一计划的结果的预测,且句中有"必"表示推断的确定性,结果小句是明确的将来时间。在这种情况下,最好理解为在"必"的作用下,"矣"协同表示将来时。例(20)有显性的条件小句兼时间小句"郑若伐许,而晋助之",没有"必、将"的"楚丧地矣"可直接分析为将来时,且将来时的意义也只能落实在唯一的虚词"矣"上。因此本文把例(16)(19)(20)之类的用例标注为宽泛的将来时用法,并注明所出现的条件,如条件句的结果分句、"将、必"共现等;其中的"降、捷、丧地"均为具有终结性(telic)的达成(achievement)动词,表示一个清晰的结果,结果未然性和已然性的区分也同样比状态动词更为显著和敏感。这也是甲柏连孜(1881/2015:472)所说的:如果"矣"出现在条件句或者含有条件之义的句子末尾,则表示期待某事发生,相当于英语的 will(将要)、would(会、希望会)。这些宽泛的将来时用法共有 100 例,其中"将……矣"或"必……矣"共现有 64 例。可见上古汉语中宽泛的将来时表达绝大部分是以高频构式的方式来表达的,有的在表达将来时意义的同时,也涵盖了明显的情态意义。①

(17)卢蒲嫳曰:"譬之如禽兽,吾寝处之<u>矣</u>。"(《左传·襄公二十八年》)

(18)若羯立,则季氏信有力于臧氏<u>矣</u>。(《左传·襄公二十三年》)

(19)卢蒲姜谓癸曰:"有事而不告我,必不捷<u>矣</u>。"(《左传·襄公二十八年》)

(20)楚左尹王子胜言于楚子曰:"许于郑,仇敌也,而居楚地,以不礼于郑。晋、郑方睦,郑若伐许,而晋助之,楚丧地<u>矣</u>。君盍迁许?……"(《左传·昭公十八年》)

还有一些用于将来时间的用例,除了句末"矣"之外,没有其他语法形式,无法建立一个说话时间之外的参照时间,因此说话时间得以突显;也不限于条件句的结果分句,并明确地表达事件即将发生的意义。如例(21)—(23),在杨伯峻(1990:944、1634、1407)中均明确地注为将来义。本文把这些用例标注为最近将来时,共6例。这些用例跟陈前瑞(2005)描述的现代汉语表最近将来时的"了"相比,只有部分报告(如"老师来了!")的语境[如前文的例(10)]可能有最近将来时的理解,且未见应答(如"来了!来了!")、告别(如"我走了!")、催促(如"开车了!开车了!")等语境。"矣"具有更为明显的预测义,且主语多为第三人称,动词也不限于"来、去"等趋向意义,似乎更接近于典型的将来时意义,在与语境直接

---

① 一些学者认为,将来时不是一个独立的范畴,它属于情态的一部分。已有的时体类型学研究中将来时是一个包含但不限于将来时间指称的语义标签。(Haspelmath,2010)不属于词形变化系统,即便归入情态系统,也需要单独分析其语义演变路径。

相关的急迫性方面并不如句尾"了"那样显著。考虑到前文提及的宽泛的将来时用法用例较多,且多以"将……矣"的形式出现,"矣"的最近将来时用法也可能是从"将……矣"构式中发展而来,"矣"在结果小句中的出现更为自由,并无须将来时间副词或情态助动词的辅助,如前文的例(20);很可能在条件句脱落或不言而喻的情况下,"矣"直接表示最近将来时,如例(21)的叙述部分"楚子囊为令尹"一定程度上成为"我丧陈矣"这一预测的理据。最近将来时的标签可以直截了当地揭示原文的焦点含义,从而不必先理解为完成体,然后具体为将来完成体,再细化为最近的将来完成体。

(21)楚子囊为令尹。范宣子曰:"我丧陈矣。楚人讨贰而立子囊,必改行而疾讨陈。陈近于楚,民朝夕急,能无往乎?有陈,非吾事也;无之而后可。"(《左传·襄公五年》)

(22)及朝,则曰:"彼虎狼也。见我在子之侧,杀我无日矣,请就之位。"又谓诸大夫曰:"二子者祸矣,恃得君而欲谋二三子……"(《左传·哀公六年》)

(23)费无极言于楚子曰:"建与伍奢将以方城之外叛,自以为犹宋、郑也,齐、晋又交辅之,将以害楚,其事集矣。"(《左传·昭公二十年》)

根据上文的分析,本文实际上是把将来时区分为最近将来时和不限于最近将来时的宽泛的将来时,其中最近将来时是"矣"独自表达的用法,宽泛的将来时是"矣"与其他形式共同表达的用法。学术界一般区分为最近将来时和一般将来时,就汉语而言,很难有某个形式表达一般将来时,因此,为描述方便用宽泛的将来时与最近将来时相对应,作为将来时功能的下位用法,并且两者是包含关系而非对立关系。就《左传》而言,这两种将来时用法合计106例,占全部用例的13%,仅次于完成体和现在状态功能。如果只是着眼于最近将来时用法,并不足以体现"矣"的实际用法。也只有把宽泛的将来时分化出来,才有可能看到"矣"从兼容将来时到独立表达最近将来时的发展过程。

2.3 祈使功能

《左传》的语料中,"矣"归为祈使句的总有7例。这7例可分为以下三种情况。第一,"矣"所在小句仍然用于假设条件句的结果小句,假设小句与结果小句之间还保留语气副词"乃",是基于将然情况的建议,如例(24)的"乃定之矣",共2例。第二,前一小句是现在状态或一般情况的陈述,"矣"所在小句是基于前一小句的推论而得出的告诫,"矣"所在小句或肯定[如例(25)]或否定[如例(26)],但以否定形式为多。有4例。第三,"矣"所在小句为始发句,以肯定的形式直接提出告诫,如例(27),仅1例。

(24)石碏谏曰:"……将立州吁,乃定之矣;若犹未也,阶之为祸……"(《左传·隐公三年》)

(25)椒举言于楚子曰:"臣闻诸侯无归,礼以为归。今君始得诸侯,其慎礼矣。……"(《左传·昭公四年》)

(26)桓子曰:"……既有利权,又执民柄,将何惧焉?栾氏所得,其唯魏氏乎,而可强取也。夫克乱在权,子无懈矣!"(《左传·襄公二十三年》)

(27)归,谓子产曰:"具行器矣!楚王汰侈,而自说其事,必合诸侯,吾往无日矣。"(《左传·昭公元年》)

解惠全等(2008:918)指出:"在一些句子中,'矣'好像是表示确定、感叹、疑问、反问、限止、命令等语气,但这不是'矣'字所表示,而是句意所决定的,而且句中大多有疑问词语、语气副词及有关副词与之相照应。"从上文列举的情况来看,"矣"的祈使用法逐渐脱离其他形式的辅助,并在例(27)中直接表示祈使语气。当然,这样的用例在《左传》中很少见,不过在战国后期的文献中就略微多见了,如例(28)—(30)。华建光(2013:49)在战国11部传世文献中统计出49个"矣"分布于祈使句的用例,其中《左传》只有4例。本文统计出7例,为了探讨祈使句用法的来源,包括了一些萌芽状态的用例,如例(25)(26)中分别有可以独立表达祈使的"无"(通"毋")和"其"。

(28)孟尝君不说,曰:"诺,先生休矣!"(《战国策·齐策四》)
(29)春申君曰:"仆已知先生,先生大息矣。"(《战国策·楚策四》)
(30)往矣! 吾将曳尾于涂中。(《庄子·秋水》)

上面3例跟《左传》的例(27)相似,句中并无其他祈使句的照应成分,句意类似于"限止",但这是由"休、大息"所决定的;"矣"表示宽泛的祈使意义,当然所有的祈使句都需要有一定语境条件的配合,如主语多为听话人,动词有施动性。甲柏连孜(1881/2015:837—838)在《〈汉文经纬〉续论——庄子的语言》中早敏锐地注意到该现象,指出,"矣""可以缓和语气",并认为"这种用法很特别",举例也很精当,如例(30)。曹银晶(2012:54)经过比较各家观点及祈使句的定义,也认为例(28)"无疑是祈使句",但同时又认为它跟其他用法一样,"都跟变化有关",表示动作或状态的完成或实现。其实,动作的已经发生、动作的将要发生以及说话人要求听话人将要发出某个动作,这三者分别对应于肖治野、沈家煊(2009)的"行域、知域、言域",它们之间存在具有普遍性的语法化和主观化的联系,还是分开为好。

所有的祈使用法都是促成将来事件的发生,从"矣"的例证来看,这种祈使一般是说话人期待事件最近就会发生的。类型学的研究已经指出,祈使用法当从将来时用法中衍生而来。Bybee 等(1994:273)是这样论述的:

> 在我们的数据库中有 13 种语言的首要将来时可以用作祈使语气。我们也在那里提到将来时是祈使语气这一基本用法之外最为常见的其他用法。同样正确的是,祈使语气是将来时这一基本用法之外最为常见的其他用法。我们假设祈使用法是从将来时用法中发展出来的,而不是说将来时从祈使用法中发展而来,因为可用作祈使语气的将来时在其他方面均具备首要将来时的特征。特别是,作为将来时它们看上去是从相同的词汇来源(位移、系词、副词和表示愿望的助动词)发展而来的;然而,并不存在源于此类词汇来源却不表示将来时的祈使语气。

可见,分化出祈使用法有助于更好地描述和认识"矣"的语义演变过程的规律性。首先,不仅从体意义发展出的将来时可以演化出祈使句的用法,而且从词汇性来源发展出的将来时(即引文的"首要将来时")也会衍生出祈使句的用法,说明从将来时到祈使具有一定的概括性。Bybee 等(1994:273)认为最近将来时可以归入不同的范畴,可以看作将来时,或看作一种宣告事件临近性的断言;Comrie(1976)则归为体范畴,称为展望体(prospective)。但是,本文认为将来时与祈使句的普遍联系也有助于把最近将来时置于将来时这一时制的范畴。其次,将来时与祈使分属时制和情态两个不同的范畴,意义差别较大;将来时属于对未来的断言,即确认命题在未来世界的真实性;而祈使一般认为不属于断言的范畴,而是一种言语行为。反过来,如果"矣"的祈使用法都已经分化出来了,就更有理由分化出最近将来时用法,否则无法更好地解释祈使句产生的渐变过程。

《古汉语常用字字典》(修订版)在解释"矣"的时候,第一个义项是"相当于现代汉语的'了'",第二个义项是表示感叹。① 第三个义项也是最后一个义项,就是表示命令和祈求。可见,词典编者认为在感叹和祈使的情况下,"矣"与"了"不能很好地对应。其实,现代汉语句尾"了"的祈使用法也有所分化,如"开车了,大家快上车"只能是最近将来时,"吃饭了! 吃饭了!"可以有最近将来时和祈使句两种理解,而"起床了! 起床了!"则倾向于理解为祈使句。②(参看陈前瑞、王继红,2012)比较而言,句尾"了"的祈使功能明显依赖当前的语境且语气更为急促,而"矣"的祈使功能用于许多抽象的语境,使用范围似乎比句尾"了"更为广泛。《左传》的祈使用例一般不能直接对译为"了"而应该对译为"吧",是"一种较温和的催促与要求"(参看梅广,2015:447)。

3 "矣"的现在状态、结果体以及疑似的进行体功能

完成体语法语素在进一步语法化时,会发展出多种时体或情态用法,如图 3。

---

① "矣"的感叹用法本文归为后文讨论的现在状态功能的一部分。
② 对于现代汉语中句尾"了"的祈使用法的论述吸收了洪波教授的意见。

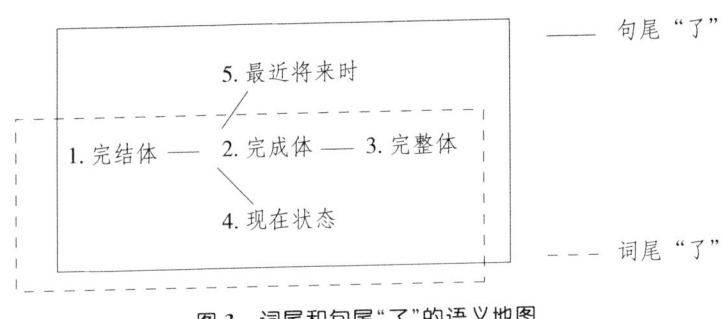

图 3 词尾和句尾"了"的语义地图

图 3 展示了词尾和句尾"了"的完成体与现在状态、最近将来时、完整体的功能之间的关系。最近将来时前文已有讨论,本文不涉及完整体,可参看胡亚、陈前瑞(2017)。下文以此为参照分析"矣"的现在状态功能,以及该图没有呈现的结果体和进行体的功能。

3.1 现在状态功能

"矣"与静态谓词共现时,有时表示状态的变化,如例(31)表示自"武、献以下"至当前,兼并他国已经多次了。这种用法仍然归入完成体的用法。但是"矣"与静态谓词共现时,也可以不表状态的变化,而是表示说话人对状态性谓词所构成的命题的评价和认识,即现在状态功能。现在状态着眼于小句的时体意义,时为现在时,体为状态意义,情态意义体现为一定程度的强调意义,最后一点是本文基于汉语研究对现在状态意义的情态意义的补充,也是下文论证的重点。如例(32)"过矣"是对"其自为谋也"的定性,并与后续小句形成对比;"多矣"是对"忠""所盖"范围的一定程度的强调,无关变化。

(31)若非侵小,将何所取?武、献以下,兼国多<u>矣</u>,谁得治之?(《左传·襄公二十九年》)

(32)王曰:"止!其自为谋也则过<u>矣</u>,其为吾先君谋也则忠。忠,社稷之固也,所盖多矣。且彼若能利国家,虽重币,晋将可乎?若无益於晋,晋将弃之,何劳锢焉?"(《左传·成公二年》)

对于"矣"这种用法,学者们有不同的看法,洪波(2015)认为是表示言者对命题的强烈的断言语气。洪文首次提到了断言以及断言的程度,提出了两个重要的分析参数,值得特别加以重视。至少在 Bybee 等(1994:74—78)论及现在状态功能的时候未提语气及其程度的问题,洪文的分析显示了个别语言的深入研究对类型学概括的补充作用。但是洪波(2015)对"矣"的分析与洪波(1995)对"了"的分析视角略有不同,后者更多地从体貌意义的角度分析相关问题,提出了"标准偏离体"的概念。就例(32)而言,断言没有问题,但是要说是"强烈的断言",则不一定十分合适。该句只是对人物行为"过"的性质认识和对"忠"的作用的强调。例(32)的"其自为谋也则过矣,其为吾先君谋也则忠",是明显的先抑后扬,即便是"扬",也只是否定请他国代为拘禁的提议而已。"过"程度量不明显,"多"虽然有明显的程度量,但在后续存在正反两种评价的语境中对其程度量的强调也达不到强烈的程度,仅是根据当时的情景产生对事物属性有所强调的认识或感慨。简而言之,即刘承慧(2007)所说的"感知与评价",只是刘文没有涉及感知和评价的语义性质和强调的程度。当然,这种感叹和评价的主观性也都是各家所公认的。

在《左传》"矣"的现在状态功能的用例中,有不少用例是先引用前人的说法,然后把当前的事实与前人的说法联系起来,所采用的句式是"某某之谓矣",如例(33)。该例所引诗句与当前断言的对象显然属于不同时代,事件本身的性质决定了对这两种事件的关系不可能给出一个强烈的断言,只是在并非直接等同的基础上有所加强的个人感悟或比况。已有的译注倾向于把"某某之谓矣"的"矣"翻译成现代汉语的"啊",如沈玉成(1981:137)把"其秦穆之谓矣"翻译为"这说的就是秦穆公啊"。这也说明"矣"的现在状态用例虽然有一定的强度,也不便于统一标注为表示强烈的断言。

(33)君子曰:"《诗》云:'惟彼二国,其政不获;惟此四国,爰究爰度。'其秦穆之谓矣。"(《左传·文公四年》)

在另一些语境中,的确存在洪波(2015)所说的强烈的语气,有的甚至就像曹银晶(2012)所说的"感叹"一样。但是,这些用例的强烈语气不完全是由"矣"所表示的,有的带有表示确信的语气副词,如例(34)的"信",该例只是为后面的转折做铺垫;有的高程度量词语直接充当述语,如例(35)的"甚矣";有的兼用倒装的形式,如例(36)"甚矣,其惑也!"。有的直接构成感叹句,如刘承慧(2007)所引例(37)"大矣"。该例仍然是对事物现在状态的感叹,其感叹意义相当程度上是由形容词"大"以及句子的语音形式等共同决定的。因此,所谓的感叹用例并没有脱离现在状态用法的一般特点,不一定要像曹银晶(2012)一样,单独把它分化出来,与典型的完成体功能直接对立。

(34)女自房观之,曰:"子晳信美矣,抑子南,夫也。夫夫妇妇,所谓顺也。"(《左传·昭公元年》)

(35)王一岁而有三年之丧二焉,于是乎以丧宾宴,又求彝器,乐忧甚矣,且非礼也。(《左传·昭公十五年》)

(36)知者除谗以自安也,今子爱谗以自危也,甚矣,其惑也!(《左传·昭公二十七年》)

(37)见舞《韶箾》者,曰:"德至矣哉,大矣!如天之无不帱也,如地之无不载也。虽甚盛德,其蔑以加于此矣,观止矣。

若有他乐,吾不敢请已。"(《左传·襄公二十九年》)

根据郜谦(2017)对"了"的现在状态的分析,《左传》"矣"的现在状态也可以根据谓词的语义类型分化为几种语用性质的用法:1)性质认识,句中谓词为静态动词或程度性不明显的形容词,如例(32)的"过矣",有 93 例;2)状态偏离,句中谓词为程度比较明显的形容词,如例(32)的"多矣",有 53 例;后者又可进一步分化出 3)感叹,句中含有表程度高的形容词或副词,如例(37)的"大矣",感叹用例只有 6 例。三种用法合计 152 例,占"矣"的全部用例的 18%。现在状态功能三种用法之间的关系可以用图 4 来表示。①

图 4　"矣"的现在状态的语义地图

甲柏连孜(1881/2015:473)在《汉文经纬》中已经注意到"形容词+矣"的"明矣"有"于是明白了"和"很明显"这两种含义[分别相当于本文的例(38)和(39)]。这种双重理解也说明了完成体的结果性用法与现在状态的状态偏离用法之间的关联。

(38)今鲤不与于遇,魏也绝齐于楚明矣。(《战国策·韩策一》)

(39)庞葱曰:"夫市之无虎明矣,然而三人言而成虎。"(《战国策·魏策二》)

---

① 郜谦(2017)为本文第一作者指导的硕士论文,此处对"矣"的分类较郜文略有简化。其中状态偏离的概括源自洪波(1995)的"偏离标准体"。

现代汉语现在状态的"了"跟形容词共现时,一般需要表程度高的副词或补语成分,如:"太好了!""好极了!"只是在当代流行语中,出现了"厉害了,我的哥!"之类的说法。在"太"省略的情况下,"厉害了"或许可以理解为"太厉害了"。但是,就"矣"现在状态的状态偏离用法而言,对译成现代汉语后,所添加的程度副词最合适的是"很"而不是"太",如例(39)的"明矣"只能对译为"很明显"。

概而言之,现在状态功能的"矣"所表示的语气涵盖高低不同强度,为求一定程度的概括性,这里略微调整为"一定程度的强调意义",并将强调的不同程度赋予语境中的不同因素。当然,"了"和"矣"的现在状态都有一定的变化含义,往往表示新的认识,体现了从行域到言域的发展(参看肖治野、沈家煊,2009),如例(37)的"大矣"就是观赏舞蹈后产生的新认识。但是,这种含义已经不是语义意义上的状态变化,而是语用意义上的变化,显示了语义意义演化为语用意义尤其是跟说话人的认识相关的语用意义的规律性。"矣"和句尾"了"在现在状态功能上的一致性与多样性可丰富时体类型学对相关问题的理论认识。

3.2 结果体与疑似的进行体功能

《左传》中还有两类"矣"的用例,不能恰如其分地归入以上各节所讨论的时体范畴,个别常见的体貌范畴也未见用例。

第一,有4例可以有较为明显的结果体的理解。例(40)"无道立矣"重点不在完成体的"无道之人立了",而是杨伯峻(1990:1491)所注的"言世乱无道之人在位",完全符合对结果体的最严格的定义(Bybee等,1994:54),即表示终结动词(如"立")的动作带来的状态的持续存在。例(41)的"二执戈者前矣"的"前"为带有内在方位终点的动态动词,小句重点也不在完成体的"两个拿着戈的人站在前面了"(沈玉成,1981:376),而是结果体的"两个拿着戈的人站在前面"或"两个拿着戈的人在前面站着",后者才是对前文"美矣、君哉"的状态的进一步描述。① 这两例表示结果体意义的动词均为动态的终结动词。

(40)叔游曰:"《郑书》有之:'恶直丑正,实蕃有徒。'无道立矣,子惧不免。《诗》曰:'民之多辟,无自立辟。'姑已,若何?"(《左传·昭公二十八年》)

(41)三月甲辰,盟。楚公子围设服离卫。叔孙穆子曰:"楚公子美矣,君哉!"郑子皮曰:"二执戈者前矣。"(《左传·昭公元年》)

例(42)(43)"矣"所在小句的谓词均为静态动词"在",既可以理解为完成体,也可以理解为结果体,特别是例(42)的"甲在门矣"与其理解为偏于完成体的"盔甲武器都放在门口了",不如理解偏于结果体的"盔甲武器都在门口放着呢",并与后文的"令尹使视郯氏,则有甲焉"相互照应。这两例"在矣"与例(1)的"公使阳处父追之,及诸河,则在舟中矣"差别显著,后者是典型的完成体,突出在特定时间参照点之前事件状态发生的改变。对例(43)而言,"鞅的父亲和几位大夫都在国君那里"(引自沈玉成,1981:315;李梦生,1998:784与此相近)也要优于"鞅的父亲和诸位大夫已在国君那里了"(王守谦等,1990:923),因为情势急迫,应直接表达当前状

---

① 《春秋左传正义》中,杜预注:礼,国君行,有二执戈者在前。孔颖达正义:国君亦有二戈在后,子皮唯言前有二戈者,当是公子围不设后戈故也。(北京大学出版社,1999年版,1143页)两者都是从存在状态的角度加以解释,与本文提出的结果体的理解一致。例(40)中杜预的注"言世乱逸胜"(同上,1490页),准确地点明了语句的焦点语义,显示古注对文本的理解具有重要的语言学价值。

态;没有必要强调状态已然及其现时相关性带来的言外之意。由于"在"本身为表示存在义的静态谓词,"甲在门矣""在君所矣"所体现的结果体意义与狭义(narrow)的结果体意义有所不同,可与本来就表示状态的状态谓词共现,只是强调状态的存在,而不像只与动态谓词共现的狭义结果体一样蕴含带来这一状态的动作,一般认为是一种广义(broad)的结果体意义(参看 Nedjalkov & Jaxontov, 1988:7 对狭义和广义结果体的界定)。①

(42)无极谓令尹曰:"吾几祸子。子恶将为子不利,甲在门矣。子必无往!……"令尹使视邻氏,则有甲焉。(《左传·昭公二十七年》)

(43)范鞅逆魏舒,则成列既乘,将逆栾氏矣。趋进,曰:"栾氏帅贼以入,鞅之父与二三子在君所矣,使鞅逆吾子。鞅请骖乘。"(《左传·襄公二十三年》)

因此,不同于现在状态多为主观评价性的状态或认识,"矣"所在小句表达的广义结果体意义多为相对具体的状态存在,意义较为实在。广义结果体与现在状态的关系现有文献还鲜有直接讨论。因为 Nedjalkov 和 Jaxontov(1988)未涉及现在状态,而 Bybee 等(1994)的系统未涉及广义的结果体。

上述 4 例在本文的标注系统中标注为"结果体/完成体",即结果体的理解优先于完成体的理解。《左传》中还有两例标注为"完成体/结果体"并计入完成体,但也体现了结果体意义的痕迹。例

---

① 有学者会认为本文根据动词的语义类型以及语境来界定"矣"的功能会有"随文释义"的隐患。笔者认为,动词语义类型与时体标记意义的互动关系具有普遍性,这或许会一定程度上减轻这种担心。

(44)"羯在此矣"是"秩焉在?"的回答,可以有"羯已经在这里了,木已成舟了,为什么还要问秩"的理解,后文讨论"长"与"才"的关系,进一步突出了"羯在此矣"的言外之意。如果只是突出"羯在此矣"本身的状态,就是结果体,但没有充分体现该句在上下文中的含义。例(45)的"寝门辟矣"通常理解为"卧室的门已经开了",但后文接着描述刺客所观察到的"盛服、坐而假寐"的状态,如果理解为"卧室的门开着"也未尝不可。

(44)己卯,孟孙卒。公鉏奉羯立于户侧。季孙至,入,哭,而出,曰:"秩焉在?"公鉏曰:"羯在此<u>矣</u>。"季孙曰:"孺子长。"公鉏曰:"何长之有?唯其才也。且夫子之命也。"遂立羯。秩奔邾。(《左传·襄公二十三年》)

(45)宣子骤谏,公患之,使鉏麑贼之。晨往,寝门辟<u>矣</u>,盛服将朝。尚早,坐而假寐。(《左传·宣公二年》)

第二,有 2 例可以有疑似的进行体的理解。例(46)有两处"寡君须矣",在沈玉成(1981:328)和李梦生(1998:576)等多个译本中均翻译为进行体的"寡君等着呢"或"寡君正在等"。在"上古汉语标记语料库"中仅《礼记》还有 5 例"孤某须矣",如例(47),但在王文锦(2001:588)等处均翻译为完成体的"孤哀子已经在里面等候了"等语句,其中添加了"已经在里面",类似于完成进行体或完成体的持续性用法的含义。比较而言,进行体的翻译更通顺,更符合古代社会中相礼者的身份;而完成体的翻译虽然符合人们对"矣"的典型用法的认识,但具有"等了很久"的言外之意,并不符合《礼记》中行礼如仪的程序性语境。

(46)晋郤至如楚聘,且莅盟。楚子享之,子反相,为地室而县焉。郤至将登,金奏作于下,惊而走出。子反曰:"日云莫矣,寡君须矣,吾子其入也!"宾曰:"君不忘先君之好,施及下臣,贶之以大礼,重之以备乐。如天之福,两君相见,何以代此?下臣不敢。"子反曰:"如天之福,两君相见,无亦唯是一矢以相加遗,焉用乐?寡君须矣,吾子其入也!"(《左传·成公十二年》)

(47)相者入告,出曰:"孤某须矣。"吊者入,主人升堂,西面。(《礼记·杂记上》)

《左传》《礼记》中归入疑似的进行体功能的"须矣"的动词义为"等待",虽然该动作也需要一定能量的维持,但动态性与感官动词"看"、肢体动作"跳"还是有一定的差别;而且例中"须矣"还是必须存在在于具体空间的动作,因而与结果体的状态存在义还保持着明显的联系。

考虑到疑似进行体的用例很少,且可以有完成体的理解,该用法即使存在,其规约性也很低。本文在后文"矣"的语义地图中不再呈现该功能,留待进一步研究。[①]

根据 Bybee 等(1994:105),完成体基本上来自完结体和结果体的语法化。其中表示动作完全结束义的完结体源于"结束"等意义的动态动词,而结果体源于"是、有"等意义的静态动词。那么,"矣"的完成体功能到底是从哪种体貌意义和哪类动词意义发展而来的呢?蒲立本(2006:131)认为:"我们有充分的理由怀疑'矣'跟'已'之间有语源上的联系。"不过,洪波(2015)指出两点反面证据:一是"矣"与"已"的语音形式不同,两者之间没有渊源关系。[②] 二

[①] 与《左传》时代相近的《国语》《论语》中也鲜见"矣"理解为典型的结果体或进行体的用例。《尚书》《诗经》中的用例尚需专文研究。

[②] 据郑张尚芳(2013:527、526),"矣"的拟音为[*Gluʔ/Gɯʔ],"已"的拟音为[*luʔ],并注句末互通。

是语气助词"已"由完成义动词"已"语法化而来,其演化过程在春秋战国文献里能清楚地看出来;①而"矣"最早见于《尚书》,在《诗经》里已有大量用例。本文认为,如果"矣"是从"停止"义的动态动词发展而来,也应当有一个完结体阶段,如"了",在例(48)(49)中仍理解为完结或完毕义。② 但是,《左传》中"矣"或"已"均没有这样的用例,相关文献也没有类似的报道。完结体功能的"无"反而成了一个非常突出的类型现象,成为兼用排除法构拟"矣"完成体的来源意义的重要参考。

(48)兵马既至江头,便须宴设兵士。军官食了,便即渡江。(《敦煌变文集·伍子胥变文》)

(49)子胥祭了,发声大哭,感得日月无光,江河混沸。(《敦煌变文集·伍子胥变文》)

结合上述正反两方面的证据,参照已有研究,本文初步做出如下推论:"矣"可能最初源于某种意义的静态动词,③然后发展出结果体的意义。除此之外,"矣"还有可能发展出疑似的进行体功能,就跟亚洲语言的一些语法语素及近代汉语的"着"一样,其结果体往往兼有上述两种发展路径。(参看 Ebert,1995;Shirai,1998;陈前瑞,2009)

上述推论体现了语言类型学研究对历史构拟的借鉴价值,使得《左传》中兼有结果体与完成体以及完成体与疑似的进行体的双

---

① 赵长才(2009:121)指出,典型的完结义的句末"已"出现在《墨子》中。
② 参看蒋绍愚(2001),例证最初出自梅祖麟(1994)。
③ 洪波(2015:59)指出,"'矣'的来源还不清楚,可能跟存在动词'有'有关。"这一观点对本文确认相关语言现象并形成这一假设有很大的启发。洪波教授对此有专门的论证,只是还未发表。

重理解的用例可得到合理的解释,并将歧义理解与社会因素结合起来,可以深化当代读者对经典文本中特定语篇的理解。

4 结论

《左传》中句末助词"矣"的多种用法可以用语义地图的方法表示为图5。每一个节点下面括注了实际的用例数量,以便更好地展现《左传》中"矣"的使用特点。"矣"不仅具有体范畴的完成体功能,也有可以归入时范畴的将来时功能,还进一步发展出情态范畴的祈使功能。"矣"的现在状态功能本身兼有时体与情态用法,其中时为现在时,体为状态义,情态为对事物状态有所加强的确认和感慨。"矣"的完成体之外的三种主要用法:现在状态、最近将来时、祈使,其语义虽然不是完成体,但大都与完成体的现时相关性有一定的联系,都是表示特定情境下的某种评价、预测或祈使。初步的证据表明,"矣"的完成体功能有可能源自结果体。不同于现代汉语的词尾和句尾"了","矣"没有从完成体发展出完整体的用法。

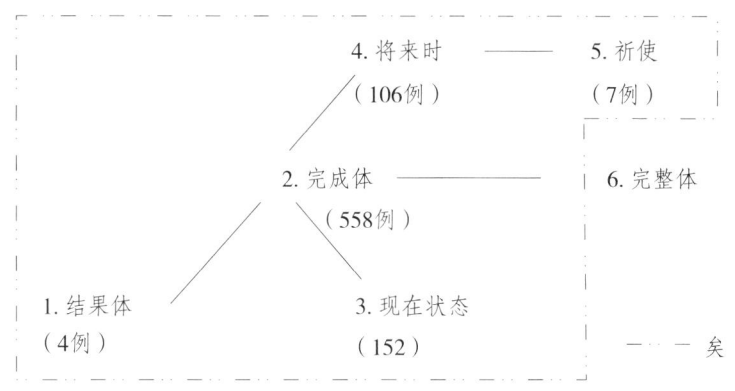

图5 《左传》"矣"的语义地图

从图5还可以看到,在"矣"的语法化路径上,5个具有普遍性和一定规约性的功能节点均完整地累积在同一个语篇之中,很好地体现了Xing(2015)所谓的语义演变的"增积性"模式(accretive modal),这是从功能的类型的角度来看。如果从功能的频率来看,早期的用法如结果体仅有4例,有逐渐消失的趋势。

论文还对"矣"的语义地图的若干节点进行了分析和统计。统计发现,"矣"具备完成体5种用法中的4种,并与先时性用法兼容,说明"矣"是一个通用的完成体标记。"矣"的将来时功能也分为最近将来时和宽泛的将来时,其中最近将来时具有明显的预测意义,其宽泛的将来时用法也比现代汉语句尾"了"的使用范围更广。"矣"的现在状态功能与现代汉语的句尾"了"一样,也可分为三种:性质认识、状态偏离、感叹,但较少与程度副词共现,因而强调的程度并不强烈。通过把部分时体功能分化为若干用法,丰富了时体意义的层次,在不过度增加分析复杂性的情况下提高了描述的精确性。

根据不同的研究目的,古汉语虚词分析的深度可以有不同的选择,本文对《左传》"矣"的量化数据也为"矣"的功能取舍提供了依据。如果取"矣"最基本的功能,当属完成体,如王力(1989)等。如果取两个功能,当取完成体与现在状态,如曹银晶(2012)、洪波(2015),并把将来时归入宽泛的体的用法。如果分出第三个功能,当优选将来时。至于结果体以及疑似的进行体用法,只有像本文这样以完成体语法化的多样性与一致性为旨趣的研究,才会赋予特别的关注;也只有在历时类型学的概念框架下,这两类用法才有可能得到较好的处理。

本文将《左传》"矣"的功能一分为五,进而把部分功能进一步分化为若干用法,在上古汉语研究中贯彻了跨语言比较和多功能性的研究方法和分析思路。本研究是笔者从历时类型学的角度探秘上古汉语时体系统的初步尝试。下一步可以对不同文献中"矣"的用法进行量化分析,以便更好地认识"矣"的多功能性的演变规律。

参考文献

曹银晶　2012　《"也、矣、已"的功能及其演变》,北京大学博士学位论文。
陈前瑞　2005　《句尾"了"将来时间用法的发展》,《语言教学与研究》第 1 期。
陈前瑞　2009　《"着"兼表持续与完成用法的发展》,见吴福祥、崔希亮主编《语法化与语法研究》(四),北京:商务印书馆。
陈前瑞　2016　《完成体与经历体的类型学思考》,《外语教学与研究》第 6 期。
陈前瑞、胡　亚　2016　《词尾和句尾"了"的多功能模式》,《语言教学与研究》第 4 期。
陈前瑞、王继红　2012　《从完成体到最近将来时》,《世界汉语教学》第 2 期。
郗　谦　2017　《句尾"了"与静态谓词的互动研究》,中国人民大学硕士学位论文。
《古代汉语常用字字典》编写组　1993　《古代汉语常用字字典》(修订版),北京:商务印书馆。
洪　波　1995　《从方言看普通话"了"的功能和意义》,《安庆师院社会科学学报》第 1 期。
洪　波　2015　《从〈左传〉看先秦汉语"也""矣"的语气功能差异》,见吴福祥、汪国胜主编《语法化与语法研究》(七),北京:商务印书馆。
胡　亚、陈前瑞　2017　《"了"的完成体与完整体功能的量化分析及其理论意义》,《世界汉语教学》第 3 期。
华建光　2013　《战国传世文献语气词研究》,北京:光明日报出版社。
甲柏连孜　1881/2015　《汉文经纬》,蔡剑锋等编,姚小平译,北京:外语教学与研究出版社。
蒋绍愚　2001　《〈世说新语〉、〈贤愚经〉、〈齐民要术〉、〈洛阳伽蓝记〉、〈百喻经〉中的"已"、"竟"、"讫"、"毕"》,《语言研究》第 1 期。
李梦生　1998　《左传译注》,上海:上海古籍出版社。

刘承慧 2007 《先秦"矣"的功能及其分化》,《语言暨语言学》第 3 期。

刘洪涛 2008 《上博竹书〈民之父母〉研究》,北京大学硕士学位论文。

梅 广 2015 《上古汉语语法纲要》,台北:三民书局。

梅祖麟 1994 《唐代、宋代共同语的语法和现代方言的语法》,见李壬癸、黄居仁、汤志真主编《中国境内语言暨语言学》(第二辑),台北:"中研院"。

蒲立本 1995 《古汉语体态的各方面》,《古汉语研究》第 2 期。

蒲立本 2006 《古汉语语法纲要》,孙景涛译,北京:语文出版社。

沈玉成 1981 《左传译文》,北京:中华书局。

王 力 1989 《汉语语法史》,北京:商务印书馆。

王守谦、金秀珍、王凤春 1990 《左传全译》,贵阳:贵州人民出版社。

王文锦 2001 《礼记译解》,北京:中华书局。

吴福祥 2009 《从"得"义动词到补语标记——东南亚语言的一种语法化区域》,《中国语文》第 3 期。

肖治野、沈家煊 2009 《"了$_2$"的行、知、言三域》,《中国语文》第 6 期。

解惠全、崔永琳、郑天一编著 2008 《古书虚词通解》,北京:中华书局。

杨伯峻 1990 《春秋左传注》(修订本),北京:中华书局。

杨伯峻、何乐士 1992/2001 《古汉语语法及其发展》(修订本),北京:语文出版社。

姚 尧 2015 《句末助词"矣"时、体、情态意义的转换与演变——以先秦至唐宋语料为依据》,《历史语言学研究》第九辑,北京:商务印书馆。

赵长才 2009 《上古汉语"已"由"止"义动词到完成体副词的演变》,见冯力、杨永龙、赵长才主编《汉语时体的历时研究》,北京:语文出版社。

郑张尚芳 2013 《上古音系》(第二版),上海:上海教育出版社。

Bybee, Joan, Revere Perkins and William Pagliuca 1994 *The Evolution of Grammar: Tense, Aspect, and Modality in the Languages of the World*. Chicago: The University of Chicago Press. 中文版《语法的演化——世界语言的时、体和情态》,陈前瑞等译,北京:商务印书馆,2017 年。

Comrie, Bernard 1976 *Aspect*. Cambridge: Cambridge University Press.

Dahl, Östen and Viveka Velupillai 2013 The perfect. In Matthew S. Dryer & Martin Haspelmath (eds.). *The World Atlas of Language Structures Online*. Munich: Max Planck Digital Library. Chapter 68. (Available online at http://wals.info/chapter/68, Accessed on 2016-05-13)

Ebert, Karen 1995 Ambiguous prefect-progressive forms across languages. In Pier M. Bertinetto, Valentina Bianchi, Valentina Bianchi, Östen Dahl and Mario Squartini(eds.). *Temporal Reference, Aspect, and Actionality*. Vol. 2. *Typological Perspectives*. 185—204. Torino: Rosenberg & Sellier.

Haspelmath, Martin 2010 Comparative concepts and descriptive categories in crosslinguistic studies. *Language* 86(3): 663—687.

Nedjalkov, Vladimir P. and Sergej Je Jaxontov 1988 The typology of resultative constructions. In Vladimir P. Nedjalkov(ed.). *Typology of Resultative Constructions*. 3—62. Amsterdam: John Benjamins. Translated from original Russian, 1983. English translation edited by Bernard Comrie.

Schwenter, Scott A. 1994 "Hot news" and the grammaticalization of perfect. *Linguistics* 33(6): 995—1028.

Shirai, Yasuhiro 1998 Where the progressive and the resultative meet: Imperfective aspect in Japanese, Chinese, Korean and English. *Studies in Language* 22(3): 661—692.

Traugott, Elizabeth C. and Richard B. Dasher 2002 *Regularity in Semantic Change*. Cambridge: Cambridge University Press.

Xing, Janet, Zhiqun 2015 A comparative study of semantic change in grammaticalization and lexicalization in Chinese and Germanic languages. *Studies in Language* 39(3): 593—633.

(本文原载《中国语文》2018年第5期)

小议"看"的衔接功能[*]

陈　颖

(哈尔滨师范大学文学院)

0　引言

"看"在现代汉语中是个多义词,《现代汉语词典》(第5版)共收录8个义项,《现代汉语词典》(第6版)则增加一个义项,变为9个义项,可见其适用频率之高、范围之广。学界对"看"及相关感官动词语法化或词汇化的研究比较多,但大多只集中在"看"的"身心隐喻"用法方面,如王文斌和周慈波(2004)、戴卫平和高艳红(2006)、高再兰(2012)、余红卫(2012)、徐盛桓(2014)等。但在语料考察中我们发现,"看""由身表心"之后还发生了进一步的语法化,已具有衔接功能。这一用法在英语中已经存在,如 seeing(that)在英语中就是表示"因为"的连词,但对汉语中视觉动词具

---

[*] 本文是黑龙江省哲学社会科学一般项目(项目编号17YYB099)和黑龙江省哲学社会科学专项项目(项目编号18YYD404)的阶段性研究成果。本文曾在"第九届汉语语法化问题国际学术研讨会"(安徽大学,2017年10月)上宣读,张谊生、刘宗宝、朱军、彭家法等先生都对本文提出过宝贵意见,谨表谢忱!

有衔接功能的研究还未有前人涉及。本文拟从因果复句语义关系建构的认知原则入手,对汉语的视觉动词"看"语法化出衔接功能的情况进行考察和研究,并同英语相关视觉动词进行比较分析。

1 句法表现

我们先来看几个例子:

(1)老人说前几天就在电视上看到新闻,知道有个记者团要来格陵兰,<u>看</u>我们是陌生面孔,他一猜我们就是记者。(《人民日报》1996年8月17日)

(2)我万万不该把那三千五百块钱优抚金分给那帮子白眼狼,你猜怎么着,<u>看</u>我身上没有油了,全都不稀罕我了。(中杰英《怪摊》)

(3)我们<u>看</u>吃饭等的时间太长,有一个同志就拿起意见本写了条意见。(《北京日报》1985年4月28日)

在这几个句子中,加线的"看"都可以解释为单纯的表示视觉的动词。但深入分析就会发现,加线的"看"所在的小句都表示原因,这些句子都是因果关系复句。但在这些句子中并没有明确表示因果关系的连词,这些复句通常被看成是通过意合法衔接起来的。但我们认为,解决汉语复句类型中的很多问题并不能用简单的"意合法"来解释,而且这种解释的解释力也并不强。如果仔细挖掘,许多所谓的"意合"都具有形式上的标记,比如,在以上例子中,"看"就是凸显句子因果关系的因素。

首先,这些句子都可以拆成两个小句:

(1')a.我们是生面孔。

b. 他猜我们是记者。

（2'）a. 我身上没有油了。

　　b.（他们）不稀罕我了。

（3'）a. 我们吃饭等的时间太长。

　　b. 一个同志拿起意见本写了条意见。

这里的 a 句都是 b 句发生的原因，整个句子表示的就是主语经由视觉得到信息，并做出主观推测，有时还会因此而采取某种行动，因此，整个句子带有主观性。由于"看"所在的小句提出的仅仅是某种原因，而句子的重点在于基于这种原因而做出的推断，所以，这个小句不能独立存在，否则句义不完整，如：

（4）* 看我身上没油了。

很明显，例（4）的句义并不完整，后面需要加上一个表示结果的小句，这个小句通常由"就"或"所以"来引导。

其次，我们将句子中的"看"换成"因为"或"由于"，句子仍然成立，如：

（1''）老人说前几天就在电视上看到新闻，知道有个记者团要来格陵兰，由于我们是陌生面孔，他一猜我们就是记者。

（2''）我万万不该把那三千五百块钱优抚金分给那帮子白眼狼，你猜怎么着，由于我身上没有油了，全都不稀罕我了。

（3''）因为吃饭等的时间太长，有一个同志就拿起意见本写了条意见。

虽然这里的"看"都能用"因为"或"由于"来替换，但是它们有所不同。"因为""由于"是静态的衔接词，仅仅是用来衔接两个具有因果关系的分句，而"看"既能衔接两个具有因果关系的小句，又能提示这两个小句的因果关系是由视觉信息提供的。可见，"看"

在这里的功能有两个,一个是表示获得信息的方式是视觉,另一个是衔接两个小句,提示其所在的小句是后续小句出现的原因。

2 "看"具有边缘衔接词的属性

2.1 "看"的边缘性

在英语中也有一个由视觉动词语法化而来的衔接词"seeing(that)"。Heine 等(1991)曾说明,与"because"/"since"比较,"seeing(that)"确实是具有边缘性质的从属子句衔接词,在某种程度上仍保有原来的动词词义。我们认为,"看"在衔接两个具有因果关系的小句时,体现了衔接功能,具有了边缘衔接词的属性。

《Collins Cobuild 英语语法系列:9 连词》(2000)将 seeing(that)归类于"状语从句的衔接词"之中并说明"seeing that…通常含有几分原有的字面意义,等于 because someone saw or realized that…"仿照这一定义,我们将具有衔接功能的"看"语义定义为"因为某人看到或认识到……"。这个定义同时也反映出"看"由动词演化出衔接功能的语法化路径。下表更加直观地反映了这一点:

例句	语义	句义
(5)我看你脸上有土就知道你一定是去了。	视觉	A 看见 B 做了 C
(6)我看你干完了,就把电视打开了。	判断	A 判断 B 做了 C
(7)看你也是个成大事的人,告诉你也无妨。	原因	因为 B,所以 A 做了 C

与"看"的其他语法化轨迹一样,具有衔接功能的"看"也是经历了由视觉到心理判断的这一过程,进而语法化出衔接词功能。比如例(5)中"脸上有土"的情况必须用视觉才能发现,所以这里的"看"主要用来表示视觉;例(6)中"干完了"这种情况不能仅仅由视觉察

觉,必须经过对各种迹象的综合判断才能得知;而例(7)中的"你是成大事的人"则更倾向于作为"告诉你也无妨"这一结果的原因。对某件事物的判断与理解,可能是触发下一步行动的动机,因此,"看"由视觉演化出表示原因的功能,从认知的角度来看是完全合理的。Heine 等(1991)曾指出,许多语言的视觉动词皆由原本的动词语义演变为表示原因的语法标记。演变的过程一般是由视觉感知演化出"了解、明白"的语义,之后再进一步转为表示某种行动的原因。

但我们也必须承认,汉语中的"看"并不像英语中的 seeing(that)那样已经完全语法化为衔接词,而仅仅是具有了衔接功能,语法化程度还不高,仍然保留有原来的视觉动词的词义。

2.2 "看"衔接词属性的句法表现

由于动词"看"要有动作的发出者,所以,仅表视觉的动词"看"通常不能位于句首,而是位于句子中间。而具有衔接功能的"看"像大多数连词一样,可以位于句首,如例(7),再如:

(8)看他八点没到,新来的大学生就自作主张给他画了个"迟到"。(刘震云《一地鸡毛》)

3 "看"所表达的是主观因果关系

因果关系是自然存在一种逻辑关系,因果关系的语言范畴是因果关系在自然语言中的表达手段。语言中的因果关系不完全等同于哲学中的因果关系,因为它有时表现的仅是主观上的因果联系。语言范畴中的因果关系可以通过词汇、语法手段这样的语言手段表现或凸显出来,通过它们可以将客观现实和主观意识中的因果关系联系起来。

语言范畴中因果关系主要通过复句的形式表现，这种因果关系往往是主观性的，沈家煊（2003）就谈到过这种情况。牛保义（2006）也谈道："复句语义的主观化就是在一个复句语义建构过程中，凭言者的立场、观点、看法、目的和意图等主观因素把两个事件之间的联系推定为一定的逻辑关系，借以凸显和强化言者'自我'的涉入和参与。"

牛保义（2006）认为，从某种意义上讲，一个因果复句的语义实际上就是言者识解维度的概念化。当言者作为识解者时，复句常常表示客观因果关系。当言者既是识解者又是被识解对象时，复句则常常表示主观因果关系。但是，不管是客观因果关系复句，还是主观因果关系复句，都离不开言者的识解或感知，而言者的识解或感知活动又都是遵循相同的认知原则。

由"看"引导的因果复句表现的就是一种主观因果关系。在最初阶段，说话人往往是由一定的视觉所得推导出某一特定的结果，这一原因和结果之间的联系就是说话人的主观推测，如例（1）原因"你们是陌生面孔"与结果"你们就是记者"之间衔接的纽带是说话人通过视觉所得做出的主观判断，虽然这里的视觉所得是客观的获得途径，但通过这一途径能够得到什么认识，则完全是主观的。因此，由具有衔接功能的"看"引导的因果复句体现的都是主观因果关系。

4 "看"作为衔接词的语法化条件

4.1 句法位置

任何语法化都会从特定的位置开始，"看"的语法化虽然是共时的，但也遵循这一原则。

首先,"看"的后接成分必须是一种情况或状态,也就是说,具有衔接功能的"看"的后接成分往往是一个主语完整的小句,如例(9)和例(10)。单个的名词或名词性短语基本不能出现在具有衔接功能的"看"的后面,即使有名词性成分出现在"看"的后面,这个"看"也只能作为视觉动词,而不具有衔接的功能。因为如果"看"的后面出现名词性成分,它往往是"看"的支配对象,与后续小句无法构成因果关系复句。

(9)我年龄大了,行动不便,本想把钱取出来存到离家近的储蓄所,看你们服务这么好,我不取了,连本带息都给我存上吧。(《人民日报》1996年9月4日)

(10)苦根是个好孩子,到他完全醒了,看我挑着担子太沉,老是停住歇一会,他就从两只箩筐里拿出两颗菜抱到胸前,走到我前面……(余华《活着》)

其次,后续小句往往有"就"或"所以"来凸显前后两小句间的因果关系,前一小句是主语的观察,后一小句是主语根据观察的结果所采取的行动或所做的判断。如:

(11)他看我们不肯让尚老头子当经理,就大势跟我们打对台了。(吴天《子夜》)

(12)他补充道:"看你是位记者,所以向你说这些。"(《报刊精选》1994)

这是由于"看"只是具有衔接功能而非衔接词,它的语法化程度还不是很高,有时需要一个因果关系承接词来凸显这种关系。

第三,如果后一个小句中有"就",前一个小句中有"一",那么,"一"后的"看"不具有衔接功能,如:

(13)内行的观众一看演员穿戴(包括头盔、戏衣、戏鞋等)

的样式、色彩、花纹和着法,就能了解他所扮演角色的社会地位、生活境遇和性格品质。(《中国儿童百科全书》)

这是由于"一……就……"已经构成了一种衔接,不再需要别的衔接词。这里的"看"只能作为视觉动词存在。

4.2 语体倾向性

任何词语语法化的过程都与特定的语言使用环境密切相关,语体是其中很重要的一个环境。我们注意到,具有衔接功能的"看"往往都出现在叙述性语体中,这种语体主观性更强,更重要的是,主语往往可以省略,而主语省略是造成"看"衔接功能出现的原因之一。

5 其他具有衔接功能的视觉动词

"看"作为视觉动词中使用频率最高的基本词,较其他视觉动词更容易发生语法化。但我们也注意到,这里的"看"不仅仅指"视线的接触",往往还要附加上结果义,所以,"看"能够被"见""看见""看到"替换。这是由于只有看到某种结果,主语才能做出某种判断,从而成为再做出某种行为的原因。如:

(14) 她见我不哭了,就要我到她家去玩。(齐明昌《童年拾记》)

(15) 周泉看见众人这样子骂她的丈夫,想起自己的三个兄弟来,又觉着十分痛心,就躲在一边哭泣,一句话也说不出来。(欧阳山《柳暗花明》)

(16) 有一次,他们看到一批蛋糕外形比较小,就认真进行称验,拣出了二百多只分量不足的蛋糕,退回生产厂,并提出改进意见,维护了消费者的利益。(《解放日报》1981年1月8日)

如果把这些句子中的"见""看见""看到"去掉,前后两个分句之间就会因缺乏明显的因果联系而很难衔接起来,如:

(14')² 我不哭了,她就要我到她家去玩。

(15')* 众人这样子骂她的丈夫,想起自己的三个兄弟来,又觉着十分痛心,周泉就躲在一边哭泣,一句话也说不出来。

(16')² 有一次,一批蛋糕外形比较小,他们就认真进行称验,拣出了二百多只分量不足的蛋糕,退回生产厂,并提出改进意见,维护了消费者的利益。

可见,这些句子分句中的视觉动词都具有表示"原因"的意味,具有衔接功能,从而使两个分句以因果关系联系了起来。

虽然"看""见""看见""看到"都能具有衔接功能,但在语义上还是有所差别的。这是由于"看"是自主动词,"见""看见""看到"是非自主动词(马庆株,1988),所以使用"看"时,说话人在主观意识中有一定的预期,而使用"见""看见""看到"时,说话人没有这种预期,如例(14)中的"见"能够被"看"替换,但替换后的句义有所改变:

(17)她看我不哭了,就要我到她家去玩。

例(14)中的"我不哭了"对于"她"而言是没有预期的,而例(17)中的"我不哭了"对于"她"来说则是有预期的。

此外,我们发现,在实际语料中,具有衔接功能的视觉动词中"看到"的出现频率最高。这是由于,在这些词中,"看到"的"结果"义最强,最适合做原因分句。

6 结论

汉语有一个特点,就是利用感知动词来标明感知者是谁,这与语言的"主观性"(沈家煊,2001)有关。带有"主观判断"语义的"看"原本只能用于第一人称或第二人称的句子当中,但在表明原因的小句中,可以使用这个"看"给予第三人称的行动一个合理的解释。

沈家煊(2001)曾谈到动作和结果的关系越来越不依赖于动词本身的词义,而是越来越依赖于说话人的判断。这种变化可能首先发生在知觉动词上。我们认为,汉语中的视觉动词"看"正好能够体现这一结论,它已经具有了衔接词的属性,能够衔接两个小句,使二者具有因果关系。这种用法与英语中的seeing(that)的语法化路径是一致的,只不过seeing(that)的语法化程度更高,已经成为衔接词的边缘成员,而汉语中的"看"还只是具有衔接功能,并不是正式的衔接词。

汉语中具有衔接作用的视觉动词不仅有"看",还有"见""看见""看到"。它们的语法化程度都不是很高,还保留了动词"观看""观察"的语义,带有强烈的动词属性。但这已经反映出世界上很多语言的视觉动词在语法化轨迹上的一致性,体现了人类认知和语言演变的共性。

参考文献

戴卫平、高艳红　2006　《英语视觉词的思维隐喻》,《广西社会科学》第2期。
高再兰　2012　《"看/听"从感官动词到小句标记语法化的类型学研究》,《语言科学》第5期。
马庆株　1988　《自主动词和非自主动词》,《中国语言学报》第3期。
牛保义　2006　《英语因果复句的认知语法研究》,《现代外语》第4期。
沈家煊　2001　《语言的"主观性"和"主观化"》,《外语教学与研究》第4期。
沈家煊　2003　《复句三域"行、知、言"》,《中国语文》第3期。

石定栩　2000　《汉语句法的灵活性和句法理论》,《当代语言学》第1期。
王文斌、周慈波　2004　《英汉"看"类动词的语义及词化对比分析》,《外语教学与研究》第6期。
徐盛桓　2014　《视觉隐喻的拓扑性质》,《山东外语教学》第1期。
余红卫　2012　《基于英汉视觉词汇语料的隐喻层级认知结构探析》,《宁夏大学学报》(人文社会科学版)第3期。
张佩茹　2004　《英汉视觉动词的时间结构、语义演化及语法化》,台湾师范大学硕士学位论文。
Heine, Bernd, Ulrike Claudi and Friederike Hünnemeyer 1991 *Grammaticalization: A Conceptual Framework*. Chicago: the University of Chicago Press.

"VV 瞧"中"瞧"的语法化[*]

崔山佳

(浙江财经大学人文与传播学院)

1 近代汉语中的"V一V 瞧"与"VV 瞧"

近代汉语有动词重叠后带助词"瞧"的用法,李珊(2003:46)说《红楼梦》有"VV 瞧"和"V一V 瞧"表尝试的说法,如:

(1)你出去<u>站一站瞧</u>,把皮不冻破了你。(第 51 回)

(2)贾政道:"你<u>试试瞧</u>。"(第 92 回)

李珊(2003:46)说,以上"瞧"的说法,"资料中仅见此二例,都见于《红楼梦》"。

这个说法不准确,据目前所掌握的材料看,其他白话小说也有"V一V 瞧",例如:

(3)因递与贾兰道:"我看这文章竟都还可以巴结呢,你<u>看一看瞧</u>。"(清·娜嬛山樵《补红楼梦》第 42 回)

"VV 瞧"更多,如:

---

[*] 本文是国家社会科学基金项目"明清白话文献与吴语语法专题比较研究" (18BYY047)的阶段性成果。

(4)于冰大笑道:"他若驾不起云,仙骨也不值钱了,我还渡他怎么?你刻下试试瞧!"(清·李百川《绿野仙踪》第70回)另第91回也有"试试瞧"。

(5)晴雯道:"我单不怕,是妖精他敢来试试瞧!"(清·归锄子《红楼梦补》第15回)另第20回、第41回也有"试试瞧"。

(6)黛玉道:"实告诉你听:孟老二送的那药,他要下在酒里,先合你喝着试试瞧。一说破了,怕你这道学先生不吃,所以不给你知道,便宜行事。"(清·花月痴人《红楼幻梦》第20回)

(7)那宝钗原想要考考小钰,听见太太吩咐,便顺着说道:"当年有人扶乩,把一个对儿求仙人对,那出句是'三塔寺前三座塔',仙人对了个'五台山上五层台',如今就把这个对儿对对瞧。"(清·兰皋主人《绮楼重梦》第8回)另第9回有"张张瞧",第34回有"跑跑瞧"。

(8)陈二麻子道:"你说我听听瞧。"(清·陈少海《红楼复梦》第1回)另第8回有"合合瞧",第9回、第24回有"穿穿瞧",第33回有"数数瞧",第56回有"问问瞧"。

(9)你倒替他想想瞧。(清·王浚卿《冷眼观》第29回)

以上都是白话小说。戏曲中也有,如:

(10)(丑)透过来了!你摸摸瞧。(清·钱德苍《缀白裘·红梅记·算命》)另有"看看瞧"。

弹词中也有,如:

(11)不是丽君夸口说;我与你,大展文才试试瞧。(清·陈端生《再生缘》第72回)

民歌中也有,如:

(12)脱下花鞋当摆渡,拔下金簪当橹摇,试演试演瞧。(清·王廷绍《霓裳续谱·姐儿无事江边摇》)

上例是双音节动词重叠后带"瞧",更特殊。也有"VVO瞧",如:

(13)周瑞等笑道:"等着过了这几天,我拉他到宅子外去,白碰碰这桑大太爷瞧。"(清·陈少海《红楼复梦》第25回)

(14)众人将他拉开,他一路的混骂说道:"他若是惹着我,你叫他试试我桑大太爷瞧!"(清·陈少海《红楼复梦》第25回)

清·天虚我生的《泪珠缘》更多,有10例,且动词并不重复,如:

(15)又道:"爷回头想想瞧,我来了这几个年头,可曾干着什么错儿?可曾有什么坏事?"(第8回)另第8回有"听听瞧",第21回有"谈谈瞧",第32回有"试试瞧",第72回有"穿穿瞧",第78回有"问问瞧",第85回有"记记瞧""算算瞧",第92回有"尝尝瞧",第95回有"看看瞧"。

《泪珠缘》还有"VVO瞧",如:

(16)赛儿笑向婉香道:"听他呢,试搜搜他瞧。"(第16回)

上例前面还有"试"字。

《泪珠缘》也有双音节动词重叠后带"瞧",如:

(17)袁夫人掉下泪来道:"你是个最有见识的人,所以把你请来,先和你商量商量瞧,是揭穿呢,还是闷着呢?"(第88回)

《泪珠缘》还有如下例子,如:

(18)宝珠笑道:"……姐姐你试猜瞧?"(第9回)

(19)又问小鹊道:"……你去问声沈元家的瞧。"(第19回)

上面的"瞧"也表尝试。

《绮楼重梦》也有类似例子,如:

(20)又停了一停,说道:"何苦来?这样闹害人家,书也没

念完,如今莫作声,让我理一遍瞧。"(第10回)

(21)王夫人说:"大家通去做首瞧。"(第21回)

清·华广生《白雪遗音·人害相思》也有类似例子,如:

(22)人害相思微微笑,我也害个样儿瞧,谁知道,我也落在相思套。

《红楼梦补》《红楼幻梦》《绮楼重梦》和《红楼复梦》等是《红楼梦》的续书,《泪珠缘》也是模仿《红楼梦》的作品,"VV瞧"的用法很可能是受《红楼梦》的影响,但《绿野仙踪》《冷眼观》《再生缘》《红梅记》等不是直接受《红楼梦》影响。因此,"VV瞧"的分布面还是较广的。

周志锋(1998a:270—271)比李珊(2003)更早指出表尝试用法的"瞧",他说:"补用在动词或动词结构后面表示试一试。"举有清·浦琳《清风闸》的2个例子,如:

(23)你想想瞧,为父丢下你来可惨是不惨的?(第6回)

(24)你再要说长问短,看我太平拳头,你试试瞧!(第14回)

《清风闸》还有其他例子,如:

(25)奶奶说:"小继,你想想瞧,两件都不便宜。"(第6回)

第16回有"想想瞧"。

除有的姓名无考以外,作者所属的方言有吴语,据石汝杰、[日]宫田一郎(2005:833),《绿野仙踪》作者李百川为浙江人,书中有吴语,如:"一夜一两头,实是经当不起。"(第51回)"一两头"为"数量+头",是吴语常用的语法现象;《再生缘》作者陈端生、《泪珠缘》作者天虚我生都为杭州人。也有粤语,如《红楼复梦》的陈少海。还有江淮官话,如《冷眼观》作者王浚卿为江苏宝应人,《清风闸》作者浦琳为扬州人。《红楼梦》的"V一V瞧"出现在第51回,属前80回,"VV 瞧"出现在第92回,属后40回。曹雪芹年少时生活在南京,一直到十几岁离开南京去北京;后40回中的"VV 瞧"是原作就有,还是后续所有,不得而知;但时至清代,"VV 看"已十分成熟,哪怕是后续作者,沿袭原作的"V 一 V 瞧"而改为"VV 瞧"是完全可能的。

至于诸多《红楼梦》的续书、《泪珠缘》都深受《红楼梦》的影响,应该包括语言上的影响。因此,从方言类型学的角度来看,近代汉语中的"VV 瞧"主要运用于江淮官话与吴语。其他方言区的作品很有可能是受《红楼梦》的影响。

与动词重叠带"看"的"V 一 V 看"和"VV 看"相比,一是"V 一 V 瞧"和"VV 瞧"出现得较迟,《红楼梦》才始见,比"V 一 V 看"和"VV 看"要迟得多,二是"V 一 V 瞧"和"VV 瞧"数量上也远远比不上"V 一 V 看"和"VV 看"。

2 汉语方言中的"VV 瞧"

汉语方言没有"V 一 V 瞧",但"VV 瞧"的分布范围也较广。周志锋(1998a:271)说:"今扬州方言犹有这种说法,参《扬州方言词典》174页。"其实,汉语其他方言也有"VV 瞧"。

江苏南京话有用"瞧"表尝试,不过有条件限制。李荣(2002:47,作者为刘丹青)在说到"南京方言的特点"时说:动词重叠加"看"表尝试,但在"看看"后不用"看"而用"瞧",如:你吃吃看,味道好不好?|你听听看,音色怎么样?|你看看瞧,高头(上面)写的什么?

这可能是为了避免"看"三叠比较单调。但吴语可说"看看看",如上海、宁波等。

安徽合肥话里动词重叠（主要是单音动词，双音动词较少这样用）加上"瞧"或加上"看"这两种不同的格式，在语义上有细微的差异，如：

你试试瞧！　　你试试看！
你动动瞧！　　你动动看！
你看看瞧！　　你瞧瞧看！
你干干瞧！　　你干干看！

表感叹语气的这两组句子，动词都是表动作行为。"VV瞧"格式的句子带有威胁、恐吓的意味，即"谅你不敢这样做！"而"VV看"则于命令中带有鼓励、商量的语气。但"VV瞧"格式中动词如表非动作行为，在表感叹语气时则不带有威吓的意味。如"你想想瞧！"同"你想想看！"都是于命令中带有鼓励、商量的语气，但前者比后者命令的意味要重一些。（黄伯荣，1996:195，原稿为凌德祥的《合肥话中几种特殊的语法现象》）

合肥话属江淮官话。其他江淮方言也有，王健（2006:226—227）说：江淮方言多数点动词重叠不能单独表"尝试义"，后面一般要加上助词"看/望/瞧"才能表"尝试义"。动词重叠后边还可出现"看看/瞧瞧"，如"问问看看、尝尝看看、走走瞧瞧"等。涟水、沭阳还常用"V望望看、看看瞧"（涟水）、"V看看"（沭阳），这其实是"VV看"的一种变体。如：

　　尝些小菜<u>看看瞧</u>。（江苏涟水）

安徽的合肥和六安动词重叠本身就可表"尝试义"，不过也不排斥在后面加上助词"看"。

这些方言点的尝试助词既有"看"，还有"望"与"瞧"，"望"本来也是视觉动词，也语法化为尝试助词，与"瞧"同。

周琴(2007:85)说:"但泗洪话的尝试貌有着自己特定的格式,可分为一般式和加强式两种,一般式就是在动词原形 V 或者 VO 后附加'看看(个)'、'瞧瞧(个)'以及其变体形式'看～个'或者'瞧～个';而加强式是在动词重叠式 VV 后或者 VVO 后附加'看看(个)'、'瞧瞧(个)'以及其变体形式'看～个'或者'瞧～个'。"周琴(2007:85)举有如下例子:"我做看看/瞧瞧个。我做一下试试。"周琴(2007:86)说:"通常'瞧～个'和'瞧瞧(个)'侧重于表示对尝试做某动作行为的警告和威胁。例如:'你拿瞧瞧个。你拿一下试试看。'而'看～个'和'看看(个)',则包含了鼓励或警告,表达中性的含义,是无标记形态,因此本文用'看看(个)'作为尝试貌的代表。"泗洪方言有"VV 瞧瞧"与"VVO 瞧瞧"。

总之,江淮方言表尝试用法较复杂,既可加"看",还可加"望",还可加"瞧",还可加"看看"和"瞧瞧",尝试标记呈现多样性。有的方言点加"看"与加"瞧"所表意义有所不同。

云南昆明方言也有,黄伯荣(1996:197)说:无论是及物或不及物的单音节动词,都可重叠。这一类重叠式含尝试意思,重叠的动词后也可加表尝试意义的助词"瞧(看)"。如:

这匹马性子烈,我来骑骑(瞧)。

你猜猜(瞧)他是哪个_谁?

他说不清,你说说(瞧)。

我来尝尝(瞧)肉胳炸了_{把了没有}?

陈丽萍(2001:148)说,云南临沧地区汉语方言有"VV 瞧",在说到"动词重叠"时,提到"AA 瞧"这种形式表尝试。如:

| 吃吃瞧 | 看看瞧 | 整整瞧 | 说说瞧 | 试试瞧 |
| 摸摸瞧 | 穿穿瞧 | 尝尝瞧 | 玩玩瞧 | 打打瞧 |

陈丽萍(2001:157)又提到"瞧"表尝试。如:

你尝瞧,咯好吃？(尝尝看)

你吃瞧,怪好吃呢。(吃吃看)

你整瞧,这种菜一点也不难整。(做做看)

你们听瞧,是送响？(听听看)

云南沾益方言(属西南官话)无论是及物还是不及物动词(多为单音节)都可重叠,重叠后加助词"瞧""瞧瞧""看""看看"表尝试意味,如(山娅兰,2005:15):

这个是哪样东西三,拿来我望望瞧_{这个是什么东西,拿来我看看}。

你家吃吃看看就认得有多爽口啦_{您吃吃看看就知道有多爽口了}!

我还把认不得,你问问他瞧_{我也不知道,你问问他看}。

吃吃这个鱼看看。

云南通海方言(属西南官话)也有"VV瞧"。如(杨锦,2008:67):

再看看瞧_{看看后再说}。

再等等瞧_{等等后再说}。

据曹志耘(2008:91),说"问问瞧"的方言点有:

河南:鹤壁,属晋语。

云南:昭通、会泽、马龙、富源、大理、保山、楚雄、临沧、思茅,属西南官话,有9个方言点。

据曹志耘(2008:91),还有说"问问瞧儿"的,方言点有安徽的无为,属江淮官话。

其实,"VV瞧"的方言分布范围还要广,江淮官话区域跨度大,如安徽的合肥、无为、巢湖等,江苏的南京、扬州、泗洪、涟水(南禄)等,又如王健(2006:226—227)所说的江淮方言多数点(如涟水、沭阳)。云南的方言点还有昆明、沾益、通海。

中原官话也有一些方言点说"VV 瞧",如安徽阜阳(王琴,2005)、濉溪(郭辉,2015)、皖北中原官话(主要分布在商阜片南部、信埠片西部,侯超,2013)等。又如:

(26)月容笑道:"那么,干爹,再让我唱一段试试瞧。"(张恨水《夜深沉》第37回)

张恨水是安徽省潜山县岭头乡黄岭村人,生于江西广信小官吏家庭,肄业于蒙藏边疆垦殖学堂。潜山方言属赣语。但不知张恨水所操是何方言。

关于云南也有"VV 瞧"用法,有学者考证,在明清时期,江南、江西、湖广、南京一带有大量人口迁徙到云南一带,他们把当地的方言也带到云南去了,而且一直用到现在,以至云南方言有一些与吴方言、江淮方言有联系。(王健,2007:253)如就"VV 瞧"来看,主要应是受江淮官话的影响。另据中央电视台的《远方的家·边疆行》节目第28集,在说到云南腾冲的和顺时,提到当地汉族百姓是明代从江苏、安徽来的士兵屯戍于此的后代,而腾冲属于保山市,故保山的"VV 瞧"很有可能就是受江淮官话的影响。

曾晓渝等(2017)说到云南官话特殊语法现象有"VV 瞧",云南官话的"瞧、瞧瞧、VV 瞧"的用法异于西南官话的主流特点。川黔鄂西南官话里基本上不存在单音节动词重叠"VV"形式,其含义大多用"V+(一)下(子)"来表示。(李蓝,2010:87)曾晓渝等(2017:185)的"云南官话'瞧''VV 瞧'分布比较图"中,"VV 瞧"也只见于云南,不见于四川、重庆、贵州、湖北。曾晓渝等(2017:186)的"云南官话主要特殊现象与西南、江淮、中原官话比较表"中,"VV 瞧"也不见于西南官话的四川、重庆、贵州、湖北、湘桂、湖北。

但据浙江财经大学贵州籍的几名学生说,贵州有的方言点也有"VV瞧"。2015级汉语言文学专业何婉馨同学介绍,其家乡贵州六盘水盘州市(原盘县)方言有"VV瞧",表尝试,如:吃吃瞧、唱唱瞧、弄弄瞧、看看瞧、整整瞧、说说瞧、试试瞧、摸摸瞧、穿穿瞧、尝尝瞧、玩玩瞧、打打瞧、滚滚瞧、背背瞧、听听瞧、学学瞧、抓抓瞧。

又有"V瞧"表尝试,如:

你说瞧_{说说看},是为囊_{什么}?

我尝瞧_{吃吃看},好不好吃。

我看瞧_{看看},是不是好看。

"看瞧"表"看看"。还有一个很特殊的用法就是"瞧"重叠后加尝试助词"看"为"瞧瞧看","瞧瞧"本身就表"看看",这与前面说到的南京方言相似,南京方言一般说成"VV看",但"V"是"看",就说成"看看瞧",这是为了避免单调。同样,盘州方言一般说成"VV瞧",但"V"是"瞧",就说成"瞧瞧看"。如:

A:我修不好这个电视机。

B:我来<u>瞧瞧看</u>。

又据家乡同是盘州的2015级汉语言文学专业黄秀同学介绍,盘州方言确有"VV瞧",如:

这题目不难的,你先<u>做做瞧</u>。

再<u>等等瞧</u>,他应该快来了。

你再<u>吃吃瞧</u>,这顿饭是按照你平时的胃口来做的。

你再<u>等等瞧</u>嘛。

但"VV瞧"的"V"多限于行为动词,用法有局限性,并不是每一个动词都可这样用。

家乡同是盘州的2016届毕业生花照橙同学也说盘州方言有

"VV 瞧"。

另据2016级汉语言文学专业安好同学介绍,其家乡贵州毕节的威宁彝族回族苗族自治县也有"看看瞧""听听瞧"。如:

听听瞧,他会讲些什么?

"瞧"通常不与双音节词连用,如没有"参观参观瞧"。除"VV 瞧"外,还有一种更常用的用法是"看花瞧",这里的"花"在当地方言中是"一下"的意思,也就是"看一下瞧"。

毕节市区方言与威宁方言相差不大,但在表达"看一下瞧""听一下瞧"时往往用"看哈(儿)瞧""听哈(儿)瞧","哈(儿)"也是"一下"的意思,故毕节与威宁在表达这个意思时读音略有差别。毕节市区方言没有"VV 瞧",有这种说法的只有威宁县。但现在因在毕节市区生活的威宁人很多,故毕节市区也有部分人受到影响会说"VV 瞧",但他们的方言原本应是没有此说法的。明生荣(2007)也未记载"VV 瞧"。

明生荣(2007:300—301)说毕节方言有在动词后加"下(看)"或者在动词后加"瞧"的形式,即"V+下(看)"或"V+瞧",表尝试意味或动作时间短暂的语法意义。"V+下(看)"或"V+瞧"两者可互换。如:

不信你试下(看)!=不信你试瞧!

你做下(看),应该没得问题!=你做瞧,应该没得问题!

你读下(看),有认不倒的字没得?=你读瞧,有认不倒的字没得?

你走下(看),告△瞧试试鞋子合不合脚?=你走瞧,告下鞋子合不合脚?

上面的例子说明,毕节虽没有"VV 瞧",但有"V 瞧"表尝试。

虽也有"V+下(看)",但这个"看"有括号,说明可有可无,不如"瞧"重要。

贵州一些方言有"VV瞧"有两种可能,一是贵州盘州、威宁与云南地缘相近,如与贵州盘州、威宁地缘相近的云南昭通、富源、会泽都有"VV瞧"(曹志耘,2008:91),尤其是盘州,与云南的富源非常近,威宁与毕节的距离(中间隔了一个赫章县)还是与云南的会泽距离更近(接壤),是方言接触;二是贵州也有江淮方言区人们的迁移历史。明生荣(2007:1—2)说,明代前,毕节为少数民族聚居区,鲜有汉族居住。汉族进入毕节,当在毕节卫建立后。据《大定府志》记载:"毕节卫亦置于洪武十五年(1382),其年,傅友德平乌撒、乌蒙诸蛮,置乌蒙卫于乌蒙境内,或曰,即今天威宁州东北之乌蒙铺也。明年,有德奏徙于元之故毕节驿,使别将汤昭立排栅为守,于是改名毕节卫,属贵州都司,二十年(1387)始筑城。"此后,汉语成规模进入毕节,毕节方言雏形也于这一时期开始形成。

至于明代进入毕节的居民来自何方,明生荣(2007)未做说明。但清初的"客民"来源,引用了李蓝(1991)的说法:"根据现存的族谱、碑铭、地名及民间口碑来看,以四川、江西、湖广(大致相当于今湖北湖南两省)三地人进入毕节的为最多(安徽、江南、两广等地也有不少人移入)。"(明生荣,2007:8)但联系起云南的移民,有充分的理由相信,靠近贵州的盘州、威宁应有来自江淮官话区的人,尤其是盘州,与云南非常近。

贵州的盘州不在曹志耘(2008)调查的930个方言点之中,但威宁是调查点之一,却没有"VV瞧"的记载,可能与调查者语感有关。

我们又询问过2015级汉语言文学专业宋美林同学,其家乡贵州遵义仁怀没有"VV 瞧"。仁怀地处黔北,与云南有一定距离。又询问过2015级汉语言文学专业宋大鑫同学,其家乡贵州锦屏也没有"VV 瞧"。锦屏地处贵州东南,与云南距离更远。看来,贵州只有西边靠近云南的地方才有"VV 瞧"这应与人口迁移有关。

刘丹青(2011:28—29)指出,"研究古代汉语语法现象的跨方言存废,既有历史语言学意义,也有语言类型学意义。两方面的研究对象可以各有侧重。"在历史语言学方面,有关存废的分析有助于确定方言分化的年代和历史层次的时间深度。在这方面,具体语法要素,包括特定的虚词词项和形态要素应成为关注的重点。在类型学方面,有关存废的分析有利于观察不同类型特点的稳定性和可变性,发现类型特征之间的相关性或偶合性。在这方面,有类型学意义的语法模式或库藏特点最值得关注。此外,借助于语法现象存废的考察,可进一步探讨语言演变和语言类型的互动,可探求特定类型演变的动因主要基于内部语法深化还是外部语言接触。"历代语法类型特点在现代方言中的存废是个大课题。"刘丹青(2011:36)又说:"历代语法类型特点在现代方言中的存废是个尚需展开和深化的课题。""存,意味着某些方言中保留着普通话中已消隐的古代类型特点,亦即这些方言语法类型上走了与普通话有所不同的演化道路。"

"V一V瞧"与"VV瞧"清代才在书面语上有记载,在现代方言中,"V一V瞧"已废弃,但"VV瞧"存了下来,且方言分布范围有所扩大,"VV瞧"的价值一是语法化得到延续,二是显示了方言接触,三是透露了人口迁徙的信息。

3 "VV 瞧"的语法化路径

3.1 汉语动词重叠后表尝试义,可用助词"看"来表示。语助词"看"是由动词"看"语法化而来。张相(1953)最早提到"看"的语助词用法:"看,尝试之辞,如云试试看。"(卷3)陆俭明(1959/2003)指出,唐代变文就有语助词"看"。后来劳宁(1962)、心叔(1962)、蔡镜浩(1990)、柳士镇(1992)、朱庆之(1993)、吴福祥(1995)、赵日新(1998)、李维琦(1999)、蒋冀骋等(2005)、袁毓林等(2005)都讨论过,有的学者认为唐代以前已有语助词"看"。如:

(27)恰遇秦妃东游,亲见度卖金枕,疑而索看,诘度何处得来?(晋·干宝《搜神记》卷16)

(28)三七二十一日,开看,遍有黄衣则止。(北魏·贾思勰《齐民要术》卷9)

(29)施功既讫,粪塔如初,在大塔南三百步。时有婆罗门不信是粪,以手探看,遂作一孔。(北魏·杨衒之《洛阳伽蓝记·城北·凝圆寺》)

(30)妇怪不语,以手摸看,谓其口肿。(《百喻经·奄米决口喻》)

(31)尝看,若不大涩,杬子汁至一升。(北魏·贾思勰《齐民要术》卷9)

(32)将还家,语王云:"汝是贵人,试作贵人行看。"(《太平御览·俗记》)

袁毓林等(2005:13)对上面6例做了说明:例(27)(28)中,"动词+看"是真正的连动式,前后动词之间有"方式-目的"关系;"看"

用在动词"索""开"后,表真正的"瞻视"义。在例(29)(30)中,"看"用在表触觉的动词"探、摸"后,意义已虚化了,并不表"瞻视",而是表"测试",仍可看作动词。在例(31)(32)中,"看"已完全虚化,即产生出了助词的用法;因此,例(31)中表味觉的动词"尝"可跟"看"(原本表视觉)相连接,例(32)中的"试"更是清楚地说明"看"表尝试意义。

袁毓林等(2005:13)说,从文献资料来看,"看"的这种意义转变:瞻视→测试→尝试,大概是东晋后才完成。蒋冀骋等(2005:62)说,动词"看"由表视觉动作的"瞻视"演变为泛指的感官"试作",再抽象为尝试态语气:瞻视(动词)→试作(动词)→尝试语气(助词)。

上面的说法我们以为是准确的。

"看"用于动词重叠后表尝试要迟得多。"V一V看"在宋代才出现,这与宋代才产生"V一V"有关。(具体可参看张赪,2000)如:

(33)底事人人皆具,但向前为我讨一讨看。(宋・宏智正觉《宏智禅师广录》卷5)

(34)师欣然出众曰:和尚试辊一辊看。(宋・普济《五灯会元》卷19)

至于"VV看"则更迟,到明代才产生。(这也证明表"少量;短时"的"VV"产生时间迟于"V一V"的说法是正确的)如:

(35)公公道:你年几岁了?行者道:你猜猜看。(明・吴承恩《西游记》第74回)

(36)张大道:"且说说看。"(明・凌濛初《初刻拍案惊奇》卷1)

(37)[旦指丑云]你认认看这是谁?(明・徐渭《女状元》

第 3 出)

关于近代汉语动词重叠带"看"的用法,可参看崔山佳(2011)。

白维国(2015)"瞧"有 17 个义项,义项一是:"偷看;窥视。"如:

(38)他两个贪欢贪笑,不提防门外有人瞧。(明·洪楩《清平山堂话本·刎颈鸳鸯会》)

义项二是:"看;观看。"如:

(39)你则合低头就坐来,谁着你睁睛先去瞧?则你个宋公明威势怎生豪,刚一瞅,早将他魂灵吓掉了。(《元曲选·李逵负荆》第 3 折)

义项十七是:"用在动词或动补结构之后,表示尝试。"例子有三,一是清《绿野仙踪》第 70 回,二是《霓裳续谱·姐儿无事江边摇》,三是《白雪遗音·人害相思》。

以上可见,"瞧"的语法化路径。虽现有的义项中未见"试作""测试"这一环,但从"看;观看"语法化为"尝试"也是很正常的。

"VV 瞧"表尝试是汉语史语法现象在汉语方言中的"存",也有一定的方言区域跨度,在语义的表达上也有特色(如合肥话等),充分说明一些方言点在表尝试的语法类型上走了与普通话或与其他方言(如吴语等南方方言)有所不同的语法化道路。"VV 瞧"用法在语言类型学上有其独特的价值。

据考察,汉语方言共有 20 多个助词表尝试用法,除"看""瞧"外,还有"睇""望""觑""眙(眦)""睒""睁""相""略""促""瞭""瞅"等,这些方言用字,有的可能是不同学者用得不同,但大多语音相差较大,应是当地方言语音的实际反映。这些助词中,大多本身有"看"义,与"看"是同义词,与"瞧"一样,也是"看"的"类同引申"。有的可能是因无本字,用的是替代字,但其本身应是一个与"看"同义的字,如"添""起"(起儿)"亲"(清)等。有的则是语音演变的结果,如"促"。

曹志耘(2008:91)还有无本字的,如:

□[tiɛ³⁵]:广西的灌阳,属于土话。

□[tɛm³⁵]:广西的百色、巴马、田阳、上林、宁明,属于平话,有5个点。

□[lɔ̃⁵⁵]:湖南的耒阳,属于客家话。

□[lɛi³³]:广西的龙州,属于平话。

□[tsʰuəi⁵⁵]:广西的永福,属于平话。

□[tsʰɛn²¹²]:安徽的屯溪、休宁,属于徽语,有2个点。

□[uo²¹]:福建的永安,属于闽语的闽中片。

李如龙(2007:20)说闽南方言的泉州话有"迈"表尝试。如"我吃吃看"可说"我食迈、我食看迈、我食[一下]看迈、我食[一下]迈。但泉州话可能没有动词重叠"VV",故未见"VV 迈"。

伍和忠(2018:265)说广西黎塘话有"VV 掂/掂掂"表尝试用法,如"惗惗掂/掂掂"。

最复杂的应是浙江方言,用字最多,且不少只浙江才有。除有"看"字外,还有"相""睇""望""促""觑""眙""映""瞭""瞅""略""添""起""起儿""亲"(清)等,还有"□[no²]"(青田)(王文胜,2012:242)、"□[ȵia⁴⁴⁵]"(缙云)(王文胜,2015:179)等。而且"略""瞅"和"□[no²]""□[ȵia⁴⁴⁵]"等是曹志耘(2008)未见的用法。"促",衢州市、(江西境内的)上丽片主要说"[tsʰoʔ]",如常山说"[tsʰoʔ⁵]"。(曹志耘等,2016:445)

浙江丽水缙云还有一个"摸",是"望"([mɔ̃²¹⁴])字失去尾辅音的变音,相当于"看",一般用在重叠式动词后。如:尝尝摸、听听摸。(吴越等,2012:741)但在近代汉语书面语中,除了"看"外,只有"瞧"有书面记录,且在清代就有,其他尝试助词都未有记载。可见,"瞧"是除"看"外,语法化是最早的。

3.2 安徽合肥方言里动词重叠(主要是单音动词,双音动词较少这样用)有加上"瞧"或加上"看"这两种不同的格式,语义上有细微差异。(黄伯荣,1996:195)但杨永成(2015:256)说合肥方言有一种动词重叠加后缀的"VV瞧"式,表尝试意义,相当于普通话的"VV看"。没有说到合肥方言另有"VV看",即两者不并存。杨永成(2015:278)也只说到"VV瞧"。虽时间过去了20余年,但似乎变化没有这么快。可能杨永成(2015)有误。

据浙江财经大学2018届汉语言文字学硕士刘静介绍,其家乡安徽巢湖方言也是既有"VV瞧",又有"VV看",两者的语义表达与合肥方言相似。

南京方言也有用"瞧"表尝试,不过只有在动词是"看"重叠时才用"瞧",其他动词重叠后都用"看"。

江苏涟水(南禄)方言也是既有"VV瞧",又有"VV看",如(王健,2014:140):

听听段小唱_{小曲儿}望望看。
望望看_{副德行},还中_{行,可以}?
试试双红的看看瞧。
尝尝些小菜看看瞧。

这与南京方言一样,涟水(南禄)方言也只有动词"看"重叠后用"瞧",其他动词重叠后用"看"。安徽来安方言(谢长霞等,2009:102)、江苏镇江方言(高婷婷,2012:24)也与合肥方言相同。江苏射阳方言也与合肥方言相同。但射阳方言双音节动词重叠后也可

带"瞧",如(陈昌霞,2003:31—32):

> 你再考虑考虑瞧。
>
> 你再打听打听瞧。
>
> 你再收拾收拾瞧。

虽文中未对"VPVP 瞧"的语义做描写,但看例子,似乎是表建议尝试,不带有威胁的意思,语气较平和。

以上是江淮官话。中原官话也有类似现象。安徽濉溪方言也是既有"VV 瞧",又有"VV 看"。"看"往往有"命令"及"鼓励、商量"的意味,"瞧"却有"威胁、恫吓"的意味。如(郭辉,2015:254—255):

> 你再算算看。
>
> 味道怎样,你吃吃看。
>
> 你动动瞧。

安徽五河方言(岳刚,2010:113)、安徽阜阳方言(王琴,2005:78)、安徽颍上方言(吴晓红,2006:24)也是既有"VV 瞧",也有"VV 看",其语义也与合肥、濉溪方言相同。安徽舒城方言(属江淮官话)也有"VV 瞧",如(程瑶,2010:67):

> 刀不在帝怀子,我到旁场去找找瞧_{刀不在这儿,我到别处去找找看}。
>
> 帝道题好难,你干干瞧,可干得出来_{这道题很难,你解解看能否解出来}。
>
> 绳子系得帝么紧,你解解瞧可解得开_{绳子系得很紧,你试试看能否解开}。

舒城方言又有"VVO 瞧",如(程瑶,2010:68):

> 你去问问老李瞧。
>
> 背背书瞧。
>
> 吃吃中药瞧,看效果怎么样。

舒城方言在具体语境中,还可表威胁或警告某人不要尝试某一行为或去做某事。如(程瑶,2010:69):

你再肘肘瞧,看你伯伯不打你你再调皮试试,看你爸爸不打你才怪。

舒城话的"看"也可做尝试态助词,但没有"瞧"用得普遍,可能是受普通话或其他方言的影响。(程瑶,2010:72 注释 55)这又是一种情况,语义上"看"与"瞧"无区别,"瞧"是本地方言固有的,"看"是受普通话的影响,体现了层次。要说"看"与"瞧"的不同,不是语义上的,而是使用频率。

皖北方言商阜片南部、信埠片西部的一些方言有"瞧""瞧瞧"表尝试。(侯超,2013:122)但这些方言"看"与"瞧"等也无分工。侯超(2013:124)说,从语用效果上看,"看""瞧""看看""瞧瞧""试试"有两种语用意义,一是表建议,意在建议对方或提议己方做某种"尝试"。另一种是表警告,意在告诫对方或第三方不要试图做出某种举动(主语只能是第二人称或第三人称)。下面的句子有歧义,如:

那屋子不能住人,不信你住住看(瞧/看看/瞧瞧/试试)。

(建议对方去住住)

那屋子不能住人,不信你住住看(瞧/看看/瞧瞧/试试)!

(警告对方别去住)

皖北中原官话有的方言"VV 瞧"和"VV 看"都既表"建议"义,又表"警告"义,但"看"与"瞧"的读音明显不同,前者轻读,后者读本调。(侯超,2013:124)

3.3　以上可见,"VV 瞧"分布区域较广,有西南官话、江淮官话、中原官话,晋语只有个别方言点,而合肥、来安、泗洪、镇江等(以上属江淮官话)、阜阳、五河、颍上等(以上属中原官话)方言的"看"和"瞧"有类型学意义,即两者语义有别,而皖北方言商阜片南部、信埠片西部的一些方言、安徽舒城方言、云南沾益方言的"看"

和"瞧"是同义的,同样有类型学价值。

"看"与"瞧"等,大多有"看"的实义,又有表尝试的虚义,过去一般认为是类推。李明等(2012:73)说,"至今发现的一条重要的词义演变趋势,是同义或反义的一组词有类似的演变路线,对于这个现象,存在两派意见"。一种观点认为是"类推"。比如孙雍长(1985)所说的"词义渗透",许嘉璐(1987)所说的"同步引申",蒋绍愚(1989/1994)所说的"相因生义"。另一种观点是并不用类推来说明。比如冯利(1986)所说的"同律引申"、江蓝生(1993)所说的"类同引申"。李明等(2012:74)说:"就实词内部的词义演变而言,类推的作用是非常有限的。由于不同时代、不同方言、不同语言都可能有类同的词义引申路线,类同引申不宜认为是类推。应该还是由于人类认知上的一致,导致了词义演变重复同样的路径。"江蓝生(1993/2000:310)说:"本文所要讨论的是在聚合关系中,某些词发生的类同方向的引申。我国语言学界有人称之为同步引申,具体说,它指的是:两个或两个以上的同义(包括近义)词或反义(包括意义相对)词互相影响,在各自原有意义的基础上进行类同方向的引申,产生出相同或相反的引申义。我们称之为类同引申而不采用'同步引申'的说法,'同步'容易理解为同时,这跟词义类同引申有先有后的情况不完全符合。"

我们以为,用"类同引申"确实符合实际情况。"看"与"瞧"等有类同的词义引申路线,是人类认知上的一致导致了词义演变重复同样的路径,是象似性的体现。但"看"与"瞧"等从视觉动词到表尝试意义的助词不是同步的,故用"类同引申"就较确切。

曾晓渝等(2017:190)说,语法方面,根据现代大多云南官话的特点,推测当时(即指明代)已存在"-着、VV瞧、K+VP"型问句等语法特征。这是正确的。据我们目前所掌握的材料看,"VV瞧"最早出现于《红楼梦》,那是清代作品。但书面语与口语相比总是滞后。试想,如果"VV瞧"清代才出现的话,那么它就不可能随着移民从明代带到云南、贵州等地,一定是明代口语中已有"VV瞧",且有一定使用频率,才有可能带到云贵一带。

江淮官话、中原官话的一些方言点既有"VV瞧",又有"VV看",两者并非完全同义,而是有分工。这就有一个问题,两者不可能是同时产生的,有历史层次。那么,"VV瞧""VV看"谁在前呢?

根据目前方言材料与历史文献,我们以为,江淮官话应是先有"VV瞧",后在通语影响下,才有"VV看",且时间是在往云南、贵州移民后。这就可很好地回答为什么云南(分布区域较广)、贵州(分布区域较窄)说"VV瞧"而不说或少说"VV看"的问题。

参考文献

白维国主编　2015　《近代汉语词典》,上海:上海教育出版社。
蔡镜浩　1990　《重谈语助词"看"的起源》,《中国语文》第1期。
曹志耘主编　2008　《汉语方言地图集》(语法卷),北京:商务印书馆。
曹志耘、秋谷裕幸主编　2016　《吴语婺州方言研究》,北京:商务印书馆。
陈昌霞　2003　《射阳方言语法研究》,南京师范大学硕士学位论文。
陈丽萍　2001　《临沧地区汉语方言志》,昆明:云南人民出版社。
程　瑶　2010　《舒城方言语法专题研究》,广西师范大学硕士学位论文。
崔山佳　2004　《近代汉语语法历史考察》,武汉:崇文书局。
崔山佳　2007　《动词重叠补说三题》,《广播电视大学学报》第3期。
崔山佳　2011　《近代汉语动词重叠专题研究》,成都:巴蜀书社。
冯　利(冯胜利)　1986　《"同律引申"与语文词典的释义》,《辞书研究》第2期。
高婷婷　2012　《镇江方言语法研究》,南京大学硕士学位论文。
郭　辉　2015　《濉溪方言研究》,合肥:安徽教育出版社。
侯　超　2013　《皖北中原官话语法研究》,南京师范大学博士学位论文。

黄伯荣主编　1996　《汉语方言语法类编》,青岛:青岛出版社。
江蓝生　1993/2000　《相关语词的类同引申》,见江蓝生著《近代汉语探源》,北京:商务印书馆。
蒋冀骋、龙国富　2005　《中古译经中表尝试态语气的"看"及其历时考察》,《语言研究》第4期。
蒋绍愚　1989/1994　《论词的"相因生义"》,见蒋绍愚著《蒋绍愚自选集》,郑州:河南教育出版社。
劳　宁　1962　《语助词"看"的形成》,《中国语文》第6期。
李　蓝　1991　《毕节方言的文白异读及其历史文化背景》,《毕节师专学报》第3期。
李　蓝　2010　《西南官话》,见钱曾怡主编《汉语官话方言研究》(第七章),济南:齐鲁书社。
李　明、姜先周　2012　《试谈"类推"在语义演变中的地位》,《汉语史学报》第12辑。
李　荣主编　2002　《现代汉语方言大词典》,南京:江苏教育出版社。
李如龙　2007　《闽南方言语法研究》,福州:福建人民出版社。
李　珊　2003　《动词重叠研究》,北京:语文出版社。
李维琦　1999　《佛经续释词》,长沙:岳麓书社。
刘丹青　2011　《汉语史语法类型特点在现代方言中的存废》,《语言教学与研究》第4期。
柳士镇　1992　《魏晋南北朝历史语法》,南京:南京大学出版社。
陆俭明　1959/2003　《现代汉语中一个新的语助词"看"》,《中国语文》10月号;另见陆俭明、马真著《现代汉语虚词散论》(修订版),北京:语文出版社。
明生荣　2007　《毕节方言研究》,北京:中国社会科学出版社。
荣　晶、丁崇明　2000　《昆明话动词重叠的句法组配》,《方言》第1期。
山娅兰　2005　《沾益方言语法研究》,云南师范大学硕士学位论文。
孙雍长　1985　《古汉语的词义渗透》,《中国语文》第3期。
王　健　2006　《江淮方言若干语法特点说略》,《中国语学研究·开篇 VOL. 25》,(日本)好文出版。
王　健　2007　《动词重叠三种特殊语法格式的地理分布及相关问题研究》,《语言学论丛》第35辑,北京:商务印书馆。
王　健　2014　《苏皖区域方言语法比较研究》,北京:商务印书馆。

王　琴　　2005　《阜阳方言语法现象举要》,《安徽教育学院学报》第 1 期。
王文胜　　2008　《处州方言的地理语言学研究》,北京:中国社会科学出版社。
王文胜　　2012　《吴语处州方言的地理比较》,杭州:浙江大学出版社。
王文胜　　2015　《吴语处州方言的历史比较》,北京:中国社会科学出版社。
吴福祥　　1995　《尝试态助词"看"的历史考察》,《语言研究》第 2 期。
吴晓红　　2006　《安徽颍上方言语法研究》,广西大学硕士学位论文。
吴　越、楼兴娟　2012　《缙云县方言志》,上海:中西书局。
伍和忠　　2018　《广西汉语方言体范畴调查与研究》,北京:北京师范大学出版社。
谢长霞、袁　光　2009　《来安方言语法初探》,《现代语文》第 4 期。
心　叔　　1962　《关于语助词"看"的形成》,《中国语文》第 8、9 期。
许嘉璐　　1987　《论同步引申》,《中国语文》第 1 期。
杨　锦　　2008　《通海方言语法研究》,云南师范大学硕士学位论文。
杨永成　　2015　《合肥方言研究》,合肥:安徽教育出版社。
袁　宾　　1992　《近代汉语概论》,上海:上海教育出版社。
袁毓林、王　健　2005　《吴语的动词重叠式及相关的类型学参项——从几种语法格式的分布地域看古吴语的北界》,见上海市语文学会、香港中国语文学会合编《吴语研究——第三届国际吴方言学术研讨会论文集》,上海:上海教育出版社。
岳　刚　　2010　《安徽五河方言语法研究》,上海师范大学硕士学位论文。
曾晓渝、陈　希　2017　《云南官话的来源及历史层次》,《中国语文》第 2 期。
张　赪　　2000　《现代汉语"V—V"式和"VV"式的来源》,《语言教学与研究》第 4 期。
张　宁　　1987　《昆明方言的重叠式》,《方言》第 1 期。
张　相　　1953　《诗词曲语辞汇释》,北京:中华书局。
赵日新　　1998　《从历时和共时谈"一看"》,《语文建设通讯》第 55 期。
周　琴　　2007　《泗洪方言语法研究》,南京师范大学博士学位论文。
周志锋　　1998a　《〈汉语大字典〉义项漏略举例》,见周志锋著《大字典论稿》,杭州:浙江教育出版社。
周志锋　　1998b　《近代汉语同步引申例说》,《语文建设通讯》第 58 期。
朱庆之　　1993　《佛经与中古汉语词汇研究》,北京:文津出版社。

汉语方言与"给"义动词相关的受益格标记[*]

黄晓雪　贺学贵

（广州大学人文学院　广东白云学院外国语学院）

1　地域分布

受益格标记[①]在汉语各方言中普遍存在。跟"给"义动词相关的受益格标记（我们称之为"给"类受益格标记）主要分布在官话区（武汉一带的西南官话、江淮官话除外）、徽语以及一部分吴语、闽语中。其中，官话区用"给"，其他方言因"给"义动词各不相同而形式多样（"给"义动词指相当于普通话"给"的动词）。"给"义动词同时用作受益格标记的方言举例如下。[②]

---

[*] 本文为国家社科基金重大项目"600 年来赣语与官话互动的历史追踪、现状调查与数据库建设"（18ZDA297）的阶段成果。本文写作过程中，姜淑珍博士、梁敢博士、金敏菲博士等给我提供了宝贵的语料，在此深表感谢！在修改过程中，蒋绍愚先生给我了很多宝贵意见，在此衷心感谢蒋先生的指导！

[①] 本文把引进受益者、受损者的介词统名之曰"受益格标记"，把带有受益格标记的句子称为"施益句"。

[②] 乌鲁木齐话见周磊（2002）、北京话见朱德熙（1982：179）、襄樊话见王丹荣（2005）、祁门话见陈瑶（2009）、福州话见李荣（2002）。本文未注明出处的用例皆为笔者调查所得。

"给"义动词	受益格标记
乌鲁木齐话：给他给上些厉害。	明天黑里我给你值班，你陪底你媳妇看电影子去。
宁夏固原话：你给他给个笔。	给娃把衣服穿上。
北京话：我给那个学生一本书。	他专门给人家修理电视。
襄阳话：他专门儿特意给我一笔钱，让我放心地上路。	小李给小王搬把板凳凳子来。
绍兴话：侬苹果拨[pəʔ⁵]伊一个你给他一个苹果。	拨小人孩子衣服穿穿。
祁门话：尔要去北京，我分尔去个车费你要去北京，我给你去的车费。	尔要分尔家老子娘想想看你要替你父母想想。
福州话：乞汝一把笔。	乞各侬大家做事。

  "给"做受益格标记的方言还有：哈尔滨、西安、济南、(山东)牟平、成都、贵阳、南京、西宁、忻州、徐州、扬州等(李荣，2002)，(山西)交城(黄伯荣 1996)，寿阳、阜阳、沈阳等地。吴语多用"拨"做受益格标记，除绍兴以外还有：杭州([pəʔ⁵])、临安([pəʔ⁵])、萧山([pɐʔ⁵])、富阳([pəʔ⁵])、桐庐([·pɐʔ])、余姚([·pəʔ])、慈溪([poʔ⁵])、嵊州([·pəʔ])、新昌([pəʔ⁵])、奉化([pəʔ⁵])、象山([·pəʔ])、宁海([·pəʔ])、鄞州([·pəʔ])、三门([pɐʔ⁵])、台州([·pəʔ])、黄岩([pɐʔ⁵])、温岭([·pɐʔ])、常山([pɐʔ⁵])。吴语的受益格标记比较复杂，除用"拨"外，有的地方用"分"，如义乌([fen⁵⁵])、金华([fen⁵⁵])；有的地方用"捉"，如余姚([tsoʔ⁵])、海宁([tsoʔ⁵])、萧山[tsoʔ⁵]、绍兴([tsoʔ⁵])；有的地方用"押"，如东阳([ia⁵⁵])；温州乐清话用"□[k‘ɣ³¹]"。闽语的受益标记还有温州洞头话的"□[ha⁵¹]"、福建南平话的"□[ka²²]"和三明话的"□[ke²²]"、海南话的"分""[pun²³]"，徽语黟县话用"畀"做受益格标记(平田昌司，1997)。"给""拨""分""捉""押""□[k‘ɣ³¹]""□[ha⁵¹]""□[ka²²]""畀"等在这些方言中同时用作"给"义动词。

上述方言的受益格标记均用"受益格标记＋O＋VP"格式,这类格式的施益句在上古汉语中就已出现(参见洪波、王丹霞,2007),这是汉语方言普遍使用的施益句格式。"VP＋受益格标记＋O"格式的施益句在汉语方言中也有,但从目前掌握的材料看,只存在于广西境内。根据覃东生(2015)对广西境内的柳州话(属西南官话)、桂林话(属西南官话)、兴业县石南话(属粤语勾漏片)、南宁白话(属粤语邕浔片)、宾阳县本地话(属桂南平话)、临桂县五通镇平话(属桂北平话)、宾阳县新桥镇尚武街新民话(属客家话)、博白县三育镇客家话(属客家话)等8个汉语方言点的调查,除桂林话和石南话之外,其余6个方言点都有"VP＋受益格标记＋O"格式的施益句,这类格式的受益格标记都跟"给"义动词同形。例如(覃东生,2015:85—92):

"给"义动词　　　　　　受益格标记

柳州话：这本书给他。　　哏少工钱,哪个做给你 你给的工资那么少,谁愿意帮你干活?

南宁的话：本书畀佢 这本书给他。　　我倦啦,打扫啲卫生畀我 我累了,帮我打扫一下卫生。

宾阳本地话：本书把细王 这本书给小王。　　我瘝啦,扫呢屋把我 我累了,给我打扫一下房间。

五通话：分一书我 给我一本书。　　开门分我 给我开门。

新桥客家话：本书畀细王 这本书给小王。　　喂koi⁴²啦,你扫啲屋畀 我累了,你给我扫一下地。

这类施益句汉语方言为数不多的特殊的一类。

2 来源及演变类型考察

2.1 "受益格标记＋O＋VP"中的受益格标记

关于受益格标记"给"的来源,过去有不同的意见。有的学者认为由"与格标记＋O＋VP"中的与格标记演变而来。(李宗江,

2016)我们认为这种演变在汉语中发生的可能性比较小,因为在一些受益格标记与"给"义动词同形的方言,如温州市永嘉县上塘镇的"□ka^{51}"、温州龙湾的"□ha^{51}"、绍兴柯桥、台州、富阳、杭州的"拨"等都不能用于"与格标记＋O＋VP"格式中引出接受者,如绍兴柯桥话不说"你的书拨侬送一本",只说"送本书拨侬"。"与格标记＋O＋VP"格式主要见于西北方言,这种格式在其他方言中要么没有,要么使用频率较低,这些方言的受益格标记在来源上跟与格标记没有太大关系。从"给"语法化为介词的历史看,也是受益格标记早于"与格标记"。① 刘永耕(2005)认为,受益格标记"给"由给予动词语法化而来,如"大家……都同情地给他出主意"重新分析过程是:从"给"带"他"和"出主意"双宾语到"给他"做"出主意"的状语,认知上可以这样理解:大家给了他一个"出主意"的行动,这就等于为他而出主意。刘先生的观点很有见地,但未详细展开讨论。

我们认为,"给"类受益格标记的来源及其演变受汉语方言给予类双及物结构②类型的影响和制约。"给"类受益格标记的来源

---

① "给"做受益格标记在清初的《醒世姻缘传》中已有不少用例,如"他嫂子给他揭了盖头"(《醒世姻缘传》第二十八回)。但"给"用于"与格标记＋O＋VP"格式引出接受者在《红楼梦》中才见用例,如"只管住下,打发人来回我,我再另打发人给你送铺盖去"(《红楼梦》第五十一回)。我们认为,这个格式的与格标记由受益格标记演变而来,而用于动词后的与格标记"给"如"既不卖给他孩子,你可别诓他的饭吃"(《醒世姻缘传》第八十四回)应由给予动词"给"语法化而来,与格标记"给"的位置不同,来源不一样。这个问题笔者将另文讨论。
② 根据刘丹青(2001),汉语方言的给予类双及物结构可分为以下五类:
双宾 A 式:北京话"给他书";
双宾 B 式:南京话"给书他"、广州话"畀书佢";
介宾补语式:北京话"送书给他";
介宾状语式:北京话"给他送书";
复合词式:北京话"送给他书",中宁话"给给我一碗水"。

跟给予类双及物结构"V$_{给}$ ＋ O$_r$ ＋ O$_t$"（双宾 A 式）有关。这类结构表示给予某人某物，如北京话"给你一本书"是"给某人某物"，而"给你买一本书"是"给某人一个'买书'的行动"，"给某人某物"很容易类推到"给某人一个行动"，这样，表动作行为的成分便可占据 O$_t$ 的位置，构成"V$_{给}$ ＋ O$_r$ ＋VP"格式。"V$_{给}$ ＋ O$_r$ ＋ O$_t$"和"V$_{给}$ ＋ O$_r$ ＋VP"均隐含"使某人受益或受损"的意义，因为无论是给予某人某物还是给予某人某行动，都会使接受者受益或受损。一旦 VP 进入"V$_{给}$ ＋ O$_r$ ＋ O$_t$"格式中 O$_t$ 的位置，受新信息居后的原则支配，"V$_{给}$ ＋ O$_r$ ＋VP"的信息重心便会发生转移，即第二动词 VP 转为前景信息，"V$_{给}$"成为背景信息，其表"给予"的动作义弱化，"V$_{给}$ ＋ O$_r$ ＋VP"由双宾结构可以重新分析为状中结构，如在"给他一顿打"中，"一顿打"既可以理解为宾语，又可理解为状中结构的中心语。从认知看，由"给予某人某物"联想到"给予某人动作行为"，是一种概念的转喻，这种演变往往不需要有时间跨度。源于"给"义动词的受益格标记首先进入的是表接受受益的施益句。①温州永嘉话的"□[kʻa⁵¹]"只能用于接受受益，不能用于替代受益和服务受益。如：

你□[kʻa⁵¹]$_{给}$佢买件衣裳_{你给他买件衣服}。

---

① 所谓"受益"大致可分为三类：（一）服务受益。指动作行为服务于某一对象，使其受益，如"替大家办点事"，"大家"是服务的对象。（二）接受受益。指把某物给予某一对象，使其受益，如"给孩子买一双鞋"的"一双鞋"是给予物，"孩子"是接受者同时又是受益者。（三）替代受益。指代替某一对象行使某动作行为，使其受益，如"他不识字，你替他写封信"，"他"是替代的对象。三类受益当中，服务受益是核心，接受受益和替代受益都隐含有服务受益，因而服务受益与替代受益、接受受益的关系都很密切，而典型的替代受益和接受受益之间的关系则较为疏远，替代受益不隐含接受受益，接受受益也不隐含替代受益。

而温州乐清雁荡镇的"□[kʻə²¹]"可用于接受受益和服务受益,但不能用于替代受益:

你□[kʻə²¹]_给佢买件衣裳_{你给他买件衣服}。|□[kʻə²¹]_给奶奶背敲敲_{给奶奶捶捶背}。

永嘉话的"□[kʻa⁵¹]"和雁荡话的"□[kʻə²¹]"本为"给"义动词,都能用于双宾 A 式。雁荡话中,"你□[kʻə²¹]_给佢买件衣裳"的"佢"是接受者又是受益者,"衣服"为"佢"所领有,所以是接受受益,但这类句子的"佢"也可看作服务的对象,因而"□[kʻə²¹]"很容易扩展到"你□[kʻə²¹]佢倒杯水"这类表服务受益的句子,这里的"佢"在一定语境中又可理解为替代的对象,因而服务受益又很容易向替代受益扩展。杭州话的"拨[pəʔ⁵]"、北方官话很多方言的"给"不光能用于接受受益和服务受益,还能用于替代受益,而南方官话(西南官话和江淮官话)的"给"大多不能用于替代受益。①因此,"V_给"演变为受益格标记的过程应为"接受受益→服务受益→替代受益"。

根据刘丹青(2001)和张敏(2011),双宾 A 式主要分布在官话区(下江、兰银、西南官话除外)、徽语、一些吴语和闽语中。笔者调查,用源于"给"义动词做受益格标记的方言通常都有双宾 A 式,且使用频率较高。上述官话区、吴语区、闽语区中用源于"给"义动词做受益格标记的方言均有较为发达的双宾 A 式。而赣语、湘语、客家话、粤语、南方官话的绝大多数方言没有双宾 A 式(或双宾 A 式不发达),其受益格标记主要来源于伴随介词和帮助、替代义动词,未见"给"义动词演变为受益格标记的情况。可见,有双宾

---

① 官话材料见陈章太、李行健(1996:4555、4562)。

A式是"给"义动词语法化为受益格标记的必要条件。

现代的兰银官话没有双宾A式,其受益格标记却由"给"义动词来。据张敏(2011),双宾A式在早期的西北方言中应该存在,只是后来消失了。消失的原因当与西北方言跟北方SOV语言如阿尔泰语的接触有关。有的西北方言仍有双宾A式,但用法受限制,如乌鲁木齐话,双宾A式只能用于祈使句。(见周磊,2002)在以与蒙古语广泛接触为背景的元代会话教材古本《老乞大》中,双及物结构有双宾A式,而未见介宾状语式"与格标记＋O＋VP"。可见,西北方言双宾A式的消失以及介宾状语式成为唯一或优势语序应是很晚起的事。因此,西北方言"给"做受益格标记的产生时间应早于其用于介宾状语式的"与格标记＋O＋VP"结构。张敏(2010)认为,现代方言里的双及物介宾状语式是受北方非汉语影响而产生的,"是将汉语已有的介宾状语式(宾语为受益者等)改造为双及物结构(前置的介词宾语可引出真正的与事)"。[①]

并不是所有有双宾A式的方言受益格标记都来源于"给"义动词。根据陈章太、李行健(1996),与"给大家办点事"中"给"的功能相当的词在93个方言点中并不一致。其中,可以用"给"的有73个方言点,19个方言点则不用"给",而是用"替""帮""跟""挨"等。除林州话外,这些不用"给"的方言点主要分布在南方官话区,其中,有的方言点有双宾A式,如南通话,但受益格标记不用"给"。吴语也有类似情形。如苏州、宁波、上海都有双宾A式,其"给"义动词为"拨",但受益格标记用"搭",上海话的受益格标记还

[①] 我们认为介宾状语式的双及物结构是汉语自身产生出来的,其高频使用是西北方言受阿尔泰语等SOV语言影响所致。这个问题笔者将另文讨论。

可用"帮""代"等。(李荣,2002)据笔者调查,湖州和金华婺城区白龙桥镇等地的方言也都有双宾 A 式,其"给"义动词分别为"拨[pə?⁵]""分[fen⁵⁵]",但受益格标记用"搭[tɐ?⁵]""帮[paŋ⁵⁵]"。根据张敏(2011),吴语的双宾 A 式是官话扩散的结果。我们推测,双宾 A 式由北方官话进入南方官话和吴语的时间并不长,以至在这些方言区中,有些方言点的"给"义动词还没有发展成为受益格标记,但不排除在以后发展过程中"给"义动词演变为受益格标记的可能。

2.2 "VP+受益格标记+O"中的受益格标记

关于上述广西境内"VP+受益格标记+O"施益句的产生,覃东生(2015)认为,是这些方言受到了壮语方言的影响而导致了语言的演变和变异,是一种"语序重组"(reordering)或"结构重组"(restructuring)现象,同时也跟"复制性语法化"(replica grammaticalization)这一机制的作用有关。① 因为广西汉语方言除平话外,西南官话、粤语、客家话进入的时间并不长,四川成都话、广州粤

---

① 吴福祥(2009a、2009b)根据 Heine & Kuteva(2003、2005、2006、2007)的分析框架,对"语法复制"现象进行了概括和分类。Heine & Kuteva 认为语言接触通常会导致语法复制(grammatical replication)。语法复制是指一种语言仿照另一种语言的语法模式而产生出新的语法结构或语法范畴。语法复制又可以分成"接触导致的语法化"和"语法结构复制"两个方面。"接触导致的语法化"是指一种语言对另一种语言的语法概念或语法概念演变过程的复制;"语法结构复制"是指一种语言对另一种语言语法结构的复制。根据模式语里是否存在可被复制的"语源>结果"这种语法化过程的模式,"接触导致的语法化"也可分为两种:如果模式语里不存在这类演变模式,则谓之"通常性接触导致的语法化"(ordinary contact-induced grammaticalization);如果模式语里存在这类演变模式并被移入复制语,则谓之"复制性语法化"(replica grammaticalization)。同时,"语法结构复制"也可以进一步分成两类:(1)"语序重组"(reordering)或"结构重组"(restructuring),即一个语言的使用者依据另一种语言的句法和形态模式来重新排列自己语言里的意义单位的语序。(2)"构式复制"(constructional replication),即语言的使用者依照另一个语言的模式,用自己的语言材料构建出与模式语对等的结构式。

语、广东梅县客家方言中都没有"VP＋受益格标记＋O"这类语序,而在广西的壮语方言如大化壮语和靖西壮语中,以及与壮语有着密切系属关系的语言如傣语、泰语中却普遍存在这样的语序。我们赞同覃先生受壮语影响的观点。但我们认为,这种接触引发的演变不是"语序重组"或"结构重组",而只是"复制性语法化"。如2.1所述,没有双宾A式的方言中,"给"义动词不可能发展为"受益格标记＋O＋VP"中的受益格标记,上述有"VP＋受益格标记＋O"语序的汉语方言都没有双宾A式,也就不存在"给$_P$(受益格标记)＋O＋VP"格式的施益句。据林亦、覃凤余(2008),南宁白话同时存在"受益格标记＋O＋VP"和"VP＋受益格标记＋O"两种格式的施益句,但"受益格标记＋O＋VP"中的受益格标记用"帮"或"同",不用"给"和"畀",而"VP＋受益格标记＋O"中的受益格标记只用"给"或"畀",不用"帮"和"同"。可见,"VP＋受益格标记＋O"不是"受益格标记＋O＋VP"格式中的介词短语后移所致,因而不是"语序重组"或"结构重组"。

单从语义来看,"V＋O$_t$＋与格标记＋O$_r$"到"VP＋受益格标记＋O"的演变完全有可能发生,因为使某人获得某物就有可能使其受益或受损,但这种演变的发生还要受语言系统中其他条件的制约,如果这种语言是SVO型语言(语言类型学显示,SVO型语言中,介词短语倾向于用于动词后),那么这种演变就有可能发生,反之则不然。与壮语有着密切系属关系的语言如泰语等就有这种演变。下面以广西武鸣的壮语为例来加以说明:

(1)haɯ³ poːn³ θaɯ¹ ʔdeu¹ haɯ³ mɯŋ²

给　本　书　一　给　你

给一本书给你

(2)ɾaːi⁴ ɕen³ ɾam⁴ ʔdeu¹ haɯ³ te¹
　　倒　盏　水　一　给　他
　　给他倒杯水
(3)tan³ pu⁶　haɯ³ lɯk⁸ ŋe²
　　穿　服　给　孩子
　　给孩子穿衣服

例(1)中,第一个"haɯ³"为给予动词,第二个"haɯ³"的作用是引出接受者;例(2)的"haɯ³"既可以看作引出接受者,又可以看作引出受益者,"haɯ³"可以理解为引出接受者兼受益者;例(3)的"haɯ³"只能看作引出受益者。

在同属壮侗语族的泰语中也存在类似的演变。例如:

(4)Khun hai apple khao nuengluuk(hai 为"给"义动词)
　　你　给　苹果　他　一个
　　你给他一个苹果

(5)Chan suue sue　hai khao nueng tuo(hai 引出接受者)
　　我　买　衣服　给　他　一　件
　　我买一件衣服给他

(6)Khun sai suepha hai dek　noi(hai 为受益格标记)
　　你　穿衣服　给　孩子　一下
　　你给孩子穿一下衣服

泰语是典型的SVO型语言,显然,例(6)的受益格标记"hai给"由例(5)的"hai给"演化而来。

跟其他南方汉语方言一样,广西境内的汉语方言本来都有介宾补语式的双及物结构"V+O_t+与格标记+O_r"。例如(覃东生,2015:87):

柳州话：寄封信给我_{寄了一封信给我}。

南宁白话：畀一本书畀我_{给我一本书}。

宾阳话：把一本书把我_{给我一本书}。

五通话：分一本书分我_{给我一本书}。

新桥客家话：寄一封信畀我_{寄一封信给我}。

受壮语"V＋O_t＋与格标记＋O_r"到"VP＋受益格标记＋O"这一演变模式的影响，与壮语有密切接触的汉语方言也由这类结构的与格标记发展出了受益格标记的用法。下面是笔者调查的崇左地区宁明县海渊镇话：

(7) 畀[pei³⁵]一本书你_{给你一本书}。

(8) 斟杯水畀[pei³⁵]佢_{倒杯水给他}。

(9) 着件衫畀[pei³⁵]细娃子_{给孩子穿件衣服}。

例(7)中，"畀"是"给"义动词，例(8)中"畀"后的"佢"是接受者兼受益者，例(9)的"畀"只能理解为受益格标记。例(7)(8)的"畀"是汉语方言自身固有的，例(9)是受壮语的影响通过语法化复制由例(8)演变而来的。需要指出的是，海渊话也有"受益格标记＋O＋VP"语序的施益句，但其受益格标记用"帮[puŋ⁵⁵]"和"同[tʻoŋ²¹]"（"同"为老派的用法，新派多用"帮"），不用"畀"。这个方言也有双宾 A 式，但这个格式通常只在年轻人中使用，可见是受官话影响的外来层次，且进入海渊话的时间不长。

3 余论

根据张敏(2011)，双及物结构南北差异的大势是北方多用双宾 A 式且一致排斥介宾补语式，南方一致使用介宾补语式。他说:"汉语方言给予类双及物结构类型的南北对立不是双宾 B、A 式的对立,而是用和不用介宾补语式的对立。北方方言是不用或至少不大用介宾补语式,南方话的共同点是都用介宾补语式,且在大部分方言里它还相当发达。长江沿岸及其南面的南方官话和东南方言在'用介宾补语式'这一点上整体地又别于长江以北的北方话。"张先生认为,这一重大对立的实质是汉语史上两项彼此相关且时间上大致相继的重大演变的一部分:一是始于汉代的介词短语前移的语序变化,二是元明时期"动后限制"(即"动词后不容双宾构型之外的任何双成分")的成形。如上所述,有双宾 A 式的官话中,受益格标记"给"来自"$V_{给}+O_r+VP$"格式的"给",这一格式由双宾 A 式类推而来。但是,介宾补语式双及物结构发达的南方方言(包括西南官话、江淮官话、吴语、闽语、赣语、湘语、粤语),未见"$V+O_t+$与格标记$+O_r$"中与格标记演变为受益格标记的现象(除广西地区的一些方言)。我们认为,介宾补语式双及物结构在南方方言虽然广泛使用,但这种结构不能进一步演化,这限制了与格标记朝受益格标记等语法成分的演变。这种限制一方面跟汉语介词短语的前移和"动后限制"有关,另一方面跟观念距离象似性原则即句法对语义关系距离的摹拟(见张敏,1998:222)有关。根据张赪(2002),介词短语前移的语序变化始于汉代,"在唐五代时期已基本完成",其后的变化只是细节的调整,而"元明时期介词词组的词序变化全部结束"。其根据是现代汉语里"介词+场所"在动词前后的分布规律在唐五代时期已大致确立,元明时期则已与现代汉语完全一致,这个规律作者概括为"介词词组的位置与其所表示的意义相对应",即表动作起点、发生的场所、存在的场所的介词词组前置于动词,表动作归结点的介词词组后置于动词。其后是"动后限制"的演变,这一演变形成于元明清时期,南方话受影响的程度虽不及北方,但也受到较大影响。比如,现代北方话中表动作归结点的介词词组也一般不置于动词后,而要放到动词前,而南方方言还有"V+介词+场所"格式,武汉话"摆个花瓶在桌子高头",但这一格式基本不见于北方话,如北京话要说成"在桌上摆个花瓶儿"或"把花瓶儿搁的桌上"。(见张敏,2011)北方官话排斥介宾补语式、南方一致使用介宾补语式,这种格局与"V+介词+场所"在南北方言的分布格局基本一致。换句话说,"V+介词+场所"格式和介宾补语式双及物结构这两类语序在北方官话中都不用或至少不大用,而在南方方言如西南官话、江淮官话、赣语、湘语、客家话、粤语中都有广泛使用。语言类型的研究显示,SOV 型语言中,介词短语倾向于用于动词前,因此,张敏(2011)认为,南北方言双及物结构在类型上的差异是 SOV 这一语序格局在汉语方言中由北向南扩散引起的。这种扩散对南方方言也有一定程度的影响,其结果是:南方方言仍然有"V+介词+O"结构,但须遵循距离象似性原则,所以,遵循距离象似性原则的"V+介词+动作归结点"结构和介宾补语式双及物结构得以在南方方言广泛运用,除此之外,其他介词结构通常都已前置于动词。[①] 因此,"V+O$_t$+与格标记+O$_r$"格式的进一步演变同样要以遵循距离象似性原则为前提,"VP+受益格标记+O"格式的施益句是不遵循距离象似性原则的语序,而汉语语序普遍遵循距离象似性原则,因而,现代汉

[①] 这种说法涉及的范围不包括广西境内的方言。据林亦、覃凤余(2008),南宁白话中,"给"可以用于动词后引进动作的对象,如"佢有意见给校长",我们认为,"给"的这类用法同样是受壮语的影响所致。

语方言内部不大可能出现由"V+O_t+与格标记+O_r"到"VP+受益格标记+O"的演变。

可见,语法成分的演变不但跟语义有关,还要受语言系统及系统中某些结构的影响和制约。

参考文献

陈　瑶　2009　《"给予"义动词兼表"施受"的动因研究——以徽语祁门话的"分"为例》,见《福建省辞书学会第五届会员代表大会暨第十九届年会论文集》。

陈章太、李行健主编　1996　《普通话基础方言基本词汇集》,北京:语文出版社。

戴浩一　1985　Temporal sequence and Chinese word order. *Iconicity in Syntax*. Edited by John Haiman. 49—72. Amsterdam:John Benjamins Publishing Company. 黄河译,《国外语言学》,1988年第1期。

洪　波、王丹霞　2007　《命令标记"与我"、"给我"的语法化及词汇化问题探析》,见沈家煊等《语法化与语法研究》(三),北京:商务印书馆。

黄伯荣　1996　《汉语方言语法类编》,青岛:青岛出版社。

李　荣　2002　《现代汉语方言大词典》,南京:江苏教育出版社。

李宗江　2016　《汉语常用词演变研究》(第2版),上海:上海教育出版社。

林　亦、覃凤余　2008　《广西南宁白话研究》,桂林:广西师范大学出版社。

刘丹青　2001　《汉语给予类双及物结构的类型学考察》,《中国语文》第5期。

刘永耕　2005　《动词"给"语法化过程的义素传承及相关问题》,《中国语文》第2期。

平田昌司　1997　《休宁方言的动词谓语句》,见李如龙、张双庆主编《动词谓语句》,广州:暨南大学出版社。

覃东生　2015　《对广西三个区域性语法现象的考察》,河北师范大学博士学位论文。

王丹荣　2005　《从"给"字看襄樊话的方言类型》,《襄樊学院学报》第6期。

吴福祥　2009a　《南方民族语言关系小句结构式语序的演变和变异——基于接触语言学和语言类型学的分析》,《语言研究》第3期。

吴福祥　2009b　《语法化的新视野——接触引发的语法化》,《当代语言学》

第 3 期。

张　赪　2002　《汉语介词词组语序的历史演变》，北京：北京语言文化大学出版社。

张　敏　1998　《认知语言学与汉语名词短语》，北京：中国社会科学出版社。

张　敏　2010　《"动后限制"的区域推移及其实质》，中国语言的比较与类型学研究国际研讨会，香港科技大学，2010 年 5 月 8 日—9 日。

张　敏　2011　《汉语方言双及物结构南北差异的成因：类型学研究引发的新问题》，《中国语言学集刊》第 2 期。

周　磊　2002　《乌鲁木齐话"给"字句研究》，《方言》第 1 期。

朱德熙　1979　《与动词"给"相关的句法问题》，《方言》第 2 期。

朱德熙　1982　《语法讲义》，北京：商务印书馆。

（本文原载《语言研究》2018 年第 4 期）

扎坝语趋向前缀的语法化[*]

黄 阳 吴福祥

（西南交通大学人文学院
中国社会科学院语言研究所）

0 引言

扎坝语源于方位名词的5个趋向前缀除了表达动作趋向功能外,已进一步语法化为"完整体标记""瞬间体标记""状态变化标记""命令式标记""断言标记"。本文首先从共时层面描写了扎坝语趋向前缀多样性的语法功能,然后从历时角度构拟了趋向前缀在扎坝语中的语法化路径。文章最后通过对比羌语支内部不同语言,认为趋向前缀在羌语支语言中的语法化方向具有一致性,这一共享的语法化模式是羌语支语言平行创新的结果。

---

[*] 本文系国家社科基金重大项目"中国民族语言形态句法类型学研究"（项目编号18ZDA298）、西南交通大学中央高校业务经费项目"川西木雅语和贵琼语中的若干语言接触现象研究"（项目编号26816WBR10）的阶段性成果。作者感谢甘孜州的诸位发音人。文章错误概由作者负责。

1 概况

扎坝语(འཛོས,nDrapa,ISO 639—3:zhb)是藏缅语族羌语支中一种处于严重濒危状态的语言,(Roche 等,2018)分布于四川甘孜藏族自治州道孚县扎坝区、雅江县扎麦区以及理塘和新龙两县的部分村落,分为上、下扎坝两个方言区。(孙宏开,1983;黄布凡,1990)上扎坝方言通行于道孚县仲尼乡、红顶乡、扎拖乡、亚卓乡和下拖乡的 33 个行政村,使用人口约 6000 人;下扎坝方言通行于雅江县瓦多乡、木绒乡的 10 个行政村,使用人口约 5300 人。(2017 年实地调查)现今划归雅江和道孚的扎坝人是木雅岗最早的居民,扎坝人的历史和唐代东女国历史联系紧密。(林俊华,2006)木雅岗是藏族的古老地名,又名"木雅让娃岗"(mi-nyag-ra-ba-sgang),现扎坝人的生活范围在古代属于羌人的活动范围,扎坝人可能是某羌人部落的后裔。从公元 7 世纪开始,经过一千多年藏文化的同化,原有部落或部落名及其主要文化特点早已消失,但他们的语言仍保留至今,成为唯一的历史活遗迹。(格勒,1988:122)

1.1 扎坝语的动词形态总览

扎坝语动词的主要形态特征包括:(a)动词有趋向、人称、体、式、态、示证(evidential)、自知(egophoric)[①]等语法范畴,或是以核

[①] 自知范畴是具有两项对立的语法范畴,表达某人对命题传递知识是否具有自我意识的途径(access of "self-awareness"),自知主要表明个人的知识。跟自知相对应的是非自知,用以表达说话行为参与者将自身置于事件之外,而不对事件做自我的权威认识断言。(Tournadre & LaPolla,2014:243)扎坝语和日语有些近似,主要标记非自知(使用标记-a³³),而没有专用的自知标记。自知标记主要跟体、否定、疑问、动词的不同形态("获得义""去义"动词)融合在一起。

心标记(head-marking)的方式添加在谓语动词上,(Nichols,1986)或是依靠动词的内部音变(元音和谐、增音)表达相关语法概念;(b)有人称一致关系,除了少数动词依靠动词的内部屈折跟主语保持一致关系外,主语还跟动词后附的体标记、疑问助词等保持人称的一致;(c)表达空间、处所关系时,存在动词和领有义动词同形,且按照生命度(animacy)、物体存在方式及空间位置差别分为不同的小类;(d)表示一般否定的否定标记置于趋向前缀和动词之间,表示禁止或推测的否定标记置于动词之后;(e)体标记、示证标记、非自知标记都后置于动词,且按照[体标记-非自知标记-示证标记]的先后顺序排列。以下对以动词为核心的形态结构进行总结:

表1 扎坝语动词的形态标记

| 趋向-(否定-) | 动词 - | 致使 | -体 | (-非自知标记) | (-示证) | (-疑问) |
| 趋向- | 动词 -(否定-) | 致使 | -体 | (-非自知标记) | (-示证) | (-疑问) |

1.2 以往相关研究

趋向前缀是川西羌语支语言所共有且具有典型区域特征的语法范畴,早在20世纪初就已引起学者的关注。Wen(1943)、长野泰彦(1984)、林幼菁和罗尔武(2003)对嘉绒语及其方言中动词趋向前缀的语法功能进行了描写。孙宏开(1981)、黄成龙(1997、2007:132—136)、LaPolla & Huang(2003:154—161)集中讨论了羌语中趋向前缀的意义、搭配和多功能语法特点。Daudey(2014:266)从句法、语义角度分析了普米语趋向前缀跟动词词根以及体貌范畴之间的互动。Zhang(2013:416)、Jiāng(2013:123)分别对尔苏语和贵琼语的趋向前缀进行了细致的分类。Ikeda(2007)、Huang(2017)分别对木雅语汤古、普沙绒话趋向前缀的功能做了报道。黄布凡(1994)、

LaPolla(2003:581)、Matisoff(2003:88)较概括地介绍了羌语支语言的趋向前缀,他们认为羌语支语言的动词趋向前缀除了实际表趋向,还具有别的隐喻功能。Shirai(2009)是第一篇集中讨论扎坝语动词趋向前缀句法功能的文献,作者通过对上扎坝方言中趋向前缀的分析认为趋向前缀是川西藏缅语言所具有的共性特征。

本文在 Shirai(2009)的基础上集中考察四川雅江县木绒乡沙学村下扎坝方言中趋向前缀的句法功能,并从历时发展角度分析趋向前缀功能演变的动因和机制,梳理其演变的脉络。

2 扎坝语的趋向前缀

与羌语支其他语言类似,扎坝语的趋向前缀主要根据不同的空间方位以及参照点(山川、河流、说话人的视点)分为5类,使用5个趋向前缀,分别是 ə^{55}-"上方"、a^{55}-"下方"、kə^{55}-"上游/左边"、ŋə^{55}-"下游/右边"、tə^{55}-"无定方",[①]动词趋向前缀的数目明显少于周边某些羌语支语言。[②] 动词词根上添加不同的趋向前缀表示动作的趋向或动作行为进行的方式。不同趋向前缀一般根据动词本身[±具体方向性、±强弱方向性]和动词的[±自主性/非自主性]等语义范畴选择与之搭配的动词。同一动词可添加不同的趋向前缀,某些动词只能添加特定的趋向前缀,而有的动词并非强制要求添加趋向前

[①] 不同方言区中趋向前缀的读音也略有不同,例如表示"上方"的趋向前缀在下扎坝瓦多全区以及木绒部分地方读作 ɪ^{55}-,而在上扎坝及木绒沙学村读成 ə^{55}-。

[②] 根据黄布凡(1994:136),四川西部羌语支语言中趋向前缀数量最多的是羌语雅都话,共9个趋向前缀,而扎坝语及周边的羌语支语大多有5个(左右)趋向前缀。黄成龙(1997)报道的羌语荣红话趋向前缀数量是目前所见文献中最多的,共有12个。

缀。有的趋向前缀已通过元音和谐、语音交替等形式融合为动词构词成分,不可省略;以"趋向"为基本义的趋向前缀和某些动词组合时具有其他隐喻义,这类隐喻义和扎坝人的文化生活和认知策略有关。

2.1 趋向前缀的类别及搭配

5个趋向前缀 $ə^{55}$-、a^{55}-、$kə^{55}$-、$ŋə^{55}$-、$tə^{55}$-在空间方位的确定上主要以江河(鲜水河)流向以及当地山川作为绝对空间参考框架,但 $kə^{55}$-、$ŋə^{55}$-在年轻一代扎坝人群体中已经分别发展出"左边、右边"的意义,空间关系的确立可以根据说话人视点的改变而发生变化,属于相对空间参考框架。(Levinson,2003:24)但这一用法在老年扎坝人群体中却较为模糊,老年人无法对应翻译汉语的"左"和"右"。不同方言区中趋向前缀 $kə^{55}$-、$ŋə^{55}$-的意义略有不同,这主要和地理因素(空间参照点的具体方位)相关。由于鲜水河在上扎坝和下扎坝境内流向刚好相反,因此两地扎坝人判断上、下游的方向相反,从而造成对 $kə^{55}$-、$ŋə^{55}$-方向判断相反。如图1、图2所示:

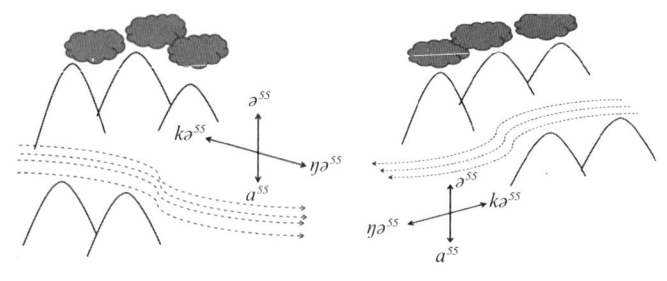

图1 下扎坝的趋向判定　　**图2 上扎坝的趋向判定**

某些趋向前缀与汉语中的方位词有一一对应关系,而某些趋向前缀却很难和汉语中的情况相互对应。每个动词词根都有一个最常用的趋向前缀与之搭配。趋向前缀和动词的搭配遵循"事实性"(realistic)和"象征性"(figurative)原则。(Matisoff,2003:89)若动词词根和趋向前缀结合后表现实在的趋向意义,或动词词根本身的方向性和趋向前缀的意义并不排斥，某一动词词根可以和多个趋向前缀搭配；若动词本身的方向性并不明确，或动词无法表现方向，某一动词词根只能和固定的一个趋向前缀搭配，其搭配的理据更多体现了扎坝人的认知策略，具有象征性的特点。趋向前缀和某些动词结合时会发生同化作用，使元音发生和谐或是让动词词根的声母出现增音现象。① 下面对扎坝语中常用动词的词根和趋向前缀的搭配情况进行总结：

表2 下扎坝语动词词根和趋向前缀的搭配情况

ə⁵⁵- 上方	可替换	ə⁵⁵ the⁵³ "上来"、ə⁵⁵ tʂhu⁵³ "挖"、ə⁵⁵ dzɿ⁵³ "旋转"、ə⁵⁵ zi⁵³ "进来"、ə⁵⁵ su⁵³ "牵"、ə⁵⁵ zu³³ "捧"、ə⁵⁵ dzɿ⁵³ "上抛"、ə⁵⁵ htɕi⁵³ "挂"、ə⁵⁵ bɿ³³ "贴"、ə⁵⁵ ntʂho⁵³ "雕"、ə⁵⁵ zi dzɿ⁵³ "吓"、ə⁵⁵ ki⁵³ tɛ³³ "推"、ə⁵⁵ vʐɛ³³ "溅"
	不可替换	ə⁵⁵ ptse⁵³ "燃烧"、ə⁵⁵ ntʂhe⁵³ "浮"、ə⁵⁵ hpo⁵³ "熄灯"、ə⁵⁵ tɕue³³ "醒"、ə⁵⁵ ntʂue⁵³ "走路"、ə⁵⁵ khia⁵³ "和牌"、ə⁵⁵ nə⁵³ "生长"
a⁵⁵- 下方	可替换	a⁵⁵ ntʂhɛ²⁴ "加"、a⁵⁵ vi vi³³ "除"、a⁵⁵ ro⁵³ "扫"、a⁵⁵ htʂɛ⁵⁵ tʂɛ³³ "拉"、a⁵⁵ ra ra³³ "挠"、a⁵⁵ ne³³ "浸"、a⁵⁵ the³³ "漏"、a⁵⁵ ta⁵³ "织"、a⁵⁵ pɔ³³ tʂa³³ "搅拌"、a⁵⁵ nthu³³ "炖"、a⁵⁵ be³³ "腌"、a⁵⁵ vʐa⁵³ "醉"、a⁵⁵ ntʃɿn³³ "讨饭"、a⁵⁵ nphua⁵³ "吃亏"、a⁵⁵ nkui ja⁵⁵ "上当"、a⁵⁵ ntse³³ ntse³³ "咬"、a⁵⁵ ntʂha⁵⁵ tʂa³³ "捏"、a⁵⁵ ntha³³ "搓"、a⁵⁵ ptɕia⁵³ "掉"、a⁵⁵ sha³³ "砸"、a⁵⁵ tʂɛ³³ "锯"、a⁵⁵ due³³ "装"、a⁵⁵ ntʂhə³³ "填"、a⁵⁵ mnɛ³³ "蘸"
	不可替换	暂未发现

---

① Daudey(2014:156)认为普米语的趋向前缀早期都有舌根音声母 k/x 或喉门音声母 h/ʔ，但随着语音演变声母弱化、脱落而变成单元音韵母（例如表示"内部"的前缀 ɐ 经历了以下语音变化：hɐ>ʔɐ>ɐ）。我们推测扎坝语和普米语有相似之处：高调域的趋向前缀音节早期应有声母，由于顺同化作用常常会影响与之结合的动词词根声母使之带上 h-。后期趋向前缀声母脱落，但词根声母前的 h-却保留了下来，因此趋向前缀后的动词词根若其声母为塞音或塞擦音时听感上偶尔会带上 h 辅音。参考上扎坝方言的音系结构，下扎坝方言中声母前的 h-也可能是源于声母 ʂ 的弱化。

(续表)

ŋə⁵⁵- 下游、 右边	可替换	ŋə⁵⁵ tʰe⁵³ "出"、ŋə⁵⁵ pʰo⁵³ "揭"、ŋə⁵⁵ pʰe⁵³ "捂"、ŋə⁵⁵ tɛ⁵³ "捋"、ŋə⁵⁵ ɬɛ³³ "蒙"
	不可替换	ŋə⁵⁵ ptɕe⁵³ "摆"、ŋə⁵⁵ mni⁵³ "偷听"、ŋə⁵⁵ mtshu³³ "瞄准"、ŋə⁵⁵ kʰo³³ "晒"、ŋə⁵⁵ xu³³ "揣"
kə⁵⁵- 上游、 左边	可替换	kə⁵⁵ tə³³ "射击"、kə⁵⁵ dʑa³³ "住"、kə⁵⁵ htu⁵³ "榨"、kə⁵³ be⁵³ "堆放"、kə⁵⁵ wo⁵³ "叠"、kə⁵⁵ tʂi⁵³ "折"、kə⁵³ dɛ³³ li⁵³ "卷"、kə⁵⁵ tʂo⁵⁵ "染"、kə⁵⁵ tshɛ³³ tshɛ³³ "试"、kə⁵³ vlə⁵³ "换"、kə⁵⁵ mo³³ "熬"、kə⁵⁵ ntɕʰɛ⁵³ "和牌"、kə⁵⁵ hto³³ "记仇"、kə⁵⁵ mə³³ ge³³ "问话"
	不可替换	kə⁵⁵ ʂhə⁵³ "比赛"、kə⁵³ hta⁵³ "捉"、kə⁵⁵ ntɕo³³ "扎"、kə⁵⁵ wu⁵³ "烤"、kə⁵⁵ ji³³ "帮忙"、kə⁵⁵ htu⁵³ "留"、kə⁵⁵ mtɕʰɛ⁵³ "使用"
tə⁵⁵- 无特 定方 向	可替换	tə⁵⁵ mɛ³³ "吹"、tə⁵⁵ tʃhə⁵³ "刺"、tə⁵⁵ zə³³ la³³ "抹"、tə⁵⁵ tshɿ⁵³ "剪"、tə⁵⁵ tʂɿ⁵³ "裁剪"、tə⁵⁵ zi³³ "去"、tə⁵⁵ nkhue⁵³ "请客"、tə⁵⁵ kʰe³³ "送礼"、tə⁵⁵ ptɛ⁵³ "靠"、tə⁵³ hpu⁵³ "搬"、tə⁵⁵ tshe⁵³ "塞"、tə⁵⁵ ku⁵³ "喊话"
	不可替换	tə⁵⁵ mdʑe³³ "飞"、tə⁵⁵ ta³³ "抢"、tə⁵⁵ tɕhye³³ "割"

除此之外,趋向前缀 kə⁵⁵-的声母变为送气声母,构成 [khə⁵⁵-V-ŋə⁵⁵-V] 的结构,表达汉语中"……来……去"的意义,该类组合结构也广泛见于羌语支的其他语言(Ding,2014;LaPolla & Huang,2003:156)。例如:

khə⁵⁵ nkhui⁵³ ŋə⁵⁵ nkhui⁵³ 聚来聚去 khə⁵⁵ pə⁵³ ŋə⁵⁵ pə⁵³ 背来背去
khə⁵⁵ zi⁵⁵ ŋə⁵⁵ zi³³ 走来走去 khə⁵⁵ dʑo⁵⁵ ŋə⁵⁵ dʑo⁵⁵ 跳来跳去
khə⁵⁵ tə⁵⁵ ŋə⁵⁵ tə³³ 打来打去 khə⁵⁵ mdʑe⁵⁵ ŋə⁵⁵ mdʑe³³ 飞来飞去

2.2 趋向前缀的语法功能

除了表达典型的趋向意义,在跟不同类型的动词或形容词结合时,趋向前缀还进一步发展出其他功能。扎坝语趋向前缀的功能演变并不平衡,某些趋向前缀已进一步语法化为表达其他语法范畴的标记,而某些趋向前缀仅停留在单一表达趋向的阶段。同一语法功能可以由多个趋向前缀表示,但它们出现的场合有细微差别。以下分别介绍。

2.2.1 完整体标记(perfective)

完整体把情状或事件当作一个封闭的整体,其强调的观察视点是情状的起点和终点状态。孙宏开(1981)认为趋向前缀除了表达趋向外,还具有典型的完整体功能。扎坝语共有3种语法手段表达完整体,①因此趋向前缀表达完成的情况并非显赫手段,目前5个趋向前缀都具备完整体标记的功能。② 例(1)—(4)都是不及物动词,添加趋向前缀后都强调动作已经完成。例如:

(1)ji^{24}　a^{55}-di^{33}-a^{33}.

　屋子 趋向-坍塌-非自知标记

　房子塌掉了。

(2)ŋa^{24}　a^{55}-dzɿ^{53}, mi^{24}　kə^{55}-pthi^{33}.

　我　趋向-掉　伤势　趋向-受伤

　我掉下来了,受了伤。

(3)tɕə^{55} te^{55}　tsu^{55} tsu^{55} we^{24}　tə^{55}-ʂtʂo^{33} ʂtɕi^{33}.

　信　　刚刚　　　　趋向-寄

　信刚刚寄了出去。

---

① 在表达完整体功能时,扎坝语可以依靠三种手段:(1)直接在句末位置添加完整体标记-gɿ^{33}、-wu^{53}、-ʂtɿ^{53}(三者有人称、示证的差别);(2)内部音变:或是依靠声母复杂化表达完整体(例如:kə^{55} zə^{33} "写" > kə^{55} vzə^{33} "写了"、tə^{55} tshe^{53} "挡" > tə^{55} ptshe^{53} "挡了"),或是替换词根的非唇音声母为唇音声母(例如:kə^{55} ntɕhu^{33} "看" > kə^{55} mtɕhu^{33} "看了"),或是为避免唇音互斥而改变元音(例如:kə^{55} pe^{33} "盯" > kə^{55} pi^{53} "盯了"、a^{55} və^{53} "倒" > a^{55} vi^{33} "倒了");(3)趋向前缀表完整体。

② Shirai(2009)也提及周边道孚县的上扎坝方言应该和某些羌语支语言一样趋向前缀能表完整体功能,在未完整体中趋向前缀是选择出现的,在完整体中是强制出现的,但作者文中并未提供扎坝语的相关例子。考虑到下扎坝方言中完整体表达可以采用三种不同策略,我们认为下扎坝方言中使用趋向前缀表达完整体的功能并非特别典型。

(4)lu⁵⁵ the⁵³ mui⁵⁵ mui⁵³ ʂtɕi⁵³-ɲi³³, nge²⁴ ə⁵⁵-htɕu⁵⁵-a³³.
　　风　　非常　　狂-助词　　门　　趋向-打开-非自知标记
　　风太大啦,门都开了。

当动词是及物动词的时候,在强调动作行为已经发生时,扎坝语倾向于不但添加动词趋向前缀,而且还在动词之后添加专用的完整体标记从而强化动作行为,例如:

(5)ŋa⁵⁵ sha³³ pu⁵⁵-wu³³　 a⁵⁵-ɺɛ⁵⁵-gɿ³³.
　　我　树　　-与格　趋向-砍-完整体:自知
　　我砍了树。

(6)pə³³ dzə⁵⁵-zˌe²⁴　tə²⁴-pha⁵⁵ tsɿ³³-ɲi²⁴　　tə⁵⁵-dzo³³ lo⁵³-və²⁴-wu⁵³.
　　孩子　-复数　水-处所格　-源点格　趋向-回来　-过来-完整体
　　孩子们从河边回来了。

(7)sɿ⁵⁵ ngi³³ kə³³ zˌe⁵⁵ gu⁵⁵-zˌe⁵⁵-wu³³　kə⁵⁵-htsɿ⁵⁵-ʂtia³³.
　　狮子　这些　羊　-复数-与格　趋向-吃　-完整体:非自知标记
　　狮子吃了这些羊。

(8)a⁵⁵ mɛ⁵⁵　jeʔ³³ nə⁵³　jaʔ³³ juʔ⁵³　ə⁵⁵-theʔ⁵⁵-ʂtɿ⁵⁵.
　　妈妈　　昨天　　土豆　　趋向-挖-完整体:亲见示证
　　(我亲眼看见)妈妈昨天已经挖了土豆了。

2.2.2　瞬间体标记(punctual aspect marker)

除了完整体标记的功能外,趋向前缀 tə⁵⁵-还能表达瞬间体的功能。瞬间体突出时间短,短到不可分解,强调动作在一瞬间发生。(刘丹青,2017:473)表无定方向的趋向标记 tə⁵⁵-常添加在活动动词前,①表示动作行为在一瞬间内完成且达到终点(telicity),

---

① Vendler(1967)根据动词的情状类型(verb situation)及语义特征将动词分为活动动词(activities)、达成动词(achievements)、完结动词(accomplishments)、静态动词(states)四大类。活动动词终结点是任意的,且表示的动作可以持续,如汉语的"走路、游泳、飞、笑、喊"等。

例如：

tə⁵⁵-dʐo³³	迅速传递一下	tə⁵⁵-nga³³	飞快地捡一下
趋向-传递		趋向-捡	
tə⁵⁵-zɿ⁵³	迅速提一下	tə⁵⁵-mɛ⁵³	飞快地吹一下
趋向-提		趋向-吹	
tə⁵⁵-htu⁵³	迅速压一下	tə⁵⁵-hti³³ ke³³	迅速推一下
趋向-压		趋向-推	
tə⁵⁵-tʂɛ⁵⁵ tʂɛ³³	迅速拉一下	tə⁵⁵-tʂhu⁵³	迅速挖一下
趋向-拉		趋向-挖	

以上诸例中的活动动词都有一个自然起点，但终点不明确，添加了趋向前缀之后，动作行为在瞬间就达到一个永恒的终点，且略带尝试的意味，有些近似汉语中"迅速Ｖ一下"。这类结构的趋向前缀稍微带上了"情态"的特征，一般都用在说话人不太乐意、自己不愿意参与的动作行为中。

2.2.3 状态变化标记(change-of-state)

扎坝语的形容词只有跟趋向前缀组合后才能在句中专门用作谓语，表示主语的状态变化情况。扎坝语的性质形容词主要有三类构词形态：(1)单音节的形容词；(2)依靠相同语素重叠构成的双音节形容词，例如：kha³³ kha⁵³"硬的"、vle⁵⁵ vle⁵³"结实的"、vzo³³ vzo⁵³"辣的"、shui⁵⁵ shui⁵³"肥的"；(3)由不同的双音节或多音节构成的形容词。这三类形容词都可和趋向前缀组合，但构词方法略显不同，主要表现在：本身为单音节的形容词可直接和趋向前缀组合；由相同音节重叠而成的双音节形容词必须删掉其中一个音节以单音节的形式和趋向前缀组合；由不同音节构成的形容词可直接跟趋向前缀组合。趋向前缀跟形容词/形容词词根并无一一对应关系，并不要求某一特定趋向前缀必须跟某一特定形容词搭配。

ptsha³³＞a⁵⁵-ptsha³³	: khu⁵⁵	a⁵⁵-ptsha³³		天变晚了。
晚的　趋向-晚	天气	趋向-晚		
ptʂɿ⁵³＞ə⁵⁵-ptʂɿ⁵³	: thɿ²⁴	ə⁵⁵-ptʂɿ⁵³		肉变烂了。
烂的　趋向-烂	肉	趋向-烂		
vɛ³³vɛ⁵³＞ŋə⁵⁵-vɛ⁵³	: tə²⁴	ŋə⁵⁵-vɛ⁵³		水变凉了。
凉的　趋向-凉	水	趋向-凉		
dʑy³³dʑy⁵³＞ŋə⁵⁵-dʑy⁵³	: ngɛ⁵⁵zɿ³³	ŋə⁵⁵-dʑy⁵³		麦子变湿了。
湿润的　趋向-湿	麦子	趋向-湿		
lo³³lo⁵³＞tə⁵⁵-lo⁵³	: tshu⁵⁵ʂa⁵⁵	tə⁵⁵-lo⁵³		村主任变老了。
老的　趋向-老	村主任	趋向-老		
ga³³ga⁵³＞tə⁵⁵-ga⁵³	: lə³³ʂka⁵³	tə⁵⁵-ga⁵³		事情变难了。
难　趋向-难	事情	趋向-难		
ʂtso³³ma⁵⁵＞tə⁵⁵-ʂtso³³ma⁵⁵	: ndʑa³³ja⁵³	tə⁵⁵-ʂtso³³ma⁵⁵		袖子变干净了。
干净　趋向-干净	袖子	趋向-干净		

2.2.4　命令式标记(imperative marker)

命令属于语气的语法范畴,指说话人用以表达命令的动词形式或句子。命令和人称有密切的联系,多要求和第二人称结合或句中不出现人称形式,单以"来、去"等动词表命令。5个趋向前缀中,ə⁵⁵-、tə⁵⁵-和kə⁵⁵-能够充当命令式标记。有时这3个前缀还要求与之结合的动词词根发生展唇/圆唇的元音交替。若在一般陈述式中动词词根的元音为高元音 ɿ、i、y、ɿ,在变为对应的命令式时词根元音需要替换为 u。① 例如:

　　tə⁵⁵-ʐu³³　(ʐi³³＞ʐu³³)　赶快去!
　　趋向-去

　　ə⁵⁵-su³³　(si³³＞su³³)　快牵住!

---

① 黄布凡(1990)认为上扎坝方言大部分动词依靠元音变化的方式表达命令。我们发现下扎坝方言的情况和上扎坝方言类似,并且下扎坝方言的这一表达命令式的音变策略也见于周边的普巴绒却域语及白孜却域语。

趋向-牵

ə⁵⁵-zu³³ （zi³³＞zu³³） 捧起来！

趋向-捧

kə⁵⁵-tsu³³ （tsɿ³³＞tsu³³） 赶快吃！

趋向-吃

kə⁵⁵-tshu³³ （tshɿ³³＞tshu³³）赶快喝！

趋向-喝

2.2.5 断言标记（assertive marker）

扎坝语共有三个系词:同一性、定义性系词 zε³³,定义性系词 tɕi³³,否定系词 ji³³。趋向前缀 tə⁵⁵-可前置于定义性系词 tɕi³³ 之前,这时并不表示趋向的功能,而是表达说话人对句子命题肯定、确定、确信的语气。断言式具有较强的主观性色彩,说话人采用趋向前缀表达个人的立场、态度和情感,凸显"自我"在言谈交际中的角色,例如：

(9)tɔ³³ zε⁵⁵ dʑe⁵⁵ pu⁵³ tɕhə⁵³ zε³³ tə⁵⁵ nə⁵³ ndzε⁵⁵-ndu³³, tɕhə⁵⁵ zε³³ tə⁵⁵ nə⁵³

那个 国王 各种各样   想 -情态 各种各样

shə²⁴ tɿ³³ tə⁵⁵-htɕi³³-a-zε³³.

通晓 一个 趋向-是-非自知标记-确凿性示证

那个国王无所不晓,无所不知,真的就是一个什么都知晓的人。

例(9)来自藏族民间故事《啊叩登巴》,趋向前缀添加在系词之前,故事讲述者强调自己对"国王是无所不知之人"这一命题的判断。相同用法见于例(10)—(11)：

(10)ja²⁴… te²⁴… tə³³ ta⁵³ tə⁵⁵-htɕi³³-zε³³,   te²⁴, nu⁵⁵ shue⁵⁵

语气词 连词 那样 趋向-有-确凿性示证 连词 你 人

mui³³ mui⁵⁵ kə⁵⁵ la⁵⁵ tə⁵⁵-htɕi³³-a³³-mu⁵³.

非常   好的   趋向-是-非自知标记-情态标记

95

哟呀,那样呢你就拥有了(那个宝贝),所以呢你的确是一个好人。

(11) tɕ^{24}, nɛ^{55}, z̩ə^{33}, mɿ^{24}, mui^{33}mui^{55} tə^{33}ta^{53}, ʔo^{33}… to^{33}hto^{53}

连词 你们 的 母亲 非常 那样 语气词 了不起

tʊ^{33}z̩ə^{53}-mbə^{33} rə^{33}tɛ^{55}ji^{53} tə^{55}-htɕi^{33}-a^{33}-mu^{33}.

她 -指示词 一个 趋向-是-非自知标记-情态标记

然后呢,你们的母亲是非常(了不起的),哦,她真的是个了不起的人。

以下是故事讲述者对"村里有值钱大树"的描绘,系词前的趋向前缀 tə^{55}-同样表达了说话人的主观判断语气:

(12) tʊ^{33}z̩ə^{33} sha^{33}pu^{53} pɛ^{33}ma^{33}la^{33} mui^{33}mui^{55} lɿ^{55}lɿ^{55}tɿ^{33}

那 树 话语标记 非常 好的 一棵

tə^{55}-htɕi^{33}-a^{33}-z̩ɛ^{55}-dɛ^{33}dz̩ɛ^{33}.

趋向-是-非自知标记-确凿性示证-传闻示证

(从前有个村子里有一棵檀香树,)听说那棵树还真的是非常好的(值钱的)。

3 趋向前缀的语法化

3.1 趋向前缀的来源

孙宏开(1981)、黄布凡(1994)早已敏锐地观察到羌语支语言的趋向前缀可能源于表示方向意义的名词。长野泰彦(1984)对其来源有不同看法,他认为嘉绒语等羌语支语言的动词趋向前缀应当源于原始藏缅语的运动动词(motion verb)。[①] 虽然由"运动动

[①] Shirai(2009)似乎也对此观点持肯定态度,但 Zhang(2013:430)认为尔苏语中趋向前缀应该源于方位名词。由此可见,对趋向前缀的来源问题,国内外学者所持观点并不一致。

词＞趋向标记"的语法化路径在人类语言中较为常见。(Bybee 等，1994:58;Heine & Kuteva,2002:70—71,155)但羌语支语言中趋向前缀的来源却有别于其他语言。黄布凡(1994:139)认为"羌语支语言的趋向前缀可能来源于方位词,也许最早方位词在动词前做修饰语,后来在长期的使用过程中便以简化的形式前附于动词"。作者从语音对应角度,给出了麻窝羌语、嘉绒语、木雅语的情况,以木雅语为例:

表3　木雅语的方位名词和趋向前缀的对应关系

方向	方位名词	趋向前缀
直上方	tø^{53}jø^{33}	tə(i,y,u,e,o,ə)
直下方	nø^{53}jø^{33}	nɐ(i,y,u,e,a,o,a)
上游方	ɣø^{53}jø^{33}	ɣə(i,u)、ʁɐ(e,o)
下游方	ɦæ^{24}jø^{33}	ɦæ(u,a,o,a)、ji(e)
向心方	thø^{53}jø^{33}	thɐ(i,y,u,e,a,o,a)
离心方	ŋgø^{24}jø^{33}	ŋgə(i,y,u)、NGə(e,o)

从该表可见,在羌语支某些语言中方位名词和趋向前缀之间的确存在比较严整的语音对应规律,扎坝语的方位名词和趋向前缀的对应虽没有木雅语的严整,但也能发现一些痕迹,例如:

表4　方位名词和趋向前缀的对应关系

方向	方位名词 下扎坝方言(木绒)	方位名词 上扎坝方言①	趋向前缀
直上方	tha^{33}pe^{53}	tha^{33}pi^{55}	ə^{55}-
直下方	ʑɿ^{33}pe^{53}	ʑʌ^{33}pi^{55}	a^{55}-
上游、左边	ɕhu^{33}phɔ^{53}	gu^{55}	kə^{55}-
下游、右边	ŋe^{33}phɔ^{53}	tso^{33}wu^{55}	ŋə^{55}-
不定方			tə^{55}-

---

① 上扎坝方言的资料参考黄布凡等(1992)的记录。

97

虽然下扎坝方言木绒话只有表示"下游、右边"的趋向前缀目前还能看到其方位名词来源的痕迹,但若将范围扩大到上扎坝方言和下扎坝方言的整个使用区域,即可发现上扎坝方言有两个趋向前缀都和方位名词有语音的对应关系。表示"直上方"的方位名词跟趋向前缀没有对应关系,这应该是一个早期藏缅语的同源词,因为在彝语(武定)、哈尼语(墨江)、浪速语、波拉语中,表示"上方"的方位名词分别是 tha^{55}、tha^{33}、thɔʔ^{55}、thaʔ^{55}khja^{55},跟扎坝语类似。(黄布凡,1992:242)前缀 tə^{55}-在扎坝语中语源不详,但有学者认为羌语支中的 tə^{55}-应该源于原始藏缅语的方位词 *l-tak"上面"。(Evans,2004:207)因此扎坝语中的趋向前缀也极有可能源于方位名词。

汉语中方位、趋向动词的演变情况可为本研究提供一些线索。在汉代之前,汉语中的动词能指示空间位移,但汉代以后越来越多的动词无法表示位移,必须添加其他位移动词作为卫星成分(satellite)。由于长时间使用,有的位移动词和动词词根词汇化为新的动词,有的还作为动词的卫星成分保留在[V-V]结构中指示位移方向。跟名词结合的方位助词也经历了同样的变化过程,随着使用频率的增加,很多方位名词和名词短语结合在一起,可以不添加表示空间关系的介词表达方向概念。(Xu,2008)

扎坝语是典型的 SOV 语序语言,方位名词前置于谓语,而随着该结构使用频率的增加,动词前的方位名词就容易被重新分析,进而跟动词词根融合,成为表达趋向的词缀。语法化的过程总伴随着去范畴化(decategorialization)过程,当一种新的语法形式产生时,它通常会在形态上跟其他语法成分发生融合,且音变情况随之增加。(Heine 等,1991:15—22)这也是为何在扎坝语中趋向前缀偶尔会跟动词词根发生元音同化,甚而还会发生声母的音变,[①]例如:(ŋə⁵⁵)ŋə⁵⁵ fa⁵³"挑担子"→(ŋə⁵⁵)ŋʊ⁵⁵ khʊ⁵³"晒衣"、(kə⁵⁵)kə⁵⁵ we⁵³"拴"→(kə⁵⁵)qə⁵⁵ vlə⁵³"换"。

那么源于方位名词的趋向前缀为何在扎坝语中可以发展出如此丰富的功能？其语法化的动因和机制到底是什么？Heine & Kuteva(2005)、吴福祥(2009)都强调在观察语法形式的演变时,需要考虑三种不同的机制:重新分析(reanalysis)、类推(analogy)、借用(borrowing)。前两者称为内部演变机制,后者(借用)为外部演变机制,某些演变过程涉及内外机制的交互作用,某些演变可能只涉及上述机制的一种。就扎坝语趋向前缀功能的演变而言,我们认为主要属于内部演变。其语法化的路径符合人类语言中类似的演变方向,但也具有自身的特点。下面分别介绍动词趋向前缀语法化的各个阶段。

3.2 趋向前缀＞完整体标记/瞬间体标记＞状态变化标记

由趋向标记到完整体标记的演变在全世界的语言中广泛而常见。Bybee & Dahl(1989)认为完整体标记的一个主要来源是表达"离开源点而运动"意义的词语,例如:法语的 venir de"从……来"、索马里语的-ooku"来"、缅甸境内布朗朗的 yu"向上"等都语法化为完整体标记。中国境内汉语方言和西南民族语言中类似的演变也较为常见,例如:泉州话的"去"(李如龙,1996:195)、长沙话

---

① 下扎坝语方言趋向前缀读音受动词词根的影响情况并无上扎坝方言丰富,同时也很难发现诸如木雅语或嘉绒语趋向前缀那样丰富的语音演变。(黄布凡,1994:135;Sun,2007)

的"去来"(伍云姬,1996:114)、晋语的"来"(邢向东,2017)、[①]燕齐壮语的po:i²⁴"去"、(韦景云等,2011:159)、景颇语的wa³¹"回去"(戴庆厦,2012:171),以及羌语的tə-"上"和a-"下"(孙宏开,1981)、普米语的nɐ"下"(Daudey,2014:273)、尔苏语的khə-"向内"(Zhang,2013:429)都语法化为完整体标记。

在扎坝语中,当趋向前缀和某些动作方向明确的活动动词(action verb)结合时,趋向前缀同时具有表趋向和完整体标记的功能,而当趋向前缀和越来越多非方向性的动词结合时,它表达趋向的功能逐渐弱化,随即被重新分析为完整体标记。例如:

(13)tʊ³³ zʐə³³ zɿ⁵⁵-wu³³　　　pe³³ ma³³ la³³, wa⁵⁵ ntɕha⁵⁵-mɛ³³ hki³³
　　那　　女子-与格　　话语标记　权利　　-话题标记
　　a⁵⁵-ʂtʂi³³-ȵi³³, tə³³ mtsho⁵⁵,jɪ⁵⁵ zi³³ pe³³ ma³³ la³³,
　　趋向-交-助词　连词　　　当家　话语标记
　　nu⁵⁵ pe⁵⁵　və⁵⁵-jɪ³³　　　zɪ³³　jɪ⁵⁵ zi³³.
　　外面　　来　-名词化标记　女子　当家
　　把权利的话呢交给了那个女子呢,然后呢外面来的女子(媳妇)当家。

(14)tʊ³³ ta⁵³ a⁵⁵-mue⁵⁵-ȵi⁵³, ka⁵⁵ ŋa⁵⁵ tə⁵⁵-zi³³-ȵi³³, tʊ⁵⁵ zʐə³³ hka⁵⁵ tɕha⁵³
　　那样　趋向-做-助词　困难　　趋向-去-助词　那　　语言
　　tə³³ ta⁵³　a⁵⁵-mue⁵⁵-ȵi³³　ŋə⁵⁵-ɬa³³-zʐɛ³³.
　　那样　　趋向-做-助词　　趋向-剩下-确凿性示证
　　那样做了后,遇到了困难之后,那扎坝语就那样保留下来了。

[①] 邢向东(2017)认为晋语具有"时"范畴,且"来"主要用以标记"过去时",它多后置于经历体标记"过"。虽则晋语的"来"和本节讨论的完整体存在一些差别,但可以肯定的是"来"主要用于标记"过去"且非"现在"的时间类型。这在Bybee & Dahl(1989)中得到印证:趋向义的词语除了语法化为"完整体标记",还可语法化为"过去时标记"。

例(13)中的动词 ṣti^{33}"交"还具有一定方向性,此时的趋向前缀 a^{55}-保留一部分趋向义,但已经在向完整体标记转变,因为动词之后添加表示动作先后顺序的助词-ni^{33}。例(14)动词 mue^{55}"做"方向性已不明确,此时前缀 a^{55}-是较为典型的完整体标记。由于语料限制,我们目前还不清楚5个趋向前缀的语法化孰先孰后,但可以肯定的是,这一演变模式具有类推的效果:一部分趋向前缀发展为完整体标记后即可类推到所有的趋向前缀,使它们都发展出完整体标记的功能。

瞬间体强调的是动作的短时性、非延续性、完整性、有界性,它和完整体在语义上有相似之处,都是从内部视点观察动作的情状。(陈前瑞,2008:15—24)从历时发展看还无法明确瞬间体和完整体发展的先后顺序,因此可将瞬间体和完整体合并为一类。

当趋向前缀结合的对象并非动词而是形容词的时候,它们强调的是形容词状态发生的具体变化过程。具有状态变化标记功能的趋向前缀可能源于完整体标记的功能,因为由完结义的语法标记将静态谓语的体意义变为状态变化意义广泛见于特鲁克语和加勒比地区的语言等诸多语言。(Bybee 等,1994:74—77)因此扎坝语的趋向前缀可以朝着完整体标记以及状态变化标记的功能演变,而这一演变过程属于常见的语法演变路径。

3.3 完整体标记>命令标记>断言标记

孙宏开(1981)认为羌语除了9个常见的趋向前缀以外,还有两个可以表达命令式的前加成分 ha-和 da-,它们在某些羌语的方言中也表达动作的趋向。命令式标记既可以源于非现实标记(irrealis),又可以源于现实标记(realis)。(Ziegeler,2016:400)据 Aikhenvald(2010:345)报道,在现代俄语中,以-iti 结尾的过去不定式(old aorist)单数形式跟命令式标记保持同一形态,例如:kup-iti 可同时解读为"你买!"和"你/他买了。"由于过去不定式结构处于逐渐消亡状态,所以 kup-iti 表达事件完成的功能渐渐被命令式的功能所替代。同样在乌克兰语、塞尔维亚-克罗地亚语、保加利亚语和马其顿语中表达命令的语法标记同时表示"突然的、过去意想不到发生"的意思。因此,扎坝语的 5 个趋向前缀中的 ɔ^{55}-、tə^{55}-和 kə^{55}-由完整体标记语法化为命令标记,在语义演变上具有与其他语言相似的特征。

命令式强调说话人的语气生硬、态度不够礼貌,听话人在感知上有些不太情愿。命令的目的也在于听话人能够按照说话人的想法行事。从言语行为看,命令式还是需要听话的人参与,而断言式完全抛开听话人在言语行为中的参与度,说话人根据自己的主观感知和认识,对言语行为进行判断,更加凸显了自我的作用和身份。系词之前的趋向前缀 tə^{55}-无疑起到加强说话人肯定判断、确定自己在言谈中作为重要角色的作用,具有很强的主观性特点。

这里我们将每个阶段的演变过程连接在一起,即形成一条完整的语法化路径:

方位名词 ⟶ 趋向前缀 ⟶ 完整体标记 ⟨ 状态变化标记
命令式标记 ⟶ 断言标记

由上图可见,趋向前缀发展到完整体标记后其功能发生了分化,按两条路径继续发展,属"多向语法化"(polygrammaticalization)的演变模式。趋向前缀在"时间域"和"情态域"内各自再发展出更多的功能,而完整体标记无疑是该语法化路径的核心阶段,这也是为何在当前诸多羌族支语言中趋向前缀都具有完整体标记的功能。(见第 4 节)同时根据扎坝语的例子我们也能进一步推测在 5 个趋向前缀中只有意义较为中性、泛化的不定趋向前缀 tə^{55}-的语法化程度最高,同时具有上图所示的所有功能,是典型的多功能语素。

因为就典型的语法化过程而言,词义虚化是诱发语法化的重要因素,(刘坚、曹广顺、吴福祥,1995)tə^{55}-较其他具有特定方向义的趋向前缀而言意义更加不定、虚化,因此在语法化过程中,它会首先演变,并且在扎坝语趋向前缀中语法化得最为彻底、功能最为多样。

4　区域共性和区域性语法化

虽然除了羌语支语言外,境外喜马拉雅区域的语言也能以动词或副词等词汇或语法手段表达空间的指示关系,某些境外藏缅语趋向前缀还和人称保持一致性,(DeLancey,1981;van Driem,2001:660)但不管是较汉语还是周围的藏缅语而言,羌语支语言中表达空间趋向位移的方式都具有一定特殊性。目前在羌语支语言中都发现了较为丰富的趋向前缀,但同一趋向前缀在不同语言中所表达的趋向意义存在差别,趋向前缀在不同语言中的语法化形式也并非完全相同。下表对羌语支各语言趋向前缀的多功能性做一统计:[①]

[①]　羌语支语言发生学分类情况参照孙宏开(2001)。具体语言中趋向前缀功能参考以下资料:尔苏语(Zhang,2013:428—430)、纳木依语(尹蔚彬,2016:19)、史兴语(孙宏开,2014:990—993)、贵琼语(Jiang,2013:129—132)、却域语(陆绍尊,1985;笔者调查)、扎坝语(笔者调查)、西夏语(西田龙雄,1989:418—419)、普米语(Ding,2014:109—113;Daudey,2014:266—276)、羌语(黄成龙,1997;黄布凡、周发成,2006:129)、木雅语(Ikeda,2007;笔者调查)、嘉绒语(向柏霖,2008:242—259)、拉坞戎语(尹蔚彬,2007:131—134,144)。Zhang(2013:429)记录尔苏语的趋向前缀具有"反复体"(repetitive)的功能,由于该例中出现多个动词重叠的情况表示反复,因此我们推测若变为单一动词,该趋向前缀应当也具有瞬间体的功能,而扎坝语主要使用两个趋向前缀的形式表反复体。(见2.1)贵琼语的趋向前缀和形容词结合时表达变化且程度加深(Jiang,2013:131),因此我们以括号表示。西夏语中趋向前缀虽然也可表达说话人的主观态度,但更多用于语气较为委婉的祈愿式,从语气类型而言没有断言式那么强硬,因此我们也只能用括号表示。

表5 趋向前缀在羌语支诸语言中的多功能性

	功能 语言	趋向 标记	完整体 标记	瞬间体 标记	状态变 化标记	命令 标记	断言 标记	示证 标记	致使 标记
南支	尔苏语	+	+	(+)	+	+	?	?	?
	纳木依语	+	+	?	?	?	?	?	?
	史兴语	+	+	?	?	?	?	?	?
	贵琼语	+	+	?	(+)	+	?	?	?
	却域语	+	+	—	+	+	+	—	+
	扎坝语	+	+	+	+	+	+	—	—
北支	西夏语	+	+	?	?	?	(+)	?	?
	普米语	+	+	?	?	?	?	?	?
	羌语	+	+	?	+	+	+	?	+
	木雅语	+	+	—	?	+	(+)	—	+
	嘉绒语	+	+	?	+	+	+	+	?
	拉坞戎语	+	+	?	+	+	—	?	?

由于各语言参考语法作者的研究重点不同,对某些语法功能描写的着眼点相异,所以在参考资料中并未提及的功能,表中用"?"表示,可以肯定不具备的功能使用"—"表示。不可否认在羌语支各语言中大致存在上表所示功能,甚而还有其他类型的功能。例如:嘉绒语茶堡话的趋向前缀除了完成体、命令式标记功能以外,还具有间接示证标记功能,且趋向前缀有人称的差别,(林幼菁、罗尔武,2003)具有示证功能的趋向前缀不见于除嘉绒语以外的其他语言;羌语荣红话的趋向前缀还具有重行体、要求式、拟测式等标记功能。(黄成龙,1997)新龙木雅语(铃木博之,2015:214—232)判断动词前可添加趋向前缀,表达说话人对内容的判断,[①]近似于扎坝语中的断言标记。这样功能丰富的趋向前缀目

---

① 事实上,该类用法在木雅语不同的方言或土语中存在差别。根据我们的调查,至少在普沙绒村和生古村的木雅语中趋向前缀不能和判断动词结合。

前在境外具有趋向前缀的语言中都很难发现,即便有学者认为趋向前缀是对原始藏缅语的存古,(DeLancey,1981:97)羌语支诸语言趋向前缀语法功能表现出的高度一致性也绝非偶然。

若某一区域的语言特征趋同(convergence),那么除存古外,还有可能是平行演变或区域扩散(diffusion)的产物。(Aikhenvald & Dixon,2001:1—3)高度的趋同性证明趋向前缀在川西羌语支语言中都朝着类似的语法化方向演变,不但是区域性语法化的典型范例,而且是羌语支语言创新的结果。而这一创新也最终印证了藏缅语中某些发生学相关的语言会独立进行相似的创新和演变。(LaPolla,1994)

趋向前缀是川西民族语言共有的特征,不但出现在羌语支语言中,也出现在一些藏语方言中。(向柏霖,2008:243)川西阿坝境内的白马语(孙宏开,2007:87—92)、云南德钦藏语(汪岚,2017)具有趋向前缀,且分别语法化为完整体标记、致使标记。乡城以南及巴塘以西的康巴藏语具有表"这边"和"那边"的趋向前缀,命令式普遍加 pa-前缀,pa-有可能由趋向前缀语法化而来。香格里拉尼西乡的藏语方言有 5 套趋向前缀,应该正处于语法化的阶段,每个动词都有固定趋向前缀表示完整体。[①] 以上所列藏语方言都具有趋向前缀,某些还表现出和羌语支语言近似的语法化路径,而这些藏语方言在地理上无疑都是和羌语支语言接近的。事实上,多功能性的趋向前缀这一羌语支语言所具有的共性特征及其背后的语法化模式已渐渐扩散到周边其他语言中。

---

① 康巴藏语和云南香格里拉藏语中趋向前缀的情况由铃木博之提供。

5 结语

正如 Matisoff(1991:444)所言"虽然很多语法化形式具有共性,但某些语言区域中也会呈现出较为独特的语法化形式"。中国西南地区历来是多民族居住地,长久以来各民族或不同语言群体之间文化交融、语言接触现象都十分丰富,相互的接触与影响也不可避免地发展出区域所特有的演变模式和结果,最终成为构建语言区域所具备的典型标准。(Huang & Wu,2018)本文的目的不在于构建语言区域,而只是尝试从语法化的视角探讨扎坝语中趋向前缀的演变路径,从而为羌语支语言中这一较其他藏缅语而言相对独特的共性特征提供一些参考。

通过本文的研究,我们发现:

a. 扎坝语的趋向前缀应源于方位名词的语法化。

b. 由于趋向前缀所结合的词类不同,且可以在不同的语境中使用,扎坝语的趋向前缀进一步语法化为完整体标记(/瞬间体标记)、状态变化标记、命令标记、断言标记。5 个趋向前缀的语法化程度和阶段并不一致,只有意义较为泛化、表示不定方向的趋向前缀 $tə^{55}$- 才最为彻底地发展出所有的功能。

c. 除了本身表达趋向功能外,"完整体标记"是趋向前缀语法化过程中最具典型性的功能,羌语支语言的多功能趋向前缀都由"完整体标记"功能进一步发展而来。由于语法化过程中不同层次功能的叠加(layering),某些趋向前缀在表达其他功能时都附带强调过去事件、动作行为的完成。

d. 趋向前缀是羌语支语言较为典型的共性特征,这一特征有别于周边其他的藏缅语族语言。当前这一共性特征已在逐渐向周边区域扩散,使某些非羌语支语言也产生出趋向前缀,且按照羌语支语言的演变模式发展。

参考文献

陈前瑞 2008 《汉语体貌研究的类型学视野》,北京:商务印书馆。
戴庆厦 2012 《景颇语参考语法》,北京:中国社会科学出版社。
格 勒 1988 《论藏族文化的起源形成与周围民族的关系》,广州:中山大学出版社。
黄布凡 1990 《扎坝语概况》,《中央民族学院学报》第 4 期。
黄布凡 1994 《藏缅语动词的趋向范畴》,载马学良、胡坦、戴庆厦、黄布凡、傅爱兰著《藏缅语新论》,北京:中央民族学院出版社。
黄布凡等 1992 《藏缅语族语言词汇》,北京:中央民族学院出版社。
黄布凡、周发成 2006 《羌语研究》,成都:四川人民出版社。
黄成龙 1997 《羌语动词的前缀》,《民族语文》第 2 期。
黄成龙 2007 《蒲溪羌语研究》,北京:民族出版社。
李如龙 1996 《泉州方言的体》,载张双庆主编《动词的体》,香港:香港中文大学中国文化研究所·吴多泰中国语文研究中心。
林俊华 2006 《扎坝"走婚部落"的历史与文化》,《康定民族师范高等专科学校学报》第 4 期。
林幼菁、罗尔武 2003 《茶堡嘉戎语大藏话的趋向前缀与动词词干的变化》,《民族语文》第 4 期。
铃木博之 2015 《东方藏区诸语言研究》,成都:四川民族出版社。
刘丹青 2017 《语法调查研究手册》(第二版),上海:上海教育出版社。
刘 坚、曹广顺、吴福祥 1995 《论诱发汉语词汇语法化的若干因素》,《中国语文》第 3 期。
陆绍尊 1985 《扎巴语概况》,《民族语文》第 2 期。
孙宏开 1981 《羌语动词的趋向范畴》,《民族语文》第 1 期。
孙宏开 1983 《六江流域的民族语言及其系属分类——兼述嘉陵江上游、雅鲁藏布江流域的民族语言》,载云南省民族研究所编《民族学报》第 3

期,昆明:云南民族出版社。

孙宏开 2001 《论藏缅语族中的羌语支》,《语言暨语言学》(Language and Linguistics)第 1 期。

孙宏开 2007 《史兴语》,载孙宏开、胡增益、黄行主编《中国的语言》,北京:商务印书馆。

孙宏开、齐卡佳、刘光坤 2007 《白马语研究》,北京:民族出版社。

汪 岚 2017 《德钦藏语的致使结构》,中国民族语言学会语言类型学专业委员会首届学术年会论文,安徽中医药大学,10 月 12 日—13 日。

韦景云、何 霜、罗永现 2011 《燕齐壮语参考语法》,北京:中国社会科学出版社。

吴福祥 2009 《语法化的新视野——接触引发的语法化》,《当代语言学》第 3 期。

伍云姬 1996 《长沙方言"去来"和"咖哒"的对立与互补》,载张双庆主编《动词的体》,香港:香港中文大学中国文化研究所·吴多泰中国语文研究中心。

向柏霖 2008 《嘉绒语研究》,北京:民族出版社。

邢向东 2017 《晋语过去时标记"来"与经历体标记"过"的异同——晋语时制范畴研究之二》,《语文研究》第 3 期。

尹蔚彬 2007 《业隆拉坞戎语研究》,北京:民族出版社。

尹蔚彬 2016 《纳木兹语语法标注文本》,北京:社会科学文献出版社。

长野泰彦 1984 《ギャロン語の方向接辞》,《季刊人類学》(日本)第 15 卷第 3 期。

西田龙雄 1989 《チベット・ビルマ語派》,见龟井孝他编《言語学大辞典·第 2 卷·世界言語編(中)》,日本:三省堂。

Aikhenvald, Alexandra Y. 2010 *Imperatives and Commands*. Oxford: OUP.

Aikhenvald, Alexandra Y. & R. M. W. Dixon 2001 Introduction. In Alexandra Y. Aikhenvald & R. M. W. Dixon(eds.). *Areal Diffusion and Genetic Inheritance: Problems in Comparative Linguistics*. 1—25. Oxford: OUP.

Bybee, Joan & Östen Dahl 1989 The creation of tense and aspect systems in the languages of the World. *Studies in Language* 13.1:51—103.

Bybee, Joan, Revere Perkins & William Pagliuca 1994 *The Evolution of Grammar: Tense, Aspect, and Modality in the Languages of the*

World. Chicago & London: The University of Chicago Press.

Daudey, Henriëtte 2014 A grammar of Wadu Pumi. Ph. D thesis for Doctor of Philosophy, La Trobe University, Melbourne.

DeLancey, Scott 1981 The category of direction in Tibeto-Burman. *Linguistics of the Tibeto-Burman Area* 6.1:83—101.

Ding, Picus Sizhi 2014 *A Grammar of Prinmi : Based on the Central Dialect of Northwest Yunnan ,China*. Leiden: Brill.

Evans, Jonathan P. 2004 Reconstruction of proto-Qiang verb inflection. In Ying-chin Lin et al. (eds.). *Studies on Sino-Tibetan Languages : Papers in Honor of Professor Hwang-cherng Gong on His Seventieth Birthday*. Taipei: Institute of Linguistics, Academia Sinica. (*Language and Linguistics* Monograph Series W-4).

Heine, Bernd & Tania Kuteva 2002 *World Lexicon of Grammaticalization*. Cambridge: CUP.

Heine, Bernd & Tania Kuteva 2005 *Language Contact and Grammatical Change*. Cambridge: CUP.

Heine, Bernd, Ulrike Claudi & Friederike Hünnemeyer 1991 *Grammaticalization : A Conceptual Framework*. Chicago & London: The University of Chicago Press.

Huang, Yang 2017 Directional prefixes in the Mu-nya language. Paper presented at the 25th Annual Conference of the International Association of Chinese Linguistics (IACL-25). Eötvös Loránd University, Budapest, Hungary, June 25—27.

Huang, Yang & Wu, Fuxiang 2018 Central southern Guangxi as a grammaticalization area. In Sylvie Hancil, Tine Breban & Jose V. L. (eds.). *New Trends on Grammaticalization and Language Change*. 105—134. Amsterdam/ Philadelphia: John Benjamins Publishing Company.

Ikeda, Takumi 2007 200 example sentences in the Mu-nya language (Tanggu dialect). *ZINBUN* 40:71—140.

Jiāng, Lì 2013 *A Grammar of Guìqióng : A Language of Sichuan*. Leiden: Brill.

LaPolla, Randy J. 1994 Parallel grammaticalizations in Tibeto-Burman languages:Evidence of Sapir's 'Drift'. *Linguistics of the Tibeto-Burman Area* 17.1:61—80.

LaPolla,Randy J. 2003 Qiang. In Graham Thurgood & Randy J. LaPolla (eds.). *The Sino-Tibetan Languages*. 573—584. London & New York: Routledge.

LaPolla,Randy J. & Chenglong Huang 2003 *A Grammar of Qiang*:*With Annotated Texts and Glossary*. Berlin & New York:Mouton de Gruyter.

Levinson,Stephen C. 2003 *Space in Language and Cognition*:*Explorations in Cognitive Diversity*. Cambridge:CUP.

Matisoff,James A. 1991 Areal and universal dimensions of grammaticalization in Lahu. In Elizabeth Closs Traugott & Bernd Heine(eds.). *Approaches to Grammaticalization* (Vol. 2). 383—454. Amsterdam/Philadelphia: John Benjamins Publishing Company.

Matisoff,James A. 2003 *Handbook of Proto-Tibeto-Burman*. Berkeley:University of California Press.

Nichols,Johanna 1986 Head-marking and dependent-marking grammar. *Language* 62.1:56—119.

Roche,Gerald,Hiroyuki Suzuki,Yang Huang,Franz Huber 2018 Draft report on Tibet's linguistic minorities. Faculty of Arts,Adia Institute,the University of Melbourne.

Shirai,Satoko 2009 Directional prefixes in nDrapa and neighboring languages: An areal feature of Western Sichuan. *Senri Ethnological Studies* 75:7—20.

Sun,Jackson T.-S. 2007 The irrealis category in rGyalrong. *Language and Linguistics* 8.3:797—819.

Tournadre,Nicolas & Randy J. LaPolla 2014 Towards a new approach to evidentiality:Issues and directions for research. *Linguistics of the Tibeto-Burman Area* 37.2:240—262.

van Driem,George 2001 *Languages of the Himalayas*:*An Ethnolinguistic Handbook of the Greater Himalayan Region*. Leiden:Brill.

Vendler, Zeno 1967 *Linguistics in Philosophy*. Ithaca & London:Cornell University Press.

Wen, Yu 1943 Verbal directive prefixes in the Jyarung language and their Ch'iang equivalents. *Studia Serica* 3.1:11—20.

Xu, Dan 2008 Introduction: How Chinese structures space. In Dan Xu(ed.). *Space in Languages of China: Cross-linguistic, Synchronic and Diachronic Perspective*. 1—14. Berlin: Springer.

Zhang, Sihong 2013 A reference grammar of Ersu: A Tibeto-Burman language of China. Ph. D thesis for Doctor of Philosophy, James Cook University, Cairns.

Ziegeler, Debra 2016 The diachrony of modality and mood. In Jan Nuyts & Johan Van Der Auwera(eds.). *The Oxford Handbook of Modality and Mood*. 387—405. Oxford: OUP.

汉语构式化过程研究
——以"V(不)到 XP"构式为例[*]

雷冬平

(重庆师范大学文学院)

0 引言

语言构式的大量研究是 20 世纪末才开始的,特别是近十年来,汉语构式的历时研究也越来越受到关注,构式化的研究也得到了提倡。Trousdale(2012)在研究构式语法化时提出了构式化(constructionalization)概念,接着 Traugott & Trousdale(2013)初步勾勒了构式化理论,强调了构式变化的观点和以语用为基础来研究构式变化的研究方法,分别从语法构式和词汇构式进行理论结合实际的研究。汉语学界虽有彭睿(2016)介绍构式化理论并倡导构式化研究,但汉语构式化研究太少。汉语拥有历史悠久的书面文献材料,构式化的研究应该具有得天独厚的优势,应该值得大力倡导和进行研究。

在进行构式化实例研究之前,我们有必要对汉语构式做一个

---

[*] 本文为国家社会科学基金一般项目"基于大型历时语料库的汉语构式化研究"(批准号 18BYY159)的一部分。

界定,这个界定不是对其概念进行界定,而是对其范围进行界定。要对汉语构式研究的范围进行界定,则必须从对汉语构式研究影响最大的认知构式语法(Goldberg,2006)说起。认知构式语法在很大程度上来源于框架语义学(Fillmore,1975、1977、1982)和基于体验的语言研究方法(Lakoff,1987)的生成语义学,其认识论、方法论与认知语言学是一脉相承的,语义研究方法强调 Langacker(1987)所提倡的以讲话者为中心的对情境的识解(construal),将构式定义为形式(功能)与意义的匹配。Goldberg(1995:4)说:"根据构式语法,如果语法中存在的其他构式的知识不能完全预测某个构式的一个或者多个特征,那么该构式在语法中是肯定存在的。"正是根据构式语义的这一特征,她将构式定义为:

C is a CONSTRUCTION iff$_{def}$ C is a form-meaning pair 〈 F_i, S_i 〉 such that some aspect of F_i or some aspect of S_i is not strictly predictable from C's component parts or from other previously established constructions.

在 *Construction at Work: The Nature of Generalization in Language*(2006:6)中对构式是什么做了进一步的解释:

ALL LEVELS OF GRAMMATICAL ANALYSIS INVOLVE CONSTRUCTION:LEARNED PAIRINGS OF FORM WITH SEMANTIC OR DISCOURSE FUNCNTION, including morphemes or words, idioms, partially lexically filled and fully general phrasal patterns.

认为语法分析的所有层面都涉及构式。构式是业已习得的形式和意义或者话语功能的配对,包括语素、词、习语、部分由固定词汇填充而又完全通用的短语形式。

虽然Goldberg(1995:4)也提到短语和语素也是构式,构式是语言的单位,但只做了动词论元结构的研究。Goldberg(2006:6)进一步认为构式是各种层级的语言单位,将构式的范畴扩展到一个连续体,可以包括语素、词、习语、双宾语句以及被动句式等语言单位,继续将构式看成是语言中的基本单位。虽然Goldberg(2009)已不再将语素单独视为一类,但仍然将单词素视为构式。然而,依然没有小句以下的具体构式实例的研究,这让很多人怀疑构式语法的适用范围。从Goldberg(2006:6)所举实例来看,语素pre-、-ing和词and,虽然都有意义,但是其形式是什么呢?因为构式定义中的形式和意义的结合体,其中的形式据现有的研究来看都是指语法结构,语言单位的组合所体现出来的结构。所以,这种组合结构至少只有在Goldberg(2006:6)所提到的复合词及以上的语言单位中才存在。在汉语中亦是如此,陆俭明(2008)指出:"语素这类构式,如语素'涩'这一构式,其形式是什么?我们只能说是'语音形式'。然而,句法层面的构式,其形式显然不是指其语音形式,应该或者说可能是指形成构式的词类序列和形成构式的语义配置。可是这一来,对构式的'形式'的理解就会存在概念上的本质差异。"因此,我们同意Langacker(1987)早期的观点:"构式为大于等于两个象征单位。"因此,我们将汉语中的复合词及以上语言单位看成是构式,因为在汉语中,至少要从双音复合词开始才能有语法层面的形式,才能构成一个形式和意义或功能的结合体。界定这一点,有利于我们下文的展开,因为我们不仅要研究"V(不)到XP"[①]这个半填充式短语构式的

---

① 樊彩艳(2016)虽然对现代汉语的"V不到(XP)"构式进行了研究,但是不够深入,而且存在较多问题。

构式化,还要研究它的历史演变。也就是说,我们的构式化研究,不仅是要研究"V(不)到 XP"的形成,而且要研究这一构式形成之后的发展演变,包括其构式构件在发展演变过程中的进一步融合成词都是构式化的表现之一。这样,构式化就涵盖小句、短语以及复合词的形成过程。汉语复合词构式概念的确定不但有利于我们进一步扩大汉语构式的研究范围,而且有利于探讨词汇层面、短语层面以及小句层面之间不同层级构式的接口问题及其相互衍生关系。

1 构式的认知生成模型与"V(不)到 XP"的构式化

1.1 构式的认知属性及其生成模型

现有汉语构式语法研究更多的是对某一构式进行共时描写,侧重构式构成、功能及语义的研究成果较多。其实,构式研究更要注重其历时研究。要研究构式的构式化过程,首先我们要明白构式的认知属性。语言是一种符号,是一种抽象的形式化的东西,如果没有语言的描述,没有经过形式化过程的事物,是很难进入人的意识之中。因此,语言中描述的任何东西都是在认知中进行加工处理的。我们生活的是"世界-人-语言"所组成的三维世界,世界通过人的语言来表达,而世界又通过人的语言来塑造。所以,人所生存的世界不是一个单纯的物理世界,它不仅是一个具象的集合,更是一个语言符号的世界。人是通过感官来感知世界的,来获取信息的。Goldberg(1995:5)提出一个假设:"简单句构式与反映人类经验的基本情景的语义结构直接相联系。"她所说的情景就是Fillmore(1977:84)所指的一个理想化的且与个人紧密相关的感知、记忆、经验、行动或者对象。因此,语言知识不是与生俱来的,而是人知识信息积累的结果。构式既然是这种知识经验基本情景的反映,那么构式的形成完全可以通过事件框架结构来认识。我们非常赞同施春宏(2013)通过事件结构理论和认知语言学相结合的方法来研究构式的形成,他说:"语境是结构化的语境,语言表达是结构化的表达,只有在结构化映射中才能构建两者之间的关联。"也就是说,我们探讨一个语言结构的生成,应该将其置于具体的事件框架之下来考察,因为语言是为了表达事件而生成的。Goldberg(1995:5)也曾说,基本论元结构构式是与体验背景下的格式塔动态情境紧密相连的。从这些已有的研究中可以确定,构式是源于认知的,陆俭明(2016b)也强调了这一点,认为从内在语言考虑,确认"构式源于认知"是毫无疑义的,而且提出了"由内到外"运作和"由外到内"运作的两个假设。我们要强调的是,构式不仅源于认知,而且源于格式塔的认知完型。所以,事件框架认知完型的分析是研究构式生成的有效途径。因此,在整合了陆俭明(2016b)关于构式生成的两个假设的基础上,在吸收施春宏(2013)研究新型"被"字句生成机制的精神后,我们将构式认知生成模型构建如图1所示:

从模型中我们可以看出,外部客观世界通过我们的感官进入人脑的主观世界,这个外部世界包括具体的物象,也包括具体的动作和事件,那么这些客体通过我们的各种感官输入之后,都会在人脑中形成一个个镜像,这些镜像是感官和脑神经联结扫描的结果。杨亦鸣等(2001)指出,人类认知活动,包括语言和思维,就是由大脑通过激活大型神经元集合中的神经活动形式而产生的。而语言是认知的,认知又是通过人脑来进行的,而人脑的认知是依靠脑神经的操控来实现的。所以,镜像的特点是与客体的相似度无限接

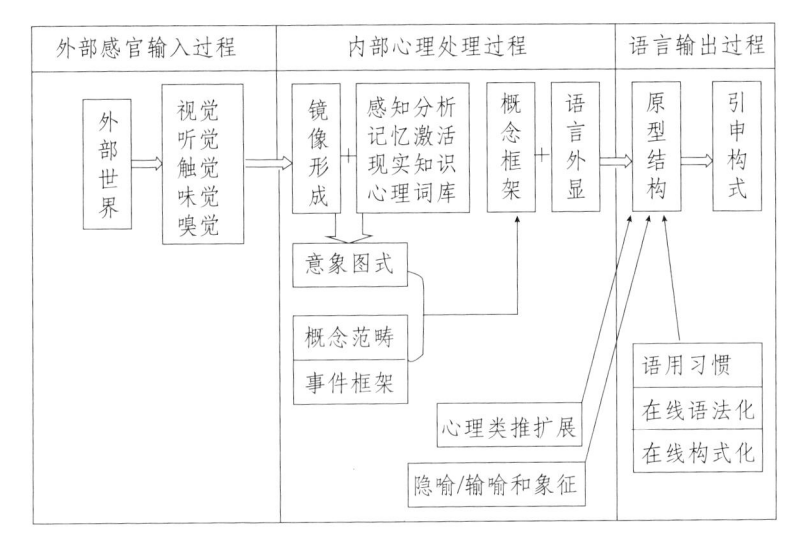

图 1 构式形成的认知心理模型

近。在脑神经扫描客体成像之后,客体进入了人脑的主观认知世界,人脑就会根据自身的认知能力对客体进行信息处理,即对镜像进行感知分析,调动人脑中已有对客观世界的认知和已经获得的百科知识,对获取的信息进行分类,特别是调动大脑中已经储存的词库对获取的信息进行核查。也就是说,获取的镜像会对大脑神经网络中若干个相关联的认知神经元进行激活,认知神经元将传入的镜像和已有的现实知识进行对接,那么现实知识和心理词库就会共同作用,将镜像概括出更抽象的意象图式(如"路径图式""容器图式""部分-整体图式""中心边缘图式"等)。如(自拟):

(1)a. 我们每天走路来学校上学。

b. 我们从美国来到中国。

c. 暑假带着女儿从湖南飞上海。

d. 一只蚂蚁从地上爬到了桌子上。

这几个句子都有一个共同的模式,即"起点-路径-终点",它们都形成了路径意象图式,路径意象图式的一个最大特点就是主体/事物按照一定的路径发生了位移,所以以上几个句子的动作都是位移动作,也是这种事件框架中的典型动作,是范畴中的典型成员。当人脑中已经储存有这样的意象图式时,例(1)中这样的句子便很容易被人脑快速识解;若人脑中先前还没有这样的意象图式,那么在识解这类句子的时候就需要同类句式的反复刺激人脑的认知神经元,认知神经系统就会对这些反复输入的事件进行综合处理,使之简单化和模式化,形成一定的图式,以便下次输入的同类句子能及时辨认与核查。所以,意象图式是语言构式形成最关键的一步,也是语言认知能力的一种体现。若一个人的大脑词库非常丰富,而且百科知识也非常丰富,那么他对于输入的客观世界进行加工的能力也就越强,对语言的认知能力也就越强,这种认知能力体现在实际生活中就是,同样一句话有的人能够听懂,有的人听不懂,有的人理解得快,有的人理解得慢。例(1)中所谈到的是路径图式中的典型动作形式,这种图式形成的概念框架和构式就是我们所指的源构式。

　　源构式像词语一样会发生引申扩展。在类推、隐喻/转喻、象征以及语法化、构式化和语用习惯等机制的作用下,典型的事件构式会向非典型的事件构式扩展。如下文 2.1 节例(23)中谈到的"吃"的事件构式,最初形成的源构式应该是动词"吃"加受事论元,而且这种受事论元为食物,即"吃＋食物$_{受事}$"构式,由于论元位置成分的范围扩大而导致了构式的扩展,形成了"吃＋非食物$_{非受事}$"这样的边缘构式,但是二者都是在"吃"事件范围内的,是事件不同方面凸显的结果。

1.2 "V(不)到 XP"的意象图式及其原型的构式化

"V(不)到 XP"结构是一个半填充式的构式,即这一构式既含有可变的构件,又含有不变的构件,我们将可变的构件称为变构件,将不变的构件称为恒构件。变构件和恒构件在构式中形成互动的关系,变构件的"变"不能脱离恒构件的制约,而恒构件会在变构件的扩展变换中得到引申和发展,这种发展是遵循恒构件自身的语义演变规律的。在半填充式的构式中,决定构式性质的要素是恒构件,虽然变构件的变化能够带来构式的扩展,从而形成一个构式家族,但是这个构式家族语义的探讨还要从恒构件的语义中寻找到源头。所以,"V(不)到 XP"结构无论是构式语义的探讨还是构式家族形式的探讨都需要找到这一构式的原型结构。

1.2.1 "V 到 XP"的源构式及其意象图式

关于"V 到 XP"结构中的"到",学术界有不同的意见。朱德熙(1982:130—132)研究述补结构时,将"到"单独列出,没有明确指出"到"的词性,只是认为"有'到'字做补语组成的述补结构都是及物的",并分析了其后的处所宾语、时间宾语、一般宾语和谓词性宾语,认为处所宾语和一般宾语可以不出现。从朱先生认为"V 到"后的宾语可以不出现的观点来看,他更倾向于认为"到"是动词,因为介词后的宾语是不可以省略的。但是朱德熙(1985:54)在谈到介宾结构做补语时又提到"爬到山顶上"这样的例子,说明朱先生这时已倾向于认为"到"是介词。他认为"'爬到'不但可以单说(爬到了│没爬到),而且当中还可以插入'得'或'不'转化成表示可能性的述补结构(爬得到│爬不到)"。可见,在朱先生的认识中,"V 到"之"到"的词性确实难以确定的。事实也确实如此,学术界对于"V 到"中的"到"一直都有"动词说""介词说""助词说""构成成分、体标记说"以及"多元说",这在张莹(2003)以及曹书华(2010)的论文中都曾提到,我们不再罗列。我们要指出的是,"V到"中的"到"之所以有如此多的理解,主要因为"V到XP"结构是一个动态结构,在这个动态结构中,变构件V是一系列抽象程度不一的动词,那么恒构件"到"为了与变构件的语义取得和谐,自身的语义就会在与不同的V组合的时候产生变化,这就是造成"到"有多种理解的真正原因。

《说文解字》云:"到,至也。"又云:"至,鸟飞从高下至地也。"从《说文解字》之释义可知"到"之本义乃"到达"也,"鸟飞从高下至地"乃位移也。故"V到"最典型的动作就是指行为主体从某处移动至另一处,那么,这种动作所构成的事件源构式就是"位移动词+到+地点名词"。在"V到"的源构式中,"到"为动词,"到"的本义为"到达",其后原型论元自然就是地点名词。这种结构始见于两汉时期。如:

(2)时独沛公与张良得入坐,樊哙在营外,闻事急,乃持铁盾入到营。(《史记·樊郦滕灌列传》)

(3)魏文侯时,西门豹为邺令。豹往到邺,会长老,问之民所疾苦。(《史记·滑稽列传》)

(4)不得,还到沙丘崩。(《汉书·郊祀志上》)

(5)介子从大宛还到龟兹。(《汉书·傅介子列传》)

此后,这种结构也略能见到用例。如:

(6)壹以公卿中非陟足以托名者,乃日往到门,陟自强许通,尚卧未起,壹迳入上堂。(《后汉书·赵壹列传》)

(7)帝从之,车驾即发。还到精湖,水稍尽,尽留船付济。(《三国志·魏书·蒋济传》)

(8)会与毓谋,使毓表上,辄与卫将军俱发,<u>还到洛水南屯</u>住。(《三国志·魏书·钟会传》)

"位移动词+到+地点名词"这种构式作为源结构,动词V和动词"到"之间的凝固度不高,因为两个动作发生具有明显的时间先后顺序。例(2)的"入到"之"入"其实有一个进入的过程,"樊哙在营外",从营外到营内还是有一定距离的,并非像现在入门之时的一步之遥。其他例子的"往到"和"还到",其中的动作"往"和"还"都有一个过程,之后才到达目的地,才有"到"的发生,两个动作的时间间隔越长,两个动作的连动关系则越明显。这类结构在唐诗中就多见了,如:

(9)妾梦经吴苑,<u>君行到剡溪</u>。(李治《送阎二十六赴剡县》,《全唐诗》卷八〇五)

(10)忠州刺史今才子,<u>行到巫山</u>必有诗。(繁知一《书巫山神女祠》,《全唐诗》卷四六三)

(11)莫令千岁鹤,<u>飞到草堂前</u>。(张南史《送李侍御入茅山采药》,《全唐诗》卷二九六)

(12)衔泥燕,<u>飞到画堂前</u>。(韦庄《忆江南》,《全唐诗》卷八九二)

(13)江边忽得信,<u>回到岳门东</u>。(齐己《寄怀西蟾师弟》,《全唐诗》卷八百四十三)

(14)昭阳伴里最聪明,<u>出到人间</u>才长成。(卢纶《谯席赋得姚美人拍筝歌》,《全唐诗》卷二七七)

(15)<u>东走到营州</u>,投身似边将。(张谓《同孙构免官后登蓟楼》,《全唐诗》卷一百九十七)

(16)<u>上到峰之顶</u>,目眩神恍恍。(白居易《登香炉峰顶》,

《全唐诗》卷四三〇）

(17)别来十二月,去到漏天边。(李频《游蜀回简友人》,《全唐诗》卷五八七)

此时的 V 又多出了趋向动词,这种"位移/趋向动词＋到＋地点名词"源构式在唐以后大量出现,一直到现代汉语中都有大量用例,如"走到学校""回到家里""上到山顶"。这类位移动词或者趋向动词都有一个起点,动作 V 是在起点发生,距离到达的终点都是有时间间隔的。因为移动和趋向是一个过程,所以也可以将这类结构的动词 V 称为过程动词,这种动词都能够和"到"结合使用,但和"到"之间的结合不够紧密。如果不是过程动词,或者说是瞬间动词的话,一般来说是不可以和"到"连用的。如"看""见"都是过程动词,因此都能构成"看到""见到",但不能说"看见到",却能说"观察到",这是因为"看见"不是过程动词,而"观察"是一个过程动词。过程动词是说动作的发生有一个过程,会持续一定的时间,这就导致了它与"到"的凝固程度不高,于是我们将这一类"V 到"都看成是连动结构而不是词。

所以,这些源构式会形成一个共同的路径意象图式,含有"起点-路径-终点"。据 Langacker(1987)认知语法理论,路径意象图式主要由动体(trajector,TR)、陆标(landmark,LM)和路径(PATH)三部分组成,表现的是 TR 与 LM 之间某种不对称的关系,TR 为这一不对称关系中的主体,其空间方位有待确定,LM 为参照物,为主体的方位确定提供参照,TR 所经过的路径称为 PATH。例(9)(10)以及(11)(12)中,我们可以将"S＋位移动词＋到＋地点名词"具体理解成"S(TR)＋位移动词(PATH)＋到＋地点名词(GOAL)",二例具体图式如下:

a. 君行到剡溪。("某个动作的位移达到某地")

图 2

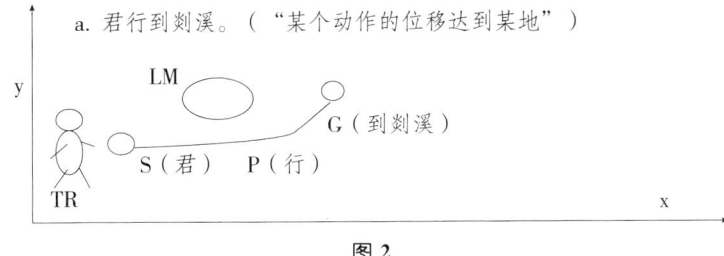

b. 鹤飞到草堂前/燕飞到画堂前。("某个动作的位移达到某地")

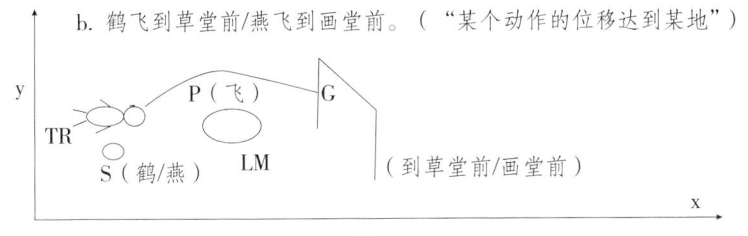

图 3

所以,"V 到 XP"构式的"起点-路径-终点"这种图式非常明显,容易通过构式中的恒构件"到"这个动词凸显出来。

1.2.2 "V 不到 XP"的意象图式及其源构式

"不到"为"到"的否定形式,故"V 不到 XP"构式为"V 到 XP"构式的否定形式。语言的发展一般是先有肯定式,然后才有否定式。"V(不)到 XP"构式也是如此,肯定式在汉代已见,否定形式出现较晚,一直到唐代才看到用例。如:

(18)云飞不到顶,鸟去难过壁。(岑参《入剑门作》,《全唐诗》卷一百九十八)

(19)尘飞不到空,露湿翠微宫。(储嗣宗《宿玉箫宫》,《全唐诗》卷五百九十四)

(20)前锋应讫,即赴军。若虑走不到军,即且投山谷,逐空方可赴军。(唐·李靖《卫公兵法辑本·部伍营阵》)

(21)雁飞不到桂阳岭,马走先过林邑山。(邱丹《杂感》,

123

《全唐诗》卷三百七)

(22)孔子西行不到秦,掎摭星宿遗羲娥。(韩愈《石鼓歌》,《全唐诗》卷三百四十)

在这五例的"V不到+XP"中,动词"飞""行""走"都是表达动作的位移,与表示"不到达"义的"不到"结合在一起,表达"某个动作的移动不能或者没有达到某地"。这一意义是构式的本义,所以,"位移动词V+不到+地点/方位名词"是"V不到+XP"构式的源构式,包含了两种具体的意义,一个是"某个动作的位移不能达到某地"[如例(18)(19)(20)],另一个是"某个动作的位移没有到达某地"[如例(21)(22)]。所以在这种语义的构式下,动词V和"不到"的语法关系应该是承接的连动关系,因为动作V和"到"存在一个动作的先后顺序,先"飞",然后再有一个"飞"的过程之后,才有"到"的动作的发生,"走到"和"行到"也同样是一个连动结构,所以,"位移动词+不到"这个源构式是一个连动结构,后一动作补充说明前一动作的终点。因此,否定式和肯定式一样,都包含了一个路径意象图式,含有"起点-路径-终点"。不同的是意象图式在结果上不同,肯定式表达的是动作行为的发生达到了某个目标,而否定式表达的是动作行为的发生不能或者没有达到某个目标,如例(20)(21)我们同样可以将"S+位移动词+不到+地点名词"具体理解成"S(TR)+位移动词(PATH)+不到+地点名词(GOAL)",二例具体图式表示如下:

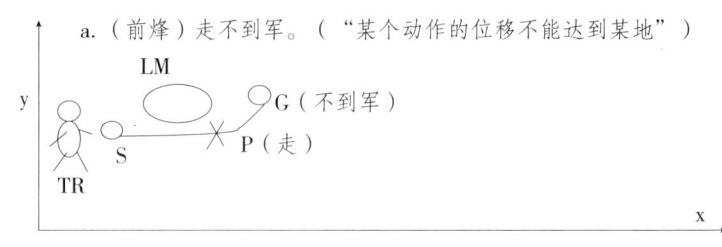

a.(前锋)走不到军。("某个动作的位移不能达到某地")

图4

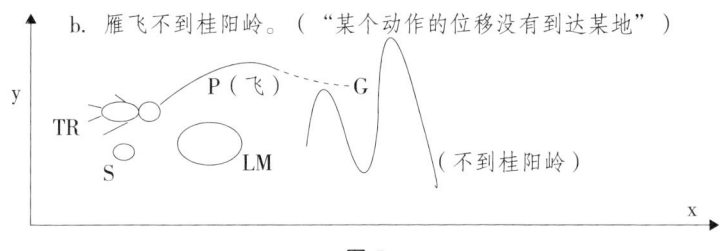

b. 雁飞不到桂阳岭。("某个动作的位移没有到达某地")

y｜ P(飞) G
　　TR ○────○……
　　　S　　LM　　　　(不到桂阳岭)
　　　　　　　　　　　　　　　x

图5

  图4和图5的主要区别在于动作所造成的路径,图4表示动作V的位移所形成的路径是不可能存在的,即主体不能通过这条路径到达目的地;而图5则表示动作V的位移所形成的路径没有到达目的地,所以我们在图5中的路径后半段用虚线来表示,即路径完成是部分的。两种图式前者强调的是可能性,后者是强调动作的结果。

  因此,"V(不)到XP"具有肯定式和否定式两种构式,它们的原型结构都是表达一种空间上的达到,有诸多相对应的表达。肯定表达如例(11)(12)"飞到NP_{地点名词}",否定表达如例(18)(19)(21)"飞不到NP_{地点名词}";肯定表达如例(9)(10)"行到NP_{地点名词}",而例(22)"行不到NP_{地点名词}";例(15)"走到NP_{地点名词}",例(20)"走不到NP_{地点名词}"。从原型结构来看,其表义是一致的,肯定结构表达的是"动作V的发生达到了XP所表示的地点",而否定结构则从可能和结果两个方面对肯定式进行否定,除了表达了"动作V的发生不能够达到XP所表示的地点",还表达了"动作V的发生没有够达到XP所表示的地点"之义。可见,构式"V不到NP_{地点名词}"是从构式"V到NP_{地点名词}"发展而来的。

  因此,"V(不)到XP"的原型结构的构式化是意象图式在事件框架下概念化的一种语言凸显外化的结果,是人们在认知客观世界具体情境的经验抽象的结果,是构式家族形成和发展的源头。

2 构式的推导性和"V(不)到 XP"家族的类推扩展

2.1 关于构式的推导性问题

构式语法中的构式是否具有推导性,即是否可以根据一个构式推导出另一个构式,这是一个一直都有着不同看法的问题。有学者根据定义中的"not strictly predictable"(不能完全预测),认为构式是不可推导的。这种理解可能有些偏颇,因为 Goldberg(1995:4)在定义之下的段落中接着阐述:That is, a construction is posited in the grammar if it can be shown that its meaning and/or its form is not compositionally derived from other construction existing in the language. 这一段话中,其中"not compositionally derived"与定义中的"not strictly predictable"意义差不多,其实 strictly /compositionally 这两个修饰语从不同的角度说明了同一个问题,前者"strictly"(完整地)强调的是构式的整体性,后者 compositionally(合成地)认为构式不是构成成分简单相加的推导,强调的依然是构式的整体性。因此,从两个修饰语可以看出,Goldberg 并没有说构式不能推导,只是强调不能由构式的构成成分的简单相加进行推导。从 Goldberg 原文也可以看出她认为构式是可以推导的,Goldberg(1995:5)说:"Linguistic constructions display prototype structure and form networks of associations."所以,她也认为众多语言构式中必有原型结构并且它们可以构成关联网络。这说明,Goldberg 承认构式之间具有联系,并认为其中构式承继和语义网络起着重要的作用。刘大为(2010a)就明确指出:"语法的可推导性其实是一个无须多加论证的显豁事实,语言之所以是结构的而不是整体性的,就在于结构能够带来可推导性。"因此,Goldberg(1995)在构式定义中所强调的构式具有不可推导性不是否定构式在形成上的推导,而是借此来强调"构式本身具有意义,该意义独立于句子中的词语而存在"。

因此,根据Goldberg(1995)提出的众多构式中必有原型结构的观点,在一组构式中,只要找到它们的原型结构(我们称之为"源构式"),并通过它们之间的承继关系,就可以描述它们之间的衍生推导关系。如"吃个痛快"和"吃个饭"看起来似乎不具有推导性,但是,从以下一系列的结构中,我们不难对其进行推导,如以下自拟例:

(23)a. 我今天在家吃饭的。

b. 我今天晚餐吃饺子。

c. 我饭后喜欢吃点水果。

d. 吃早餐、吃中餐、吃晚餐,餐餐准时。

(24)e. 我不喜欢吃大排档,我要去吃馆子,我要去吃大餐。

f. 吃筷子、吃调羹、吃大碗,样样拿手。

g. 吃清蒸、吃烧烤、吃小炒,吃法百出。

(25)h. 吃个梨就吃个饱,饭量太小。

i. 吃顿火锅,全身通畅,吃个痛快。

(26)j. 靠山吃山,靠水吃水。

k. 吃利息、吃父母,何时怎了?

l. 你吃亏,我吃惊,才知聪明终被聪明误。

在"吃"的事件框架中,典型宾语是受事(如例23),且当这个受事是食物时,吃所构成的事件框架是原型事件,所形成的结构就是源构式,即"吃+食物(饭)"原型构式是"吃"事件构式家族中其他构式形成的源头,其他结构都是源构式扩展的结果。动词"吃"涉及的维度很多,除了充当受事的食物,还涉及有"吃"的地点、工具以及做菜的方式(如例24),也涉及"吃"的主体的心情和状态(如例25),当然还涉及有"吃"的来源以及主体对于吃的结果的感受(如例26),当这些动词所涉及的维度都通过源构式的扩展而位于动词"吃"的后面,这就形成了一个"吃"的构式家族。

  因此,构式之间的承继关系就是构式间的推导衍生关系。以上"吃"构式家族的推演是基于共时的语义逻辑关系,构式的推导关系其实还有一个重要的方面,就是历时演变关系。构式研究一直以来重视共时的语义研究,历时研究一直没有受到重视。但近十多年来已有较大改变,在国外,Noël(2007:178)就已提出历时构式语法要研究"语言如何获得构式",即研究构式是如何形成的;Fried(2008、2012)则提出了构式化有"构式衍生"和"构式重组"两种途径,并且,Fried(2009)将构式语法当作历时分析的一种手段。Traugott(2008a、2008b)对"NP of NP"结构以及英语程度修饰词的语法化进行了研究;Trousdale(2008a、2008b)则对英语中的复合谓语以及领有构式的词汇化等进行了研究。国内也有不少学者开始倡导并从事构式的历时研究,主要侧重构式语法化的研究,如洪波、董正存(2004)对"非X不可"格式语法化的研究,杨永龙(2011)对"连X+都VP"构式语法化的研究,雷冬平(2012)对"喝他个痛快"类构式的形成研究,龙国富(2013)对"越来越……"结构的语法化研究,胡丽珍、雷冬平(2013)对构式"NP+好+V(A)"的多义同构性及其承继理据进行了历时考察等,文旭、杨坤(2015)甚至提出了建立构式历时语法的初步设想。这些研究都涉及和强调对构式源头的探讨,从源构式出发对构式家族成员之间的关系进行了探讨。因此就有了刘大为先生(2010a、2010b)从语法构式到修辞构式的研究,这是语法变异的结果,是由于角色关系和侧重关系变化以及构式语义引申的结果,同时也是人在认知和使用语言的容错机制的结果,变异的修辞构式,如果"在广泛运用的基础上逐渐固化演变为新的语法构式",这就有了陆俭明先生(2016a)提出的由语法构式到修辞构式再到新的语法构式的演变序列。这些研究证明,构式无论是在形式上还是在语义上都可通过对其源构式的分析而得到。下面我们就对"V(不)到 XP"构式的历时发展演变进行探讨。

2.2 "V(不)到 XP"构式家族的类推扩展

词语由于同源关系可以形成同源词,构式作为语言单位也可以由源构式发展出一系列的构式簇,这些构式形成同源构式,构成一个构式家族。在隐喻、转喻以及语法化等语言机制的作用下,核心构式会向非核心构式以及边缘构式不断扩展,构式也会像词语虚化一样,从实而虚,构成成分之间也会变得越来越凝固,不同的是词语虚化到最后可能变成了语法成分,而上一级语言单位构式虚化到最后可能凝固成为下一级的语言构式。本节只对构式"V(不)到 XP"演变过程中的扩展进行展示,这种扩展是按照时间顺序进行的,由实而虚的演变和语言的历史发展顺序之间是成正比的,即越具体的 XP 越先出现,越抽象的 XP 越后出现。

2.2.1 构式"V(不)到+时间成分"的扩展

上文说到构式"V(不)不到 XP"的源构式都是表达空间语义上的"到达"。而从空间上到达某一个地点发展到时间上到达某个时间点,这是语言从空间向时间发展一般规律的体现。具体到"V(不)到 XP"构式中,就造成了构式"V 到 XP"和"V 不到 XP"用法的扩展,分别形成"V 到+时间成分"和"V 不到+时间成分"构式。肯定构式的用例在唐五代之后常见。如:

(27)<u>坐到三更尽</u>,归仍万里赊。(戎昱《桂州腊夜》,《全唐

诗》卷二七〇)

(28)岂能穷到老,未信达无时。此道须天付,三光幸不私。(曹松《言怀》,《全唐诗》卷七一六)

(29)辛勤到老慕箪瓢,于我悠悠竟何有。(温庭筠《醉歌》,《全唐诗》卷五七六)

(30)通融放到明日,还有些些束羞(脩)。(《敦煌变文·燕子赋(一)》)

(31)算一生,大都能消几展,劳神到老成何事。(宋·陈桦《哨遍·陈抑齐乞致仕》)

(32)咳,我做媒婆做到老,不曾见这般好笑。(元·高明《琵琶记·第十八出》)

(33)算到天明走到黑,赤紧的是衣食。(元·关汉卿《乔牌儿》)

从以上例子可以看出,"V到"后表示时间的成分可以是时间名词,如例(30)中的"明日";也可以是表示时间的形容词,如例(28)(29)(31)(32)中的"老"和例(33)中的"黑";也可以是表示时间的主谓短语,如例(27)中的"三更尽"。但不管这些成分是一个词还是一个短语或者其他形式,所表达的依然还是一个时间点。如例(27)"坐到三更尽"中,"坐"这个动作是在"三更"前开始的,一直持续到"三更结束",既然是一个时间点,那么就不仅是空间的点可以到达,同样,时间的点也是可以到达的,所以,"到"依然是个动词。

而否定构式"V不到+时间成分"的文献用例一直到宋代才见,元代及以后则常见。如:

(34)好花留不到清明。(宋·翁元龙《西江月》)

(35)鼓二更,人初静,更添愁兴,照不到天明。(元·白朴

《董秀英花月东墙记》第二折)

(36)听漏沉沉才勾二更过,意悬悬盼不到来日个。(元·无名氏《谢金吾诈拆清风府》第二折)

(37)我看着这转世浮财,则怕你守不到老。(元·郑廷玉《布袋和尚忍字记》楔子)

(38)俺哥哥行半星儿恩义不曾报,我有七十岁的亲娘侍奉不到老。(元·无名氏《鲠直张千替杀妻》第三折)

(39)百般的盼不到晓鸡鸣,强搭伙这鲛绡盹。(元·无名氏《冯玉兰夜月泣江舟》第一折)

(40)我奉着廉访夫人处分,留不到一更将尽,则登时将你来送了三魂。(元·郑廷玉《包待制智勘后庭花》第一折)

否定结构中的时间成分也可以是时间名词,如例(34)(36)中的"清明"和"来日";也可以是形容词,如例(37)(38)中的"老";也可以是一个主谓结构,如例(35)的"天明"、例(39)的"晓鸡鸣"和例(40)的"一更将尽"。而且从"V到/不到+时间成分"这种结构开始,其中的动词V就不再限于单音节动词,开始出现了双音节词,如例(29)(31)(38)。

2.2.2 构式"V(不)到+数量成分"的扩展

上一节所研究的构式中,时间成分开始涉及量的表达,如例(27)的"三更"和例(40)的"一更"。因此,"V到"以及"V不到"从后面连接时间成分扩展到后面接数量成分,"V到+数量成分"从宋代开始颇为常见,表示动作的结果达到某个数量。如:

(41)满到十分人望尽。仙桂无根,到处留光景。(宋·黄裳《蝶恋花》词)

(42)本司以羡余钱买到数千斤,乞进入内。(宋·沈括

《梦溪笔谈》卷二十二)

(43)且以一岁言之,自冬至至春分,是<u>进到一半</u>,所以谓之分。(宋·朱熹《朱子语类》卷九四)

(44)<u>祭酒奠到五六斗</u>,挽诗吟到十数首,可惜耗散了风云气,沈埋了经济手。(元·宫天挺《死生交范张鸡黍》第三折)

否定结构就是"V不到+数量成分",这一结构出现的时间又要稍晚些,从元代始见用例。如:

(45)楚将极多,汉军微末,真轻可。<u>战不到十合</u>,早已在睢水边厮破。(元·尚仲贤《汉高皇濯足气英布》第一折)

(46)知他是暮年间身死中年间丧,<u>醉不到三万六千场</u>。(元·宫天挺《严子陵垂钓七里滩》第一折)

(47)<u>吃不到数杯</u>,只听得隔壁阁子内,有人作歌道。(《水浒传》第七十二回)

从以上诸例看,"V不到+数量成分"表示的是动作的发生没有达到数量短语所表示的数量。"战不到十合"即"没有战到十回合","吃不到数杯"即"还没有吃到数杯"之义。"V不到+数量成分"作为背景的时候,该构式除了表达动作没有达到某一数量外,同时也表示该动作发生之时,另一动作正在发生,表示的是一种时间的参照,如例(45)(47)都是表示"战不到十合之时""吃不到数杯之时",这种背景参照时间的意义是由前景的映衬而得出的,是前景句和背景句相互作用而体现出来的。

2.2.3 构式"V(不)到+程度成分"的扩展

正是因为数量短语具有量度,所以,数量短语的这种量度可以进一步扩展到程度上面,"V到"和"V不到"后连接表示程度的成分都可以构成"V到+程度成分"和"V不到+程度成分"构式,前者用例在宋代已见。如：

(48)须是理会到十分是，始得。(《朱子语类》卷八十四)

(49)论王荆公遇神宗，可谓千载一时，惜乎渠学术不是，后来直坏到恁地。(《朱子语类》卷一百三十)

(50)做到私欲净尽，天理流行，便是仁。(《朱子语类》卷六)

(51)从今也莫察渊鱼，做到不忍欺田地。(刘克庄《鹊桥仙·乡守赵计院生日》)

(52)安得身闲频置酒，携手，与君看到十分开。(陆游《定风波·进贤道上见梅赠王伯寿》)

"V到"其后用来表示程度的成分一般都是用来描述某一种状态，可以是一个代词，如例(49)中的"恁地"表示"如此、这样"之义，"坏到恁地"即是"坏到这样的地步"，只是"这样"用来表示程度较深的状态比较笼统；如例(50)(51)就明确将这种状态描写出来了，前者是"做到私欲净尽"的状态，后者是"不忍欺田地"。例(52)中的"十分开"也是指梅花完全开放的状态。因此，即使"V到"后面接的是谓词性的成分，表达的依然是一个名词性成分的意义，所以，这类例句都可以理解成"动词发生达到某种程度较高的状态"，所以，"到"还可以看成是动词，但不是表示具体的"到达"义，而是表示抽象的"达到"义，所以依然将这种"V到"看成是一种短语构式，而不是一个复合词构式。因为虽然"到"的语义已经发生了虚化，但是这种"V到"还不够凝固，"到"在结构中对"V"起着补充说明作用。

"V到+程度成分"的否定形式就是"V不到+程度成分"，这种结构的语义是"动词的发生不能或者没有达到某种程度"。这种结构宋代初见，在整个近代汉语中都较为少见。如：

(53)关雎，看来是妾媵做，所以形容得寤寐反侧之事，外

人做不到此。(《朱子语类》卷八十一)

(54)自秦汉以来岂无人！亦只是无那至善,见不到十分极好处,做亦不做到十分极处。(《朱子语类》卷十四)

(55)随你千选万选,这家女儿臭了烂了,也轮不到说起他。(《初刻拍案惊奇》卷二十四)

(56)这也是成功当时万万料不到此的。(《孽海花》第二十九回)

(57)然后补提奸夫,一见人证俱齐,晓得是赖不到那里,亦就招认不讳。(《官场现形记》第二十三回)

同样,在"V不到＋程度成分"结构中,表示程度的成分可以是一个词,如例(53)(56)的指代词"此"表示程度义"这样",如例(57)的疑问词"那里"表示程度范围"哪里"义;还可以是含有程度成分的名词性短语,如例(54)的"十分极好处";还可以是一个动补式的短语表示事件程度,如例(55)的"说起他"。这种用例中,"不到"同样表达不能达到其后成分所表达的程度,因此,"不到"仅是动词"到"的否定形式,"V不到"同样还是动词和弱化动词否定式连用的短语构式,而不是一个词。

2.2.4 构式"V(不)到＋受事宾语"的扩展

上文包括源构式在内的四类结构"到"后的成分包括空间成分、时间成分、数量成分和程度成分,这些都是动词V的非受事宾语,当XP是动词V的受事宾语时,"到"及"不到"的语义更加虚化。如:

(58)僧昨夜念经,更不是别人,即是新买到贱奴念经之声。(《敦煌变文·庐山远公话》)

(59)绍兴四年,复置茶马司,买到四尺五寸以上堪坡带马,每一千匹与转一官。(宋·周辉《清波杂志》卷十二)

(60)却将旧斩楼兰剑,买到黄牛教子孙。(宋·黄彻《碧溪诗话》卷八)

(61)臣收复到襄阳、随、郢三州。(宋·岳飞《条具襄阳随郢三郡防守状》)

这种"到"表示"动作发生达成某一结果",这种表示达成结果的意义源自于"达到"之义,因为无论是到达某处,还是达到某一数量或者程度,都是达到了一定的结果,所以这种意义是前面所述"到"的意义的发展。否定的"V不到＋受事宾语"同样表示动作的结果没有发生,如:

(62)自秦汉以来岂无人! 亦只是无那至善,见不到十分极好处,做亦不做到十分极处。(《朱子语类》卷十四)

(63)两家长期分别,鱼沉雁杳,音讯不通,本来以为此生再也见不到你们了。(明·瞿佑《剪灯余话》卷五)

(64)这是个一万丈深坑,仰头也看不到天空,李生料想自己将必死无疑。(明·瞿佑《剪灯余话》卷三)

(65)便在襄阳地方建了一个大府第,因造一座月台,买不到上品的石头,便将江口当先孔明迷惑陆逊的一垛石叠的八阵。(《续济公传》第二百三十三回)

为何以上例子中的"到"语义更虚化呢? 这是因为,当"V(不)到"后的连接对象还是空间成分、时间成分、数量成分和程度成分时,它们都是动词V的非受事宾语,动词V一般不能直接和这些成分发生语义关系,需要借助动词"到"才能发生语义关系;而当"V(不)到"后的连接对象是动词V的受事宾语时,动词V可以直接支配其后的宾语成分,可以直接发生句法语义关系,那么"到"由于语义冗余而虚化,如例(58)—(61)中,"到"似乎可以理解成"了",这是

135

因为构式已经发展出表达事件的"达成"义了,而否定形式则是表示事件没有达成,如例(65)"买不到上品的石头"即表示"买上品石头"这件事情没有达成。"到"在这种语境下更多地表示动作所达及的对象。

2.2.5 小结

因此,从考察"到"后的成分,我们可以看出整个构式的发展演变过程,构式的语义也从具体"到达"引申出抽象的"达到"义,再从"达到"义引申出"事件的达成"义,这是整个构式不断发展和不断虚化的过程。需要指出的是,2.2.4 小节所论"V(不)到＋受事宾语"构式不是直接从 2.2.3 小节所研究的"V(不)到＋程度成分"发展而来的,而是从上文 XP 为空间成分、时间成分、数量成分以及程度成分这四种非受事宾语构式整体扩展而来的。当 XP 为非受事宾语时,动词 V 和动词"到"的凝固度不高,两个动作之间具有时间间隔,只有发展到"V(不)到＋受事宾语"构式中,由于动词 V 和受事宾语的语义发生直接关系,"到"的语义虚化,"V(不)到"才有了再次构式化的可能。

3 语音和语义的制约与"V(不)到"的构式化

上文我们将"V(不)到 XP"短语结构的形成过程称之为构式化,其实严格地说应该是短语构式化,而构式中"V(不)到"凝固成词的过程,我们称为词汇构式化或构式化。[①] 这个过程的具体情况是这

[①] 词汇构式化,也可以直接称为构式化,因为复合词、短语、小句和复句,甚至篇章都是构式。所以它们的形成过程都可以称为构式化。"V(不)到"的成词过程不称为词汇化是为了展示构式化理论可以统一展示和指称各个层级语言单位的形成过程,这对于各层次语言单位的互相演变研究具有重要意义。

样的,伴随着构式"V(不)到 XP"不断地引申发展,构式中的构件动词 V 会和其后的"到"或"不到"关系越来越密切,它们之间的凝固度也会越来越高,最后凝固成词,从一个短语发展成为一个双音节"V 到"或三音节的"V 不到"词语,即短语层面的构式构件再次发生构式化,而影响"V(不)到"构式化的因素主要有三个:一是"V(不)到"的音节韵律,二是"V(不)到"的语义融合,三是"V(不)到"的语义转化。

3.1 音节韵律和"V(不)到"的词汇构式化

无论是"现代化""词汇化""语法化"还是"构式化",因为有"化",所以表示其前的"现代""词汇""语法"以及构式都是一个实现的过程,即从不现代变得现代的过程,从不是词汇变成词汇的过程,从不是语法功能成分变成语法功能成分的过程。那么,"V(不)到"的词汇构式化过程也一样,就是"V(不)到"从不是词汇构式到一个复合词构式的形成过程。这个过程能否实现,取决于这个过程的诸多因素,汉语复合词的形成过程,首先受到的制约就是音节韵律的制约,一般来说,汉语中两个单音节的语素在一起容易复合成词,因为两个音节构成一个稳定音步,双音节词语在汉语中也是占绝对优势的。其次是三个语素也能复合成词,但是较之两个音节的词语又不太常见。四音节在汉语中一般很难成词,形成固定的结构一般称之为习语或成语。具体到"V(不)到"结构,由于动词 V 后的是恒构件"到"或者"不到",如果"V(不)到"结构要发生词汇构式化,动词 V 最好是单音节的词语,这样能够和"到"或"不到"复合成一个双音节或三音节的词语。双音节动词 V 进入"V(不)到"这样的结构是不会发生词汇构式化的,不要期望"联想到"或"联想不到"这样的结构会发生词汇构式化,因为音节韵律首先就会限制这种演变的发生。

3.2 语义融合和"V(不)到"的词汇构式化

前文我们谈到"V(不)到 XP"结构的源构式中的动词 V 一般是位移动词,动词 V 与其后的动词"到"形成的是一个连动结构,两个动作的发生具有先后顺序,具有时间间隔。如"走到家里","走"与"到"的动作之间具有时间间隔,那么像"走到"这样的两个语素,我们说它们的语义融合度低,语义融合度低的两个语素一般是不会融合成词的。根据我们的研究,关于"V 到",如果动词 V 的发生与动词"到"的发生之间的时间间隔越长,则 V 与"到"的语义融合度越低,越不容易成词;反之,如果动词 V 的发生与动词"到"的发生之间的时间间隔越短,则 V 与"到"的语义融合度越高,也就越容易复合成词,我们将这种连动结构的成词规律叫作时间语义临摹原则。这一原则符合一般的时间与事物关系的规律,人也是如此,十天半月不见面的两个人的关系自然没有天天待在一起的两个人的关系密切。这和空间象似性原则也是一致的,有人早就指出了"我爸爸"和"我的爸爸"都能说,但是只能说"我的书包",而不能说"我书包"。这是因为爸爸是不可以让渡的,我和爸爸的关系比和书包的关系要亲密得多,反映在语言空间上就是没有间隔。空间没有间隔,表达语义上的没有间隔,这和我们所讲的时间语义的临摹原则是一致的。我们以《现代汉语词典》(第 7 版,以下简称《现汉》)所收词为例来看一些具体的"V 到"词语的成词情况。《现汉》收录了"V 到"词语较少,有"达到""得到""感到""等到""临到""想不到"等。本节只分析前面三词,后面三词留待下节讨论。

语法化具有滞留性,说的是作为实词的某些功能会或多或少地滞留在已经发生语法化的成分中。其实滞留性在语言演变中普遍存在。"V 到"结构的词汇构式化也一样,它受到原型构式作为连动短语构式的制约,所以只要两个动词的发生还存在时间间隔,"V到"就只能是短语构式,而难以将其认定为是词汇构式,这也算是源构式结构上的一种滞留。那么为何《现汉》认为"达到"与"得到"是词了呢？我们先看"达到"。

3.2.1 "达到"的词汇构式化

(66)并不是每次奖励或惩罚都能达到预期的效果。①

(67)在自己的实践活动中认识世界,那就很难想象世界上的科学知识会达到今天这样的高度。

《现汉》(2016:231)释"达到"为"到(多只抽象事物或程度)","达"也是"到","达到"也是"到"义,可见"达"与"到"语义基本一致,二语素都是表示"达到"之义,自然在动作的发生上不存在时间间隔,而是同时发生。"达到"并列复合成词,与我们提出的时间语义临摹原则是一致的。

3.2.2 "得到"的词汇构式化

那么"得到"呢？我们也先看二例:

(68)她也很想得到一本你的大著。

(69)尊重学生的人格,使每个学生都能得到充分的发展。

《现汉》(2016:271)释"得到"为"事物为自己所有；获得",标为动词。要指出的是,"得到"所表示获得的事物可以是具体的,也可以是抽象的,如上二例所示。"得"就有"获得"之义。"她得了一本名著"也可以说成"她得到了一本名著",可见"得"与"到"的语义融合度非常高。这是因为"获得"了某物,表明已经达到目标了,"获

---

① 现代汉语的语料都来自北京大学语料库CCL网络版,全文如此,不再标明例句出处。

得"义其实蕴含了"达到"义,故而动词"得"动作的发生与动词"到"之间不存在时间间隔,它们的融合度很高,已经是复合词了。

3.2.3 "感到"的词汇构式化

那现在再来说说"感到"。有人会说,《现汉》收录了"感到",那么"看到""听到""闻到""尝到""摸到""触到"等是不是都应该收录呢?可《现汉》确实没有收录它们,这是因为"看""听""闻""尝""摸""触"等动作的发生与"到"在时间上还是有间隔的。一般是先看,后才有"看到"的结果;是先听,才有听到的结果。当然,你也可以说"我一眼就看到我一个以前的朋友",但即使是这样,也有"一眼"的时间间隔。因此,从语义融合度来说,还没有达到词汇构式化的程度。那么,"感到"呢?我们先看三例:

(70)听到女儿这样评价窦老师,我感到很欣慰。

(71)既为差点儿上那辆车感到后怕,又为没上那辆车感到庆幸。

(72)讲得不够明白的许多问题,现在感到豁然贯通了。

以上三例,"感到"后面都是连接谓词性成分。从CCL古代汉语库检索到的170余例的"感到"看,其后都是谓词性成分或者小句,没有具体的名词性成分;现代汉语语料库7万余条语料也基本没有"感到"后带具体名词成分的用例,这时候的"感到"意义相当于"(心理)感觉"之义。试比较下二例:

(73)隐隐地看到火花,感到热气,却又看不清、摸不着。

(74)她在家,便感到冷气袭人。

当"感到"后连接的是具体可感事物的时候,"感到"之"感"是通过外部感觉器官去体验的,例(73)(74)的"感到"是通过触觉去感觉到的,这时候的"感到"和上文提到的"闻到""听到"一样,"感"

和"到"之间明显还具有时间间隔,语义没有融合,只有当其后的连接成分变成抽象的,"感到"不需要借助外在的触觉去感知的时候,如例(70)—(72),"感到"之"到"完全融入"感"的语义之中,"感到"之语义从外部感觉转移到了"内心感觉",从这个角度来说,"感觉"的语义发生了转化,形成了一个新的意义。这也是我们下文要讲的语义转化与词汇构式化的关系。

3.3 语义转化和"V(不)到"的词汇构式化

语言在实际的运用过程中,其意义相对来说是较为稳定的,但是随着语言成分前后搭配的变化,其自身的语义会发生变化,这种变化可能是引申出新的意义,这都是语言结构构件变化造成语言结构重新分析带来的结果,我们将这种语义的变化宽泛地称为语义转化。从语义是否发生了语义转化来判断一个结构是否发生了词汇构式化,这是一个重要的语义标准,而且是一个容易操作的方法。下文以"等到""临到"以及"想不到""料不到""用不到"为例来看利用语义转化判断成词的情况。

3.3.1 "等到"的词汇构式化

当"等"表示"等待"义动作,"到"表示动作"等"所到达的某个时间点,这时的"等到"还没有成词,如:

(75)有个举人要做此事,约定昨日来成的,直等到晚,竟不见来。(明·凌濛初《初刻拍案惊奇》卷四十)

(76)一头怨,一头等,等到午西,见柏儿拿着诗笺,头上褪着帽子,汗浸浸走进船舱。(清初·南北鹖冠史者《春柳莺》第二回)

动作"等"和"到"某个时间点之间还是具有时间间隔,根据上文的原则,我们判断这种"等到"还不是一个动词。《现汉》(2016:

275)收录了介词"等到",并释之为:"表示时间条件:~我们去送行,他们已经走了。"我们认为这种"等到"是动词,而不是介词。因为《现汉》的用例也可以说成"等到去送行,他们已经走了",可是介词后的宾语在现代汉语中是不能省略的,因而不应将这种"等到"看成是介词。其实该例只是用一个事件来表示一个时间点,即表示的是"等到我们去送行的时候"之义,这种"等到"中的"等"的语义已经弱化,不像例(75)(76)中的"等"还有"等待"之义,"等到我们去送行的时候"与"到了我们去送行的时候"的意义基本是一致的,可见"等到"在这种语境中由于"等"的语义弱化而使得两个语素的语义融合度很高,可以看成是动词"等到"。再如:

(77)无论霸占田地,抢夺妇女,皆让他得人先分。等到有人来控,皆是驳个不准。(清末·佚名《狄公案》第三十四回)

(78)姨妈坐在旁边,劝了一天。等到开出饭来,丫头过来请用饭。(清末·吴趼人《二十年目睹之怪现状》第八十九回)

二例中"等到"之"等"的语义弱化了,其后的"有人来控"与"开出饭来"皆用来表示时间点,例(77)可理解成"到(了)有人来告之时"或"等有人来告时",例(78)可理解成"到(了)开出饭来之时"或"等开出饭来之时",可见"等"与"到"二词的语义基本一致,皆是表示"达到某个时间点"之义。例(75)和例(76)就不能如此理解,这就是词和非词的区别。

再看现代汉语的用例:

(79)咨询者要即时描述出他所看到的正在发生的事情,而不要等到会谈结束,甚至等到下次会谈时才进行描述。

如果按照《现汉》的判断标准,例(79)中前一"等到"和后一"等到"的用法是不一样的,如果由于后一"等到"有后续句"才进行描述",就将"等到"看成介词的话,那前一"等到"就不能做出合理的解释。其实,该例中的两个"等到"用法是一致的,都是动词。所以,"等到"只要在其后有用谓词性事件来表示某个时间点,其所在分句后不管有无后续句,"等"之"等待"义弱化,"等到"就可视为动词,且一般用于时间背景句中表示"达到某一时间点"。如:

(80)此后,等到对方也有类似大事时,再送去相应数量的礼金。

(81)洗澡时用手试水温,觉得不凉,等到水淋到身上,就觉得太凉。

例(80)"等到"分句已有"时"字,例(81)也表达"等到水淋到身上时"之义,所以"等到"仍然还是动词。《现汉》应释之为"动表示达到某个事件发生的时间点",这个意义与"等待直到"义相比,已经发生了语义上的转化,是引申出的新义。

3.3.2 "临到"的词汇构式化

《现汉》(2016:825)收录了"临到"的两个义项:❶动(事情)落到(身上):这事临到他的头上,他也没办法。❷介接近到(某件事情):临到开会,我才准备好。

我们先看第一个义项,表示某件事情发生在某人身上。如:

(82)不想今日临到自己头上,还要细心,不肯露全方儿。(清·石玉昆《七侠五义》第六十三回)

(83)像这宗事情,我只听说过,并未经过,怎么单单就临到我的头上来了?(清·张杰鑫《三侠剑》第一回)

动词"临"具有"来到;到达"义,如:

(84)朝发轫于大仪兮,夕始临乎于微闾。(屈原《楚辞·远游》)

143

(85)东临碣石,以观沧海。(三国·魏·曹操《步出夏门行》)

(86)我因为工作忙,没有临场。(郭沫若《北伐途次》)

因"临"既有"到"义,则"临"与"到"二词之间不存在时间间隔,因此"临到"可以看成一个同义并列的双音节词,已经凝固成词了。例(82)(83)中,"临到"后是接"某人身上"或"某人头上",则可以理解为某件事情发生在某人身上,所以,其意义已经发生转化引申了。这个意义其实是比较晚起的,直到清末才出现。其实作为"来到,到达"义的"临到"后的论元最初是表示空间的成分。如:

(87)朝阳行运喜西方,临到东方也吉昌,最怕北方不吉,南离冲破主灾殃。(明·万民英《三命通会》卷六)

(88)临到家十余里外,遇见了个卖糖的邻家。(清·西周生《醒世姻缘传》第八十六回)

"临到"后的成分从表示空间扩展到表示时间。这就是《现汉》的第二个义项。如:

(89)况且小娘自己手中没有钱钞,临到从良之际,难道赤身赶他出门?(明·冯梦龙《醒世恒言》卷三)

(90)若不是他,我前日说过的,临到迎娶,自缢而死!"(明·凌濛初《二刻拍案惊奇》卷九)

(91)列位,大英雄是血气男儿,临到将死,还不忘保护胜爷他们呢。(清·张杰鑫《三侠剑》第三回)

三例中"临到"后都是表示时间的成分。例(89)已明确指出了"从良之际",表示"从良的时候";例(90)(91)的"迎娶"和"将死"是谓词性的,但其实是表示事件发生的时候,"临到"从表空间义的"来到;到达"义引申转变为表示时间的"到了;达到"之义。"临"与"到"的语义融合度更高,从具体义转化为抽象义。这种语义的"临

144

到"和表示达到某一时间点的"等到"意义接近,例(89)—(91)中,"临到"替换成"等到"也是通畅的。这种表示达到某个时间点的"临到"的用法和《现汉》所举的"临到开会,我才准备好"是一致的,但《现汉》将这种"临到"认为是介词,我们认为不正确,这种"临到"仍然是动词。作为动词,"临到"之后也可以直接连接表示时间的名词,如:

(92)起先统领只是拉长着耳朵听他讲话,后来渐渐的面有喜色,临到末了,不禁大笑起来。(清·李宝嘉《官场现形记》第十五回)

"末了"是表示时间的名词,义为"最后"。所以"临到"的词义发展序列是:"空间到达"义→"时间达到"义。这都是动词由于其后搭配成分的变化从而导致的语义转化。

3.3.3 "想不到"的词汇构式化

当"想不到+名词(代词)"时,"想不到"还没有成词。如:

(93)桂生喜出望外,做梦也想不到此,接银在手,不觉屈膝下拜,施济慌忙扶起。(明·冯梦龙《警世通言》卷二十五)

(94)我们不过闲逛逛,就想不到这礼上,没的惊动了人。(《红楼梦》第二十九回)

以上二例"想不到"都表示"不能想到"之义。"想不到此"就是"不能想到这里""想不到这礼上"即"不能想到这礼上"之义。

"V不到 XP"中的 XP 是一个变量,当 XP 是一个小句的时候,"想不到"不再表示"不能想到"之义,而是表示"没有想到"之义,表达了一种"意料之外"的意义。如:

(95)开始我以为阳世间的贪官污吏才会贪赃枉法,富人犯法后只要行贿就可以得到保全,穷人没有钱抵罪只好受罚,

而今竟然想不到阴间更加厉害!(明·瞿佑《剪灯新话》卷二)

(96)可想不到贾虚中忽然免官,回归故里,这婚事竟然未能成功。(明·瞿佑《剪灯新话》卷二)

(97)此铡乃初次用,想不到拿葛登云开了张了。(清·石玉昆《七侠五义》第二十七回)

(98)想不到他竟有如此的志向。(同上,第七十九回)

"阴间更加厉害""贾虚中忽然免官""拿葛登云开了张""他竟有如此的志向"都是一个小句,这些句子充当"想"的对象,"想"不能理解为"思考"的动词义,而是一种认知义,表达对某件事情没有充分的认识,是一种意料之外的认识。从"不能想到"变成"没有想到",这是逻辑推理的语义引申转化。这样,我们说例(95)—(98)中的"想不到"已经复合成词了。《现汉》(2016:1432)收录了"想不到",标为动词,并释之为"出乎意料;没有料到",甚是。

3.3.4 "料不到"的词汇构式化

"料不到"的成词过程和"想不到"类似,如果"料不到"后面连接的是单个名词,"料不到"还没有成词。如:

(99)那知宝妹妹不是姻缘,这凭谁也料不到的。(清·佚名《红楼梦补》第十七回)

(100)这件事我却料不到,如今只要挨过这一半天,就可保无事了。(同上,第五回)

(101)这也是成功当时万万料不到此的。(清·曾朴《孽海花》第二十九回)

例(100)中的受事宾语提前变成了主语,正常的语序是"我却料不到这件事",表示的是不能料到这件事情,"料不到"还是"料到"的否定形式,"料"的语义也没有和"不到"的语义发生融合。一且"料不到"后面的连接成分变成一个分句的时候,"不"不仅仅是对"料到"的否定,而且还表示结果没有达到,突出的是"没有想到"的意料之外的语义。如:

(102)我舅舅家后园子里也有几丛竹子,我瞧着就想起这里的光景来,再料不到林姑娘已经回南去了。(清·佚名《红楼梦补》第十五回)

(103)中国人看得他一钱不值,法国文坛上却很露惊奇的眼光,料不到中国也有这样的人物。(清·曾朴《孽海花》第三十一回)

(104)我等总以为那个瘟秃驴喊我们受罪,不料落下灵光一望,是胖奶奶放出我们的本身,更料不到这个胖奶奶就是扫道兄变的。(清·坑余生《续济公传》第一百四十三回)

"料不到"发生词汇构式化的环境和"想不到"是一致的,在语义上二者也基本一致,因此,二者都是动词,都是表示"意想不到"的意义,都是由于语义的转化从而导致了复合词的产生。《现汉》(2016:1432)只收录了"想不到"一词而未收录"料不到"一词是不应该的,当补收"料不到"。

3.3.5 "用不到"的词汇构式化

"用不到 XP"结构出现较晚,清末开始出现了各种 XP 的结构。如:

(105)抚院虽大,然而却用不到一万银子。(清·吴沃尧《九命奇冤》第二十八回)

(106)如果是礼金,用不到这许多。(清·李宝嘉《官场现形记》第十回)

(107)战士吃不到的东西,我们吃着不甜;战士们用不到的东西,我们用着不安。

(108)很可能这世界用不到我们了。

例(105)中的"用不到一万银子","银子"为"用不到"的受事宾语,直接受动词"用"的支配,表示"不会使用到"。例(106)"礼金"受事宾语提前,放到话题的位置上,"用不到"的后面就剩下了名词修饰语"这许多",其原本的语义结构应该是"用不到这许多礼金"。例(107)构式"V不到"充当定语修饰名词,如"吃不到的东西""用不到的东西"。例(108)中的"世界用不到我们"的"用"已经不是"使用"之义了。因此,"用"的语义朝着一定的方向开始了泛化。当"用不到"后面连接时间名词短语的时候,"用不到"产生歧解。如:

(109)这个色气太嫩了,用不到两三个月,便不好看。

(110)分出这点儿家产去,用不到三年二年,就得花个山穷水尽,一无所有。

以上二例中,"用不到+时间短语"分句后面一般都有一个后续句,这是造成重新分析和歧解的主要语境,如果没有后续句,则不会发生歧解。如例(109)"这个色气太嫩了,用不到两三个月",例(110)"分出这点儿家产去,用不到三年二年",没有后续句后,动词"用"的受事是前面句子所提到的名词所表示的事物,即理解为"使用色气太嫩的东西持续不到两三个月""使用这点家产不能持续三年二年"。一旦有后续句后,"用不到"的"用"除了可以像前面理解成"使用"外,"用不到+时间短语"还可以理解成"在时间上不需要达到某个量,就会发生后续句的动作",如例(109)可以理解成"这个色气太嫩的东西,不用两三个月,便不好看了",这种理解使得"用不到"的语义发生了转化,变成了"不用,不需要"义,已经可以看成一个动词了。

这种重新分析的语境还有另一种情况,如:

(111)夫人好意,怎有处罚的理儿,只是夫人道,<u>用不到</u>什么预备,能够赤手捕到两鬼不成?

(112)我所以只好装假了,其实根本<u>用不到</u>装的。

这两例中,"用不到"的后面是谓词性成分,本来这些成分所表达的概念是不可以和"使用"搭配的,但是由于例(111)中的"预备"之前有"什么","什么"使得"预备"名物化,所以这种例子也可以重新分析,既可以理解成"使用不到什么预备的东西",又可以理解成"不需要(不用)什么预备";例(112)中"装"虽然是个动词,但是其后有一个名物化的"的",所以此例既可以理解成"使用不到装的手段",也可以将"的"理解成是一个语气词,这样,全句就可以理解成"其实根本不需要装"的意义。当然,更多的情况下,"用不到"后面如果接动词的话,一般是认为"用不到"已经成词了,原有语义发生转化,从而表达"不用""不需要""用不着"或者"没有必要"这样的意义。如:

(113)密须国君虐待老百姓,早已失去民心,他就是再厉害十倍,也<u>用不到</u>怕。

(114)既然王公这样喜爱,就<u>用不到</u>破费,我把这群鹅全部送您好了。

(115)<u>用不到</u>同志你说,老百姓早把他们拴到一堆啦。

(116)凭魏强那个胆量和本领,根本<u>用不到</u>我放枪。

例(113)(114)中"用不到"后面接的是动词"怕"和"破费";例(115)(116)后面分别接的是短语和小句。这种例句中的"用不到"语义已经发生了转化,变成了一个三音节的复合动词了。所以,当一个结构构式化后,其内部成员之间的联系更加紧密,在一定的语境下,内部成员可以进一步构式化,变成一个词汇单位。从语义转

149

化形成了新义的角度来看,"用不到"当为一个动词,《现汉》(2016)未收录,也应当补录。

4 结论和余论

纵观全文,构式语法可以适合汉语双音节复合词及以上的语言单位。构式的形成完全可以通过事件框架结构来认识,因为语言构式源于人对客观世界的主观经验认知,所以,从体验认知心理的角度,就完全可以建立一个语言构式形成的认知心理模型(如前文图1),这个模型展示了外部世界通过外部感官输入心理的感知抽象并概括输出的过程。按照这个认知心理模型,我们对"V(不)到XP"构式的生成和发展及其演变进行了研究,研究结果表明,构式不是自在存在,而是一种自为存在,也就是说,构式的生成可以通过对其源构式的意象图式进行研究而获得,而且构式具有推导性,构式作为语言单位通过隐喻等手段可以不停地从典型构式向非典型构式扩展,这种从空间向时间、从时间向数量以及程度语义构式的扩展顺序与它们出现的时间是成正比的,而且在这个扩展过程中,核心动词语义也发生了变化,这是受到构式语义限制的结果,从而形成一个"路径图式"抽象不一的构式家族。也就是说,有些没有位移意义的动词,进入"V(不)到XP"构式以后,同样获得了"路径图式"的位移意义,如"打"没有位移意义,但是在"一拳打到他的脸上"则具有路径位移意义。另外,构式在发展的过程中,其构件是相互作用和相辅相成的,彼此制约从而使得语义达成和谐,构式也不断凝固,最后,构式的构件会发生词汇层面的构式化。所以,构式从形成的一刻开始,就处于不断的发展变化中。

另外,从构式语法的角度对"V(不)到 XP"结构构式化进行研究的结果使得我们有必要对这一构式的几个构件的性质做一个总结,同时澄清学界一些关于该构式的相关认识。

第一,"到"的性质为动词。前文我们已经提到,学术界对该构式中的"到"有各种认识,这是因为动词"到"在前后成分发生变化的时候,其动词语义的具体或抽象程度不完全相同,甚至在有的结构中,"到"的动词语义已经弱化,但不论怎样,"到"的动词性质不变。邢福义(1998:220)认为"来到了长春"中的"到"与"聘请专家的任务落在了我的头上""战士们猛虎一般扑向了敌人"中的"在"和"向"是一致的,都是介词。可是"来到了长春"也可以说"到了长春",其他两例却不可以说"在了我的头上"和"向了敌人",但是"聘请专家的任务落到了我的头上"却可以说"聘请专家的任务到了我的头上"。结合前文的论述,这足以说明"V 到"中的"到"是动词,而且是个趋向动词,而不是介词。吕叔湘(1999:151—152)在"V 到"之"到"的五个义项前就明显标注了词性"[趋]",即"到"为趋向动词,并列举了其中五种句式,然而曹书华(2010:13)曲解了吕先生的意思,吕先生在第 5 个义项中说:"形+到+动/小句。表达状态达到的程度。'到'的作用接近于引进结果-情态补语的助词'得',多数例句可以改用'得'。"曹文据此来论证"到"像动词又不像动词。其实吕先生并没有说"到"为助词,只是在用法上接近"得"而已。"有些生物小到连眼睛都看不见"中的"到"可以用"得"替换,但并不完全相同。用"得"是一种程度的客观描述,用"到"是一种程度的动态表达。稍做修改,该句也可以说成"有些生物小得到了连眼睛都看不见的程度","得"与"到"并置,其功能及其差异立显。赵元任(1979:177)在论述"黏着的短语补语"时,也明确指出了"V到"结构中的"到"为动词,他说:"第一动词没有宾语而第二动词为'在'或'到'的时候,'在'或'到'一般是轻声,这样就称为第一动词的后附(enclitic),中间不能停顿,不能插入别的词。第二动词'在'或'到'的后边的宾语只能是时间和处所词。"如"走到张家""说到天亮"。虽然关于"V到"中间不能插入别的词以及其后的宾语只能是时间和处所词这两点可能值得商榷,但赵先生对"V到"之"到"是动词的认识则是毫无疑问的。曹书华(2010:13)显然也是误解了赵先生的意思,曹文(2010)主张动词说和介词说,认为"V到"之"到"的词性有两个,一个是动词,一个是介词。

第二,"V(不)到"的性质是一个动态的构式。这一结论是我们从研究"V(不)到XP"构式的发展演变中得到的。关于"V到"的认识也历来不一致,吕叔湘(1999:42)认为"V到"是"动趋式动词",因为在"动趋式动词有关句式表"一节中,第4个"主语+动趋+宾语(处所)"表中,就列举了"跑到""摆到"和"领到"几个例子;蒋同林(1982)也认为"V到"是个动词,不同的是,他认为"V到"的内部关系是"动介式",将"到"看成是介词;曹书华(2010)从生成语法的角度论证了"V到"是一个句法派生的动词。赵元任(1979:177)则将"V到(XP)"看成动补结构,认为这是"一个动词加上一个动宾短语,后者由于第二动词的(语音上)附属地位黏着于前边的动词",因此将"到XP"看成动词V的"黏着的短语补语"。朱德熙(1982:130—132)也有类似的看法,认为"V到"是一种"述补结构",且专门用一节来论述了"V到"述补结构带宾语的四种情况。但是,对于"V到"的认识,无论是动词说,还是短语说,都不足以概括"V到"在具体语言实践中的虚实不一的情况,它呈现的是一种序列,所以,只说它是动词,则不能概括诸如"飞到"一类显然还没有凝固的"V到",同时也不符合语言对词的界定,因为它不仅是一个松散的结构,而且还是一个开放的、能产性很高的结构。如果只将"V到"概括为短语,则确实又不能忽视有的"V到"已经成词(如上文论述的"达到""得到"等)。当然,动词说和短语说尤其没有注意到的是,伴随"V到"结构的还有它的否定结构"V不到",而且它们的产生和发展都是同步的,甚至有的"V不到"也已经成词(如"想不到"等)。所以,将"V(不)到"这样一类处于动态发展变化中的结构看成是动态构式无疑是非常有利的,动态性说明"V(不)到"不是一成不变的。在不同的语境下,它既可以是词,也可以是短语,而且不同层级构式之间是具有承继衍生关系的。

第三,"V(不)到XP"构式中V的进一步扩展。在近代汉语中,V以单音节为常见,只能见到少数的双音节用例,如上文例(29)"辛勤到"和例(61)"收复到"等这样的例子。但是到了现代汉语中,"V(不)到"构式中V为双音节动词的用例大大增加,如"体会(不)到这种快乐""了解(不)到社情民意""关照(不)到自己的朋友""享用(不)到美食""顾及(不)到亲情""搜索(不)到敌情""探测(不)到遥远的星球""观察(不)到细微的变化""劳动(不)到天黑",等等。V为双音节时,"V到"就更不可能是词了。那么,哪些V可以进入这一构式呢?从构式语义来看,当XP是V的非受事宾语时,其构式语义是"动作的发生(不能或者没有)达到(或达成)XP所表示的某个时空、数量或程度";当XP是V的受事宾语时,其构式语义是"'V+XP'所表示的事件(不能或没有)获得达成"。这样,我们可以知道,基本上所有的动作动词(含源构式的位移动词)、心理动词和趋向动词都是可以进入这一格式的,因为这些动词都会涉及空间、时间、数量和程度等其中的某些因素。而语义比较抽象的动词,如存现动词("在""有""存在""具有"等)、关系动词("是""像""姓""属于""成为""仿佛"等)以及形式动词("加以"等)则不可以进入"V(不)到XP"构式中,不能说"在(不)到""属于(不)到"或者"加以(不)到"等。因为构式中的"到"是动词,所以能愿动词("会""能""可以""能够""要""肯""必须""应该"等)似乎也可以进入该构式,形成"能够到上海""必须到天亮"这样的说法,但这已不属于"V(不)到XP"范畴了。最有意思的是使令动词(如"使""令""叫""让""请""要求"等),它们不能直接进入"V(不)到XP"构式中,但是当构式变为重动句式后,则可以说"请他请到绝望""叫他干活叫到口干舌燥"等,为何会这样,其中的语用表达和语义限制,将另文探讨。

还有一个值得注意的现象是,"V(不)到XP"构式中V的扩展没有停留在动词内部,现代汉语中V突破了动词域,扩展到形容词域去了,形成了"A(不)到XP"构式,由于形容词主要涉及的是事物的性质程度或者状态,所以"A(不)到XP"表达的构式语义是"形容词A所表达的性质或者状态(不能)达到某一种程度"。如:"这条路窄到仅能过一个人""恐慌到失控/睡不着觉""今天夜晚黑到伸手不见五指""这种花红到令人血脉膨胀",等等。基本所有的性质形容词和部分状态形容词都能够进入"A到XP"构式,而且大都能形成"A到让人不敢相信"这样的构式,因为形容词都能受程度副词的修饰,而"让人不敢相信"表达的就是一种程度语义,因此,它在构式中的功能就相当于程度副词的功能。而否定式"A不到XP"一般在现实语言中多会形成"A不到哪里去"[1]结构,因

---

[1] 吴为善、夏芳芳(2011)认为"A不到哪里去"构式来源于"V不到哪里去"构式,表达的构式语义是:主观评述性的有限程度量。他们的看法和本文是一致的。所以,"V不到哪里去"是构式"V(不)到XP"中的一员,而构式"A(不)到XP"的形成则是构式"V(不)到XP"扩展的结果。

为该构式的意义是"形容词的性质或状态不具有很深的程度",而形容词作为主观评判的对象,首先想到的当然是其最主要的性状程度,"A不到哪里去"表达有限程度的量。当然也可以形成"他老实不到两天""这花红不到一个星期"等说法,但关注形容词性状持续的时间终不会超过关注其性状程度,故"A不到哪里去"构式要常见些。

参考文献

曹书华 2010 《"V到"句式研究》,安徽师范大学硕士学位论文。
樊彩艳 2016 《现代汉语"V不到(XP)"的构式研究》,湘潭大学硕士学位论文。
洪 波、董正存 2004 《"非X不可"格式的历史演化和语法化》,《中国语文》第3期。
胡丽珍、雷冬平 2013《"NP+好+V(A)"的多义同构性及其承继理据的历时考察》,《语言科学》第5期。
蒋同林 1982 《试论动介复合词》,《安徽师范大学学报》(哲学社会科学版)第1期。
雷冬平 2012 《"喝他个痛快"类构式的形成及其语义研究》,《语言科学》第2期。
刘辰诞 2008 《生成整体论视角下"动宾动词+名宾"构式的生成——构式创新的一个动因》,《外语学刊》第3期。
刘大为 2010a 《从语法构式到修辞构式(上)》,《当代修辞学》第3期。
刘大为 2010b 《从语法构式到修辞构式(下)》,《当代修辞学》第4期。
龙国富 2013 《"越来越……"构式的语法化——从语法化的视角看语法构式的显现》,《中国语文》第1期。
陆俭明 2008 《构式语法的价值和局限》,《南京师范大学文学院学报》第1期。
陆俭明 2016a 《从语法构式到修辞构式再到语法构式》,《当代修辞学》第1期。
陆俭明 2016b 《对构式理论的三点思考》,《外国语》第2期。

吕叔湘　1999　《现代汉语八百词》(增订本),北京:商务印书馆。

牛保义、席留生 2009　《仿拟构式生成的认知语用学解释》,《现代外语》第2期。

彭　睿　2016　《语法化・历时构式语法・构式化——历时形态句法理论方法的演进》,《语言教学与研究》第2期。

任　鹰　2009　《"领属"与"存现":从概念的关联到构式的关联——也从"王冕死了父亲"的生成方式说起》,《世界汉语教学》第3期。

施春宏　2013　《新"被"字式的生成机制、语义理解及语用效应》,《当代修辞学》第1期。

文　旭、杨　坤　2015　《构式语法研究的历时取向——历时构式语法论纲》,《中国外语》第1期。

吴为善、夏芳芳　2011　《"A不到哪里去"的构式解析、话语功能及其成因》,《中国语文》第4期。

邢福义　1998　《汉语语法学》,长春:东北师范大学出版社。

杨亦鸣、曹　明、沈兴安　2001　《国外大脑词库研究概观》,《当代语言学》第2期。

杨永龙　2011　《试说"连X+都VP"构式的语法化》,见吴福祥、张谊生主编《语法化与语法研究》(五),北京:商务印书馆。

张　莹　2003　《"V到"结构研究》,延边大学硕士学位论文。

赵元任　1979　《汉语口语语法》,北京:商务印书馆。

朱德熙　1982　《语法讲义》,北京:商务印书馆。

朱德熙　1985　《语法答问》,北京:商务印书馆。

Fillmore, Charles J. 1975 An alternative to checklist theories of meaning. In C. Cogen, H. Thompson, G. Thurgood, K. Whistler & J. Wright (eds.). *Proceedings of the First annual Meeting of Berkeley Linguistics Society*. Berkeley: University of California Press. 123—131.

Fillmore, Charles J. 1977 Scenes-and-frames semantics. In Zampolli, Antonio (ed.). *Linguistic Structures Processing*. Amsterdam, New York & Oxford: North-Holland. 55—88.

Fillmore, Charles J. 1982 Frame semantics. In The Linguistic Society of Korea (ed.). *Linguistic in The Morning Calm*. Seoul: Hanshin. 111—137.

Fried, M. 2008 Constructions and constructs: Mapping a shift between predication and attribution. In Bergs, A. & Diewald, G. (eds.). *Constructions and Language Change*. Berlin/New York:Mouton de Gruyter. 47—80.

Fried,M. 2009 Construction grammar as a tool for diachronic analysis . *Constructions and Frames* 1(2):261—290.

Fried,M. 2012 Principles of constructional change. In Trousdale,G. & Hoffmann,T. (eds.). *The Oxford Handbook of Construction Grammar*. Oxford:Oxford University Press.

Goldberg,Adele E. 1995 *Constructions:A Construction Grammar Approach to Argument Structure*. Chicago:Chicago University Press.

Goldberg,Adele E. 2003 Constructions: A new theoretical approach to language. *Journal of Foreign Languages* 3.

Goldberg,Adele E. 2006 *Constructions at Work : The Nature of Generalization in Language*. Oxford:Oxford University Press.

Goldberg,Adele E. 2009 The nature of generalization in language. *Cognitive Linguistics*(1):93—127.

Lakoff,G. 1987 *Women, Fire, and Dangerous Things:What Categories Reveal about the Mind*. Chicago:The University of Chicago Press.

Langacker,Ronald. W. 1987 *Foundations of Cognitive Grammar*. Vol. 1: Theoretical prerequisites. Stanford:Stanford University Press.

Noël, D. 2007 Diachronic construction grammar and grammaticalization theory. *Functions of Language* 14(2):77—202.

Traugott,E. C. 2008a The grammaticalization of *NP of NP* constructions. In Bergs,A. & Diewald,G. (eds.). *Constructions and Language Change*. Berlin/New York:Mouton de Gruyter. 23—46.

Traugott,E. C. 2008b Grammaticalization,constructions and the incremental development of language: Suggestions from the development of degree modifiers in English. In Eckardt,R. ,Jäger,G. & Veenstra,T. (eds.). *Variation,Selection,Development:Probing the Evolutionary Model of Language Change* . Berlin/New York:Mouton de Gruyter. 219—250.

Traugott,Elizabeth C. & Graeme Trousdale 2013 *Constructionalization and Constructional Changes*. Oxford:Oxford University Press.

Trousdale,G. 2008a Constructions in grammaticalization and lexicalization: Evidence from the history of a composite predicate in English. In Trousdale, G. & Gisborne, N. (eds.). *Constructional Approaches to English Grammar*. Berlin: Mouton de Gruyter. 33—67.

Trousdale, G. 2008b A constructional account of lexicalization processes in the history of English: Evidence from possessive constructions. *Word Structure*. 156—177.

Trousdale, G. 2012 Grammaticalization, constructions, and the grammaticalization of constructions. In Davidse Kristin, Tine Breban, Lieselotte Brems & Tanja Mortelmans(eds.). *Grammaticalization and Language Change: New Reflections*. Amsterdam/Philadephia: John Benjamins. 167—198.

(本文原载《汉语史研究集刊》第二十五辑,2018)

从叶斯柏森循环看侗台语否定句语序

李繁贵

(中国人民大学/西藏民族大学)

1 引言

否定是人类语言的主要共性之一。人类语言的否定范畴异常复杂，并不完全对应于一元逻辑否定。从逻辑上讲，如要表达否定意义，一种语言只需一个否定词即可，一个否定句也只需一个否定词即可。现实上并非如此。以汉语为例，历史上曾出现了许多否定词，如"不、弗、非、无、勿、微"等，现代汉语里也有多个否定词。以单句论，汉语否定句通常只需要一个否定词来表达，例外极少，而法语传统上需要动词前后出现 ne 和 pas 两个否定词，班图语甚至需要三个否定词(M. Devos & van der Auwera 2013)。我国境内外的侗台语中就存在这种双重否定乃至多重否定现象，值得我们去研究。

2 侗台语否定句语序的讨论

从目前研究看来，侗台语的否定词比汉语复杂，主要体现在：数量多、构词形态复杂、句法位置灵活。数量多自不待言，构词形态可举一例说明。贵州六枝仡佬语可以通过声调交替表示否定（倪大白，2010:144）。同一个词形，低调降调表肯定，高平调表否定。比如，ʔaŋ^{21}表"有"，ʔaŋ^{55}表"没有"；ʔaɯ^{21}表"是"，ʔaɯ^{55}表"不是"；mlan^{31}表"喜欢"，mlan^{33}表"不喜欢"。居都仡佬语也有这种现象，xan^{31}"能"发生语音曲折变化，变成 xan^{33}"不能"。（潘立慧，2007:14）关于侗台语否定句的语序问题，梁敏、张均如（1996）、李锦芳、吴雅萍（2008）、覃凤余、黄阳、陈芳（2010）等已有深入的讨论。李锦芳、吴雅萍（2008）指出，现代侗台语按照否定成分的位置划分，有三种基本的语序：V＋Neg、Neg1＋V＋Neg2、Neg＋V。

V＋Neg 型。仡央语支的布央语、仡佬语和拉基语的否定词放在它所修饰的谓词及其宾语、补语的后面。（梁敏、张均如，1996:874）例如：

三冲仡佬语　pu^{31} tso^{33} ʑ^{31} bo^{33} ko^{35} na^{13}．老人说完就不见啦。
　　　　　老人　说完　见　不　　　　（李锦芳、吴雅萍，2008:37）
郎架布央语　ma^{33} ɕaŋ^{11} qai^{54} han^{24} ŋok^{11} ɕɛ^{54} la:i^{11}．马上就看不见爷爷了。
　　　　　马上　看见　老爷爷　不　　（李锦芳、吴雅萍，2008:37）
富宁布央语　ke^{24} ə^{53} de^{24} na:i^{42}．他不愿说。
　　　　　他　愿　说　不　　　　　（梁敏、张均如，1996:874）
青龙仡佬语　tau^{55} ɦo^{42} a^{21}．我们不去。
　　　　　我们　去　不　　　　　　（梁敏、张均如，1996:874）
大狗场仡佬语　lɒ^{55} luŋ^{55} ni^{21} xɒ^{33} ti^{31} əɯ^{33}．这碗菜不能吃。
　　　　　碗菜　这　吃　得　不　　（李锦芳、吴雅萍，2008:37）
贞丰仡佬语　kau^{55} nɛ^{21} ʔi^{42} ki^{55} ʔæ^{42}．没有看见我家的牛。
　　　　　看见牛　我家　没有　　　（占升平，2012:199）
白腊木佬语　ni^{53} pe^{55} nəu^{35}．要不得。
　　　　　要　得　不　　　　　　（梁敏、张均如、李云兵，2007:123）

Neg1＋V＋Neg2 型。这种类型主要出现在仡佬语的一些方言和拉基语中，当然其中也有一部分语言同时属于 V＋Neg 型。例如：

三冲乡仡佬语　i^{53}　a^{44} bai^{13}　biŋ^{11} a^{53}. 我没有钱。
　　　　　　　我　没有　　钱　　不　　　（梁敏、张均如，1996：874）

湾子寨仡佬语　sən^{35} ni^{31} vu^{42} pa^{35}　ʔan^{42} qɚ^{42} ʔa^{42}. 今天他不在家。
　　　　　　　今天　他　不　在家　不　　（周国炎，2012：47）

贞丰仡佬语　mo^{42} mau^{55} ʐɛ^{42} so^{42} nu^{42} fei^{55} tu^{21} ma^{42} vu^{24} ti^{21} ʔæ^{42}. 那头野猪夜里没有出去。
　　　　　　那　头　猪　野　那　　夜里　　没有　出去　不　（占升平，2012：199）

　　　　　　tau^{55} pai^{55} pi^{42} tsau^{21} ʔæ^{42}. 禁止烧山！
　　　　　　不要　去　烧　山　不　　　（占升平，2012：199）

月亮湾仡佬语　bə^{31} ʔlau^{35} di^{35} zi^{35}, i^{33}　ma$^{35(55)}$ ʔlau^{55} tʂau^{31}. 他会唱歌，我不会。
　　　　　　　他　会　唱歌　我　不　　会　不
　　　　　　　　　　　　　　　　　　　（李锦芳、吴雅萍，2008：37）

顶银哨仡佬语　ti^{55} to^{21} ma^{33} vu^{33} ho^{21}. 我们不去。
　　　　　　　我们　不　去　不　（梁敏、张均如，1996：874）

龙家寨仡佬语　ai^{55} nai^{55} mo^{33} ʐu^{55} o^{33}. 我们不去。
　　　　　　　我们　不　去　不　（梁敏、张均如，1996：874）

居都仡佬语　qen^{31} ŋe^{35} laŋ^{33} di^{55} to^{31} ɲi^{35} ma^{33} phei^{35} vo^{33}. 本地的姜不辣。
　　　　　　姜　本地　我们　这　不　辣　不（李锦芳、吴雅萍，2008：37）

Neg＋V 型。现代大部分侗台语属于该类型。例如：

黎语　doŋ^1 nei^2 ta^1 diu^1 lo^1. 这样就不对啦。
　　　这样　不　对　了　　（李锦芳、吴雅萍，2008：38）

壮语（百色）　kou^1 naːu^5 au^1. 我不要。
　　　　　　　我　不　要　　（李锦芳、吴雅萍，2008：38）

侗语　maːu^6 kwe^2 paːi^1 la^4. 他不去啦。
　　　他　不　去　啦　　（李锦芳、吴雅萍，2008：38）

白腊木佬语　əŋ^{33} i^{53} ni^{33}. 我不要。
　　　　　　我　不　要　　（梁敏、张均如、李云兵，2007：123）

覃凤余、黄阳、陈芳(2010)发现壮语否定句语序并非限于上述三种模式。他们认为壮语否定词可分两套,一套是 na:u⁵,一套是非 na:u⁵。否定词可单用,也可搭配使用。他们根据不同否定词在 SVO 中的位置,将壮语方言点的情况归为以下几类:非 na:u⁵ 否定词,固定分布于动词前,可表示为 S-Neg-VO;na:u⁵ 单用,分四种情况:SV(O)-Neg、SV-Neg-O、S-Neg-VO、Neg-SVO;带 na:u⁵ 的双重否定,分四种情况:Neg1-SVO-Neg2、S-Neg1-VO-Neg2、SV-Neg1-O-Neg2、S-Neg1(非 na:u⁵)-O-Neg2(na:u⁵);带 na:u⁵ 的三重否定,分三种情况:S-Neg1(非 na:u⁵)-V-Neg2(na:u⁵)-O-Neg3(na:u⁵)、S-Neg1(非 na:u⁵)-Neg2(na:u⁵)-VO-Neg3(na:u⁵)、S-V-Neg1(非 na:u⁵)-Neg2(na:u⁵)-O-Neg3(na:u⁵)。李锦芳、吴雅萍(2008)注意到"侗台语的谓语后型和双重否定型否定句语序在汉藏型语言和东亚周边语言中相当独特",覃凤余、黄阳、陈芳(2010)更在此基础上通过引用泰语、柬埔寨语、缅甸语、越南占语、Roglai 语、Rade 语、Jorai 语、东部占语、Chru 语、Haroi 语语料证明该特征是东南亚语言的一个区域性特征。实际上,国际语言学界的研究已经发现,该特征也不只是东南亚语言的区域特征,否定词周期性演变是语言发展的一部分(Willis 等,2013),后文将会讨论这个问题。以上是共时层面的分类。

从历时层面看,梁敏、张均如(1996:876)认为否定副词后置于谓词是早期侗台语的初始语序,否定词居于谓词之前是在汉语的强烈影响下衍生的语序,因而不少谓词前否定副词乃汉语借词。如靖西等地壮语的谓词前否定副词 mei² 为汉语借词,安定壮语否定词 mi⁶"不"也是借用汉语(如 mi⁶ au¹"不要",mi⁶ ku¹ jien¹)。梁敏、张均如、李云兵(2007)在此基础上进一步分析了普标语及仡央语群其他语言动词、形容词与否定副词的语序类型。他们发现仡佬语、拉基语、布央语的否定副词通常置于动词、形容词之后，普标语、羿人语、木佬语的否定副词一般置于动词、形容词之前。他们通过找寻否定副词后置痕迹来推测否定副词后置是仡央语群语言的初始语序，同时也注意到了否定副词位于谓词前和位于谓词后的中间形式，有否定词单用的（即在谓词前或后使用一个否定词），也有使用框式否定的。李锦芳、吴雅萍（2008）进一步推测侗台语否定句语序的演变过程为：V＋Neg＞Neg1＋V＋Neg2＞Neg＋V。他们从两方面分析演变的原因。第一，否定句语序演变与侗台语谓词和体词修饰、限定成分前移趋势有关，第二，侗台语否定句语序演变也与语言接触有关。他们强调第二阶段的 Neg1 往往是个新形式，常是个借词，而固有的 Neg2 语义度减弱语法化，变成表否定的虚词，最后脱落，句子演变到第三阶段。覃凤余、黄阳、陈芳（2010）也认为否定词后置于动词是侗台语的早期形式，移到动词前是语言接触的产物，他们推测壮语否定词经历了逐渐前移的变化：

V-O-Neg
　　{SV-Neg-O/Neg-SVO}
　　{SV-Neg1-O-Neg2/S-Neg1-V-O-Neg2} ⟶ S-Neg-V
　　{S-V-Neg1-Neg2-O-Neg3/Neg1-SVO-Neg2}
　　{S-Neg1-V-Neg2-O-Neg3}
　　{S-Neg1-Neg2-VO-Neg3}

同时，他们对自己的假设持有一定保留意见。或许也可以假设原来壮语中否定词是居于动词前的，但是他们认为否定词居于动词前的语序与否定词居于其他位置的语序相比，前者是无标记项，后者是有标记项，有很多证据证明人类语言从有标记项发展为无标记项。相比较而言，覃凤余、黄阳、陈芳（2010）注意到了侗台语多元否定的复杂性和丰富性，语料丰富且分析入微，但其有关侗台语否定词语序演变的假设不够简洁。他们未能明确说明 Neg2 和 Neg3 是如何产生的,图示中的 V-Neg 和 Neg-V 是一个 Neg 吗?他们提到双重否定、三重否定是在单一否定词的前提下通过和其他语言的接触、否定强化等过程构成的,颇有见地,可惜他们没把论证重点放在否定强化等内部演变的规律性(贝罗贝、李明 2008/2015)上面来。李锦芳、吴雅萍(2008)既分析了内部结构调整的原因,又提到了外部语言接触的影响。他们的假设简洁且解释力强,不足之处是夸大了外部接触的作用,没有充分认识到语言内部语义句法等演变的规律性,因而与国际上近年来的叶斯柏森循环(Jespersen's Cycle)理论擦肩而过。潘立慧(2007)系统分析了仡央语言中否定词的语法化现象和机制,对我们的研究有莫大的启示意义。她没有意识到仡央语言否定词演化的循环性,而这正是本研究的起点之一。

3 叶斯柏森循环

叶斯柏森发现,否定词的演变在英语及其他语言的发展过程中有种循环变化:Neg+V>Neg1+V+Neg2>V+Neg。如要表达"我不说",英语的发展阶段如下(Jespersen,1917;叶斯柏森,1924/1988):

(1)ic ne secge.(这是古英语阶段的主要否定形式)

(2)I ne seye not.(not 由 noht 变来,意思是 nothing)

(3)I say not.(到 15 世纪失去了 ne)

(4)I do not say.(伊丽莎白时代 not 依然在 do 后面,但真正的动词在 not 后面)

(5)I don't say.(许多这样的组合里,如 can't,[t]经常脱落,

意味着否定尚需强化）

这种演变可以在一种语言里反复循环出现。叶斯柏森说："不同语言否定语词的发展历史让人们见证一下令人称奇的波动：原初的否定副词首先受到削弱，否定力度不充分，需要加强，通常是额外添加语词；而这个额外添加的词语在发展过程中渐渐被视为否定词本身，该词会经历和原初否定副词类似的发展过程。"（Jespersen，1917；叶斯柏森，1924/1988）后来人们把叶斯柏森关于否定语词演变的论述称为"叶斯柏森循环"（Jespersen Cycle）。Jespersen Cycle 通常也写作 Jespersen's Cycles 或 Negative Cycles（Van Gelderen，2008），贝罗贝、李明（2008/2015）译为"否定的演化循环"，李繁贵（2012）译为"叶斯柏森循环"，何宏华（2016）译为"叶氏周期"。因否定的演化循环还包括否定-存在演化圈（Croft's Cycle）（Hansen，2011），"叶氏周期"翻译不确，所以我们译为"叶斯柏森循环"。

虽然叶斯柏森的研究只是基于英语及其他西欧语言，但是后来人们证实他的结论是正确的。关于法语（包括其母语拉丁语）否定词的演变，Jespersen（1917：7）区分了五个阶段，因而人们常常用他所用的法语例句来展示叶斯柏森循环的阶段性：

表1 法语句子否定的演变（例句："我不说……"）（Hansen，2011）

阶段0（古典拉丁语）	non dico	否定词在动词前
阶段1	je ne dis	动词前否定词语音上减弱
阶段2	je ne dis(pas)	动词后可加上一个成分来表达否定
阶段3	je ne dis pas	动词后的成分语法化为框式否定的一部分
阶段4	je(ne)dis pas	动词前原否定词可有可无
阶段5（未来法语？）	je dis pas	否定词居于动词后
阶段6（路易斯安那法语克里奥尔语）	mo pa di	之前的动词后否定词移至动词前

按照叶斯柏森的解释,一种语言之所以要增加另外一个否定词往往是由于原否定词语音上的弱化,于是便产生了否定意义的重要性与语音的弱化性之间的不对称,所以有必要在语义上用另外一个成分来表达否定,渐渐地,动词前原否定词被动词后的新否定词取代。我们可以将上表展示的叶斯柏森循环简化为三阶段:

表2 叶斯柏森循环的三个阶段

阶段1	NEG V	ne V
阶段2	NEG V NEG	ne V pas
阶段3	V NEG	V pas

然而语言不是突变的,人们认为在阶段1与阶段2之间,以及阶段2与阶段3之间应该各有一个过渡阶段,于是便有五阶段论。在阶段2,pas是可选的,在阶段4,ne是可选的。此外还有四阶段论。四阶段论以三阶段论为基础,或者以ne的重读拉丁语词源non为阶段1,或者将pas还不表示否定的时期作为阶段2,van der Auwera(2009)用下标X来区分中性的pas。Pas原指"脚步",我们相信有一个阶段pas只是用来强化与之搭配的动词的否定意义,相当于英文里的I don't even want to walk one step further。下面是他的汇总表:

表3 叶斯柏森循环三种分段论汇总表[van der Auwera(2009)]

	三阶段	四阶段		五阶段
		A	B	
		1 non$_{NEG}$		
1 ne$_{NEG}$	2 ne$_{NEG}$		1 ne$_{NEG}$	1 ne$_{NEG}$
			2 ne$_{NEG}$ ... pas$_X$	
				2 ne$_{NEG}$ (... pas$_{NEG}$)
2 ne$_{NEG}$ ... pas$_{NEG}$	3 ne$_{NEG}$ ... pas$_{NEG}$	3 ne$_{NEG}$ ... pas$_{NEG}$		3 ne$_{NEG}$ ... pas$_{NEG}$
				4 (ne$_{NEG}$) pas$_{NEG}$
3 pas$_{NEG}$	4 pas$_{NEG}$	4 pas$_{NEG}$		5 pas$_{NEG}$

语言现象非常复杂,即便是以上的分类也难以穷尽。事实上有两种不同的弱化和强化过程在进行着。后来的研究发现叶斯柏森循环不只分布在西欧地区,也广泛分布在非洲(Cyffer et al. 2009)、欧洲以及地中海地区(Willis 等,2013)。Vossen(2016)更在此基础上发现叶斯柏森循环在世界范围内存在,并且表现出丛聚现象。特别明显的表现是,叶斯柏森循环在东南亚地区和美洲地区尤其丰富。汉语有叶斯柏森循环吗?van der Auwera 认为汉语中很可能没有这种现象。何宏华(2016)发现汉语否定词在演化过程中,语法化程度较低,发生了短语词汇化现象,之后并未进一步语法化,因而没有叶斯柏森循环所描述的特点。叶斯柏森循环只是从左往右的吗?Vossen(2016:143)说:"我们有理由相信(叶斯柏森)循环的方向可以是逆向的。"特别是 Vossen(2016:92—117)东南亚地区占语叶斯柏森循环的研究,我们确信李锦芳、吴雅萍(2008)关于侗台语否定句语序演变过程的推测是正确的。

4 部分南方汉语方言中的否定后置、否定重复和双重否定

在闽南话里否定词形态很丰富,有否定词后置、双重否定和否定重复等现象:

4.1 否定词的后置(廖新玲,2001:8)。

伊连食一喙也怀。(他连吃一口也不愿意。)

侬看无。(人看不见/看不到/看不清楚/看不起)

我买无。(我买不到。)(该结构中动词必须是自主动词)

今年趁无。(今年挣钱少。)

廖新玲(2001:13)说,在"V＋无＋NP"结构中,"动词＋无"结合得比较紧密。这个组合与"名词性宾语"在语音上的停顿比其内部的停顿要长,从整体上"动词＋无"和后面的"名词性宾语"之间有一个支配与被支配的关系。也就是说和以上讨论的部分侗台语一样,在闽南语中也有否定词后置的现象,句中的否定词是通过否定前面的谓词来表达句子否定意义的。不过,否定词的句法位置并不稳固,在"V＋无＋NP"结构中,当名词为代词时一般应置于补语前,但也可置于补语后,此时代词必须轻读。

找伊无。(找不到他。)

找无伊。(找不到他。)

同时,否定词的辖域也不一定总是前面的动词。当句子中"无"后的名词前出现或者可以不出现数量成分时,"无"除了对动作行为实现否定外,还可以对后面的名词所代表的事物所达到的量进行限制(廖新玲,2001:13),这反映了闽南语否定词在演变中的某种过渡性。因此,下面的句子便有两种语义:

食无饭。("吃不到饭"或"一点饭也吃不到")

饭无水。("喝不到水"或"一点水也喝不到")

叫无人。("叫不到人"或"一个人也叫不到")

4.2 两个否定词并列仍表否定(廖新玲,2001:37)

汝怀免去,我去做就好。(你不用去,我去就行了。)

伊怀免考试,我着考。(他不用考试,我要考。)

"怀"起加强否定语气的作用,"怀免"就是"免"的意思,相当于普通话中的"不用"。免,bian[53],其语意相当于普通话中的"不得"和"不用",与"着"相对。

4.3 否定词的重复(廖新玲,2001:38)

看伊无。(看不起他。)
看伊无无。(看不起他。)
看伊无无无。(看不起他。)

语气上,否定词越多,语气越强烈。有一个例外"无无去"。这是一个歧义结构,"去"读轻声,表示"全都丢了"。"去"读本调,表示"没有不去"。

温州一些方言里也有一些双重否定式(张涌泉、陈瑞峰,2012:148):

断无用[dø^{34} vu$^{31-11}$ jyŋ$^{11-53}$] (太没用)
冇断坏[nau$^{34-0}$ dø$^{34-43}$ pʰai^{33}] (不合常理、不合规矩、
　　　　　　　　　　　　　　　　　没礼貌、没模样)

语气上,**断无用**>**断用**>**无用**。他们还讨论了肯定表否定以及否定词前移的现象:

晓不得[ɕia^{45} fu^{45} tei^{323}]
　　　↓ 浊化
　　　vu$^{45-0}$
　　　↓
[ɕia^{45} vu$^{45-0}$ tei^{323}]
　　　↓ 脱落声母 v
[ɕia^{45} tei^{323}]

最后变成了"否晓(否)得"。他们推测形成原因是语用强调,很可能是受类似于"真真会"这样的肯定强调形式的影响。我们觉得或许还与其方言底层语言的影响。潘悟云就认为,大部分的南方汉语方言,最初是南方原住民在中原汉语不断影响下逐渐形成的。结合以上分析来看,这种观点不无道理。

5　结语

综上所述,本文认为侗台语的否定范畴也应该存在叶斯柏森循环现象。因此我们可以将侗台语纳入叶斯柏森循环的类型学研究视域中,主要结合 van der Auwera 和 Frens Vossen 等人的研究成果,本文进一步论证原始侗台语的否定词很可能是居于动词后的,但也不排除居于动词前的可能性,新增的否定词往往源于语言本身,而非外借。侗台语否定词及其语序演变的动因主要是否定词的语法化和强化,这个过程是单向且循环的。侗台语否定词的强化应该兼有刘丹青所说的并列强化和框式强化,但主要是框式强化。汉语否定词的强化基本上是并列强化,所以其否定词句法位置很稳定地前置于动词,几乎没有叶斯柏森循环现象,但是有否定-存在演化圈(即 Croft's Cycle)。我们发现在闽南话里否定词形态很丰富,有否定词后置和双重否定等现象,温州方言也有类似现象。本文推测在闽南话里或许有叶斯柏森否定循环,这或许是由于其方言底层侗台语言结构的影响。

参考文献

奥托·叶斯柏森　1924/1988　*Philosophy of Grammar*,何勇等译,《语法哲学》,北京:语文出版社。

贝罗贝、李　明　2008/2015　《语义演变理论与语义演变和句法演变》,见吴福祥、王云路编《汉语语义演变研究》,北京:商务印书馆。

何宏华　2016　《汉语句子否定与叶氏周期》,《外语学刊》第 3 期。

李繁贵　2012　《"从来"语法化的语料库驱动研究》,《现代语文》(语言研究版)第 9 期。

李锦芳等　2006　《西南地区濒危语言调查研究》,北京:中央民族大学出版社。

李锦芳、吴雅萍　2008　《关于侗台语的否定句语序》,《民族语文》第2期。

梁　敏、张均如　1996　《侗台语族概论》,北京:中国社会科学出版社。

梁　敏、张均如、李云兵　2007　《普标语研究》,北京:民族出版社。

刘丹青　2001　《语法化中的更新、强化和叠加》,《语言研究》第2期。

刘丹青　2005　《汉语否定词形态句法类型的方言比较》,(日本)《中国语学》252号。

倪大白　2010　《侗台语概论》,北京:民族出版社。

潘立慧　2007　《仡央语言否定词研究》,中央民族大学硕士学位论文。

覃凤余、黄　阳、陈　芳　2010　《也谈壮语否定句的语序》,《民族语文》第1期。

占升平　2012　《仡佬族方言比较研究》,北京:民族出版社。

张济民　1982　《贵州普定仡佬语的否定副词》,《民族语文》第3期。

张　敏　2002/2015　《上古、中古汉语及现代南方方言里的"否定-存在演化圈"》,见吴福祥、王云路编《汉语语义演变研究》,北京:商务印书馆。

张涌泉、陈瑞峰　2012　《温州方言三种特殊双重否定式初探》,《语言科学》第2期。

周国炎　2012　《仡佬族语言与民俗文化》,北京:中央民族大学出版社。

Cyffer, Norbert, Erwin Ebermann and Georg Ziegelmeyer(eds.). 2009 *Negation patterns in West African Languages and Beyond*. (*Typological Studies in Language* 87). Amsterdam: John Benjamins.

Frens Vossen 2016 On the typology of the Jespersen Cycles. PhD Dissertation, University of Antwerp.

Hasen, M-B, M. 2011 Negative cycles and grammaticalization. *The Oxford Handbook of Grammaticalization*, H. N. & B. H. (eds.). Oxford: Oxford University Press.

Horn. L. R. 1989 *A Natural History of Negation*. London & Chicago: University of Chicago Press.

Horn. L. R. 2010 *The Expression of Negation*. Berlin/New York. Mouton De Gruyter.

Jespersen, O. 1917 *Negation in English and Other Languages*. Copenhagen: A. F. Høst.

M. Devos and van der Auwera,Johan 2013 Jespersen cycles in Bantu: double and triple negation. *Journal of African Languages and Linguistics* 34.2:205—274.

van der Auwera, Johan 2009 The Jespersen cycles. In Elly van Gelderen (ed.). *Cyclical Chang*. Amsterdam. Philadelphia,John Benjamins Publishing Company.

van der Auwera,Johan 2010 On the diachrony of negation. In Laurence R. Horn(ed.). *The Expression of Negation*. Berlin/New York,Mouton De Gruyter.

Van Gelderen, Elly 2008 Negative cycles. *Linguistic Typology* 12.2:195—243.

Wallage,P. W. 2017*Negation in Early English:Grammatical and Functional Change*. Cambridge;New York:Cambridge University Press.

Willis,D. ,Breitbarth,A. ,Lucas,C. 2013 Comparing diachronies of negation. In: Willis,D. ,Breitbarth,A. ,Lucas,C. (eds.). *The History of Negation in the Languages of Europe and the Mediterranean*(Volume 1:Case studies). Oxford,Oxford University Press.

副词"本"的演变

李 明

(中国社会科学院语言研究所)

1 引言

副词"本""元"等都有本义。比如:

(1)本期善果,不知将来反获其殃。(齐·求那毗地译《百喻经》,4/545b)

(2)元期三年,何因六载不归?(变文,《秋胡变文》)

能表达这类意思的词语,古汉语中还有"比、故、固、初、先、旧、近、幸"等单音词,以及"本来、元来(原来)①、元本、本元、本自、比来、旧来、坐来"等复音词。其中最典型的是"本、元",以及与之相应的复音词"本来、元来(原来)"。限于篇幅,本文只讨论"本"以及与之相关的复音词。

现代汉语"本来""原来"的原本义,有追究原委、追根溯源的意味,简便起见,我们称之为追原义②。

---

① "元来"后改写作"原来",一般认为是因为明人避元朝之嫌。
② "追原"借用的是刘淇《助字辨略》的提法。参看该书"初""始"等词条。

拙文(李明,2014)曾用语用推理的两条原则[①]——"足量原则"(Q-Principle)与"不过量原则"(R-Principle)——来区分现代汉语副词"本来"的两种用法。比较:

(3)a.女排怎么输了?

——女排本来很强(,现在不行了)。

b.女排怎么赢了?

——女排本来就很强。

"本来很强"怎么能回答两个意义相反的问题[暂不考虑(3b)中"就"这个副词]?(3a)中,"本来很强"意味着:之前强,但只是之前强,现在不同了。这是典型的基于"足量原则"的推理:说 p 意味着仅限于 p。追原义的这种用法,我们标记为"[＋对比]"。(3b)中,"本来就很强"意味着:不仅之前强,一直强。这是典型的基于"不过量原则"的推理:说 p 不仅仅只意味着 p。这种用法我们标记为"[－对比]"。下文在分析具体用例时,将应用到这种区分。

2 "本"的演变

2.1 先秦的副词"本"

《说文·木部》:"木下曰本。"树之本(树根、树干)与末梢、枝叶相对,引申为名词义"根本、本原",再由此引申为时间副词义"之前;原本"。

下两例,似乎还能看出名词义与副词义的关联:

(4)a.三光者,阴阳之精,气本在地,而圣人统理之。(《史记·天官书》)[名词/副词]

[①] 语用推理的这两条原则,参看 Horn(1984)、沈家煊(2004)。

  b. 此皆阴阳之精,其本在地,而上发于天者也。(《汉书·天文志》)[名词]

  (5)数者,一、十、百、千、万也……本起于黄钟之数。(《汉书·律历志上》)

例(4a)、(5)分析为名词或副词似乎是两可的。

  副词义在先秦还很少见。例如:

  (6)a. 然而不得富而得贫,不得众而得寡,不得治而得乱,则是本失其所欲,得其所恶,是其故何也?(《墨子·尚贤上》)

  b. 今天下之人曰:方今之时,天下之正长犹未废乎天下也,而天下之所以乱者,何故之以也?子墨子曰:方今之时之以正长,则本与古者异矣。(《墨子·尚同中》)["正长"指行政长官]

  c. 此六子者,无异于磔犬流豕、操瓢而乞者,皆离名轻死,不念本养寿命者也。(《庄子·盗跖》)

  d. 夫不敢刺不敢击,非无其志也。臣有道于此,使人本无其志也。大王独无意邪?(《吕氏春秋·顺说》)

细味文义,(6)中诸例"本"还是"从根本上"的意思,是情状副词,①

---

① 现代汉语副词"根本"是一个语气副词,而这几例"本"并不是语气副词,所以我们避免把它们说成是"根本"义。副词"本"在《墨子》中出现的次数相对较多,是一个例外,这里再举数例:

  天下之王公大人,皆欲其国家之富也,人民之众也,刑法之治也。然而不识以尚贤为政其国家百姓,王公大人本失尚贤为政之本也。若苟王公大人本失尚贤为政之本也,则不能毋举物示之乎?(《尚贤下》)今天下之君子,中实将欲尊[一本作"遵"]道利民,本察仁义之本,天之意不可不慎也。(《天志中》)

尚不能等同于时间副词义"之前；原本"。但这个意思，似乎只见于先秦，后来就消失了。

但是下几例似是时间副词义：

(7)若立而为政乎国家，为民正长，赏誉不足以劝善，而刑罚不足以沮暴，则是不与乡吾本言民始生未有正长之时同乎？(《墨子·尚同中》)["乡(繁体'鄉')"通"向(繁体'嚮')"。则不是与之前我所言"民始生未有正长之时"相同吗？]

(8)苟可以明君之义，成君之高，虽任恶名，不难受也。本欲以为明寡人之薄，而君不得厚；扬寡人之辱，而君不得荣，此一举而两失也。(《战国策·燕策三》)

(9)庄子曰："不然。是其始死也，我独何能无慨然！察其始而本无生，非徒无生也而本无形，非徒无形也而本无气。……"(《庄子·至乐》)

(10)夫昭昭生于冥冥，有伦生于无形，精神生于道，形本生于精，而万物以形相生。(《庄子·知北游》)

例(7)"本"与"乡(通'向')"义近，义为"之前"；例(8)义为"原本"，表追原，带有"[＋对比]"的特征；例(9)(10)义为"原本"，表追

(接上页脚注)夫一道术学业，仁义也。皆大以治人，小以任官，远用遍施，近用修身，不义不处，非理不行，务兴天下之利，曲直周旋，利则止，此君子之道也。以所闻孔丘之行，则本与此相反谬也。(《非儒下》)

尝若鬼神之能赏贤如罚暴也.盖本施之国家，施之万民，实所以治国家、利万民之道也。(《明鬼下》)["尝若"通"当若"，引进话题]

是以先王之书《周颂》之道之曰："载来见彼王，聿求厥章。"则此语古者国君诸侯之以春秋来朝聘天子之廷，受天子之严教。退而治国，政之所加，莫敢不宾。当此之时，本无有敢纷天子之教者。(《尚同中》)

上举《墨子》用例，都是"从根本上"的意思，此义在《墨子》中有11次。本文所用《墨子》版本为吴毓江《墨子校注》(中华书局，2006年第2版)。

原,带有"[－对比]"的特征。①

2.2 先秦之后的副词"本"

"本"作为副词,成熟于汉代。下面分别讨论"本"的时间副词"之前"义,以及表追原的"原本"义。

2.2.1 时间副词"之前"义

下面的例子,都只是单纯的时间副词"之前、当初、原先"义,近义于"前、初、先";这个意思,本文统称为"之前"义:

(11)竟不易太子者,留侯本招此四人之力也。(《史记·留侯世家》)[终究没有改易太子,是留侯当初招此四人之力]

(12)人或说右丞相曰:"君本诛诸吕,迎代王,今又矜其功,受上赏,处尊位,祸且及身。"右丞相勃乃谢病免罢,左丞相平专为丞相。(《史记·孝文本纪》)

(13)长史欣者,故为栎阳狱掾,尝有德于项梁;都尉董翳者,本劝章邯降楚。故立司马欣为塞王,王咸阳以东至河,都栎阳;立董翳为翟王,王上郡,都高奴。(《史记·项羽本纪》)

(14)灌婴在荥阳,闻魏勃本教齐王反,既诛吕氏,罢齐兵,使使召责问魏勃。(《史记·齐悼惠王世家》)

(15)本用吾言,羌虏得至是邪?(《汉书·赵充国传》)[如果之前采用我的话……]

(16)车骑将军张安世始尝不快上,上欲诛之,卬家将军以为安世本持橐簪笔事孝武帝数十年,见谓忠谨,宜全度之。

---

① 《韩非子·解老》:"夫内有死夭之难,而外无成功之名者,大祸也。而祸本生于有福,故曰:'福兮祸之所伏。'"此例"本"杨伯峻、何乐士(1992:259)已引,当作副词。不过王先谦认为此例"祸本生于有福"应为"祸本于有福",与上文"福本于有祸"对文。如此则"本"是动词而非副词。

(同上)["印"为人名]

(17)我本学婆罗门事时,于空中见佛,有三十二相诸种好。便举言:"若当学?若当事?"(支娄迦谶译《文殊师利问菩萨署经》,14/438b)

(18)太子睹妻哀恸尤甚,而谓之曰:"吾本盟尔,隆孝奉遵。吾志大道,尚济众生,无求不惠,言誓明。而今哀恸,以乱我心。"(吴·康僧会译《六度集经》,3/10a)["遵"通"尊"。见方一新、王云路(1993:5)]

(19)夫死而得生,欣喜无量,则不如向无死也。让爵辞禄,以钓虚名,则不如本无让也。(《抱朴子(外篇)·诘鲍》)[此例"本"与"向"对举]

(20)本所以疑,正为此耳。(《世说新语·德行》)

(21)本受命者,指绿珠也,未识孰是?(《世说新语·仇隙》)[我之前接受(孙秀的)命令,指名要绿珠,不知哪个是她?]

(22)复经数日,王转平复。其师请辞,欲还本国。……适至本国,见有群象。……小复前行,见其本舍,高堂重阁,殊异本宅。……从见象马及入舍内,皆知是治王病功报所得。便自追恨:本治王病,功夫少也。(道略集、失译《杂譬喻经》第16喻,4/526a-b)

值得注意的是,上述只宜理解为"之前"义的例子,在中古之后就极少见了。比如我们在唐五代口语性较强的8种文献中①,只

---

① 这8种材料是:王梵志诗、《坛经》、《神会语录》、《游仙窟》、寒山拾得诗、《入唐求法巡礼行记》、《敦煌变文校注》、《祖堂集》。其中有一例"本"不好理解:

到后劫之中,某乙得个自在女人之身,和上后劫之中,本得个孩子之身,共为夫妻。之者得麽?(变文,《不知名变文(二)》)[本文所用变文材料皆据黄征、张涌泉《敦煌变文校注》,中华书局,1997]

唐五代的语料中有"当本"一词,如"当本元无地,花从何处生"(《坛经》)、"当本初婚新妇时,少卿深得君王意"(变文,《李陵变文》),即"当初"义,亦可证"本"有"之前"义。

发现下面几例:

(23)吾本来唐国,传教救迷情,一花开五叶,结果自然成。(《坛经》)

(24)大德本离㜑中,抛却父母出家,为什摩事?莫因循,莫犹预,虚度光阴。(《祖堂集·香严和尚》)

(25)吾本闻佛,将谓独一,今始返照心源,有情皆尔。(《祖堂集·古灵和尚》)[注意不是"本将谓独一"]

2.2.2 表追原的"原本"义

"之前"义与"原本"义的相同点在于:它们都指向过去的时间;不同点在于:"原本"义表追原,这是"之前"义所不具备的。上文例(11)—(25)不宜理解为追原义,但是下面的例子,则应该理解为"原本",有追原的意味:

(26)尉佗之王,本由任嚣。遭汉初定,列为诸侯。(《史记·南越列传》)[尉佗能称王,原本由于任嚣。]

(27)以高祖十月始至霸上,因故秦时本以十月为岁首,弗革。(《史记·张丞相列传》)[出现于表原因的小句]

(28)齐王自杀无后,国除为郡,入汉,主父偃本首恶,陛下不诛主父偃,无以谢天下。(《史记·平津侯主父列传》)

(29)朱买臣难诎弘,遂置朔方,本偃计也。(《汉书·主父偃传》)["弘"指公孙弘,"偃"指主父偃]

(30)事下考案,倡辞,本为王教修靡夫人望卿弟都歌舞。(《汉书·景十三王传》)[倡女自我辩解,原本为王教修靡夫人望卿(人名)之弟都(人名)歌舞]

这些例子,"本"出现的小句或者表缘由,或者为辩词,追原义是很明显的。不过,这几例还可以还原为"之前"义,由此可以看出与

"之前"义的关联。

有的例子,到底有无追原的意味,不好判断。如果认为没有,则可以理解为"之前"义;如果认为有,则可以理解为"原本"义。例如:

(31)汉以恢本造兵谋而不进,斩恢。(《史记·匈奴列传》)[之前/原本倡议用兵却不进军]

(32)怀公故大臣吕省、郤芮本不附文公,文公立,恐诛,乃欲与其徒谋烧公宫,杀文公。(《史记·晋世家》)

(33)严助及伍被,上欲释之。汤争曰:"伍被本画反谋,而助亲幸出入禁闼爪牙臣,乃交私诸侯如此,弗诛,后不可治。"(《史记·酷吏列传》)["汤"指张汤,"助"指严助]

(34)元平元年,昭帝崩,亡嗣。武帝六男独有广陵王胥在,群臣议所立,咸持广陵王。王本以行失道,先帝所不用。光内不自安。(《汉书·霍光传》)["光"指霍光]

(35)方进本与长深结厚,更相称荐,长陷大恶,独得不坐。(《汉书·杜周传》)["方进"指故丞相翟方进,"长"指淳于长]

有时,到底应理解为"之前"义还是"原本"义,需要甄别。比较:

(36)乃曰:"怀王者,吾家项梁所立耳,非有功伐,何以得主约!本定天下,诸将及籍也。"乃详(通"佯")尊怀王为义帝,实不用其命。(《史记·高祖本纪》)

(37)于是上曰:"本言都秦地者娄敬,'娄'者乃'刘'也。"赐姓刘氏,拜为郎中,号为奉春君。(《史记·刘敬叔孙通列传》)[司马贞《索隐》:"案:张晏云:'春为岁之始,以其首谋都关中,故号奉春君。'"]

以上两例都有追原的意味,宜理解为"原本",而不仅仅是"之前"。比如例(36)是说:原本定天下的,是诸将和我;(37)是说:原本首倡定都秦地的是娄敬。当然,这类例子如果说成"定天下,本诸将及籍也""言都秦地者,本娄敬",似乎更接近"原本"义的语感;否则,像(36)(37)一样,则很容易被理解为"之前"义。这正好反映这两个意义之间的联系:也许"原本"义一开始就是出现于"之前"义的位置,前者正是由后者发展而来。

(38)彭越本定梁地,功多,始君王以魏豹故,拜彭越为魏相国。(《史记·魏豹彭越列传》)

(39)高帝闻之,以为田横兄弟本定齐,齐人贤者多附焉,今在海中不收,后恐为乱,乃使使赦田横罪而召之。(《史记·田儋列传》)

这两例似乎没有追原的意味,因此可以只理解为"之前"。

由上面的分析,可以推断:表追原的"原本"义是由表时间的"之前"义发展而来的。

"之前"义,只要上下文显示情况与之前有了变化,就是"原本"[+对比]义。例如:

(40)汉以恢本造兵谋而不进,斩恢。(《史记·匈奴列传》)[之前/原本倡议用兵却不进军。同例31]

(41)项王怒,烹陵母。陵卒从汉王定天下。以善雍齿,雍齿,高帝之仇,而陵本无意从高帝,以故晚封,为安国侯。(《史记·陈丞相世家》)

(42)宋虽灭,本大国,故自为分野。(《汉书·地理志下》)

例(40)下文"而不进"显示情况有变化,例(41)(42)上文"陵卒从汉王定天下""宋虽灭"显示情况有变化。故都可以理解为"原本"[+对比]。

"原本"[+对比]义又可分为三种情况:

一是表示"本"之后的命题只是之前的事实,但后来有了变化,后来的事实与之前相反。隐含的意思是"之前如此,后来不如此"。如上三例,又如:

(43)本姓姜氏,从其封姓,故曰吕尚。(《史记·齐太公世家》)

(44)霍将军者,本居平阳(自)〔白〕燕。(《史记·三代世表》)〔褚少孙补文,"霍将军"指霍光〕

(45)陈丞相平少时,本好黄帝、老子之术。方其割肉俎上之时,其意固已远矣。(《史记·陈丞相世家》)〔陈平初为社宰,"分肉食甚均",逐步成为谋士,则离其本衷。因道家禁阴谋〕

二是表示后来的事实与之前的意愿、打算、想法等相反,即表示"事与愿违"或不合预想,其后有"欲、期、图、谓"等表意愿或认知的主动词。例如:

(46)我本不欲来,诸生强劝我,竟为竖子所辱!(《汉书·儒林传·王式》)

(47)且除肉刑者,本欲以全民也,今去髡钳一等,转而入于大辟。以死罔民,失本惠矣。(《汉书·刑法志》)

(48)荆轲入秦之计,本欲劫秦王生致于燕,邂逅不偶,为秦所擒。(《论衡·定贤》)

(49)本谓龙火,定是佛光。(昙果共康孟详译《中本起经》,4/150b)〔本以为是龙火,却是佛光〕[1]

汉代这类用法中的主动词还很有限,我们只发现了"欲、谓"。

三是表示与可能或当发生的情况相反,即表示"事与理违"或

---

[1] 审稿人提醒笔者:中古汉语类似此例的"定",也常被理解为"原来"义。笔者也曾注意到。详参汪维辉(1991)"定"字条。

不合预想,其后接表示"可以、可能、应该"等意义的情态动词。汉代这类用法的实例也很有限,例如:

(50)霸者,王之弊也。霸本当至于王,犹寿当至于百也。不能成王,退而为霸。(《论衡·气寿》)

注意在第一种情况中,是"本"所在的小句表述的命题与后来的事实不符。而在第二种用法中,是主动词之后的包孕子句所表述的命题与后来的事实不符,比如例(49)"本谓龙火",是"谓"(这里义为"认为")之后的判断小句(省略了主语和系词)"(光是)龙火"与后来的事实不符。"欲、谓"本是"非叙实动词"(non-factive verbs),也就是说,其后的命题不一定是真实发生的。但是,"本"加在它们之前,使"欲、谓"之后的命题变成了"反叙实"(counterfactual)的,也就是说,与事实相反。所以,例(49)中的"谓"这时也可以理解为"以为"。第三种用法中,是除去情态动词,小句表述的命题与后来的事实不符,①比如例(50)"霸本当至于王"表示"霸至于王"不符事实。情态动词也是表示非现实,其所在小句的命题不一定为真;加上"本"之后,该命题成为反叙实的,也就是与事实相反。

这三种情况,有一个共同点:都表示与后来的事实相反。因为表示与后来的事实相反,所以"本"所在的小句语义常常不自足,其后常有其他小句来承接或转折,表示发生了某种变化。比如例(43)"本姓姜氏"之后有"从其封姓,故曰吕尚"来承接,例(49)"本

---

① 一般认为:情态动词是命题之外的成分。可是汉语中通常所认定的情态动词,其内部比较复杂,句法属性不全同,并不都是命题外成分。所以这里暂且说:除去情态动词,小句表述的命题与后来的事实不符。

谓龙火"之后有"定是佛光"来转折。有时,"本"所在的小句单独出现,但可推测出有一个对比的意思没有说出来,如例(44)"霍将军者,本居平阳白燕",不言而喻,霍光后来并不生活在老家。因此,这类"本"虽然都是时间副词,但兼有关联副词的功能。

第二种用法,实际表示违反主语("句子主语")的预期,比如例(48)"本欲劫秦王生致于燕"表示事后的结果违反了荆轲的预期。第三种用法,实际表示违反叙述者/说话人("言者主语")的预期,比如(由于第三类用法在汉魏六朝实在少见,这里再举两例):

(51)臣本当迎大驾,知曹操忠孝,奉迎都许。(《三国志·魏志·张邈传》注引《英雄记》)

(52)乔本当还成都,今诸将子弟皆得传运,思惟宜同荣辱。今使乔督五六百兵,与诸子弟传于谷中。(《三国志·蜀志·诸葛亮传》注引《亮与兄瑾书》)["乔"指"诸葛乔",本是诸葛瑾之子,后过继给诸葛亮]

例(51)句子主语与言者主语重合,所以难以分辨到底是违反哪一种预期。但如果说"这个东西本不该丢",显然不是违反了句子主语的预期,而是违反了叙述者/说话人("言者主语")的预期。

上面"本[+对比]"的三种情况即:

一、后来的情况与之前的情况相反。

二、事与愿违或不合预想,表示违反主语的预期。

三、事与理违或不合预想,表示违反叙述者/说话人的预期。

有时难以区分是第一种还是第三种情况。因为"本"涉及的是之前的情况,有时很难说是纯事实还是有一个推断在里头。这里举两个现代汉语"本来"的例子来比较:

(53)别像处里的那些女同志,本来很有前途的,生了孩子

就全完了。(王朔《过把瘾就死》)

(54)你本来可能还有点出息,一结婚全毁了。(王朔《浮出海面》)

例(53)是第一种用法,例(54)是第三种用法。实际却很类似。

"之前"义如果表示过去以来情况都没有改变,一直都是事实,则是"原本"[一对比]义。例如:

(55)禹之行河水,本随西山下东北去。周谱云定王五年河徙,则今所行非禹之所穿也。(《汉书·沟洫志》)

(56)巡狩本不至会稽,安得会计于此山?(《论衡·书虚》)

(57)孝昭皇帝,武帝少子也。母曰赵倢伃,本以有奇异得幸,及生帝,亦奇异。(《汉书·昭帝纪》)[后有"亦"表类同]

(58)律谓武曰:"副有罪,当相坐。"武曰:"本无谋,又非亲属,何谓相坐?"(《汉书·苏武传》)[卫律对苏武说:"你的副手有罪,你当连坐。"苏武说:"我本来没有谋划,又非其亲,说什么连坐?"这是用于递进复句]

注意例(57)(58)中,"本"出现于表类同或递进的复句,其后有"亦、又"呼应,显示不仅情况没有改变,一直都是事实,甚至变本加厉或者更进一步。

以上四例,"本"所在的谓语是有界的(telic),还可以还原为"之前"义。有的"原本"[一对比]义,其所在谓语是无界的(atelic)(表活动或状态),还原为"之前"义已讲不通,而是隐含着"向来、素来"的意思,非得还原为"之前就"不可。例如:

(59)苍本好书,无所不观,无所不通,而尤善律历。(《史记·张丞相列传》)["苍"指张苍]

(60)孝惠、吕后时,公卿皆武力有功之臣。孝文时颇征用,然孝文帝本好刑名之言。(《史记·儒林列传》)〔孝文帝虽"稍用文学之士居位"(此张守节《正义》语),但他原本好刑名之学,故儒士仍不被重用〕

(61)匈奴之俗,本上气力而下服役,以马上战斗为国,故有威名于百蛮。(《汉书·匈奴传》)

(62)然敞本治春秋,以经术自辅,其政颇杂儒雅,往往表贤显善,不醇用诛罚,以此能自全,竟免于刑戮。(《汉书·张敞传》)〔"敞"指张敞〕

(63)汉家自有制度,本以霸王道杂之,奈何纯(住)〔任〕德教,且俗儒不达时宜,好是古非今,使人眩于名实,不知所守,何足委任!(《汉书·元帝纪》)

(64)窃见石显本山东名族,有礼义之家也。持正六年,未尝有过,明习于事,敏而疾见,出公门,入私门。宜赐爵关内侯,引其兄弟以为诸曹。(《汉书·贾捐之传》)

(65)然君初入关,本得百姓心,十余年矣,皆附君,尚复孳孳得民和。(《汉书·萧何传》)〔然您初入关以来,本得民心,十余年了,民皆附君,而您尚还孜孜于得民亲附〕

(66)望之、堪本以师傅见尊重,上即位,数宴见,言治乱,陈王事。(《汉书·萧望之传》)〔"望之"指萧望之,"堪"指周堪〕

(67)宁少恬静,常笑邴原、华子鱼有仕宦意。及歆为司徒,上书让宁。宁闻之笑曰:"子鱼本欲作老吏,故荣之耳。"(《世说新语·德行》注引《魏略》)〔华子鱼(华歆)本来就想做官,他当然以之为荣了。"宁"指管宁〕

再看几例:

(68)郑国,今河南之新郑,本高辛氏火正祝融之虚也。及成皋、荥阳,颖川之崇高、阳城,皆郑分也。本周宣王弟友为周司徒,食采于宗周畿内,是为郑。(《汉书·地理志下》)

(69)本中谒者令史立、侍御史丁玄自典考之,但与隆连名奏事。(《汉书·毋将隆传》)["隆"指毋将隆]

(70)本吴粤与楚接比,数相并兼,故民俗略同。(《汉书·地理志下》)[出现于因果复句,"本"的追原意味明显]

(71)王者各以其礼制事天地,非因异世所立而继之。今雍鄜、密、上下畤,本秦侯各以其意所立,非礼之所载术也。(《汉书·郊祀志》)

这几例"本"也都是"原本"[一对比]义,但出现于主语之前(前三例在句首;最后一例不在句首,其前有话题,但仍在主语之前),而不是谓语之前。这是特别之处。其中,例(68)(69)(71)"本"还可以还原为"之前"义;但例(70)隐含"向来、素来"义,不能还原为"之前"义,即不是"之前吴粤与楚毗邻",而是应还原为"之前就",即理解成"吴粤与楚之前就毗邻"。

下面几例"本"[一对比]只是强调业已存在或为人熟知的事实,既不能还原为"之前"义,也不能还原为"之前就"(义近"向来、素来"),与"之前"这个时间义已没有关联,这时它宜视为语气副词,略近于"从来"义:

(72)夫贤者,君子也;佞人,小人也。君子与小人本殊操异行,取舍不同。(《论衡·答佞》)

(73)譬如造作海中大船,所以者何?作欲度贾客。船亦不作是念言:"我当度人。"何以故?船本无念故。(支娄迦谶译《道行般若经》,8/466c)[船本来就没有思维]

这里"本"后的谓语既无起点,也无终点(无终点即是无界的)。

比较上两例与下两例:

(74)朱买臣难诎弘,遂置朔方,本偃计也。(《汉书·主父偃传》)["弘"指公孙弘,"偃"指主父偃。同例29]

(75)窃见石显本山东名族,有礼义之家也。持正六年,未尝有过,明习于事,敏而疾见,出公门,入私门。宜赐爵关内侯,引其兄弟以为诸曹。(《汉书·贾捐之传》)[同例64]

例(72)"君子与小人本殊操异行"、例(73)"船本无念"主语为通指,整个小句既无起点也无终点,故"本"与时间义无关。而例(74)"本偃计"既有起点,也有终点(与一个已发生的事件"遂置朔方"相关),例(75)"石显本山东名族"主语为定指,一个家族不可能从来都是名门望族,故"本山东名族"虽无终点,但仍然能够唤起一个起点。故后两例"本"似仍有时间意味:例(74)仍可以还原为"之前"义,例(75)可以还原为"之前就"(近于"向来、素来"义)。

下三例"本"[-对比]表示推断或评估:

(76)徒见问耳,且犹羞之,况设诈以伐吴虖?繇此言之,粤本无一仁。(《汉书·董仲舒传》)[柳下惠只是被问以伐齐之事尚且引以为羞,何况设诈以伐吴呢?由此言之,越国本来就没有一个仁者。]①

(77)骆越之人父子同川而浴,相习以鼻饮,与禽兽无异,本不足郡县置也。(《汉书·贾捐之传》)

---

① 审稿人见告:此例《前汉纪·孝武皇帝纪》作:"徒见问耳,且犹羞之,况设诈而伐吴乎?由是言之,越曾无一仁矣。"用的正是语气副词"曾"。谨此致谢。

(78)虽万全无患,然本非天子之所宜近也。(《史记·司马相如列传》)[就皇帝狩猎言]

例(76)由"繇此言之"可知,"本"所在小句是一个推断,而不是对事实的陈述。后两例有情态动词"足"(义为"值得")、"宜"表示评估。此类"本"也没有时间的意味,只能视为语气副词。

实际上,仍含有时间义的"本"[－对比]如果出现于否定、反问、感叹等,而不是一般的陈述,语气的意味就会增加。比较:

(79)禹之行河水,本随西山下东北去。周谱云定王五年河徙,则今所行非禹之所穿也。(《汉书·沟洫志》)[同例55]

(80)巡狩本不至会稽,安得会计于此山?(《论衡·书虚》)[同例56]

前一例是肯定句,而后一例出现于否定句,后一例"本"表语气的意味较前一例更为明显,略近义于"从来"。

(81)窃见石显本山东名族,有礼义之家也。持正六年,未尝有过,明习于事,敏而疾见,出公门,入私门。宜赐爵关内侯,引其兄弟以为诸曹。(《汉书·贾捐之传》)[同例64、75]

(82)新都哀侯小被病,功显君素耆酒,疑帝本非我家子也。(《汉书·王莽传下》)["耆"通"嗜"。新都哀侯(王莽父)生病时,功显君(王莽母)嗜酒淫逸,怀疑帝(王莽)本非我王家之子]

后一例出现于否定句,"本"兼表语气的意味较前一例更为明显。

现在的问题是:追原义副词"本"到底如何归类,是时间副词还是语气副词?笔者倾向于把有"[＋对比]"特征的追原义"本"归入时间副词。因为这些"本"仍都可以还原为"之前"义,而且,"始、乡(向)、前、曩、昔"等有"之前"义的时间词,并未成为典型的追原副词,即一般并

不认为它们有"原本"的意思,但它们也有[＋对比]的用法,例如:

(83)始我于人也,听其言而信其行;今我于人也,听其言而观其行。(《论语·公冶长》)

(84)乡为身死而不受,今为宫室之美为之。乡为身死而不受,今为妻妾之奉为之。(《孟子·告子上》)｜向是云霞里,今成枕席前。(王维《投道一师兰若宿》)

(85)秦所为急围赵者,前与齐愍王争强为帝,已而复归帝。(《史记·鲁仲连邹阳列传》)

(86)寡人曩不知子,今知矣。(《韩非子·外储说左下》)
[转引自杨伯峻、何乐士,1992:228]

(87)臣昔者不知所以治邺,今臣得矣。(同上)

可见,[＋对比]并不能保证"本"是语气副词。既然"始、乡(向)、前、曩、昔"是时间词,那么,带有"[＋对比]"特征的追原义"本"也仍可以视为时间副词。

至于带有"[－对比]"特征的追原义"本",笔者倾向于把它们都处理为语气副词。一个重要的原因是:这些例子在对译为现代汉语时,都可以再附加表语气的"就"。当然,它们是否还包含有时间的意味,要视具体情况:有的还含有"之前"义,有的还含有"之前就"义(略近于"向来、素来"义),有的已完全没有时间义。还有一种处理方式是把还含有时间义的这类"本"处理为时间副词兼语气副词[参照董志翘、蔡镜浩(1994)对于"比/比来""近"的处理],只把已不含时间义的处理为语气副词,但是否还含有时间意味,有时难以判断,故这种处理实际并不好操作。

笔者这样的处理,同时参照了"固"。"固"也有追原义,但它不是由时间义引申而来的,即它没有"之前"义也没有"原本"[＋对

比]义,它只有"原本"[-对比]义。"固"一般视为语气副词,可是它也可以含有时间意味。比较:

(88)季孙谋去中军,竖牛曰:"夫子固欲去之。"(《左传·昭公四年》)["夫子"指竖牛刚去世的父亲叔孙豹。他老人家本来就想去掉中军]

(89)中行氏以伐秦之役怨栾氏,而固与范氏和亲。(《左传·襄公二十三年》)

(90)擐甲执兵,固即死也。(《左传·成公二年》)

(88)还可以还原为"之前"义,(89)还可以还原为"之前就"(义近"向来、素来"),(90)则像是单纯的语气副词。

2.2.3 小结

以上所谈"本"的演变,可以概括如下:

[名词]→[时间副词,"之前"义]→[时间副词兼关联副词,追原义,+对比]
　　　　　　　　　　　　　　　↘[语气副词,追原义,-对比]

值得注意的是:

一、时间副词义"之前"后来消失了。

二、表追原的"原本"义根据后来的情况与之前有无变化,可分为[+对比]与[-对比]两种用法。①

三、[+对比]都可以还原为"之前"义,还是时间副词。它之所

---

① 形容词"本"的用法也可以做类似区分。[-对比]如:

(1)时有上足弟子云庆在于高峰之上,望见本师在于寺内,奔走下山,直至大师面前。(变文,《庐山远公话》)

[+对比]如:

(2)后归省侍本师,思欲发悟以报其恩,而俟方便。(《祖堂集·古灵和尚》)

例(1)师父并未改换过,故是[-对比];例(2)则改换过,故是[+对比]。但形容词的这两种用法似只能视为语用上的区分。

以具有了追原义,是因为它暗示上下文还有其他分句表示情况发生了变化,因而它兼有篇章连接功能,即兼为关联副词。但[－对比]有的可以还原为"之前"义,有的只能还原为"之前就"(近于"向来、素来"义),有的只单纯表示语气,这里统一视为语气副词。

3 "本来"的演变

副词"本来"似始见于南北朝。例如:

(91)其母本来讷口钝辞,既怀此儿,谈语巧妙,踰倍于常。(元魏·慧觉等译《贤愚经》,4/441c)

(92)尊者本来有一狗子,日日于耳,窃为说法。其狗命终,生第六天。(同上,4/443a)

下例是唐代的例子,表示"事与愿违":

(93)本来求解脱,却见受驱驰。(拾得诗《后来出家子》)

以上均为时间副词义"原本"[＋对比]。

(94)汝等本来长夜生死轮转,破坏身体,流血为多。(宋·求那跋陀罗译《杂阿含经》,2/240b)

(95)高祖曰:"国家本来有一事可慨。可慨者何?恒无公言得失。今卿等各尽其心。人君患不能纳群下之谏,为臣患不能尽忠于主。"(《魏书·刘昶传》)

(96)往昔一生补处菩萨,所托家者有六十种功德具足,满于彼家。何等六十?彼家本来清净好种……(隋·阇那崛多译《佛本行集经》,3/679a)

以上为语气副词义"原本"[－对比],例(94)还有"之前"义,但后两例要理解为"之前就"(近于"向来、素来"义)。

(97)犹如树木枝叶茎,各各别有色形容。此缘本来无染污,况复无常众生类。(隋·阇那崛多译《佛本行集经》,3/736a)

(98)身非菩提树,心镜亦非台。本来无一物,何处有尘埃?(《坛经》)

以上亦为语气副词义"原本"[—对比],但时间意味淡化,义近于"从来"。

至于"本来"的形成,笔者颇疑是"从本(以)来"省缩而来。下几例似可见端倪:

(99)乃从本发意已来,自致阿耨多罗三耶三菩,成至阿惟三佛者,乃至无余泥洹界而般泥洹者,然后至于法尽……(东汉·支娄迦谶译《道行般若经》,8/438a)

(100)汝从本已来,颇曾闻此次第灭想因缘不?(后秦·佛陀耶舍共竺佛念译《长阿含经》,1/110b)

(101)从本以来,无常有乐,然其痴倒,横生乐想。(齐·求那毗地译《百喻经》,4/550a)

佛经中"从本来、从本以来"多有。

"从本以来、从先以来"这类意思,如果缩略"来",则可以构成"从先、自先";如果缩略"本、先"等,则可以构成"从来、自来、由来";如果缩略介词,则可以构成"本来、先来"等。"从来(不)"还可以进一步省缩为"从(不)"。这么说,并非意味着上举各词都像"本来"一样,其成词过程是由于缩略,但这样说明,有助于把握上举各词意义的关联。

"本来"未见只能理解为时间副词义"之前"的例子。它做时间副词时,都有追原的意味。所以我们推测它演变的顺序是:

[时间副词兼关联副词,追原义,+对比]→[语气副词,追原

义,－对比]

这与"本"的演变略有不同。

根据上文的分析,我们来重新审视《现代汉语八百词》对副词"本来"的分析。先看其分析：

1. 原先,先前。比如：

(102)他们几个本来不是一个单位的。

(103)这地方本来就低洼,不下雨也积水。

(104)他本来就不瘦,现在更胖了。

(105)本来这条路很窄,以后才加宽的。

2. 表示按道理就该这样。出现于两种格式：

a)本来＋就＋动词。动词部分必须用"应该、该、会、能"等助动词,或用"动＋得(不)……"。比如：

(106)当天的功课本来就应该当天做完。

(107)他的病没好,本来就不能去。

(108)本来当天就写不完,再催还是写不完。

(109)普通话他本来就说得不错,还用辅导？

b)"本来＋嘿(嘛)"用于主语前,后面有停顿。比如：

(110)本来嘿,一个孩子,懂什么呀？

(111)本来嘛,学习文化就得下工夫。

上面是《现代汉语八百词》的分析。从它给出的两个意义以及对应的例句来看,第一个意义时间意味明显,第二个意义语气意味更重。

按我们的分类,例(105)表示[＋对比],是时间副词。例(103)(104)表示[－对比],甚至变本加厉,是语气副词。与"本来"[＋对比]不同的是,"本来"[－对比]都可以在其后附加表强调的副词

"就"。例(106)—(109)也是[－对比]。例(110)(111)"本来嘞(嘛)"即"本来就是嘛",表示道理本来就是如此、理所当然,显然是"本来"[－对比]的一个惯用语。例(102)句子不完整,既可以用于"他们几个本来不是一个单位的(,但现在是一个单位的)"一类情况,属[＋对比];也可以用于下面的情况:

  甲:他们几个怎么不认识呀?
  乙:他们几个本来(就)不是一个单位的。

这时是[－对比]。

  现代汉语"本来"[＋对比]有一个特点,即其所在小句总显得不自足,需要上下文补充。简单地说,现代汉语"本来"[＋对比]通常出现于"本来 p,后来-p"句式。(偶尔只出现"本来 P",但隐含"后来-p",后者不言而喻。)换句话说,"本来"[＋对比]通常出现于一个表示对比的复句中,因此在语篇上有了连接功能。它既是时间副词,又兼有关联作用。

  《现代汉语八百词》给"本来"分出的第二个意义"表示按道理就该这样",都是[－对比],我们视为语气副词,但是,《现代汉语八百词》对这种用法的概括是不充分的。看下例:

  (112)本来人和人关系就是这样儿,说说又怎么啦?(王朔《永失我爱》)

上例也"表示按道理就该这样",可视为一个推断,所以句首可加"按理说":

  (112')按理说,本来人和人关系就是这样儿,说说又怎么啦?

可是这样的例子,《现代汉语八百词》没概括进去,因为动词部分既没有用助动词,也不是"动＋得(不)……"。

  就语气副词"本来"[－对比]而言,语气副词的用法,当然不只是表示"按道理就该这样",比如例(103)(104),与时间还有联系,就不能加上"按理说"。下例这样表示对事实的确信、与时间已没有关联的用法,也不"表示按道理就该这样",因为不能加"按理说":

(113)"……像是一手绞着手绢一手拿着笔用牙咬着笔杆写出来的。""(*按理说),本来就是女的写的么。"(王朔《我是你爸爸》)

以往研究中,唐为群(2010)其实已经把现代汉语的"本来"分为:一、用来强调某种动作行为或性状的"原先"状况,相当于本文所说的[＋对比];二、表示事情或情况始终是如此,常与"就"连用,加强确认的语气,相当于本文所说的[－对比]。但是,唐文在具体的分析上存在着问题,比如把下面的句子归为[＋对比]:

(114)袁成的瘦脸本来就有点黑,现在显得更黑了。(巴金《家》)

在我们看来,这类出现于递进复句前一分句的"本来",最好归入[－对比],因为它后面可以带"就"表确认。另外,该文把下面的例子另分出一类,认为表示按道理就应该这样:

(115)这本书本来昨天就该还给你。

这个意义即《现代汉语八百词》给"本来"分出的第二个意义,按我们的看法,也可以归为[－对比]。不过就例(115)而言,该例其实有歧义:

甲:这本书你怎么昨天就还给我了?

乙:这本书本来昨天就该还给你。

这是[－对比],这时乙的回答也可以是:

乙:这本书本来就该昨天还给你。

但如果是:

甲：这本书你怎么今天才还给我？

乙：这本书本来昨天就该还给你。但是……

这是[＋对比]，这时乙的回答不能是：

乙：＊这本书本来就该昨天还给你。

可见，[－对比]的例子都可以带"就"表确认，但带"就"的并不都是[－对比]。

4 "本自""元本""本元"

这三个词相对较少见，都是表追原的时间副词或语气副词。例如：

(116)凡人禀性，身本自轻，气本自长，中于风湿，百病伤之，故身重气劣也。服食良药，身气复故，非本气少身重、得药而乃气长身更轻也，禀受之时，本自有之矣。(《论衡·道虚》)

(117)其在釜下然，豆在釜中泣。本自同根生，相煎何太急？(《世说新语·文学》)

菩提般若之知，世人本自有之，即缘心迷，不能自悟。(《坛经》)

本自圆成，不劳机杼。(《祖堂集》卷三，懒瓒和尚)

例(116)前两个"本自"以及其后的"本"是[＋对比]，但第三个"本自"是[－对比]。例(117)"本自"是[－对比]。

(118)问君行坐处，元本住何州？(变文，《燕子赋(二)》)

(119)岘亭留恨为伤杯，未得醒醒看便回。却想醉游如梦见，直疑元本不曾来。(雍陶《寄题岘亭》，《全唐诗》卷518)

197

化身、报身及法身,三身元本是一身。(《坛经》)①

上两例分别是[＋对比]、[－对比]。

(120)一切万法,本元不有。(《坛经》)

上例是[－对比]。

5　结语

"本""本来"的演变顺序分别为:

"本"②:

①[时间副词,"之前"义]⟶②[时间副词兼关联副词,追原议,＋对比]
　　　　　　　　　　　　↘③[语气副词, 追原义, －对比]

"本来"③:

②[时间副词兼关联副词,追原议,＋对比]⟶③[语气副词, 追原义, －对比]

"本"的追原义源于时间义"之前"。这个时间义,一方面可以发展为兼有篇章连接作用的[＋对比]用法,另一方面,又可以发展为具有人际交流功能的语气副词[－对比]。就"本来"而言,其追原义[＋对比]自身发展为追原义[－对比]。

表追原的[＋对比],都可以还原为"之前"义,实际其理性意义还是"之前"义,为时间副词,只不过是兼带有篇章连接功能,即兼有关联副词的功能,故也可以理解为表追原的"原本"义。所以,"本""本来"的演变,最核心的,乃是由时间副词义"之前"的

---

① 《世说新语·文学》注引《傅子》:"如论才性,原本精微,鲜能及之。"此例宋本作"原本",则是名词义本源的意思,非副词"元本"义。
② "比、先、初、故、旧"也有同样的演变路线,限于篇幅不能详论。
③ "元、元来、幸"也有同样的演变路线,限于篇幅不能详论。

引申。

Halliday & Hasan(1976,1.3.4节)提出语言系统有三个主要的功能-语义成分:概念成分、人际成分、篇章成分。受此启发,Traugott(1982)认为这三大功能-语义成分的发展顺序为:

命题义(即 Halliday 和 Hasan 所说的概念义)>(篇章义)>自我表述义(expressive,即 Halliday 和 Hasan 所说的人际义,即主观义)

也就是说:概念义可以发展为篇章连接义,进而发展出自我表述义;概念义也可以直接发展出自我表述义。

不过,本文通过考察"本""本来"的演变发现:

一、概念功能和人际功能往往纠合在一起,比如语气副词"本、本来"[－对比],实际很多用例仍有时间意味,纯语气的用例少见。概念功能和语篇功能也常纠合在一起,比如表追原的"本、本来"[＋对比]。

二、历时地看这三大功能,"命题义>(篇章义)>自我表述义"只是简化的情形。如果一个词尚未完全虚化,兼有一定的概念功能,以及语篇功能,它也可以进一步发展出人际功能,比如"本来"[＋对比]。另一方面,如果一个词尚未完全主观化(即纯用为人际功能),兼有一定的概念功能,以及人际功能,那么,它也可能发展出语篇功能,比如仍含有时间义的"本/本来"[－对比]:"本"[－对比]可以出现于类同或递进复句(例 57、58),下面则是"本来"[－对比]出现于递进复句的例子:

(121)心本来是错乱了,又添这一个物事在里面,这头讨"中"又不得,那头又讨不得,如何会讨得?(《朱子语类》卷96,《程子之书二》)

(122)他气质本来清明,又养得来纯厚,又不曾枉用了心。(同上,卷100,《邵子之书》)

当然,"本、本来"[－对比]的篇章连接功能仍是语用功能,并不像[＋对比]已独立为语法的意义。

参考文献

董志翘、蔡镜浩　1994　《中古虚词语法例释》,长春:吉林教育出版社。
方一新、王云路　1993　《中古汉语读本》,长春:吉林教育出版社。
江蓝生、曹广顺　1997　《唐五代语言词典》,上海:上海教育出版社。
李　明　2014　《试谈语用推理及相关问题》,《古汉语研究》第4期。
吕叔湘主编　1999　《现代汉语八百词》(增订本),北京:商务印书馆。
沈家煊　2004　《语用原则、语用推理和语义演变》,《外语教学与研究》第4期。
唐为群　2010　《副词"本来"和"本来"句》,《武汉大学学报》(人文科学版)第4期。
汪维辉　1991　《〈汉语大词典〉一、二、三卷读后》,《中国语文》第4期。
杨伯峻、何乐士　1992　《古汉语语法及其发展》,北京:语文出版社。
Halliday, M. A. K. and R. Hasan 1976 *Cohesion in English*. London: Longman.
Horn, L. R. 1984 Toward a new taxonomy for pragmatic inference: Q-based and R-based implicature. In Deborah Schiffrin(ed.). *Meaning, Form, and Use in Context: Linguistic Applications*. 11—42. Washington, D. C.: Georgetown University Press.
Traugott, E. Closs 1982 From propositional to textual and expressive meanings: Some semantic-pragmatic aspects of grammaticalization. In Winfred P. Lehmann and Yakov Malkiel(eds.). *Perspectives on Historical Linguistics*. 245—271. Amsterdam: Benjamins.

从构式语法看汉语虚词研究[*]

李思旭

（安徽大学文学院）

1 引言

汉语虚词没有词汇意义，只有抽象的语法意义，这就造成虚词意义比较虚灵，难以捉摸、难以把握。虚词的意义主要有两个方面：一是虚词自身表示的语法意义，二是虚词使用的环境义。因而我们在进行虚词研究时，就要注意区分是虚词自身的意义，还是虚词所在构式的语法意义。也就是说，我们要区分是虚词这一构件的意义，还是构式自身的意义。一种做法是把构式义看成虚词义或构件义；另一种是把虚词义或构件义看成是构式义。在分析虚词的语法意义时，要特别注意不要把虚词所在格式的语法意义归到虚词身上，同时也不能误将某个虚词的语法意义归到与之共享的另一个虚词头上。

---

[*] 本研究得到2017年国家社科基金项目"三音节固化词语的词汇化、语法化和构式化研究"（17BYY162）、2017年安徽省高校优秀青年人才支持计划重点项目（gxyqZD2017007）的资助，在此一并致谢！

以上的讨论理论上看似很容易,但是具体操作过程中,由于语法意义比较抽象复杂难以捉摸,因而把虚词所在构式的意义归到虚词这一构件身上,在研究中也是经常发生的事。下面我们结合具体的虚词例句分析,指出已有虚词研究中存在的问题,比如把虚词所在的构式义误认为是虚词的意义;研究虚词的语法化时往往只关注虚词的虚化,常常忽视虚词发生语法化的句法环境,即虚词所在构式的语法化。

2　把构式义当成虚词义

2.1　副词与构式义

副词"也"在现代汉语里的使用频率很高,它的基本作用是表示类同,如"你挨批评了,我也挨批评了"。由于"也"经常用于并列的句式中,因此就有人认为"也"可以表示并列关系,强调两事并列。我们认为这种观点是有问题的,这是把"也"所在构式的语法意义,归到了构件"也"的身上去了。比如:

(1)a. 她吃了一个苹果,我吃了一个苹果。

　　b. 她吃了一个苹果,我也吃了一个苹果。

以上两句都是并列复句,都是"她吃了一个苹果"和"我吃了一个苹果"这两件事并列起来说。两句不同之处在于,b句说话者强调后者"我吃了一个苹果"与前者"她吃了一个苹果"类同,a句说话者并未强调这一点。

并列复句的各分句总是分别说明几件事或某一件事的几种情况,而并列复句用不用"也"就取决于是否要强调后者与前者类同。如果两者根本没有类同之处,或者有类同之处但无须强调,那么也不用"也",如不能说"他是教师,我也是农民"。

在归纳"也"的语义时还有一种错误倾向,就是把"也"跟其他词语构成的固定格式的特殊语法意义,看成是"也"的意义。比如有人认为"他虽然不及格,也被录取了"里的"也"表示转折。其实这里"也"的基本作用仍然表示类同。有人认为"就是下雨,我也要坚持锻炼"里的"也"是表示假设关系。这都是把"虽然……也……"和"就是……也……"的格式所表示的语法意义,归到"也"的身上去了。再比如表示递进关系的"这个单词不仅我不会,老师也不会"和条件关系的"不管你怎么说,我也不听"中的"也",也都仍然表示类同。

以上讨论了转折关系、假设关系、递进关系和条件关系四种复句构式所表示的语法意义各不相同,但是其中构件"也"的语义或作用都是相同的,即都表示类同。

副词"反而"在句子中到底表示什么语法意义,目前还没有达成共识。有的说是表示递进关系,如例(2),有的说是表示转折关系,如例(3),还有的说既可表示递进关系,也表示转折关系。

(2)计划室向艺术家订购了大批作品,在困境中,艺术家们不但没有饿死,反而还创作出了许多伟大的作品。(《中国北漂艺人生存实录》)

(3)去年全市十几位政绩平平的干部,有的免职有的降职,原以为这一来会得罪人,结果出乎意外,多数干部反而心悦诚服了。(1994年《人民日报》)

其实我们认为"反而"的语法意义是"表示跟前文意思相反或出乎意料",至于"反而"所在的分句与前面的分句有时是转折关系,有时是递进关系,这些都是"反而"所在复句表示的语法意义,并不是"反而"本身所表示的语法意义。虽然两者之间有联系,但是我们也不能将"反而"所在的句式表示的语法意义归到"反而"头上去。

2.2 助词与构式义

普遍的跨语言调查表明,世界上很多语言都是用情态动词来表达能性范畴的。汉语则有所不同,除了助动词之外,还用能性述补结构"V得/不C"来表达。一般的汉语教材或论著都认为结构助词"得"可以表达能性语义,吴福祥(2002)则指出"V得/不C"的能性意义应该是整个构式表达的,并不是由其中的某个结构体现出来的。确切地说,"V得/不C"的能性意义,也不是结构本身一开始就拥有的,而是表示实现的"V得/不C"在特定语境里派生出来的,体现的是一种语境义。当表示某种结果实现的"V得/不C"用于叙述未然事件的语境里时,就变成表示具有实现某种结果的可能性了,如:

(4)地脉尚能<u>缩得短</u>,人年岂不战教长。(《全唐诗》)

(5)师曰:"见即见,若不见,纵<u>说得出</u>,亦不得见。(《祖堂集》)

唐宋以后,表达能性意义的"V得/不C"逐渐摆脱对语境的依赖,最终语法化为表达能性意义的固定格式,如:

(6)这胡同窄,牵着马多时<u>过不去</u>,咱们做两遭儿牵。(《老乞大》)

(7)又上琉璃阁,远望满眼景致,真个是画也画不成,描也<u>描不出</u>。(《朴通事》)

(8)您兄弟但同心呵,便如这五只箭杆束在一处,他人如何容易<u>折得折</u>!(《元朝秘史》)

一般来说,我们对虚词的释义应该取抽象度较高的抽象义。因为对虚词释义太具体,随着虚词分布的句法环境的不同,就要对虚词设立不同的下位义项,即虚词会随着具体句式的不同,其词义也会发生变化,这些具体的虚词词义可看成是抽象义在不同句式中的变体。只有这样,才能不至于由于虚词词义的虚灵而让人无法准确把握。下面以动态助词"了$_1$"和假设助词"的话"为例来进一步展开说明。

汉语"了$_1$"的语法意义众说纷纭:《现代汉语八百词》认为"了$_1$"用在动词后,主要表示动作的"完成";刘勋宁(1988)认为"了$_1$"只表示行为动作的"实现";陈忠(2005)认为"了$_1$"还可以表示"起始";甚至还有人认为"了$_1$"表示"完了(liǎo)"。其实这些意义都是"了$_1$"跟不同词语结合后所产生的语法意义,并不是"了$_1$"本身的语法意义。比如当"了$_1$"后面是无指宾语时,只能表示完成,如"吃了饭去散步";当"了$_1$"后面是有指宾语时,只能表示完了,如"吃了一碗饭""喝了一杯酒"。(李思旭,2010、2015)再比如在例句"好不容易当了兵""吃了才觉着有点儿香味""见了他还真有点害怕呢"等例句中的"了$_1$"则表示"起始"。

总之,把"了$_1$"跟句中其他词语结合后所产生的语法意义当作"了$_1$"的语法意义,这是一种错误的做法。如果我们能够从"了$_1$"使用的句法环境中总结出"了$_1$"的上位抽象义,具体语句中"了$_1$"不同的语义就可以看成是抽象义的具体实现形式,是不同的变体形式,这样问题或许就可以解决了。

已有研究都认为假设助词"的话"主要用于句末,帮助表示假设关系。我们认为"的话"并不能帮助表假设,因为有些复句表假设关系,不是"的话"带来的,而是假设连词带来的。比如下面《现代汉语八百词》中的例句,其中复句的假设关系是通过假设连词"如果""假如""只要"表示的,"的话"并不表达"假设"关系。

(9)如果服中药能稳定病情的话,就不必动手术。

(10)假如临时有事的话,可以打个电话来。

(11)只要你认为必要的话,我一定设法去办。

有些假设复句,没有表示假设的连词,如下面两例。分句间的假设关系好像是通过"的话"来表示。其实不然,我们认为这种假设关系是通过前后两个分句之间的逻辑语义来实现的,并不是"的话"带来的。比如我们把"的话"删除,分句间的逻辑语义关系仍然是假设关系。

(12)明天没事的话,我一定去。

→明天没事,我一定去。

(13)不够分配的话,我就不要了。

→不够分配,我就不要了。

2.3 语气词与构式义

语气词"吧"由于可以用在陈述句、祈使句、疑问句、感叹句等各类句子的末尾,所以很多语法论著或论文都据此认为"吧"可以表达"各种语气"。比如下例中"吧"的句子都带有各种互不相干的语气,于是常常会误导人们认为"吧"本身可以表示各种语法意义。其实这些意义都不是"吧"本身的语法意义,而是"吧"所在的句式、句调和句中其他词语综合作用下产生的。

(14)a. 恐怕他已经来了吧。(陈述)

b. 明天公司开会,小王你去吧!(祈使)

c. 你妈妈还没回来吧?(疑问)

d. 秦陵的地宫也不可能再完好无损了吧!(感叹)

检验某一语法意义是语气词的意义还是句子的意义,办法之一就是把包含有虚词的句子跟抽掉该虚词的句子做比较,这样就能显示出该虚词的语法意义了。(马真,1982)从下面例句对比可以看出:带有"着呢"的 a 句都有对形容词进行量的强调功能,带有夸张的口气;不带"着呢"的 b 句,则没有这种语义蕴含。这说明"强调功能、夸张口气"是由"着呢"带来的,是"着呢"的语法意义。

(15)a.我心里烦着呢。

　　　b.我心里烦。

(16)a.她说的话难听着呢。

　　　b.她说的话难听。

汉语已有的研究认为"罢了、而已、就是了"这三个语气词都含有把事情往小里说、往轻里说的意味,对前面的陈述有所减弱和冲淡。但是我们通过分析在北京大学 CCL 现代汉语语料库中检索到的部分例句,很容易看出已有研究中存在的问题。如:

(17)6 月 1 日,他携带一大堆文件,告别他的办公室,住进医院。实际上,他只不过是把办公室从西花厅搬到医院罢了。(《周恩来传》)

(18)31 日出版的一些香港报章发表社评指出,陈水扁诋毁"一国两制"只不过是自暴其丑罢了。(新华社 2004 年新闻稿)

(19)我也曾想过"嫁人"的问题,不过只是想想而已,并没有付诸行动。(《中国北漂艺人生存实录》)

(20)英国媒体日前披露 2012 年奥运会申办过程中可能存在金钱换选票的幕后交易,引起舆论哗然,但是不少国际奥委会委员淡然视之,认为不过是媒体在捕风捉影而已。(新华社 2004 年新闻稿)

(21)安生端起酒碗来,敬了张一民一杯:"张大哥今后如若有什么地方用得着小弟的,<u>只管吩咐就是了</u>,都是天涯沦落人嘛!"(《故事会》)

(22)我和大嫂一样,也不能替我哥哥道歉,可是,凡是我能帮助你的,你<u>只管说就是了</u>!(《老舍戏剧》)

通过上面例句的观察我们可以发现,"罢了、而已、就是了"三个句末语气词都不是单独使用的,在句子中分别有副词"只不过、不过、只管"与其配合使用。我们认为所谓的"把事情往小里说、往轻里说的意味,对前面的陈述有所减弱和冲淡"的语法意义或语法功能,都不是"罢了、而已、就是了"这三个语气词带来的,而是前面的副词"只不过、不过、只管"带来的,因为上面例句把句末的语气词"罢了、而已、就是了"去掉后,句子也仍然含有"把事情往小里说、往轻里说的意味"。

3 是谁发生了语法化:词还是构式

语法化研究长期以来一直关注的焦点是词汇项的语音、语义、形态等方面是否发生变化,但是对发生语法化的词汇项所在的句法环境,或词汇项所在的构式是否发生变化未曾引起重视。近年来一种称为"语法化的扩展观(grammaticalization as expansion)",已经开始关注到语法化发生于一定的构式而非孤立的词项,语法化是涉及特定构式范围(constructional domain)的语法化。(彭睿,2009)也就是说,在语法化过程中实际发生语法化的是整个结构式而非一个具体的词汇语素或语法语素。语法化理论的研究表明,任何一个词汇成分的语法化总是由特定语境触发的,然后这个语法化了的形式再逐步扩大语境范围,用于它原先不能出现的语境。

通常认为语法化是一个单纯的"实词性成分＞虚词性成分"或"虚词性成分＞语法性更强的虚词性成分"的过程。这种说法把语法化域限定为语法化项本身,从而忽略了语法化项所在环境的作用。因为单个词项从来不会孤立地发生语法化,词项的语法化离不开一定的组合环境(syntagmatic context)。既然语法化发生于语法化项所在的构式,那么这一过程必然涉及两个方面:语法化项自身的变化和语法化项所在构式的变化。这两方面不同的学者也各有侧重,有的认为构式比词项更重要,因为词项的语法化域是其所在的构式,词项的语法化实际上是其所在构式语法化的副产品或附带现象(epiphenomenon)。还有更激进的观点甚至认为构式的语法化未必会引起其内部成分的语法化。

在汉语虚词的语法化研究中,有一种普遍存在的错误倾向,那就是往往只关注虚词的虚化或变化,常常忽视虚词发生语法化时的句法环境,即虚词所在构式的语法化。下面结合副词"几乎"的词汇化过程(董秀芳,2002),来看构式在词语词汇化中的作用。以下两句中,"几"是一个动词,义为"接近","乎"是一个介词,与其宾语共同做动词的补语。"几"与"乎"不在一个句法层次上。

(23)如知为君之难也,不几乎一言而兴邦乎?(《诸子百家》)

(24)《易》不可见,则乾坤或几乎息矣。(十三经注疏《周易正义》)

后来"几乎"发生了跨层黏合,变为一个副词,义为"差点儿",如下面例(25)中的"几乎"就是一个副词,"乎"不能再做介词理解,因为句子的核心动词是"吓破","几乎"在句子中做状语。

(25)这里素梅在房中心头丕丕的跳,<u>几乎</u>把个胆吓破了,着实懊悔无尽。(《二刻拍案惊奇》)

我们认为"几乎"之所以能变为副词,是根源于谓词性成分可以不改变外部形式就充当主语或宾语,因为汉语中谓词性成分的体词化是不需要外部标记的。当一个体词化了的谓词性成分充当介词"乎"的宾语时,单从形式上看"几乎"就位于一个谓词性成分之前,这是副词出现的典型句法位置,此时"几乎"就有了变为副词的可能。下面例(26)就是一个过渡性的例子,"几乎"出现在一个谓词性成分之前,既可以理解为"接近于家给人足的地步",也可以理解为"差不多家给人足",在这一理解下"几乎"就是一个副词了。

(26)至于末年,天下无事,时和年丰,百姓乐业,谷帛殷阜,<u>几乎</u>家给人足矣。(《二十五史·晋书》)

总之,副词"几乎"之所以能最终完成词汇化的历程,我们认为是需要在特定的构式中实现的。那就是"几乎"后面带的是体词化了的谓词性成分,当"几乎"处于这一副词的典型句法位置时,就有了发生词汇化的可能。

语气词"也罢"的词汇化,也需要在特定的句法环境中进行。以下例句中"也罢"是句中的唯一谓语中心,尚未发生虚化,是个短语。

(27)姐夫<u>也罢</u>,丢开手的事,自古冤仇只可解,不可结。(《金瓶梅词话》第92回)

(28)狄希陈道:"这<u>也罢</u>,只得烦劳大鼠的。咱留下狄周,换了凭叫他赶了去。"(《醒世姻缘传》第85回)

当"也罢"出现在谓词性结构之后,构成"VP+也罢"的句法格式时,谓词性结构本身就含有"算了、罢了"的语义,此时的"罢了"处在弱势地位,从而导致其发生词汇化,变为一个仅仅表语气的助词,以凸显说话者的主观态度。

(29)我被着爹骂两句<u>也罢</u>,等我上去替姐们禀禀去。(《金瓶梅词话》第46回)

(30)八九千里地跟了去,十二两也不多,给他<u>也罢</u>。(《醒世姻缘传》第84回)

再比如顺承连词"接着"虚化的句法环境是不带宾语,而且是作为连动结构的前项动词,如:

(31)这段话下来,<u>接着</u>再说;有扬雄的丈人潘公,自和石秀商量,要开屠宰作坊。(《水浒传》第43回)

"接着"做连动结构前一个动词并位于句首位置,由于句子的表达重心往往在后一个动词上,此时"接着"的词语意义开始逐步虚化。与此同时,"接"的对象也由具体到抽象,最后已不是前面的动作、能力,而是动作本身,这时"接着"变成了顺承连词。如:

(32)他到府,府考过,<u>接着</u>院考。(《儒林外史》第16回)

以上举例说明构式在词语词汇化过程中的重要作用,下面我们以"只是"为例,说明副词向连词虚化也是发生在一定的构式之中的。"只是"在唐代词汇化为副词,然后在副词基础上进一步语法化为连词,如:

(33)功名一似淮西事,<u>只是</u>元臣不姓裴。(唐《简州归降贺京兆公》)

(34)征人岂不思乡国,<u>只是</u>皇恩未放归。(唐《水调词十首》)

这些句子中的"只是"是转折连词,表示轻微的转折,有"但是"的意思。到五代这些用法有了进一步的发展,有了更多表示强调限于某个情况或范围的用法。如:

(35)父母终朝<u>只是</u>忧,见儿爱伴恶时流。(五代《敦煌变

文集新书》)

(36)吾从养汝,<u>只是</u>怀愁,昨日游观去来,见于何事?(五代《敦煌变文集新书》)

到了明代"只是"副词的用法出现了一种新的意义,大致相当于现代汉语的"就是""偏偏"的意思。"只是"成为副词后,又进一步虚化,"是"的判断意义减弱,成为附着于"只"上的一个词内成分,"只是"的意义更多地由"只"来承担,逐渐出现表示转折的连词用法。

(37)曹操虽被一时瞒过,必然便省悟,<u>只是</u>不肯认错耳。(明《三国演义》第46回)

(38)把一个把关的官也有些妙处,一手挡住关,一手挽着牛,<u>只是</u>不放。(明《三宝太监西洋记》第1回)

从组合关系上看,"只是"做副词修饰句子成分,一般出现在被修饰的成分前;做连词主要显示分句之间的逻辑关系,一般出现在两个分句之间,即转折分句句首。因为做副词时它可以自由出现在名词主语之前,于是从组合关系上对出现在句首的"只是"就有两种分析方法:一种是纳入分句之中,分析为修饰、限制某个句子成分;另一种是将之放到分句之外,只与整个句子发生联系。这种重新分析的可能性为"只是"由副词向连词过渡创造了条件。

此外,推理在副词"只是"到连词"只是"的转化中起了举足轻重的作用。推理就是在相关的语境中,通过类推,得以使一些词语隐含的意义明确化,进而固定下来。"只是"作为副词,主要表示对范围进行限定;作为连词,表示轻微转折。但副词和连词的区别仅仅在于句子隐含的意义在一定的语境中被固定化了。副词"只是"和连词"只是"后的VP都是对范围的限定,但是换一个观察角度,从"只是"前后VP的逻辑关系来说,都有轻微的转折。通过推理,这种表示转折的意义被明确化直至固定。

从上面对副词"几乎"的词汇化过程和"只是"从副词演变为连词的虚化过程,可以看出虚词的词汇化或语法化,不是孤立进行的,而是在一定的构式中完成的。因而我们在以后的语法化研究中,必须重视词项发生语法化的句法环境或构式。当然这种现象具有跨语言的普遍性,比如英语的 be going to 词汇化为 be gonna,也是在特定的语境中进行的。

首先是表示目的性的 be going to 发生了重新分析,即[I am going [to marry Bill]]被重新分析为[I [am going to] marry Bill]。重新分析一旦发生,be going to 就会经历助动词的典型变化,如 going to 中元音和辅音弱化:going 的末尾音段由[ŋ]变为[n],同时 to 的起始音段由[t]变为[n]。由于 -ing 和 to 之间的短语性界限已经不存在,所以 go-ing to 这三个语素就能够缩减词汇化为 gonna(读作[gʌnə]),如 Bill is gonna visit Bill,具体过程如下图所示。(Hopper & Traugott,2003:69)类似的还有 have to>hafta,get to>gotta 等这样急剧的语音缩减。

  阶段Ⅰ:be going [to visit Bill]
    进行时 方向动词 [目的从句]

  阶段Ⅱ:[be going to] visit Bill
    (通过重新分析) 动作动词

  阶段Ⅲ:[be going to] like Bill
    时   动词
    (通过类推)

  阶段Ⅳ:[be gonna] like / visit Bill
    (通过重新分析)

由上面的分析可见,从 be going to 词汇化为 be gonna 也是发生在谓语核心动词前面的状语位置上,因为它们后面还有谓语核心动词的存在。英语动词短语 want to 词汇化为助动词 wanna,也经历了跟助动词 gonna 相似的历程和动因。这是因为 going to 和 want to 频繁出现的组合形式往往会变得自动化(automatization),即它们会被作为整体储存起来和作为组块来表达。此外,由于它们所表示的内容具有可预测性,因而人们在说的时候语速都比较快,这就为它们的缩减融合提供了动力。比如在英语口语中,who do you want to see?(你想要见谁?)可以说成 who do you wanna see?

4 构式压制与虚词义

虚词义与构式义之间可以互动,虚词义与构式义可能相容、补充,也可能是相互否定、排斥。在互动过程中,如果虚词义与构式义相同,虚词义与构式义整合后构式义得到强化;如果虚词义与构式义不相同,那么构式义就会对虚词义产生"构式压制(construction coercion)"。

所谓"构式压制"是指一个词语的句法、语义和语用特征,必须依靠其所在的句法环境才能做出较为准确的限定,语法构式整体会迫使其中词汇改变句法语义特征。构式压制产生于构式的意象图式,服从于构式的统领原则,即当一个词项与它的句法环境在语义上互不相容时,就会产生压制,使词项意义服从于构式义。汉语传统语法研究中把句式义归到虚词义上,就是构式压制的结果。由于构式义对虚词义的压制作用,从而容易让人把构式义误解为虚词义。

此外，句子的整体意义产生于构式意义和词汇意义的互动。词汇意义与构式意义有可能相互兼容，有时也可能相互冲突。构式压制是构式语义与词汇意义之间的不一致引起的。

(39) a. Why not paint your house purple?
为什么不把你的房子漆成紫色？
b. Why not have a purple-colored house?
为何不弄个紫色的房子？

以上 a 句中有行为动词，构式意义和词汇意义之间没有冲突。b 句中包含非行为动词 have，表达的是行为构式"Why not do something"，do 可解释为"为什么不采取行为致使房子是紫色的结果"。也就是说 b 句应该是一系列动作行为的结果。但是 b 句本身的动词没有体现"do"的行为，从而产生冲突。解决的办法是构式把它的意义压制给非行为谓词使它具有行为义。

5 结语

传统的语法研究比较强调分析，不太重视综合，表现在虚词研究上就是只关注虚词本身的语法意义，关注虚词自身有没有发生语法化，不太关注虚词所在的构式义以及构式有无发生语法化。近年来兴起的构式语法则比较强调综合，这可以避免将构式所表示的语法意义归到其中的某个词上。(陆俭明, 2004)可见，误将本来不是某个虚词的语法意义硬性归到虚词身上，这是虚词研究中的一个大忌。这样使我们无法真正准确地理解和把握虚词的语法意义。Goldberg(1995)就明确提出并论证了构式本身具有独立于动词的意义,构式与动词之间具有互动性,并且构式对动词常常具有主导性。其实不仅动词与构式之间具有这种关系,虚词与构式之间也是相互作用的,以往虚词研究中把构式义归为虚词义就是一个很好的体现。

总之,语法化研究与构式语法相结合,已经是迫在眉睫,构式语法可以为语法化和词汇化研究提供一些新的研究视角,基于构式或构式语法来研究语法化,可以说两者是互相补充、相得益彰。好在凝聚语法化、词汇化与构式语法三者精髓于一身的构式化(constructionalization)理论已经产生,这一理论刚建立时的目标就是"重新审视并整合先前的语法化和词汇化研究,从构式角度来解释跟这些研究有关的问题"(Traugott & Trousdale,2013:1)。当然,如何把构式化这一最新前沿语言学理论跟汉语事实相结合,科学合理地解释汉语词汇化、语法化中的诸多难题,还需要学界同仁们的共同努力。

参考文献

陈　忠　2005　《认知语言学研究》,济南:山东教育出版社。
董秀芳　2002　《词汇化:汉语双音词的衍生和发展》,成都:四川民族出版社。
李思旭　2010　《补语"完"的内部分化、语义差异及融合度等级》,《语言研究》第 1 期。
李思旭　2015　《汉语完成体的认知功能研究》,北京:中国社会科学出版社。
刘勋宁　1988　《现代汉语词尾"了"的语法意义》,《中国语文》第 5 期。
陆俭明　1984　《关于现代汉语里的疑问语气词》,《中国语文》第 5 期。
陆俭明　2004　《"句式语法理论"与汉语研究》,《中国语文》第 5 期。
吕叔湘　1999　《现代汉语八百词》(增订本),北京:商务印书馆。
马　真　1982　《说"也"》,《中国语文》第 4 期。
马　真　2016　《现代汉语虚词研究方法论》(修订本),北京:商务印书馆。

彭　睿　2007　《构式语法化的机制和后果》,《汉语学报》第3期。
彭　睿　2009　《语法化"扩展"效应及相关理论问题》,《汉语学报》第1期。
吴福祥　2002　《汉语能性述补结构"V得/不C"的语法化》,《中国语文》第1期。
Brinton, Laurel & Elizabeth Closs, Traugott 2005 *Lexicalization and Language Change*. Cambridge: Cambridge University Press.
Elizabeth Closs Traugott & Graeme Trousdale 2013 *Constructionalization and Constructional Changes*. Oxford: Oxford University Press.
Goldberg, Adele E. 1995 *Constructions: A Construction Grammar Approach to Argument Structure*. Chicago: Chicago University Press.
Hopper, P. J. & Traugott, E. C. 2003 *Grammaticalization*. Cambridge: Cambridge University Press.

试论总括向高程度的演变*

李小军

（江西师范大学文学院）

0 引言

在汉语史上，有一批本来表总括的范围副词，后来都衍生出程度义，如"全""浑""备""通""满"等。以"全"为例：

(1) 轻丝半拂朱门柳，细缬全披画阁梅。（李适《奉和春日幸望春宫应制》）——范围，皆

(2) 性懒尤因疾，家贫自省营。种苗虽尚短，谷价幸全轻。（皇甫冉《闲居作》）——程度，甚

"谷价幸全轻"即"谷价幸甚低"。"范围→程度"这一语义演变现象学界少有探讨，笔者所见，目前只有武振玉（2005）讨论了"全"从范围到程度的演变时间及过程，至于演变动因和机制却也没有

---

* 本文为国家社科基金重点项目（编号 15AYY010）、国家社科基金重大项目（编号 15ZDB100）阶段成果。本文曾提交"语法化世界词库工作坊暨中国境内语言语法化词库建设学术研讨会（首都师范大学，2016 年 11 月）""第九届汉语语法化问题国际学术研讨会（安徽大学，2017 年 10 月）"，杨荣祥、洪波、杨永龙等老师提出了不少建议，编辑部及审稿专家也提出了很好的修改意见，在此一并致谢。

涉及。与此同时,很多总括副词如"皆""都""总""共""俱""悉""尽""净"等,却没有程度用法;表部分及限定的范围副词也没有程度用法。本文感兴趣的是,"全""浑""备"等从范围到程度,其语义及句法动因是什么,相较于"皆""都"等总括副词及表部分和限定的副词,它们有何不同?为了行文的方便,本文将"全""浑"等称为"全"类副词,将"皆""总""俱"等称为"皆"类副词。

1 "全"类副词的语义演变

1.1 "全"

"全"本为形容词。如:

(3)形全犹足以为尔,而况全德之人乎?(《庄子·德充符》)

(4)桀纣非去天下也,反禹汤之德,乱礼义之分,禽兽之行,积其凶,全其恶,而天下去之也。(《荀子·正论》)

"全"做形容词时意为"完美;齐全;完整";例(4)"全"或认为是"成全"义动词,不过视为形容词的使动用法更妥。范围副词"全"当源于其形容词用法。如下一例:

(5)秦赵相弊,而王以全燕制其后。(《战国策·燕策一》)

"全燕"可以理解为"齐全/完整的燕国",亦可理解为"整个燕国"。典型的范围副词如武振玉(2005)所说出现于汉代。如:

(6)今全无悼远之志,反思念取事,是春秋之所甚疾也。(《春秋繁露·玉杯》)

"全无悼远之志"的"全"即"全部",表总括,意指所有诸侯。关于这一步演变,从句法角度来看,形容词"全"常在名词前做定语,与范围副词的句法位置相同。从语义角度来看,"齐全/完整"蕴涵

219

着"整个儿"之意,而"整个儿"已经蕴涵着"全部"之意。区别在于"全燕"的"燕国"还是一个国家,即一个整体,分开则不成其为一个国家,而全部的诸侯则是可以分开为个体的。从这个角度来说,"全燕"的"全"有范围义,但不算是典型的范围副词,而"全无悼远之志"的"全"已经是典型的范围副词了。周韧(2011)认为现代汉语的范围副词"全"有注重整体性的性质,要求被总括对象之间有着较近的心理达及距离,是一个完备的整体,这些语义属性都可以从其来源上得到解释。南北朝时期,"全"的总括用法逐渐增多。如:

(7)(豆角)从本至末,全无秕减,乃胜刈者。(《齐民要术》卷2)

(8)江水又东右迳黄葛峡,山高险,全无人居。(《水经注》卷33)

(9)卿言美而乖实。未之全信。(《南齐书》卷45)

三例"全"都为范围副词。例(7)说豆角从本至末全无秕减,此处的"全"还带有整体性(总括同一个体的不同部分,合在一起则是一个有机整体),例(8)亦总括黄葛峡的不同部分;例(9)"全"总括言语,应是一个集合体,因为言语分开后还是言语。从语义演变的角度来看,后一类"全"显然源于前一类"全"的进一步发展。下面讨论范围副词向程度副词的演变。先来看几个例子:

(10)(胡葵)其不剪早生者,虽高数尺,柯叶坚硬,全不中食。(《齐民要术》卷3)

(11)及返京师,复欺朝廷,说臣父子全无忠诚,诬陷贞良,惑乱朝听。(《魏书·列传第四十九》)

(12)子容与谢远自入看之,户闭极久,全无开迹。(《魏书·列传第六十三》)

以上数例"全"到底是表范围还是表程度曾有争议,武振玉(2005)认为南北朝时期的"全"处于范围向程度演变的中间状态,故有些例子兼有二者的特征同时又区别于二者,此说有一定道理。不过从语义指向来看,范围副词"全"指向其前的主语或话题,而程度副词"全"指向其后的动词或形容词,那么在这一语义演变过程中,"全"语义指向及句法功能是如何发生变化的?以上数例又该如何分析?

"全不中食"的"全"当为范围副词,指胡葵的整个部分。"父子全无忠诚"中虽然"父子"是复数,句子理解为"父子全部没有忠诚"亦可通,不过从上下文来看,侧重于表达父子完全没有忠诚,带有程度义。那么"全"到底是范围副词还是程度副词呢?我们认为理解为范围副词更妥,即"全"语义仍指向"父子",不过不是把父与子看作是集合中的两个个体,而是把不同时间段的父子看作是集合中的个体。至于句子带有程度义,这正是下节要讨论的。同理,下例"户闭极久,全无开迹"中"全"亦可如是理解,总括的是不同时间段的门。即"A时间段没有开门的痕迹","B(C,D…)时间段没有开门的痕迹",这样总括在一起就是"全无开迹"。如此分析还可以获得语感的支持,"父子全无忠诚"指父子一直以来都不忠诚,"(门)全无开迹"指门一直(不同时间段都)没有开过的痕迹。

不过不可否认的是,此类"全"跟它的典型范围用法已经有一定距离,或者说,跟动词结构的语义关联明显更紧了,这是因为"全"所总括的对象——不同时间段的NP——前文中并未出现。例(11)句法层面上只是"父子",而"全"不是在总括"父"与"子",例(12)"全"也不是在总括不同的门户。反之,两句更多强调的是"无忠诚""无开迹",这必然会导致人们对"全"的语义指向、句法结构

进行重新分析,而把它看作程度副词。再如:

(13)盲人掌机密来,全不共我辈语,止恐误他国家事。(《北齐书》卷39)

表范围的"全"总括的本是不同时间段的盲人,"全不共我辈语"即"(不同时间段的)盲人不跟我们说话",进而到"盲人一直/完全不跟我们说话"。也就是说,"全"语义本指向前面的名词"盲人",但是受话人更关注的是句子的焦点部分"共我辈语",加上"盲人"为单数形式,这样人们就会认为"全"是在修饰后面的动词结构,跟动词结构直接关联。经过这一重新分析,"全"也就获得了程度义。这也可以解释为什么这一时期的一些"全"兼有范围跟程度的特征,同时又不像二者的缘故。再如:

(14)山南柳半密,谷北草全稀。(张说《扈从南出雀鼠谷》)

"全"与"半"相对,似可理解为范围,即全部的草,不过诗句中无论是"半"还是"全",都不是在对柳和草进行范围的限定,"柳半密"中"半"是浓密的程度,同样后面"全"也是草稀疏的程度。故此例"全"应理解为程度副词——非常/甚。典型的程度副词出现于唐代。如:

(15)锦里先生乌角巾,园收芋粟不全贫。(杜甫《南邻》)

(16)畏老身全老,逢春解惜春。今年看花伴,已少去年人。(李益《惜春伤同幕故人孟郎中兼呈去年看花友》)

例(15)"不全贫"凸显的是贫困的程度,而非哪些时段不贫困,"不全贫"即"不甚贫"。整首诗写乡村邻家之乐,正因不甚贫,才有田家之乐。例(16)"身全老"亦指身体很老了,而非身体各个部分都老了,故而才有"今年看花伴,已少去年人"的感慨。

值得注意的是,"全"从范围副词演变为程度副词,存在整齐的语义对应性,即"总括-高程度"。在语义的虚实程度上,范围副词无疑明显要实于程度副词,"全部"还带有一定的实义,而"很"已经比较抽象化了。换言之,"全"从范围到程度,既是一个语义虚化的过程,也是一个句法功能变化的过程。无论是范围还是程度都属于量范畴,总括与高程度存在量度上的相似性和平行性,因而从演变的结果来看,这属于语法隐喻。不过从演变过程来看,这一演变却属于转喻,即从凸显范围转而凸显程度,虽然句子表层结构没有变化,但"全"的语义指向、句子的深层句法结构都发生了变化。换言之,从共时平面上的静态结果来看,这一演变可以用隐喻来概括,但从历时平面的动态过程来看,转喻机制在其中发挥了关键作用。近些年的语义演变研究发现,可以用隐喻机制归纳的演变结果,往往是一个个语法转喻聚合而成。

1.2 "浑"

"浑"本为"大水涌流声",《说文·水部》:"浑,溷流声也。"后有动词用法表"混同;混合"。如:

(17)所谓一者,无匹合于天下者也。卓然独立,块然独处,上通九天,下贯九野,员不中规,方不中矩,大浑而为一,叶累而无根,怀囊天地,为道关门。(《淮南子·原道》)

"浑而为一"即"混同为一体",进而引申出"整体为一;全"义形容词用法。如:

(18)道、德、仁、义、礼,譬诸身乎……合则浑,离则散,一人而兼统四体者,其身全乎!(《法言·问道》)

(19)宣帝至是,咸复御之。复令天下车,皆以浑成木为轮。(《隋书·志第五》)

"合则浑"即"合则为一体","浑成木"即"整木"。"浑"的总括

用法源于其"整体为一;全"义形容词用法,这一过程与"全"的演变无异。如:

(20)道士头侧方,浑身总著黄。无心礼拜佛,恒贵天尊堂。(王梵志《道士头侧方》)

(21)将士夜深浑睡著,不知汉将入偷营。(《敦煌变文·汉将王陵变》)

例(20)"浑身"的"浑"还带有"整体为一"这一语义特征,例(21)"将士夜深浑睡著"的"浑"总括的已经不是一个不可分割的整体了,故而前例"浑"不可替换为"皆",后例可以。下面讨论范围向程度的演变。先看几个例子:

(22)山神曰:"若要别事即难,若要寺舍住持,浑当小事。"(《敦煌变文·庐山远公话》)

(23)云与月,友兼亲,敢向浮沤任此身。逐块追欢不识休,津梁浑不挂心头。(《船子和尚拨棹歌》)

(24)烽火连三月,家书抵万金。白头搔更短,浑欲不胜簪。(杜甫《春望》)

(25)看经每向云中寺,欹枕遥思海上山,观此世徒(途)浑似梦,谁能终日带愁颜。(《敦煌变文·佛说阿弥陀经讲经文(一)》)

(26)不见元生已数朝,浣花溪路去非遥。客舍早知浑寂寞,交情岂谓更萧条。(唐·戎昱《成都元十八侍御》)

(27)叶公好尚浑疏阔,忽见真龙几丧明。(唐·郑谷《兵部卢郎中光济借示诗集,以四韵谢之》)

例(22)"若要寺舍住持,浑当小事"的"浑"可以对译为"全/皆",语义指向"要寺舍住持",应是范围副词。例(23)"津梁浑不挂心头"的"浑"亦可替换为"全/皆",带有一定的范围义,即"渡口、桥梁都不放在心头"。例(24)"白头搔更短,浑欲不胜簪"不是说每根头发都不胜簪,而是指头发越挠越少(掉发),整个头发簪子都快插不上了,把头发作为一个整体来凸显,同时"浑"已经带有一定的程度意味,可以译为"简直"。例(25)"世徒(途)浑似梦"不是说"世徒(途)皆似梦",而是说"世徒(途)非常/极其似梦",此处的"浑"已经可以看作程度副词了。例(26)(27)"浑寂寞""浑疏阔"的语义明显指向后面的形容词,"叶公"为专名,"疏阔"为形容词,两者皆没有范围之别,故"浑"只能表程度。典型的程度副词"浑"出现于唐代。

从句法层面来看,如果"浑"后面为状态动词或形容词时,"浑"就有可能重新分析为程度副词,而"浑 VP"到"浑 AP"就是一个简单的句法扩展。

1.3 "备"

"备"本为"齐全;完备;齐备"义动词或形容词,进而衍生出表总括的范围用法。如:

(28)公曰:"吾牲牷肥腯,粢盛丰备,何则不信?"(《左传·桓公六年》)

(29)险阻艰难,备尝之矣;民之情伪,尽知之矣。(《左传·僖公二十八年》)

(30)百神翳其备降兮,九疑缤其并迎。(屈原《离骚》)

"粢盛丰备"的"备"为"完备;齐备;齐全"义形容词,"备尝之矣"和"百神翳其备降兮"的"备"都为范围副词,相当于"皆/遍"。从形容词到范围副词这一步演变,与"全""浑"也相似。下面讨论程度用法的形成。先来看几个例子:

(31)宋元嘉初,中有黄龙沙弥昙无竭者,诵观世音经,净修苦行。与诸徒属五十二人往寻佛国,备经荒险,贞志弥坚。

(南朝梁·王琰《冥祥记》)

(32)身死之后,堕于地狱,备受诸苦。既失人身,空无所获。如彼贫人,亦复如是。(《百喻经·贫人烧粗褐衣喻》)

(33)东莱王明儿居在江西,死经一年,忽形见还家,经日命招亲好叙平生,云天曹许以暂归,言及将离语,便流涕问讯乡里,备有情焉。(南朝宋·刘义庆《幽明录》)

例(31)写黄龙沙弥及其徒属寻佛国经历了各种艰险,"备经荒险"的"备"当表范围,总括不同艰险。例(32)"备受诸苦"写身死之后经受了各种苦难,"备"亦表范围,语义指向"诸苦","备受诸苦"即"遍受诸苦"。值得注意的是,"备"表总括时也有强调整体性这一语义特征,如"备受诸苦"强调的不是受了多少种苦及怎样经历各种苦,而是把受各种苦视为整体,凸显受苦的程度之深,故而后面接着说"既失人身,空无所获"。换言之,"备"本表范围,而"备VP/AP"凸显的是 VP/AP 的程度之深,但是句中又无表程度的词,经过重新分析,"备"就可能获得程度义。例(33)写东莱王明儿死后还乡,与亲友叙旧,谈及将要离去便流涕,备有情焉。很显然,此处的"备"已经无法理解为范围,"备"语义指向"有情",凸显对亲友情谊之深。如果说此处的"有情"还是动词性成分,那么到唐代时已经可以见到典型的"备+形容词"了。如:

(34)摧藏多古意,历览备艰辛。(陈子昂《酬李参军崇嗣旅馆见赠》)

(35)独行备艰险,所见穷善恶。(高适《淇上酬薛三据兼寄郭少府微》)

例(34)"历览"即"逐一浏览、感受(时事变化)",当事人因"历览"而"备艰辛";例(35)前面写自己独行路途上的见闻和状况,接着发出"独行备艰险"的感慨,"备"为典型的程度副词。高文成(1998)认为现代汉语中"备"的程度用法是"倍"之误,值得商榷,如本文所分析的,南北朝时期范围副词"备"就发展出了典型的程度用法。至于现代汉语中"备"与"倍"有时产生误用,那是同音所致。

1.4 "尽"

"尽"本义为"空",《说文·皿部》:"尽,器中空也。"《今文尚书》中已有总括副词用法。如:

(36)秋,大熟,未获,天大雷电以风,禾尽偃,大木斯拔。(《今文尚书·金縢》)

(37)戎人之前遇覆者奔,祝聃逐之,衷戎师,前后击之,尽殪。(《左传·隐公九年》)

而到唐代时"尽"已经出现了典型的程度副词用法。如:

(38)尽醉茅檐下,一生岂在多。(唐·韦应物《效陶彭泽》)

(39)今日送君须尽醉,明朝相忆路漫漫。(唐·贾至《送李侍郎赴常州》)

上两例"尽醉"相当于现代汉语的"大醉",而非"皆醉"。例(38)作者写自己沉迷于田园生活,发出"大醉茅檐下,一生岂在多"的感慨;例(39)写深厚友情,"送君须尽醉"的"尽醉"显然也是大醉。不过"尽"的程度用法在近代汉语中逐渐萎缩乃至不见,现代汉语主要存于方言中。如:

(40)尽咸|尽淡|尽宽|尽紧(浙江盘安,转引自黄伯荣,1999:407)

(41)在那些年辰,有稀饭吃就尽不错了。(四川成都,转引自许宝华、宫田一郎,1999:2287)

关于"尽"到底是强调个体性还是整体性,董正存(2011)在讨论"尽"从完结到总括的演变时,认为具有两种认知图式,一种强调个体性,一种强调整体性。两种形成机制不同,前者源于隐喻,对应于"叠加性图式",后者源于转喻,对应于"浑然图式"。如:(转引自董正存,2011)

(42)今越人起师,臣与之战,战而败,贤良尽死,不死者不敢入于国。(《吕氏春秋·似顺》)——强调个体性,相当于"皆、都"

(43)竹林二君子,尽日竟沈吟。(五代·李从谦《观棋》)——强调整体性,相当于"整、全"

演变为程度副词的,应当是那类强调整体性的"尽"。

2 "全"类副词与"皆"类副词的语义差异及对演变的影响

上节讨论了"全"类副词从范围向程度的演变,不过如前所说,"皆"类副词不存在这一演变路径。在句法方面,"全"类副词与"皆"类副词似并无多大差异,因此,关键因素应在语义方面。我们认为它们的主要差异在于凸显整体性与凸显个体性的不同。

"全""浑""备""通"等做总括副词时,都有凸显整体性这一语义特征,这与它们的源义有关。"全""浑"本就是从表整体进而表总括的;"备"起初为"齐全;完备"义,完备乃是整体的完备,故而表范围时也凸显整体性;"通"本为"通行;连通;通畅",表范围时也是强调整体性,故而还可以说"通身""通家"等。"皆"类副词在表达范围时,凸显的却是个体。先来看"皆":

(44)晋始伯而欲固诸侯,故解有罪之地以分诸侯。诸侯莫不望分而欲亲晋,皆将争先。(《国语·鲁语上》)

(45)诸将皆喜,人人各自以为得大将。至拜大将,乃韩信也。(《史记·淮阴侯列传》)

例(44)"皆"凸显的就是个体,即每个诸侯都想抢在其他诸侯前面获得土地;句子不是把所有的诸侯看作一个整体,不是指诸侯整体抱团争先。例(45)"诸将皆喜"凸显的也是个体(每个将领),故而后面有"人人各自以为得大将",而非认为整体将一起被封为大将。再来看"俱""都""尽""总"等:

(46)故善用兵者,譬如率然。率然者,常山之蛇也。击其首则尾至,击其尾则首至,击其中则首尾俱至。(《孙子兵法·九地》)

(47)今天师乃言天地洞虚有万二千国,今一有德之国受道,安能乃解是万二千国之灾,而都安天地者乎?(《太平经·阳尊阴卑诀》)

(48)察士然后能知之,不可以为令,夫民不尽察。贤者然后能行之,不可以为法,夫民不尽贤。(《韩非子·八说》)

(49)离别苦多相见少,洞房愁梦何由晓。闲看双燕泪霏霏,静对空床魂悄悄。镜里红颜不自禁,陌头香骑动春心。为问佳期早晚是,人人总解有黄金。(唐·权德舆《薄命篇》)

蛇首与蛇尾本属于一个有机整体,不过例(46)"首尾俱至"凸显的却是它们各自的独立性,故而前面还有"击其首则尾至,击其尾则首至"这样的话语;例(47)"都安天地者"是说这万二千国有灾,有德之国是否能让每一个国家都安定;例(48)"民不尽察""民不尽贤"很显然是将百姓看作一个个个体,"尽"也是凸显个体性的;例(49)也是强调每一个人都认为佳期如黄金,"人人"的个体性非常明显。

从来源上看,"总""都"是从聚集到总括,"皆""并""俱"是从偕同到总括,而"尽""净""毕""咸"等则是从"完结;净尽"到总括,它们中绝大部分都是强调个体性的。比较特别的是"尽"和"毕",据董正存(2011)考察,从来源上看,它们具有两种不同的认知图式,分别强调个体性和整体性,"尽"的用例见(42)—(43)。"毕"如:(转引自董正存,2011)

(50)a. 已诛徵舒,因县陈而有之,群臣毕贺。(《史记·陈杞世家》)——强调个体,皆、都

b. 深斋竹木合,毕夕风雨急。(贾岛《重酬姚少府》)——强调整体,整、全

李宗江(1998)曾对总括副词的使用频率进行过历时考察,不过没有区分两类不同的"尽"和"毕"。我们对《史记》进行了检索,发现"尽"共483例,除了100余例动词用法外,真正不能用"皆"等替换的不足30例。而《史记》中26例范围副词"毕",全部可以替换为"皆"等。这说明,虽然"尽""毕"等分别有强调整体性和强调个体性两类用法,但强调个体性显然是它们的主要用法。

以上我们从强调整体性与强调个体性对总括副词进行了语义分类,那么这一语义特征在"范围→程度"这一演变中到底会产生什么样的决定性影响?回头再来看前面的例(10):"(胡葵)其不剪早者,虽高数尺,柯叶坚硬,全不中食。"此例"全"似可替换为"皆":全不中食→皆不中食。不过我们发现,替换后语义表达有差异。"全不中食"侧重于表达胡葵从头至尾整体不中食,而"从上到下整体都不中食"蕴涵着不中食的程度非常之高;"皆不中食"侧重

于表达每一株胡葵都不中食,强调数量之多,却不蕴涵不中食的程度。同理,例(45)"诸将皆喜"凸显的是集合中的每个个体如何,至于喜悦的程度却不得而知。我们发现,凸显整体性的"全"类副词,如果使用于中性句,则不蕴涵程度深,如"礼乐风全变,尘埃路渐难"(唐·冷朝阳《冬日逢冯法曹话怀》);如果使用于凸显整体性的句子,则蕴涵程度深。再如"白头搔更短,浑欲不胜簪"是将头发看作一个整体,则"浑"凸显的是"不胜簪"的程度。"皆"类副词都没有这一蕴涵义。这一语义差异也可以解释现代汉语"全不喜欢你"跟"都不喜欢你"的异同。

同样,程度副词在修饰形容词时,也是凸显整体性的。比如说"桌子很高",即是将桌子视为一个整体,而不是凸显部分如桌脚、桌面等;说"小红非常好"也是忽略小红可能存在的一些不好行为(个体性),而凸显小红作为一个整体的好。简而言之,"全"类副词在表范围时凸显整体性,具有较高的确定性,这与程度副词凸显整体存在语义适应性,故而在使用过程中经过重新分析就可能获得程度义。这一观点还可以解释其他的"全"类词及"皆"类词的演变。如"满":

(51)蔷薇满院香,菡萏双池锦。(元·张可久《南吕一枝花》)

(52)你便不欢欣,我则满面儿相陪笑;你便要打骂,我也浑身儿都是喜。(关汉卿《单刀会》第3折)

(53)满不错的一个人儿(东北官话)|你讲的倒满在理(冀鲁官话)|脚是痛得厉害,可是我跟同志偎到一块就满高兴(中原官话)|你主意打得满对(西南官话)|话说的满像回事,具体办起来可就难说了(吴方言)|有些树上长的菇,看上去满水灵(赣方言)(转引自许宝华、宫田一郎,1999,6681)

再如"整":

(54)箫笳整部曲,幢盖动郊次。(唐·鲍溶《羽林行》)——范围

(55)我刚说东海不在我这儿,我这不整个一个胡说八道吗?(陈武建《缘分》)

(56)那人整坏死得了。|那人整麻木死得。(江苏沭阳方言,转引自黄伯荣,1996,428)

"满"和"整"的范围用法很明显带有凸显整体性这一语义特征。"满"在方言中的程度用法非常普遍;相对来说,"整"做范围副词并不典型,且表范围时跟后面的名词结合较紧,难以脱出"定·名"结构,因而方言中"整"的程度用法较少见。

再如"通":

(57)孟轲受业于子思,既通游于诸侯,所言皆以为迂远而阔于事情,然终不屈道趣舍,枉尺以直寻。(东汉·应劭《风俗通义·穷通》)——范围

"通游于诸侯"即"遍游诸侯"。"通"表范围时,亦有凸显整体性这一语义特征,"通游于诸侯"即是把各个诸侯国看作一个整体。如下例:

(58)《南州异物志》曰:"椰树,大三四围,长十丈,通身无枝。"(《齐民要术》卷10)

椰树"通身无枝",很明显椰树是一个有机整体。不过汉语史上"通"表程度只限于"通红"。如:

(59)内中一个女子正色道:"法师做醮,如何却说恁地话?"拉了同伴转身便走。道元又笑道:"既来看法事,便与高功法师结个缘何妨?"两女耳根通红,口里喃喃微骂而去。

232

(《初刻拍案惊奇》卷17)

没有能产性,因而无论是汉语史还是现代汉语普通话中,"通"都不能算是程度副词。不过"通"在一些方言中却有典型的程度用法。如厦门方言:

(60)通天骹下全天下｜通间无半人整间都没人｜通家(转引自李荣,2002:3490,下例同)——范围

(61)通好｜通多｜通□很能干——程度,甚、很

相应的是,一些学界认为具有程度用法的"皆"类副词,其实不具有程度用法。如"并":

(62)水火金木土谷,此谓六府,废一不可,进一不可,民并用之。(《大戴礼记·四代》)

(63)远公见诸僧去后,独坐禅庵,并无恐怖。(《敦煌变文·庐山远公话》)

"民并用之"的"并"为范围副词,相当于"皆/都";"并无恐怖"的"并"李明(2013)认为表程度,为"完全/根本"之意。我们认为此处的"并"应为表强调的情态副词(范围到情态的演变我们将另文探讨),而非程度,原因在于不能用其他表程度的词替换,且"并"宋元以来也未见程度用法。至于"并"何以不能演变为程度副词,关键在于缺乏语义基础。

这一观点还可以解释为什么只有总括副词后来衍生出了程度义,而那些表限定的副词却都没有程度用法。原因在于表限定的副词都没有强调整体性这一语义特征,与程度副词的语义不存在适应性,自然也就难以产生程度义了。

汉语史中的"略"似乎违反了"总括-高程度"这一语义对应性。如:

(64)譬如泄水注地,正自纵横流漫,略无正方圆者。(《世

说新语·文学》)——总括

(65)(光武皇帝)性勤于稼穑,而兄伯升好侠养士,常非笑光武事田业,比之高祖兄仲。王莽天凤中,乃之长安,受尚书,略通大义。(《后汉书》卷1)——低程度

为何会出现这一看起来反常的现象呢?我们考察发现,"略"的范围用法源于其"通晓"义动词用法,"通晓"蕴涵着全部了解,故而衍生出总括用法。如:

(66)诵《诗》《书》者,期于通道略物,而不期于《洪范》《商颂》。(《淮南子·修务》)——高诱注:"略,达。"

而程度用法源于其"简略"义形容词(方式副词)用法。如下例就可以重新分析为形容词(方式副词)或程度副词,理解为形容词(方式副词)即"简略地把主要部分列举",理解为程度副词则为"稍微把主要部分列举(一下)":

(67)(隗嚣等)反戾饰文,以为祥瑞。戏弄神只,歌颂祸殃。楚、越之竹,不足以书其恶。天下昭然,所共闻见。今略举大端,以喻吏民。(《后汉书》卷13)

3 小结

范围副词、程度副词、频率副词、情态(强调或揣测)副词之间有着紧密的联系,相互之间也存在复杂的派生关系,学界以前对它们的关系关注不够。

本文探讨了"全""浑""备""通""满"等词从范围到程度的演变,发现导致它们产生这一演变的关键是语义因素——强调整体性。整体 VP/AP,往往蕴涵着 VP/AP 的程度很深,这也与程度

副词凸显整体存在语义适应性。相反,强调个体性的"皆"类副词,都不存在"范围→程度"这一演变路径。"毕"虽然兼有强调整体性与强调个体性两种用法,但以强调个体性的用法为主,故亦未产生程度义。表部分及限定的范围副词都不具有凸显整体性这一语义特征,自然也不能衍生出程度义。附带要说到的是,表数量的"有(一)些""有(一)点"后来也衍生出了程度义,原因跟"全"类副词一样,强调整体性。① 如口语中说"昨天有些人没来",也是强调"有些人"这一整体,而不是强调"有些人"中的各个个体。黄阳、郭必之(2014)在考察壮语完结动词的语法化、黄阳(2016)在考察南宁粤语的"晒"②时,发现壮语中存在"完结动词＞全称量词/范围词＞程度副词"这一路径,其实民族语中"范围＞程度"的演变路径并不鲜见,关于这一问题我们将另文探讨。

范围到程度的演变,从结果来看属于隐喻,故而存在整齐的语义对应性:总括-高程度;从过程来看则属于转喻,伴随这一演变的是深层句法结构及语义指向的改变。

参考文献

董秀芳　2002　《词汇化:汉语双音词的衍生与发展》,成都:四川民族出版社。
董正存　2011　《"完结"义动词表周遍义的演变过程》,《语文研究》第 2 期。
高文成　1998　《副词"倍""备"解》,《语文建设》第 7 期。
黄伯荣　1996　《汉语方言语法类编》,青岛:青岛出版社。
黄　阳　2016　《南宁粤语的助词"晒"》,《方言》第 4 期。

---

① "有(一)些""有(一)点"本是跨层结构,后来逐渐凝固成词,进而衍生出程度义。具体演变可参董秀芳(2002:289—290)、李小军(2016:315—318)。
② 粤语中的"晒"也兼有范围与程度用法,具体分布情况可参黄阳(2016),不过因为对"晒"的语义特征不清楚,所以本文未加讨论。

黄　阳、郭必之　2014　《壮语方言"完毕"动词的多向语法化模式》,《民族语文》第1期。

李　明　2013　《唐五代的副词》,《历史语言学研究》第6辑,北京:商务印书馆。

李　荣　2002　《现代汉语方言大词典》,南京:江苏教育出版社。

李小军　2016　《汉语语法化演变中的音变及音义互动关系》,北京:中国社会科学出版社。

李宗江　1998　《汉语总括副词的来源和演变》,《汉语史研究集刊》第1辑,成都:巴蜀书社。

沈家煊　2015　《走出"都"的量化迷途:向右不向左?》,《中国语文》第1期。

武振玉　2005　《试论副词"全"的产生与发展》,《贵州大学学报》(社会科学版)第3期。

许宝华、宫田一郎　1999　《汉语方言大词典》,北京:中华书局。

周　韧　2011　《"全"的整体性语义特征及其句法后果》,《中国语文》第2期。

（本文原载《语言科学》2018年第5期）

现代汉语确认词"是"的形成
——关于助动词还是副词的讨论*

龙海平　匡鹏飞

(中山大学外国语学院
华中师范大学语言与语言教育研究所)

1　引言

现代汉语中"是"通常用于名词短语前[参见(1)],[①]也可用于动词短语前[参见(2)]。

(1) 老张是货车司机。

(2) 老张是开货车,我是开客车。

唐钰明(1991:388—389,1993:10—12)、吕叔湘(1999:496—503)、梁银峰(2012:43—49)、汪维辉、胡波(2013:359—360)等将后接动词短语的"是"视为系词;其他学者,如黄正德

---

* 本研究受国家社科基金一般项目资助(15BYY107)。感谢 Bernd Heine、Alain Peyraube、吴福祥、汪维辉、何万顺、洪波、孙朝奋、张谊生、方梅、孙景涛、陈前瑞、朱冠明、王健、乐耀、盛益民和两位匿名审稿人提出的极富洞察性的见解和评论。

① 本文采用 Sun(2006:15—20)的年代划分,即古汉语(公元前771年至公元220年)、中古汉语(公元220年至公元960年)、近代汉语(公元960年至公元1900年)、现代汉语(公元1900年至今)。

(1988:48)、Xu(2003:163—164)、Soh(2007:179)、Hsu(2008:638—639)、Wei(2010:113)等,则将其视为助动词。本文用系词"是"表示后接名词短语的"是",①用助动词"是"表示后接动词短语的"是"。②

现代汉语中"是"也可以表示对之前话语的确认[参见(3)],我们称之为确认词"是"。③ 系词"是"和助动词"是"一般不重读,确认词"是"一般重读。(另见洪心衡,1964:294;盛益民,2014:301)。

(3)"没错,我<u>是</u>要毒死你,因为我恨你……"扫街的女人嚷到。④

除发音不同外,⑤现代汉语系词"是"、助动词"是"和确认词"是"还存在否定和句法位置上的差异。

否定。系词及其派生的助动词一般可以否定(参见 Li & Thompson,1977:441;Frajzyngier,1986:371—386;Stassen,1994:105—116;Pustet,2003:11—16),现代汉语系词"是"[参见

---

① 系词是用在命题"X 是 Y"中的谓词标记(Heine & Kuteva,2002:19)。
② 助动词是句法上伴随其他动词出现的一小类动词(Matthews,1997:31)。
③ 吕叔湘(1999:496—502)、梁冬青(2002:133)、石毓智(2005:45)称之为"强调'是'",本文不采用这一说法。原因有二:一、Shi(1994)和 Paul & Whitman(2008:415)用强调"是"表示焦点标记"是",本文尽量避免混淆;二、Biber & Finegan(1988:18)、Traugott & Dasher(2002:162—163)、Aijmer(2007:114)、Waters(2008:22—23)认为"强调"具有反预期的含义。例(3)中"是"仅为确认之前的话语(你要毒死我),未超出受话人(老和尚)的预期,因而并不具有反预期含义。基于这两点原因,本文采用确认词"是"而不是强调(词)"是"的说法。
④ 加粗并加下画线表示"是"重读。
⑤ 有研究者认为确认词"是"的重读用法是特定语境中表强调的语用用法。(黄正德,1988:54;Soh,2007:180;Wei,2010:128)我们希望通过本文的论述,特别是例(30a,30b)、例(31a,31b)和例 31 后脚注①的论述,能够证明确认词"是"及其来源——形容词"是"——的重读特征是固有特征,而非语用特征。

(4a)]和助动词"是"[参见(4b)]也不例外;现代汉语确认词"是"则不可以否定[参见(5)]。

(4)a.老张不是货车司机。

　　b.老张不是开货车,我不是开客车。

(5)老张(*不)是开过货车。

句法位置。确认词"是"可以与系词"是"[参见(6a)]和助动词"是"[参见(6b)]在同一句子中出现,且通常位于两者之前。因此确认词"是"在句法位置上区别于系词"是"和助动词"是"。

(6)a.不错,鞋匠是不是个好差使。(方方《凶案》;吕叔湘,1987:320)

　　b.我是不是太喜欢吃梨。①

上述讨论引出下列问题:

　　a.现代汉语确认词"是"具有什么样的形态句法特征?

　　b.它为什么不能否定?

　　c.确认词"是"和系词"是"、助动词"是"之间又有何联系?

上述问题涉及学界关于"是"的两个重要问题:一是"是"的动词短语删略问题(参见 Xu,2003:165—167;Soh,2007:181—186;Hsu,2008:641;Wei,2010:148—152 等),二是"是"的焦点标记功能问题(参见 Shi,1994:81—97;Li,2008:759—773;Paul & Whitman,2008:413—449;Hole,2011:1707—1732;Long,2013:409—453 等),本文一并讨论。

---

① 笔者对现代汉语母语者进行了测试,受试者皆认为在日常会话中可以接受例(6b)中的表达。

2 文献综述

学界较多讨论系词"是"和助动词"是",多数关于"是"的论著并未提及确认词"是"(参见 Shi,1994;汪维辉,1998;石毓智、徐杰,2001;Chang,2006;汪维辉、胡波,2013 等)。即使某些提及确认词"是"的论著中,也通常将其视为系词(或助动词)"是"的语用用法(参见黄正德,1988:46—54;Soh,2007:180;Hsu,2008:637;Paul & Whitman,2008:415;Wei,2010:128 等)。

吕叔湘(1999:496—502)区别了系词"是"、助动词"是"和确认词"是",作者认为现代汉语中"是"存在三种功能,分别是系词功能[参见(1)]、助动词功能[参见(2)]和强调(确认)功能[参见(3)]。如果这一观点成立,接下来的问题应该是三种功能之间是否存在派生关系。

石毓智(2005)认为现代汉语中"是"至少存在四种功能,分别是系词功能[参见(1)]、焦点标记功能[参见(7a)]、强调(确认)功能[参见(7b)]和对比功能[参见(2)]。

(7)a.老张是在上海装的货。

b.老张是开过货车。

作者认为存在如(8)所示的语法化路径:

(8)系词"是">焦点标记"是">强调(确认)"是">对比"是"

语法化过程中一般伴随语音弱化,通常不太可能出现语音强化(参见 Heine et al.,1991:15;Heine & Kuteva,2002:2;Hopper & Traugott,2003:157)。石毓智(2005)无法解释的是,为什么现代汉语"是"从系词功能到强调(确认)功能的变化过程中,语音会出

现从轻读到重读的变化?(类似观点参见洪心衡,1964:294;盛益民,2014:301)

除语音问题外,石毓智(2005)还面临时间先后关系的问题。学界有诸多关于系词"是"和助动词"是"来源问题的讨论(参见裘锡圭,1979:437—442;段莉芬,1989:19—21;Feng,1993:277—311;汪维辉,1998:183—198,1998:133—136;Peyraube & Wiebusch,1994:394—398;石毓智、徐杰,2001:458—461;何亚南,2004:24—30;梁银峰,2012:43—49;汪维辉、胡波,2013:364—369等),一般研究者普遍认可系词"是"产生于公元前1世纪[参见(9)],焦点标记"是"产生于公元5世纪[参见(10)]。①

(9)襄子曰:"此必是豫让也。"(《史记·刺客列传》;约公元前1世纪)(许柏龄,1988:62;唐钰明,1991:388;梁冬青,2012:47)

(10)王宁异谋,云是卿为其计。(《世说新语·言语》;约公元5世纪初)(石毓智、徐杰,2001:461)

学界对确认词"是"在古汉语中的出现时间存在争议(参见张庆绵,1978:89—90;许柏龄,1988:59—60;唐钰明,1991:388—389,1993:11—12;毛玉玲,1994:82—83;梁冬青,2002:133,2007:58;朱城,2004:37,2008:73—77等)。唐钰明(1993)认为古汉语中确认词"是"至迟出现于公元前3世纪中叶[参见(11)]。②

---

① "是"在近代汉语"是……的"结构中用作焦点标记(参见刘敏芝,2006:61;龙海平、肖小平,2009:23—30,2011:305—317;龙海平,2011:74—75;Long,2013:423—444),不过焦点标记"是"的形成却要追溯到中古汉语时期(参见石毓智、徐杰,2001)。

② 梁冬青(2002:134)认为古汉语中确认词"是"的早期语例可以追溯到公元前8世纪[参见本文(23a)例],不过学界对此例句存在不同释义(参见朱城,2004:36—37,2008:75—76)。为了避免争议,本文采用例(11)这一更稳妥语例。

(11)物之已至者,人祅则可畏也。楛耕伤稼,耘耕失岁,政险失民,田岁稼恶,籴贵民饥,道路有死人,夫是之谓人祅;……夫是之谓人祅;……夫是之谓人祅。祅<u>是</u>生于乱。(《荀子·天论》;公元前3世纪中叶;唐钰明,1993:11—12)①

如果石毓智(2005)的路径成立,"是"的系词功能和焦点标记功能应该在历史上早于其确认词功能出现。作者难以解释的是为什么"是"的系词功能产生于公元前1世纪[参见(9)],比"是"的确认词功能[参见(11)]晚了至少200年?而"是"的焦点标记功能[参见(10)],则比"是"的确认词功能晚了至少600年?

Soh(2007:181—183)提出另一分析方案解释系词"是"、助动词"是"和确认词"是"之间的关系[参见(12)]。作者认为确认词"是"是助动词,为了分析"是"的动词短语省略过程,作者提出"虚拟'是'"(dummy shi)的概念。虚拟"是"在句法上高于否定层(ΣP),因此不能否定。

(12)[$_{TP}$ T[$_{\Sigma P}$ Σ [$_{ModP}$ Mod[$_{vP}$ V [$_{VP}$ V]]]]]
           | | | |
        虚拟"是" 否定"不-" 助动词"能" 动词"是"
                              助动词"是" (系词"是")

Soh(2007)的方案可以解释为什么确认词"是"和系词"是"可以在一个句子中并存[参见(6a)],但无法解释为什么确认词"是"

---

① 唐钰明(1993:11—12)只引用了"祅是生于乱"语例,例(11)的前半部分为我们后加。《荀子·天论》列举了"祅"出现的三种情况,为了节省篇幅,我们省略了另外两种情况。在例(11)的语境中,"祅是生于乱"应该是对先前所述的肯定,该句中的"是"应该理解为表确认。关于例(11)中"是"为确认词而非助动词的论述,参见本文例17后脚注①及唐钰明(1991:388—389,1993:11—12)和梁冬青(2002:133—135,2007:57—61)的论述。

和助动词"是"也可以在一个句子中并存[参见(6b)]。

考虑到确认词"是"不能否定,同时又与助动词"是"具有不同的句法地位,我们尝试提出新分析方案替代 Soh(2007):我们认为确认词"是"在句法上高于助动词"是"和否定层(ΣP)。我们将在第三部分讨论这一分析方案。

3 确认词"是":助动词还是副词?

确认词"是"是助动词这一观点的反例是不能进行动词删略。我们知道助动词都可以进行动词删略[参见(13a);类似分析参见 Xu,2003:164;Soh,2007:179;Wei,2010:116 等],确认词"是"却不可以[参见(13b、13c)]。

(13)a.他开货车,我也是。

b.*他是开货车,我也是。

c.*他开货车,我也是。

(13b)中确认词"是"出现在前一分句动词短语前和后一分句动词短语删略位置,(13c)中确认词"是"直接出现在后一分句动词短语删略位置。(13b、13c)皆不成立,证明确认词"是"不可以进行动词短语删略。

一般来说助动词皆可以进行动词短语删略(参见 Soh,2007:179 及其引用文献),汉语确认词"是"似乎是一个例外。语言学界一般认为源于系词的助动词可以否定(参见 Li & Thompson,1977:441;Frajzyngier,1986:371—386;Stassen,1994:105—116;Pustet,2003:11—16 等),现代汉语确认词"是"似乎又是一个例外。鉴于这两个例外情况的出现,我们认为需要重新审视 Soh

(2007)将确认词"是"视为助动词的观点。

我们注意到汉语助动词前还有副词的句法位置[即(14)中"有时"的位置];汉语确认词"是"也确实可以出现在助动词之前[参见(6b)]。我们认为在这种情况下应该探讨将汉语确认词"是"分析为副词的可能性。

(14)我有时会开车开小差。

至少有两点证据支持这一可能性:一是确认词"是"在句子中可以位于副词和助动词之前[如例(15)];二是在不改变句子意义的情况下,确认词"是"可以和"的确""确实"等副词互换[如例(16)]。

(15)老张是有时不能开货车送货。

(16)老张是/的确/确实开过货车。

例(15)中确认词"是"位于副词"有时"、否定词"不"和助动词"能"之前,根据 Soh(2007)的分析[参见(12)],这一位置只能是副词。这一观点得到(16)的进一步验证:例(16)中确认词"是"在不影响句子意义的情况下可以与副词"的确""确实"互换,证明它很可能是副词。

确认词"是"为副词的假定可以解释为什么它不能否定:Progovac(1994:139—141)、Rullmann(1997:157—176)、袁毓林(2004:43)、尹洪波(2011:20—24)、Breitbarth et al.(2013:1—8)等证明,确认副词通常占据与负性极项(negative polarity item)相同或更高的句法位置,因而不用于否定表达。现代汉语确认词"是"符合这一特征。

4　确认词"是"的形成

洪心衡(1964:288—289)第一个将古汉语确认词"是"视为副

词,作者认为例(17)中"是"是用作"确认或强调命题或观点"的副词(类似观点参见梁冬青,2007:58)。

(17)杀一人以存天下,非杀一人以利天下也;杀己以存天下,是杀己以利天下。(《墨子·大取》;洪心衡,1964:289)

基于助动词"是"源于系词"是",因而出现时间应晚于系词"是"的假设,① 唐钰明(1993:12)认为西汉以前位于名词和动词(形容词)之间的"是"是副词,因此例(18)中的"是"是副词用法。

(18)祅是生于乱。(《荀子·天论》;唐钰明,1993:11—12)

洪心衡(1964)和唐钰明(1993)的分析为确认词"是"是副词的说法提供了独立证据。

唐钰明(1993:10—12)和梁冬青(2002:130—161,2007:57—62)认为古汉语中确认词"是"是确认副词"实"(古汉语中也可以写成"寔")的通假字。"是"和"实"的发音相同,且具有类似的书写形式("实"有时写作"寔")。

唐钰明(1993:12)引用古文献中关于"是""实"和"寔"关系的论述[参见(19)]。

(19)a. 寔,是也。(《尔雅·释诂》)

---

① 系词的典型用法是连接两个名词短语(Li & Thompson,1977;Heine & Kuteva,2002;Pustet,2003),助动词派生于系词,因此出现时间应该晚于系词(Frajzyngier,1986:371—386;Stassen,1994:105—116;Pustet,2003:11—16)。唐钰明(1991:388—389,1993:11—12)注意到在例(18)时期(约公元前3世纪中叶)或之前不存在"是"连接两个名词短语的语例,因此排除例(18)时期或之前古汉语中存在系词"是"的可能性,从而进一步排除出现系词"是"的派生形式——助动词"是"——的可能性。作者注意到例(18)在具体语境下具有确认含义(参见例11处脚注①),因此这里的"是"更可能表确认。基于上述证据,唐钰明(1991:388—389,1993:11—12)认为例(18)是确认词"是"的语例,而非系词"是"或者助动词"是"的例句。Feng(1993)和梁银峰(2012)持类似观点,本文也采用这一观点。

b. 是,实也。(高诱注《淮南子·修务》)

c. 是又通寔,寔又通实。(明黄以周《释是》)

在作者所引用的上述文献中,《尔雅·释诂》认为"寔"可以解释为"是",高诱注《淮南子·修务》认为"是"可以解释为"实",只有黄以周的《释是》认为"是"是"寔"(或"实")的通假用法。

唐钰明(1993:12)指出公元前5世纪的《左传》和《国语》中有确认词"实"的语例[参见(20a)和(21a)],不过相同句子在后来文献,例如在《孝经》和《说苑》中出现时,"是"取代了"实"[参见(20b)和(21b)]。作者认为这是"是""实"通假的证据。

(20) a. 夫礼,天之经也,地之义也,民之行也,天地之经而民实则也。(《左传·昭公二十五年》)

b. 夫礼,天之经也,地之义也,民之行也,天地之经而民是则也。(《孝经·三才章》)

(21) a. 苟芈姓实嗣,其谁代之任丧?(《国语·鲁语下》)

b. 苟芈姓是嗣,其谁代之任丧?(《说苑·正谏》)

梁冬青(2002:133)同意唐钰明(1993)的观点,作者找到古文献中关于"是"和"实"("寔")关系的更多论述:

(22) a. 是,尤"实"也。《诗·閟宫》曰:"是生后稷。"言姜嫄寔生后稷也。(王引之《经传释词》)

b.《召南》毛传曰:"寔,是也。"……《穀梁传》曰:"寔来者,是来也。"(段玉裁注《说文解字》)

在梁冬青(2007:133)引用的文献中,《经传释词》认为"是"可解释为"实";《说文解字》认为"寔"可解释为"是"。两个文献都未提及"是"和"实"("寔")之间是否存在通假关系。

梁冬青(2007:134)也注意到《尚书》确认词"是"的语例[参见

(23a)],在后来的《礼记》中写作"实"[参见(23b)],作者认为这是"是"和"实"通假的证据。

(23)a.是能容之,以保我子孙黎民,亦职有利哉!(《尚书·秦誓》)

b.实能容之,以保我子孙黎民,亦职有利哉!(《礼记·大学》)

梁冬青(2007)所引《经传释词》和《说文解字》文献,并未提及"是"和"实"("寔")之间是否存在通假关系;(23a、23b)语例也仅仅证明,确认词"是"在古汉语中可以写作"实"。并且(23a、23b)不但不支持确认词"是"是确认词"实"的通假字,反而更可能证明后者是前者的通假字。

在唐钰明(1993)和梁冬青(2002)所引古文献中,只有一个文献[即黄以周的《释是》,参见(19c)]提及确认词"是"是"实"(或"寔")的通假字,其他文献仅认为二者可以相互解释。另外如果(21a、21b)和(22a、22b)证明古汉语中确认词"是"是"实"(或"寔")的通假字,那么(23a、23b)则可能构成反例。在通假说缺乏足够证据支持的情况下,我们认为还可能存在另一种解释,即二者有不同来源。

我们认为确认词"是"和"实"存在彼此独立演变过程的观点,可以很好地解释确认词"是"的形成过程。我们注意到表"真实、正确"的形容词语法化为确认副词的语法化路径,在世界语言中很常见;参见例(24a)法语 vraiment 语例、例(24b)德语 wirklich 语例(Aijmer,2007:114)、例(24c)英语 really 语例(Lorenz,2002:153;Ramón García,2008:114)和 actually 语例(Jacobson,1978:3;Traugott & Dasher,2002:170),以及例(24d)现代汉语"的确"和"确实"语例[参见(16)和吕叔湘,1999:168、460]。

247

(24)a. Il est vraimet parti.
　　　他　系词.第三人称单数　真的　　　去.分词
　　　他真的走了。

  b. Er ist wirklich arm.
　　　他　系词.第三人称单数　真的　　穷
　　　他真的穷了。

  c. He has *really* gone. / He has *actually* gone.

  d. 没错,我的确/确实要辞职。

我们发现古汉语中存在表"真实、正确"的形容词"是"的语例〔参见(25a、25b);更多语例和分析参见洪心衡,1964:287—288;Peyraube & Wiebusch,1994:393〕。

(25)a. 子曰:"二三子,偃之言<u>是</u>也! 前言戏之尔。"(《论语·阳货》;约公元前6世纪)

  b. 公见其妻曰:"此子之内子耶?"晏子对曰:"然,<u>是</u>也。"(《晏子春秋·杂下六》;约公元前6世纪)

考虑到从表"真实、正确"的形容词到确认副词的语法化路径在世界语言中很常见,同时"是"在古汉语中确实存在表"真实、正确"的形容词用法,我们认为汉语确认词"是"的形成过程很可能经历了相同变化。

5　讨论

跨语言来说,存在从指示代词到系词的语法化路径(参见 Hengeveld,1992:32—34;Diessel,1999:143—147;Heine & Kuteva,2002:108—109),在图中表示为路径①;现代汉语系词

"是"很可能经历了这一演变路径。(参见 Feng,1993:277;梁银峰,2012:43;Chang,2006:131)本文讨论的从表"真实、正确"的形容词"是"到确认副词"是"的语法化路径,在图中表示为路径②。

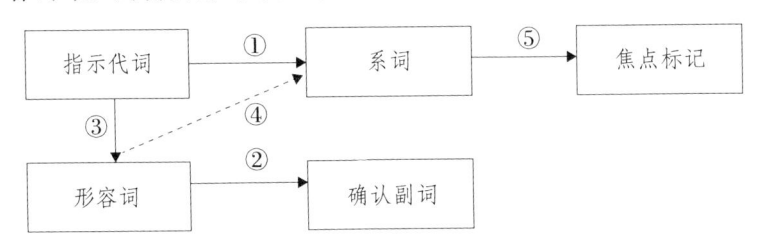

```
指示代词 ──①──→ 系词 ──⑤──→ 焦点标记
   │    ╲④
   ③     ╲
   │      ╲
   ↓       ↘
 形容词 ──②──→ 确认副词
```

现代汉语"是"的语法化路径

路径②和路径①彼此独立。除非存在巧合,否则一个语言的系词在形态上应当区别于该语言的确认副词。我们对世界语言的观察也证实了这一点。

Pustet(2003:54—61)考察世界130多种语言,发现没有一种语言的系词与确认副词在形态上同源;我们考察中国境内语言也得出类似结论:田阳壮语(南壮)的系词是 tsei[6],确认副词则是 tɕan[1][参见(26a)]。都安壮语(北壮)的系词是 tɯk[8],确认副词则是 ta[6]ra:i[4][参见(26b)];湘西苗语的系词是 ni[44],确认副词则是 tɕi[42] ta[35][参见(27)]。上述语言的系词在形态上区别于确认副词,并且不用于主谓之间(确认副词一般用于该句法位置)。藏语系词 red 在形态上同样区别于确认副词 dngos-gnas,二者可以在同一句子中共现[参见(28b)];不过表确认义的是副词 dngos-gnas,系词 red 单独使用并不具有确认义[参见(28a)]。

(26)a. Vo:n[2] ku:i[4]　na:u[5]　ʔda:ŋ[3]　tɕan[1].
　　　 今天　　　　　不　　　冷　　　真的
　　今天真的不冷。

b. Ngon² nei⁴　　ndi⁵　　nit⁷　　ta⁶ ra:i⁴.
　　今天　　　　不　　冷　　真的

今天真的不冷。

(27) Tha³⁵ nhɛ²¹⁴　　i⁵⁵　　naŋ³⁵　　tɕi⁴² ta³⁵.
　　今天　　　　不　　冷　　真的

今天真的不冷。

(28) a. De-ring　　grang-mo　　ma　　red.
　　今天　　　　冷　　　　　不　　系词

今天不冷。

b. De-ring　　dngos-gnas　　grang-mo　　ma red.
　　今天　　　　真的　　　　　冷　　　　不 系词

今天真的不冷。

这一观察同样适用于某些汉语方言：与壮语、苗语和藏语类似，平和闽南话的系词是 si³⁵，确认副词则是 u²²/²¹ ia⁵³/⁴⁵，二者具有不同的形态[参见(29)]，并且系词 si³⁵ 也不用于主谓之间（确认副词的句法位置）。

(29) 今囝日　　　　有影　　　　勿会　　寒。
　　kiÃ⁵³/⁴⁵ dʑit²　　u²²/²¹ ia⁵³/⁴⁵　　biei²²/²¹ kua²³.
　　今天　　　　　真的　　　　不　　冷

今天真的不冷。

这样看来系词和确认副词同形现象似乎只存在于汉语及与汉语关系密切的方言中。问题是汉语及与汉语关系密切的方言中，系词和确认副词又为什么会同形呢？我们注意到有研究者认为古汉语中存在从指示代词"是"到形容词"是"的演变（即上图中的路径③；参见洪心衡，1964：292—294；肖娅曼，2005：14—15）。也有研究者认为系词"是"可能源于古汉语形容词"是"(即上图中的路径④;参见洪心衡,1964:289—290;Yen,1971、1986;任学良,1980:45;Bisang,1998:30—32;梅祖麟,1998:15—18;王健、顾劲松,2011:534—535)。目前尚不清楚哪一种语法化路径形成现代汉语系词"是",[1]不过两条路径都可以解释为什么现代汉语系词"是"与确认副词"是"同形。

我们还注意到古汉语中包含指示代词"是"[如(30a)的"是可忍,孰不可忍"]或形式代词"是"[如(30b)的"惟命是从"]的某些语篇,[2]在现代汉语中仍以成语或熟语的形式存在:

(30)a. 八佾舞于庭,是可忍,孰不可忍?(《论语·八佾》;约公元前6世纪)

b. 近周与四国服事君王,将惟命是从。(《左传·昭公十二年》;约公元前5世纪)

古汉语中包含形容词"是"的某些语篇[如(31a)的"是非之心"和(31b)的"是非利害"],在现代汉语也仍以成语或熟语的形式存在。

(31)a. 是非之心,智之端也。(《孟子·公孙丑上》;约公元前3世纪)

b. 且今天下之士君子,将欲辨是非利害之故。(《墨子·非命中》;约公元前5世纪后期到公元前4世纪早期)

---

[1] Chang(2006)认为这两条路径共同作用形成现代汉语系词"是"。
[2] 形式代词"是"派生于指示代词"是",参见 Yue(1998)和 Meisterernst(2010:90—91)等。

上述成语或熟语中的"是"在现代汉语中皆重读。考虑到语音强化在语言演变过程中非常少见,我们有理由推断古汉语中的指示代词"是"和形容词"是"也重读。① 由此可做出如下推论:

(32) a. 古汉语中指示代词"是"和形容词"是"皆重读。

b. 古汉语从指示代词"是"到系词"是"的演变(路径①),或者从形容词"是"到系词"是"的演变(路径④),皆存在语音磨蚀,因而现代汉语系词"是"、派生于系词的助动词"是"和焦点标记"是"皆不重读。②

c. 从古汉语形容词"是"到确认词"是"的演变(路径②)不存在语音磨蚀,因此现代汉语确认词"是"重读。

6 结语

本文证明现代汉语确认"是"是副词,它并非源于系词"是"或助动词"是",而是源于表"真实、正确"的形容词"是"。确认副词"是"、系词"是"和形容词"是"三者之所以同形,是因为确认副词

---

① 匿名审稿人指出,有可能"指示代词'是'和形容词'是'存在两种发音,在特定信息结构情况下重读,而在所有其他情况下非重读"。现代汉语中形容词"是"和指示代词"是"仅见于成语或熟语,我们对这些成语或熟语中形容词"是"和指示代词"是"的功能进行了考察,发现形容词"是"可以用作谓语动词(例如:"口<u>是</u>心非")、修饰语(例如:"一无<u>是</u>处")或宾语(例如:"实事求<u>是</u>");指示代词"是"可以用作谓语动词(例如:"俯拾皆<u>是</u>")或形式代词(例如:"唯利<u>是</u>图")。形容词"是"和指示代词"是"在所有上述功能中无一例外,皆为重读。据此我们认为现代汉语中形容词"是"和指示代词"是"的重读与否与特定情境下的信息结构无关,它是一种固有属性(而非语用属性)。

② 石毓智、徐杰(2001:459—461)、石毓智(2005:44)、龙海平、肖小平(2009:24—25,2011:308)、龙海平(2011:74—75)、Long(2013:429—430)认为存在从系词"是"到焦点标记"是"的演变路径(路径⑤)。

"是"、系词"是"皆源于形容词"是",或者系词"是"、形容词"是"皆源于指示代词"是"。不论何种路径,现代汉语确认词"是"皆区别于系词"是"、助动词"是"和焦点标记"是"。鉴于包括黄正德(1988)、Soh(2007)、Hsu(2008)、Li(2008)、Wei(2010)、张和友、邓思颖(2010)等人在内的研究者并未严格区分确认词"是"和助动词"是",我们希望本文的分析可以为上述研究者提供新思考。

参考文献

段莉芬 1989 《最早出现系词"是"的地下资料》,*Studies of Chinese Language*(6):19—21。

何亚南 2004 《试论有判断词句产生的原因以及其发展的层及性——兼论判断词成熟的鉴别标准》,《古汉语研究》第 3 期。

洪心衡 1964 《〈孟子〉里的"是"字研究》,《中国语文》第 4 期。

黄正德 1988 《说"是"和"有"》,*The Bulletin of the Institute of History and Philology* 59(1):43—64。

梁冬青 2002 《出土文献"是是"句新解》,《中国语文》第 2 期。

梁冬青 2007 《出土文献"是是"句的再探讨》,《古汉语研究》第 1 期。

梁银峰 2012 《汉语系词"是"的形成机制》,《语言研究》第 4 期。

刘敏芝 2006 《宋代结构助词"底"的新与用法及来源》,《中国语文》第 1 期。

龙海平 2011 《从焦点不确定性看"他是投的赞成票句式"》,《汉语学报》第 2 期。

龙海平、肖小平 2009 《已然义"是……的"类句式的语法化》,《语言教学与研究》第 2 期。

龙海平、肖小平 2011 《"我是昨天买的票"句式及其相关问题》,《世界汉语教学》第 3 期。

吕叔湘 1987 《谈表提醒的"不是"》,《中国语文》第 2 期。

吕叔湘主编 1999 《现代汉语八百词》(增订本),北京:商务印书馆。

毛玉玲 1994 《判断词"是"和指示代词"是"再探讨》,《云南师范大学学报》(哲学社会科学版)第 3 期。

梅祖麟　1998　《汉语语法史中几个反复出现的演变方式》,见郭锡良编《古汉语语法论文集》,北京:语文出版社。

裘锡圭　1979　《谈谈古文字资料对古汉语研究的重要性》,《中国语文》第6期。

任学良　1980　《判断词"是"见于先秦说》,《杭州师范学院学报》(社会科学版)第2期。

盛益民　2014　《吴语绍兴柯桥话参考语法》,南开大学博士学位论文。

石毓智　2005　《论判断、焦点、强调与对比之关系——"是"的语法功能和使用条件》,《语言研究》第4期。

石毓智、徐　杰　2001　《汉语史上疑问形式的类型学转变及其机制——焦点标记"是"的产生及其影响》,《中国语文》第5期。

唐钰明　1991　《上古判断句的变换考察》,《中国语文》第5期。

唐钰明　1993　《上古判断句辨析》,《古汉语研究》第4期。

汪维辉　1998　《系词"是"发展成熟的时代》,《中国语文》第2期。

汪维辉、胡　波　2013　《汉语史研究中的语料使用问题——兼论系词"是"发展成熟的时代》,《中国语文》第4期。

王　健、顾劲松　2011　《涟水话的系词"门"》,《中国语文》第6期。

王　力　1989　《汉语语法史》,北京:商务印书馆。

肖娅曼　2005　《上古"是"判断句与"此"判断句之比较》,《古汉语研究》第3期。

许柏龄　1988　《"是"的多种功能及其发展》,《社会科学家》第2期。

尹洪波　2011　《否定词与副词共现的句法语义研究》,北京:外语教学与研究出版社。

袁毓林　2004　《汉语语法研究的认知视野》,北京:商务印书馆。

张和友、邓思颖　2010　《与空语类相关的特异型"是"字句的句法、语义》,《当代语言学》第1期。

张庆绵　1978　《谈〈孟子〉中的系词"是"》,《辽宁大学学报》(哲学社会科学版)第4期。

朱　城　2004　《出土文献"是是"连用后一"是"字的训释问题》,《古汉语研究》第4期。

朱　城　2008　《出土文献"是是"句后一"是"字的训释问题再议》,《古汉语研究》第4期。

Aijmer, Karin 2007 The actuality adverbs *in fact*, *actually*, *really* and *indeed*: Establishing similarities and differences. *Proceedings of the BAAL*

Conference 2007. 111—120.

Biber, Douglas & Edward Finegan 1988 Adverbial stance types in English. *Discourse Processes* 11(1):1—34.

Bisang, Walter 1998 Grammaticalization and language contact, constructions and positions. In Anna Giacalone Ramat & Paul J. Hopper(eds.). *The Limits of Grammaticalization*. 13—58. Amsterdam:Benjamins.

Breitbarth, Anne, Karende Clercq & Liliane Haegeman 2013 The syntax of polarity emphasis. *Lingua* 128:1—8.

Chan, Marjorie K. M. & Hana Kang(eds.) 2008 *Proceedings of the 20th North American Conference on Chinese Linguistics (NACCL-20)*. Columbus, OH:Ohio State University Press.

Chang, Jung-Hsing 2006 The Chinese copula *shi* and its origin: A cognitive-based approach. *Taiwan Journal of Linguistics* 4(1):131—156.

Diessel, Holger 1999 *Demonstratives: Form, Function, and Grammaticalization*. Amsterdam:Benjamins.

Feng, Li 1993 The copula in Classical Chinese declarative sentences. *Journal of Chinese Linguistics* 21(2):277—311.

Frajzyngier, Zygmunt 1986 From preposition to copula. In VassilikiNikiforidou, Mary VanClay, Mary Niepokuj & Deborah Feder(eds.). *Proceedings of the Twelfth Annual Meeting of the Berkeley Linguistics Society*. 371—386.

Heine, Bernd & Tania Kuteva 2002 *World Lexicon of Grammaticalization*. Cambridge:CUP.

Heine, Bernd, Ulrike Claudi & Friederike Hünnemeyer 1991 *Grammaticalization:A Conceptual Framework*. Chicago:University of Chicago Press.

Hengeveld, Kees 1992 *Non-Verbal Predication: Theory, Typology, Diachrony*. Berlin:Mouton.

Hole, Daniel 2011 The deconstruction of Chinese *shi…de* clefts revisited. *Lingua* 121:1707—1733.

Hopper, Paul J. & Elizabeth Closs Traugott 2003 *Grammaticalization*. 2nd edn. Cambridge:CUP.

Hsu, Yu-Yin 2008 The sentence-internal topic and focus in Chinese. In Marjorie K. M. Chan & Hana Kang(eds.). 635—652.

Jacobson,Sven 1978 *On the Use,Meaning,and Syntax of English Preverbal Adverbs*. Stockholm:Almquist & Wiksell International.

Li,Charles N. & Sandra A. Thompson 1977 A mechanism for the development of copula morphemes. In Charles N. Li(ed.). *Mechanisms of Syntactic Change*. 419—444. Austin,TX:University of Texas Press.

Li,Kening 2008 Contrastive focus structure in Mandarin Chinese. In Marjorie K. M. Chan & Hana Kang(eds.). 759—774.

Long,Haiping 2013 On the formation of Mandarin V *de* O focus clefts. *Acta Linguistica Hungarica* 60(4):409—456.

Lorenz,Gunter 2002 Really worthwhile or not really significant? A corpus-based approach to the delexicalization and grammaticalization of intensifiers in Modern English. In Ilse Wischer & Gabriele Diewald(eds.). *New Reflections on Grammaticalization*. 143—162. Amsterdam:Benjamins.

Matthews,Peter Hugoe 1997 *Oxford Concise Dictionary of Linguistics*. Oxford:OUP.

Meisterernst,Barbara 2010 Object preposing in Classical and Pre-Medieval Chinese. *Journal of East Asian Linguistics* 19(1):75—102.

Paul,Waltraud & John Whitman 2008 *Shi* … *de* focus clefts in Mandarin Chinese. *Linguistic Review* 25(3/4):413—451.

Peyraube,Alain & Thekla Wiebusch 1994 Problems relating to the history of different copulas in Ancient Chinese. In Matthew Y. Chen & Ovid J. L. Tzeng(eds.). *In Honor of William S-Y. Wang:Interdisciplinary Studies on Language and Language Change*. 383—404. Taipei:Pyramid Press.

Progovac, Ljiljana 1994 *Negative and Positive Polarity: A Binding Approach*. Cambridge:CUP.

Pustet,Regina 2003 *Copulas:Universals in the Categorization of the Lexicon*. Oxford:OUP.

Ramón García,Noelia 2008 *Really* in an English-Spanish parallel corpus. In Luis Pegenaute,Janet Decesaris,Merce Tricás & Elisenda Bernal(eds.). *Actas del III Congreso Internacional de la Asociación Ibérica de Estu-*

dios de Traducción e Interpretación(volume Ⅱ). 113—124. Barcelona: PPU.

Rullmann, Hotze 1997 Book review: The syntax of negation. *Journal of Comparative Germanic Linguistics* 1(2):157—176.

Shi, Dingxu 1994 The nature of Chinese emphatic sentences. *Journal of East Asian Linguistics* 3(1):81—100.

Soh, Hooi-Ling 2007 Ellipsis, last resort, and the dummy auxiliary *shi* 'be' in Mandarin Chinese. *Linguistic Inquiry* 38(1):178—188.

Stassen, Leon 1994 Typology versus mythology: The case of the zero-copula. *Nordic Journal of Linguistics* 17(2):105—126.

Sun, Chaofen 2006 *Chinese: A Linguistic Introduction*. Cambridge: CUP.

Traugott, Elizabeth Closs & Richard B. Dasher 2002 *Regularities in Semantic Change*. Cambridge: CUP.

Waters, Cathleen 2008 *Actually*, it's more than pragmatics, it's really grammaticalization. *Toronto Working Papers in Linguistics: General Papers*. http://twpl.library.utoronto.ca/index.php/twpl/article/viewFile/6537/3506.

Wei, Ting-Chi 2010 A movement and resumption approach to VP-ellipsis in Mandarin Chinese. *Tsing Hua Journal of Chinese Studies* 40(1):113—158.

Xu, Liejiong 2003 Remarks on VP-ellipsis in disguise. *Linguistic Inquiry* 34(1):163—171.

Yen, Sian L. 1971 On negation with *fei* in Classical Chinese. *Journal of the American Oriental Society* 91(3):409—417.

Yen, Sian L. 1986 The origin of the copula *shi* in Chinese. *Journal of Chinese Linguistics* 14(2):227—242.

Yin, John Jing-hua 2006 *Fundamentals of Chinese Characters*. New Haven, CT: Yale University Press.

Yue, Anne O. 1998 *Zhi* in Pre-Qin Chinese. *T'oung Pao* 84(4/5):239—292.

(本文原载 Functions of Language 2017 年第 24 卷第 3 期；经本杰明出版公司授权，作者将原文译成汉语并收入本论文集)

清中叶以来北京话"给"字的历史发展

卢小群

（中央民族大学）

"给"字在北京话中能承担多种语义功能，具有表示"给予、使役、处置、被动"等含义。本文主要观察清中叶以来具有上述语义的"给"字及其结构句式的发展脉络，并讨论"给"字发展的语法化过程。

1 表示给予义"给"字的发展

汉语史中"给"作为授予动词有着漫长的历史。关于"给"的本义，有着不同的看法。许慎《说文》的解释是："给，相足也，从糸，合声。"任学良（1987）在订正古代汉语常用字"给"时，引用《说文解字》徐笺本："今按：煮茧者引其丝著于筝车，旋转以缫之。断则续之，其续甚易而捷。此给之本义也；合者接也，引申之义接给。"并参考朱骏声说："此字当训相续也，故从糸。"认为"给"字，"从字形上看，从合糸，其意义当然是接丝，即接续。"合理地解释了许慎的"给"字字义。并进一步指出"给"字由"接续"引申为"给予""供给"；再从动词"给予""供给"引申出形容词"给足（充足、丰足）"。

任氏清晰地勾画出"给"字字义的先后发展脉络。从上古开始,"给"作为授予动词就已经开始出现。先秦时期较早的用例有:

(1)齐王怒曰:"若残竖子之类,恶能给若金"。(《吕氏春秋·权勋》)

(2)伤甚者令归治病,家善养。予医给药,赐酒日二升,肉二斤。(《墨子·号令》)

上述例中,"给"字都已经具有"给予"之义。据赵世举(2003),动词"给"字在汉魏六朝开始逐步发展,由早期的只带单宾语发展为能带双宾语。"给"到了隋唐时期已经出现成熟的结构模式,其典型的搭配模式是:

主语+给+间接宾语+直接宾语

主语+V+直接宾语+给+间接宾语

主语+V+给+间接宾语+直接宾语

主语+介词+直接宾语+(V)给+间接宾语

从以上的结构模式看,"给"由单一的动词,发展到动词的连动式,再发展到"V给"的复合动词模式,以及进一步由直接宾语前置而产生的"介词……给"组成的处置式"给"字句。

表给予的动词"给"从先秦以来,伴随的还有表给予的"与",且"与"的出现频率远远超过"给",刘坚(1992)指出:"(与)是古今通行区域最广、使用时间最长的授予动词,直到明清时候'与'古的比例仍然不小。"到了元代,又出现了表给予的动词"馈",这样,元代的表给予动词"与""给""馈"三足鼎立,各司其职。其中,"与"的适用范围最大,而且在书面语体和口语对话中都能出现;"给"的使用频率最低,主要在书面语体中出现;据志村良治(1995)的考证"馈"是山东方言的口语词,是上古音[klui]在山东地方的留存,长期在口语中使用。"馈"作为表示"授予"的动词到了元代才开始出现，并最终因为是一个假借字，在音义两方面都不够稳定而被弃用。

总体来看，在明代以前，"给"的使用频率是较低的，常常由"与"代替，"给"到了清代以后开始大量出现，并且呈爆发式增长。刘坚(1992)指出："现代汉语通用的授与动词'给'是到了《红楼梦》《儒林外史》《儿女英雄传》里才普遍使用的，它的被动用法也是在清代小说里才开始见到的。"以下根据不同历史时期的北京话语料，观察"与"和"给"的发展情况。

表1　17世纪上半叶—21世纪初期表给予义的"与""给"的发展情况

作品	与	使用频率	给	使用频率
《醒世姻缘传》	635	61.2%	402	38.8%
《红楼梦》	44	4.9%	843	95%
《儿女英雄传》	8	2.1%	369	97.9%
《小额》	0	0	112	100%
老舍作品	0	0	2985	100%
王朔作品	0	0	979	100%
电视剧《全家福》	0	0	389	100%

以上数据可见，"给"从明末清初开始大量出现，使用频率逐渐上升，"与"字的使用频率开始下降，到20世纪初期，"给"代替"与"的历史过程基本完成，迄今为止表给予的动词"与"在北京话中已经全部消失，"给"完全替代了"与"字，成为最核心的授予动词。

2　表示使役义"给"字的发展

从清中叶以来，"给"字出现大的发展，授予动词"给"占较大的比重，而使役动词"给"也有较多例证。

18世纪中期，北京话的重要作品《红楼梦》中表使役的"给"共

出现了83例,例如:

(3)宝玉听了有理,也只得罢了,向案上斟了茶来给袭人漱口。(《红楼梦》第三十一回)

(4)宝玉便命麝月取鼻烟来:"给他闻些,痛打几个嚏喷就通快了。"(《红楼梦》第五十一回)

而到19世纪中期,《儿女英雄传》中"给"表使役义只出现了7例,例如:

(5)我不象你这等怕死贪生,甘心卑污苟贱,给那恶僧支使,亏你还有脸说来劝我!(《儿女英雄传》第七回)

(6)让那母女二人在那张木床上坐下,说道:"姑娘少坐,等我请个人来给你见见。"(《儿女英雄传》第七回)

民国初期,北京满族白话小说家松友梅的京味小说《小额》中,没有出现表示使役的"给"字句。

之后,到了20世纪二三十年代,老舍的作品《骆驼祥子》中,也没有出现表使役的"给"字句,而老舍的全部作品中,表示使役的"给"字句总共是78例。20世纪80年代,王朔作品中,表示使役的"给"字句总共是78例。到了21世纪,在北京话的影视作品中,笔者抽样调查了2013年展示地道老北京话的电视剧《全家福》,该剧表示使役的"给"字句是30例。

可以看到,由动词"给予"义发展而来的使役义"给"字,从近代开始,其使用频率一直都不高,这种情况持续到现代。

3 表示处置义"给"字的发展

典型的表示处置义的"给"字很晚才开始出现。18世纪中期

《红楼梦》中表示处置义的"给"字句只有2例：

(7)晴雯道："要是我,我就不要。若是给别人剩的给我也罢了,一样这屋里的人,难道谁又比谁高贵些?"(《红楼梦》第三十七回)

(8)王夫人听了,道："胡说!那里由得他们起来?佛门也是轻易进去的么?每人打一顿给他们,看还闹不闹!"(《红楼梦》第七十七回)

以上例句中,处置式还没有发展出典型的格式,第一例"给"也可理解为表使役的"让"字,第二例则是一种倒装的处置式。

这一时期,大量出现的是介引对象的介词"给"。主要的结构模式为:施事＋给(介词)＋受事＋V。介词"给"表示"为、替"义,介引出受事宾语:

(9)贾蓉媳妇秦氏便忙笑道："我们这里有给宝二叔收拾下的屋子,老祖宗放心,只管交给我就是了。"(《红楼梦》第五回)

(10)黛玉站在炕沿上道："过来,我给你戴罢。"宝玉忙近前来。(《红楼梦》第八回)

介词"给"还可表示"向、对"义,介引出受事宾语:

(11)鸳鸯也进来笑道："老老别恼,我给你老人家赔个不是儿罢。"(《红楼梦》第四十回)

(12)贾母先问道："你往那里去了,这早晚才来?还不给你姐姐行礼去呢!"(《红楼梦》第四十一回)

这一时期的介词"给"后,无一例外地要介引出受事宾语,没有省略受事宾语的现象。

19世纪中期,《儿女英雄传》中,表示处置的"给"字句共出现8例,比《红楼梦》时期表处置的"给"字句数量略多,例如:

(13)那店主人点了个灯笼,隔窗户叫公子开了门,进来一看,说:"不好!这是勾脚痧,转腿肚子!快些给他刮出来打出来才好呢!"(《儿女英雄传》第三回)

(14)那秃子便说道:"谁把这东西扔在这儿咧?这准是三儿干的,咱们给他带到厨房里去。"(《儿女英雄传》第六回)

总体来看,表处置义的"给"字自18世纪中期到19世纪中期,其数量是极为稀少的;到20世纪初,《小额》中出现0例;20世纪中后期,表处置义"给"字句数量开始增加,老舍作品中共出现35例,王朔作品中共出现24例;而进入21世纪以来,表处置义"给"字句数量持续增长,2013年电视剧《全家福》共出现67例,数量大大超过以前各时期的数量。

4　表示被动义"给"字的发展

表被动义的"给"字句在18世纪中前期数量也极为稀少,《红楼梦》中仅出现2例:

(15)黛玉冷笑道:"问我呢!我也不知为什么。我原是给你们取笑儿的,——拿着我比戏子,给众人取笑儿!"(《红楼梦》第二十二回)

(16)刘老老忙念佛道:"我们家道艰难,走不起。来到这里,没的给姑奶奶打嘴,就是管家爷们瞧着也不象。"(《红楼梦》第六回)

上例表被动"给"字句已经是一种典型的结构:N+给+N_1+V,即被动标记前后出现施事者和受事者,同时"给"的受事是有生名词充当的。

19世纪中期后,表被动义"给"字句逐渐发展,《儿女英雄传》中共出现13例,其中有典型的"N+给+N_1+V"结构,例如:

(17)十三妹也裣衽万福,还过了礼,便一把将张金凤拉到身边坐下,笑了笑道:"啧!啧!啧!果然是一对美满姻缘,不想姐姐竟给你弄成了,这也不枉我这点心血。"(《儿女英雄传》第十回)

也有:(N)+给+N_1+V格式,受事不直接出现在"给"前:

(18)姐姐别竟说他一个儿,我们柳条儿也是这么个毛病儿。不信,瞧我这袖子,也给弄了那么一块。(《儿女英雄传》第三十八回)

(19)瞧瞧,人家新新儿的靴子,给踹了个泥脚印子,这是怎么说呢!(《儿女英雄传》第三十八回)

这些受事N不直接出现在"给"前的被动句,N一般都是无生命的事物。

这一时期,表被动的"给"字句,施事通常也不出现,格式是:N+给+V。

(20)无如公子的话已是说出口来了,杯已是飞出门儿去了,这个当儿,忽然梦想不到来了这么个人,双手给抱住了。(《儿女英雄传》第三十一回)

还有一种格式为:给+V,施事、受事都不出现:

(21)我也不懂,叠衣裳总爱叼在嘴里叠,怎么会不弄一袖子胭脂呢?瞧瞧,我昨儿早起才换上的,这是甚么工夫给弄上的?(《儿女英雄传》第三十八回)

(22)谁知叫这位老爷子这么一拆,给拆了个稀呼脑子烂。(《儿女英雄传》第四十回)

可以看到,19世纪中期,表被动的"给"字各种句法格式已经齐全,表被动的"给"字句已经基本定型。

进入20世纪,表被动的"给"字句在格式上仍然继续保持着上述几种格式:

1. N＋给＋N₁＋V

(23)可巧第二天,文紫山文管家大人请善大爷吃饭,善大爷反倒给小额这们一求情儿,让文紫山给想主意。(松友梅《小额》)

(24)他几乎觉得没脸再进人和厂,而给大家当笑话说。(老舍《骆驼祥子》)

(25)马林生脸腾地红了,一直红到耳朵,所以尽管他侧脸低着头,还是给齐怀远看见了。(王朔《我是你爸爸》)

2. (N)＋给＋N₁＋V

(26)想在报上登个寻人广告,看看会不会有人知道他的下落,来报信。可是给新闻检查当局挖掉了。(老舍《鼓书艺人》)

(27)方超也很纳闷,到底谁打谁,怎么净给人家追了,还打得只剩骨头。(王朔《看上去很美》)

(28)都给我花秃噜了。(电视剧《全家福》)

3. N＋给＋V

(29)钱先生在监牢里受罪的当儿,外孙子倒给宠得不行。(老舍《四世同堂》)

(30)牛大姐一时也给搞糊涂了,转向大家。(王朔《谁比谁傻多少》)

4. 给＋V

(31)他冲着烧饼油条吐了几口唾沫,就是给追上,人家也

不要了。(老舍《四世同堂》)

(32)看到吴迪的样儿,倒给逗乐了,冲我挤下眼。(王朔《一半是火焰,一半是海水》)

20世纪表被动的"给"字句数量上比18—19世纪时的数量大增,"给"表被动义是北京话的常见用法。不过到21世纪后,表被动的"给"字句明显减少,总的发展趋势上要弱于表处置"给"字句。下文将清中叶以来,"给"字出现的情况加以小结。

表2 "给"字用例的历时发展情况

时间	代表作	总用例	动词 给予义 单音节	动词 给予义 复音节	使役义	处置义	被动义	介词 介引对象	助词 虚义
18世纪中前期	《红楼梦》	1286	513	330	83	2	2	338	19
19世纪中期	《儿女英雄传》	1124	158	211	7	8	13	652	75
20世纪初期	《小额》	332	95	17	4	0	2	122	92
20世纪中前期	老舍作品	6399	1684	1301	78	35	26	2611	665
20世纪中后期	王朔作品	2157	593	386	78	24	53	896	127
21世纪初期	电视剧《全家福》	1797	262	127	30	67	18	676	617

以上数据展示了清中叶以来"给"字在不同历史时期的发展状况。

5 "给"字语法化的基本路径

关于"给"字的语法化过程,学界有分歧。

蒋绍愚(2003)探讨"给"从表给予义到表示被动义,经历了给

(给予)→给₂(让、叫)→给₃(被)的发展过程,并强调表给予义"给"字句,不能直接变为表被动义的"给"字句,其间要经过表使役义"给"字句的中间环节,这一过程的句法格式是类推和功能扩展而造成的。即由"给+N+V"句式,演变为"甲+给+乙+N+V",而后又发展为"甲+V₁+N+给+乙+V₂",这一句式后面的语序"给+乙+V"正好和使役句"让/叫+兼语+V"一样,语义上乙是"给"的受事,又是V的施事,最后进一步演化为:N+给+乙+V,由于类推作用,消除了被动标记后施动者既可以是人或动物又可以是无生命的事物这一差别,从而成为表示被动义的"给"字句。

石毓智(2004)从语义基础和句法环境角度分别观察了兼表被动和处置的"给"的语法化过程,作者认为兼表被动和处置的"给"是由表"给予"义的动词"给"字产生的双宾结构形式,进一步发展出连动的结构：S+给+NP₁施事+NP₂受事+VP动作,在此句式基础上,若只出现施事则形成被动句,若只出现受事则形成处置式,因此,"给"兼表被动和处置的语法化过程可描述为:给予→被动/处置。

刘永耕(2005)考察了动词"给"语法化为介词和助词的义素传承问题,描写了"给"的语法化链条：

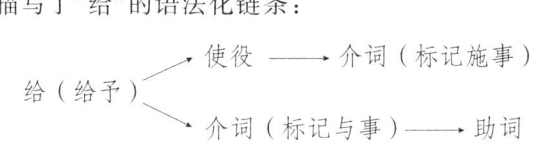

给（给予）→ 使役 → 介词（标记施事）
　　　　　→ 介词（标记与事）→ 助词

认为表给予义的"给"引申出表示致使义的"给",同时又虚化为标记与事的介词,并进一步虚化为助词;而表致使义的"给"则引申出标记施事的介词。

洪波、赵茗(2007)认为"给"的语法化链条是"给予→使役→被动",并且指出其语法化的原因是认知上的前景凸显,导致了原结构的重新分析。

从表2北京话的语料事实来看,使役句出现的频率一直不高,很难成为被动句虚化的基础。反之,给予义"给"虚化为介词给被动句的出现打下基础。

纵观"给"字的历史发展,从清代中期开始,取代"与"的地位而成为重要的表赠予的动词。"给"由动词向虚词演变几乎一开始就发生着,"给"作为介词介引与事和施事的功能,在各历史时期出现的概率都非常高。从《红楼梦》时期开始,"给"就出现介词338例,到《儿女英雄传》时期高达652例,已经远远超过单音节"给"字句的158例,并超过加上复音节"给"字句共369例的总数。而表示虚义的助词"给"在《红楼梦》时期为数较少,仅出现19例,《儿女英雄传》时期也只有75例,从20世纪《小额》开始,"给"作为助词出现的频率非常高,贯穿整个20世纪,老舍作品和王朔作品中都可以看到这种虚化过程,并且到21世纪以来,助词的虚化程度和介词的虚化程度几乎一样高,电视剧《全家福》的介词"给"有676例,而助词也多达617例。可以看到,"给"字的语法化过程是伴随着"给"字的大量涌现而一开始就产生的。

"给"由最初的"接续"义发展到清中期引申出以下7个义位:(1)给予;(2)使、叫、让;(3)为、替;(4)向、对;(5)处置;(6)被动;(7)虚义助词。

"给予"义是其他6个义位发展的源头。石毓智(2004)指出:"一个语法标记产生的条件主要有两个:(一)语义相宜性和(二)合适的句法环境。"

表给予义"给"字句的典型结构模式为:S＋给＋NP$_1$＋NP$_2$,"给"是句中的核心动词,其语义关系是:S 给予 NP$_1$ 以 NP$_2$,当

"给"后出现另外一个动词时,其结构模式变为:S＋给＋NP_{施事}＋NP_{受事}＋V,其语义关系为:S 给予 NP_{施事} 以 NP_{受事},NP_{施事} V NP_{受事},这是表给予义"给"字句向表使役义"给"字句发展的重要一步。如:

1.表示使某人做某事

(33)宝玉便命麝月取鼻烟来:"给他闻些,痛打几个嚏喷就通快了。"(《红楼梦》第五十二回)

(34)这可真叫人问得怪臊的!也有俩人过来这么二三年了,还不给我抱个孙子的!(《儿女英雄传》第三十八回)

(35)好不容易才有了点好名声,可你呢,不听话,冒冒失失,给我们丢人现眼。(老舍《鼓书艺人》)

(36)这都什么事儿啊,这不给咱们单位散德行吗?(电视剧《全家福》)

2.表示容让某人做某动作

(37)平儿忙笑道:"上回他还采了些晒干了,编成花篮葫芦给我玩呢。姑娘倒忘了么?"(《红楼梦》第五十六回)

(38)爷这一回来,奴才们要再不作个样子给他们瞧瞧,越发了不得了。(《儿女英雄传》第二十二回)

(39)没有地方给他坐,到处是雪。(老舍《骆驼祥子》)

(40)我们家不能给你这儿窝赃。走走走,拿走!(电视剧《全家福》)

自清代以来,"给"字由"给予"逐渐产生表示致使、容让的"使役"义,这是"给"作为实义动词的发展轨迹,这种演化活动一直延伸到21世纪的今天。

另一方面,"给"虚化为介词,产生出两个义位,一是表示"为、替"义；一是表示"向、对"义。这两个义位的用法自《红楼梦》以来各个历史时期都大量存在。同时,介词都是介引与事对象,并且无一例外都不能省略与事宾语。其句法结构是：S＋给_{语法标记}＋NP_{1与事}＋V＋NP₂,其语义关系是：S 为/替 NP_{1与事}做某事；或 S 向/对 NP_{1与事}做某事。例如：

(41)凤姐儿答应着出来,见过了王夫人,到了家中,平儿将烘的家常衣服给凤姐儿换上了。(《红楼梦》第十一回)

(42)差派笔帖式飞马来给老太爷送这个喜信。(《儿女英雄传》第三十六回)

(43)小额问了会子赵六的事情,捧了他两句；赵六也直给小额贴靴。("贴靴"是句土话,指捧场)(松友梅《小额》)

(44)外间屋的小铁炉上正煎着给我洗三的槐枝艾叶水。(老舍《正红旗下》)

(45)刘顺明垂泪给唐元豹跪下,后面忽拉拉跪倒一片肃穆的群众。(王朔《千万别把我当人》)

(46)你不是爱听戏吗,正好给您买个电视,您以后不用出家门了,跟家看大戏就行。(电视剧《全家福》)

"给"字虚化为介词,为介词介引施事和与事打下了直接的基础。当表给予义"给"的这一句法结构"S＋给＋NP_{1施事}＋NP_{2受事}"出现另一个动作,变成连动结构时,它与兼表处置和被动的"给"字句就有了高度相似的句法结构形式：

给予式：S＋给_{给予}＋NP_{1施事}＋NP_{2受事}＋VP_{动作}

被动式：S＋给_{语法标记}＋ NP_{1施事}＋ VP_{动作}

处置式：S＋给_{语法标记}＋ NP_{1受事}＋ VP_{动作}

本文赞成石毓智(2004)对兼表处置和被动的"给"的语法化观

点:"'给'所在的连动结构,如果只有间接宾语(VP的施事)出现,就有可能被解释成被动句;如果只有直接宾语(VP的受事)出现,就有可能被解释成处置式。"同时,表给予义"给"字句"给"后的间接宾语或者直接宾语"因为有定性、强调、上下文已知等因素,'给'后的间接宾语或者直接宾语经常移前或者被省略"。例如:

直接宾语移前:

(47)你家的三位姑娘,每人一对,剩下六枝,送林姑娘两枝,那四枝给了凤哥罢。(《红楼梦》第六十七回)

(48)妈妈没法子,只好打开一个柚子给大家吃。(老舍《小坡的生日》)

(49)我大肆享用,一口也不给他们剩下。(王朔《看上去很美》)

(50)你说这件儿工作服啊,我还真舍不得给他。(电视剧《全家福》)

通过"把"字将直接宾语移前:

(51)前儿把那一件野鸭子的给了你小妹妹,这件给你罢。(《红楼梦》第五十二回)

(52)安老爷道:"不能吃倒别勉强。"随把碗酪给麻花儿吃了。(《儿女英雄传》第三十八回)

(53)把信掏出来,给了老教师。(老舍《鼓书艺人》)

(54)我就想提醒你啊,这华子当年是把高考的名额给了你了。(电视剧《全家福》)

间接宾语移前而直接宾语省略:

(55)放着姑奶奶这样,大官大府的人家只怕还不肯给,那里肯给庄家人。(《红楼梦》第一百一十二回)

直接宾语移前而间接宾语省略：

(56)额大奶奶记念前仇,打算一文不给。(松友梅《小额》)

间接宾语省略：

(57)小额一想也是,又开了个八两的果席票,打发小文子儿给送了去啦。(松友梅《小额》)

(58)吃饭得叫几次才来,洗脸得俩人按巴着;不给果子吃就偷。(老舍《牛天赐传》)

(59)该给5分的给5分,该给2分的画个鸭子。(王朔《看上去很美》)

直接宾语和间接宾语都省略：

(60)给了更好,不给也没妨碍,众人也不得知道。(《红楼梦》第四十六回)

(61)李渊给的,怎么能不要。(老舍《鼓书艺人》)

正是以上"给"虚化成为介词这一重要因素,使得"给"能够占据介词的位置;同时表给予义"给"字句中直接宾语和间接宾语具有能够移位和省略的灵活性,使得"给"介引施事和与事成为可能,从而出现了"给"表示处置和被动的双重语法功能。这时"给"在虚化为表示"为/替"义和"向/对"义的介词$_1$后,进一步虚化为表示"把/被"语法标记词的介词$_2$。

"给"虚化为介词的同时,也开始向助词虚化。"给"作为助词的虚化过程,一开始与"给我"这种表示强调的格式有关。

《红楼梦》时期"给"做助词共19例,其中有15例都是用"给我"的格式表示祈使语气的。例如：

(62)贾政喝命小厮："给我快打！"贾环见了他父亲,吓得骨软筋酥,赶忙低头站住。(《红楼梦》第四十六回)

(63)贾母在舱内道:"那不是玩的! 虽不是河里,也有好深的,你快给我进来。"(《红楼梦》第四十六回)

这些句子中,"给我"表示了或命令或劝阻的语气。早期"给我"格式中的"给"还有较重的介词色彩,带有一定的"为、替"义,属于为动句的范畴。其他句子"给"后虽然省略了代词"我",但实际上是可以还原出来的:

(64)宝玉道:"巴不得今日就念才好。只是他们不快给(　　)收拾书房,也是没法儿。"(《红楼梦》第十四回)

(65)凤姐又道:"我比不得他们扯篷拉纤的图银子。这三千两银子,不过是给(　　)打发说去的小厮们作盘缠,使他赚几个辛苦钱儿,我一个钱也不要。就是三万两我此刻还拿的出来。"(《红楼梦》第十五回)

以上句中"给"后的空位,是可以补出"我(我们)/他(他们)"来的。

到《儿女英雄传》中,表祈使"给我"的为动格式保留下来,共有13例出现,与此同时"给"的虚化力度加大,这时开始大量出现"给+V"式为动句:

(66)姑娘便弯着腰低下头去,请婆婆给戴好了。(《儿女英雄传》第二十八回)

(66)舅太太便让他摘帽子,脱褂子,又叫人给倒茶。(《儿女英雄传》第三十七回)

这些句式中,"给"后出现悬空,都是"给"所支配的对象省略而造成的,"给"也因支配对象的隐含而真正虚化为助词。

这一时期,还出现"给V"式"把"字句,句法形式是"把……给":

(68)老爷只管这么恩宽,奴才们这起子人跟出来是作甚么的呢? 会把老爷随身的东西给丢了! (《儿女英雄传》第三

十八回)

(69)邓九公便叫褚一官着落两个明白庄客招呼跟来的人,又托他家的门馆先生管待程相公,又嘱咐把酒先给收在仓里,闲来自己去收。(《儿女英雄传》第三十九回)

到20世纪初期,《小额》中除了上述为动式和"给V"式"把"字句外,出现了"给V"式"让/教/叫"字句,句法形式是"让/教/叫……给",该格式具有两种语义:

表示使役:

(70)伊太太说:"这就吃饭啦,老是胡吃海塞的,让你奶奶先给收起来,回头吃完了饭再吃吧。"(松友梅《小额》)

(71)可巧胎里坏孙先生,又没在家,这才赶紧打发人把摆斜荣找来,让他给打听打听去。(同上)

这种格式里,作为兼语句的后半部分"给V"后,由于经济性和简明性的需要,隐含了所介引的对象,因此,该部分相当于"给V"式为动句。"给"因其后省略了行为对象而变为助词。

表示被动:

(72)就听楞祥子说:"王妈,你可给我瞧着点儿狗。上回我就让他给咬了一下子。"(松友梅《小额》)

(73)后来有一档子官司,是一个肥事,钱腽冯使了三百多两银子,钱锈才使着六十两,偏巧又叫钱锈给打听出来啦。(同上)

这时期北京话中的被动式语法标记是由"让/叫/教"几个介词充当的。

"给V"式"把"字句在《小额》中也占较高的比例。在92个助词语例中占有13例,以下略举两例:

(74)这当儿假宗室小富,花鞋德子,两个人早把青皮连给拉了走啦。(松友梅《小额》)

(75)后来,我倒没实说,含含糊糊的,算是把我这位亲戚给支应过去啦。(同上)

以上表示处置或被动意义的介词将与事或施事提前,同样,根据学界介词后不能悬空的共识,"给"字由于支配成分前移而成为虚化的助词。

"给"字在为动句和"给 V"式处置句、"给 V"式被动句中的发展在 20 世纪中后期仍然进行着,例如:

1."给"字为动句:

(76)假若这个主意能实现,他算是又拉上了自己的车。虽然是老婆给买的,可是慢慢地攒钱,自己还能再买车。(老舍《骆驼祥子》)

(77)可一算账,我才想起,我还有两千块钱旧账,那是上次潦倒时借的,因为是朋友的,我都给忘了,有钱时也没还,现在只好干瞪眼。(王朔《浮出海面》)

2."给 V"式处置句:

(78)天黑,她又女扮男装,把大伙儿都给蒙了。(老舍《骆驼祥子》)

(79)你把我这一腔柔情都给弄没了。(王朔《永失我爱》)

3."给 V"式被动句

(80)屋里已被小福子给收拾好。(老舍《骆驼祥子》)

(81)那么,你一下车就教侦探给堵住,怪谁呢?(同上)

"给 V"式被动句除了延续前期口语中由"让/叫/教"几个介词充当被动标记外,在 20 世纪 30 年代老舍早期作品中开始大量出

现"给V"式"被"字句。到了20世纪80年代王朔作品中,"给V"式被动句中多由"让"字充当被动标记:

(82)可别在街上让那帮黑小子给欺负喽。(王朔《刘慧芳》)

(83)徐达非就是让这漂亮脸蛋给害了。(王朔《你不是一个俗人》)

"给V"式被动句中"叫"字充当被动标记的频率很低,只出现3例:

(84)当年,我真叫你给蒙了。(王朔《一半是火焰,一半是海水》)

(85)都叫刘司令的人给缴了械。(王朔《千万别把我当人》)

(86)万能的主呵,我这点嗜好怎么全叫你给瞅出来了。(同上)

王朔作品,没有出现"给V"式被字句,这一时期,"给"字不出现在被动句式中的助词位置,说明"给"和"被"分工开始逐渐明确。

20世纪80年代至21世纪以来,"给"字作为助词仍然沿着上述方向大量虚化。为动句和"给V"式处置句仍是主要的形式,"给V"式被动句语法标记主要还是介词"让"承担,"叫"字仍只在个别例句中出现。同时,"让"仍然兼具使役和被动义两种功能:

使役义:你说咱都多长时间没吃鱼了,回家让那个我妈给炖了。(电视剧《全家福》)

被动义:你真是让这个小狐狸精把魂儿给勾走了,啊?(同上)

"给"还是作为助词出现在动词前。

这期间"给V"式处置句又发展出"给……给"的新格式:

(87)给老头儿给撞了一大跟头,撞一顶。(北京语言大学"北京口语语料库")

(88)溜肉片儿也是用那个瘦肉,切成片儿搁那个淀粉,给它给和完了以后呢,也是像那个似的,放,放点儿油,把它给炒一下儿。(同上)

(89)嘿,今儿终于给老小子给灌趴下了。(电视剧《全家福》)

"给……给"和"把……给"都是"给 V"式处置句,从数量上来看,前者出现频率不高,但是是之前没有出现的新的"给 V"式处置格式。

与此同时,"给"字也开始出现表示纯粹语气的现象,例如:

(90)这不让我给拾掇拾掇嘛给。(电视剧《全家福》)

(91)跟您说,坏了醋了,我老叔让公安局给摁了给!(同上)

(92)爷爷,奶奶,不好了,赶紧看看去吧,那房盖一半儿就塌了,给我老叔捂里边儿了给!(同上)

"给"在句末的位置出现,加强语气,或表示惊叹的作用,相当于语气词的功能,虽然其出现的例子不多,但却是值得重视的新现象,预示着"给"的语法化还在进一步地深化。

6 结论

以上可见,"给"字其语法化过程是由表"给予"义的动词"给"引申出使役义动词"给",同时虚化为介词"给",并由表示"为/替"的介词$_1$以及介引与事和施事的介词$_2$进一步演化为助词"给":

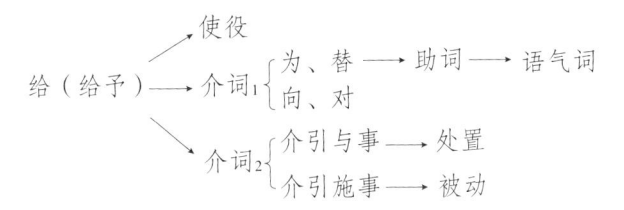

给(给予) → 介词$_1$ { 使役 / 为、替 → 助词 → 语气词 / 向、对 }

介词$_2$ { 介引与事 → 处置 / 介引施事 → 被动 }

可见北京话中,"给"的语法化途径是放射状呈现的。

从上述"给"字的语法化轨迹中,可以看到老北京话中的"给"字是兼备了给予、使役、为替、向对、被动、处置、虚义助词以及语气词八种功能的特殊语法标记词,各义位之间都不是孤立的语法现象,其语义演变过程也是一个语法化的连续统过程。

参考文献

洪　波　2004　《"给"字的语法化》,《南开语言学刊》第2期。
洪　波、赵　茗　2007　《汉语给予动词的使役化及使役动词的被动介词化》,《语法化和语法研究》(三),北京:商务印书馆。
蒋绍愚　2003　《"给"字句、"教"字句表被动的来源——兼谈语法化、类推和功能扩展》,《语法化和语法研究》(一),北京:商务印书馆。
李　炜　2002　《清中叶以来使役"给"的历时考察与分析》,《中山大学学报》(社会科学版)第3期。
刘　坚　1992　《近代汉语虚词研究》,北京:语文出版社。
刘永耕　2005　《动词"给"语法化过程的义素传承及相关问题》,《中国语文》第2期。
任学良　1987　《〈古代汉语·常用词〉订正》,杭州:浙江大学出版社。
沈家煊　1999　《"在"字句和"给"字句》,《中国语文》第2期。
石毓智　2004　《兼表被动和处置的"给"的语法化》,《世界汉语教学》第3期。
徐　丹　1992　《北京话中的语法标记词"给"》,《方言》第1期。
俞　敏　1983　《北京口语里的"给"字》,《语文学习》第10期。
赵世举　2003　《授与动词"给"产生与发展简论》,《语言研究》第4期。
志村良治　1995　《中国中世语法史研究》,江蓝生、白维国译,北京:中华书局。
朱德熙　1979　《与动词"给"相关的句法问题》,《方言》第2期。

"与"和"给"的不同演变模式

马贝加　李　萌

（温州大学人文学院　中国人民大学文学院）

0　引言

动词"与"（记为"与$_{01}$"）和"给"（记为"给$_{01}$"）同属于"给予"义类，两者语法化的结果大致相同，都有介词和并列连词两种功能，也都发展出"致使"义（作为介词，都有引进交互者、所为者、言谈者、求索者、所对者、接受者、施事者、处置者和比较者九种功能）。上述两类虚词的功能和"致使"义、"给予"义的关系如何？彼此关系如何？两者的演变模式是否相同？这些问题还值得探讨。

我们认为"与"和"给"演变的结果可以说是相同或大致相同，但演变模式有很大的差异。在向介词发展时，"与"在上古前期已有引进交互者（记为"与$_1$"）的功能，稍后产生介引所为者（记为"与$_2$"）、言谈者（记为"与$_3$"）、所对者（记为"与$_4$"）以及比较者（记为"与$_7$"）的功能，还产生了"帮助"义（记为"与$_{03}$"）和"致使"义（记为"与$_{02}$"）。唐代产生引进接受者（记为"与$_5$"）、施事者（记为"与$_6$"）和求索者（记为"与$_8$"）的功能，宋代产生介引处置者的功能（记为"与$_9$"）。而"给"是先产生介引"所为者"（记为"给$_1$"）的功能，然后是其他功能;除被动介词"给"(记为"给$_6$")之外,其他功能都与所为介词"给$_1$"有或近或远的关系。分列"与"和"给"的演变路径如下:

　　/与$_2$(所为)
　　/与$_6$(被动)
　　/与$_{02}$("致使"义)—与$_6$(被动)
　　　　　/与$_4$(所对)
　　/与$_1$(交互)—与$_3$(言谈)—与$_8$(求索)
　　　　　\与$_7$(比较)
　　　　　\与$_2$(所为)　　　/与$_6$(被动)
与$_{01}$—与$_{03}$("帮助"义)—与$_2$(所为)—与$_9$(处置)
　　\与$_5$(接受)

　　/给$_6$(被动)
　　/给$_{02}$("致使"义)—给$_6$(被动)
给$_{01}$—给$_2$(接受)
　　\给$_1$(所为)—给$_4$(所对)—给$_5$(交互)
　　　　\给$_3$(言谈)—给$_5$(交互)—给$_8$(比较)
　　　　　　　\给$_9$(求索)
　　　　　\给$_5$(交互)
　　　　　\给$_7$(处置)

由上面的比较可知:"与"和"给"语法化的结果相同,但在演变的路径和方向上有较大差异,可以概括为以下八点:

1)"与"最先产生的是"交互"功能,"给"最先产生的是"所为"功能。介词"与"的功能扩展主要以交互介词"与$_1$"为源头,介词"给"的功能扩展主要以所为介词"给$_1$"为源头。

2)交互介词"与$_1$"和动词"与$_{01}$"词义有直接的联系;交互介词"给$_5$"与动词没有直接的联系,而是来自介词的功能扩展(主要言谈介词"给$_3$",此外,还有所对介词"给$_4$"、所为介词"给$_1$")。

3)被动介词"与$_6$"有动词和介词两种来源,除和"给予"义、"致使"义有来源关系之外,还和交互介词"与$_1$"有来源关系,和所为介词"与$_2$"也可能有联系;而被动介词"给$_6$"只有动词一种来源("给予"义和"致使"义)。

4)所为介词"与$_4$"的来源是"给予"义和"帮助"义,和交互介词"与$_1$"也有关系;所为介词"给$_1$"只有"给予"义一个来源。

5)言谈介词"与$_3$"的直接来源是交互介词"与$_1$",而言谈介词"给$_3$"的直接来源是所为介词"给$_1$","给$_3$"反倒是交互介词"给$_5$"的来源之一。

6)"与"和"给"的"致使"义都有动词和介词两种来源,致使动词"与$_{02}$""给$_{02}$"都和"给予"义有联系,但"与$_{02}$"的另一来源是交互介词"与$_1$",而"给$_{02}$"的另一来源是所为介词"给$_1$"。

7)所对介词"与$_4$"来自交互介词"与$_1$"的功能扩展,所对介词"给$_4$"来自所为介词"给$_1$"的功能扩展。

8)在第一层级上,动词"与$_{01}$"朝六个方向演变:交互介词、接受介词、所为介词、被动介词、"致使"义动词、"帮助"义动词;而动词"给$_{01}$"只有四个方向(少了交互介词和"帮助"义动词)。

但演变也有相同之处,可归纳为以下四个方面:

1)"与$_{01}$"和"给$_{01}$"在第一层级上有四个方向是相同的,即"致使"义动词、接受介词、所为介词和被动介词。

2)所为介词"与$_2$"和"给$_1$"都处于语法化的相对前端,直接来源都是动词("与$_2$"和"给予""帮助"义有直接的联系,"给$_1$"与"给予"义有直接的联系);并且两者都向处置介词发展。

3)交互介词"与$_1$"和交互介词"给$_5$"都向等比介词和并列连词发展。

4)言谈介词"与$_3$"和"给$_3$"都发展出求索功能。

除了演变路径、方向的不同之外,在各个演变阶段上,致变因素也有所不同,因此,"与"和"给"的演变模式有较大的差异。

演变模式的不同,主要是由源动词的意义决定的。虽然同属于"给予"义类,但虚词"与"和"给"的可溯及的源词有所不同。据《说文》的解释,"与"的源意义是"赐也",可判定为动词。在表示"赐予他人物件"的句子里,蕴含"与他人分享之意";所以"与"向介词发展时,先产生表"交互"的功能。"给"的源意义是"富足",原本是形容词。如有"使动"用法,可理解为"使……富足"义,由此引申出"供给"义,蕴含"使他人得到满足"之义;因此,向介词发展时,最先产生的是"所为"功能。

1 交互介词"与$_1$"和交互介词"给$_5$"的来源

交互介词"与$_1$"和动词有直接的联系,而交互介词"给$_5$"和动词没有直接的联系,它因介词的功能扩展而产生。

1.1 交互介词"与$_1$"的来源

上古时期,虚词"与"的主要功能是表示"交互"和"并列"。"给予"义是汉语中最早向交互介词发展的义类之一。从认知角度看,汉人的推理活动中,"给予某人物资"就意味着"与某人分享物资";"与＋N$_2$＋V$_2$"式中蕴含"双方分享"意义,这是"给予动词—交互介词"演变的语义基础。"与"的演变发生得很早,详情难以考证。但从下例中可以窥见演变的痕迹。

(1)彼狡童兮,不与我食兮。(《诗经·国风·狡童》)

上例若理解作"V_2行为由N_1单方实施"的推理,则"与"是"给"义动词;若作"V_2行为由N_1和N_2双方实施"的推理,则"与"是交互介词。下例只能有"V_2行为是双方实施"的推理意义,"与"是交互介词。

(2)执子之手,与子偕老。(《诗经·国风·击鼓》)

比较上面两例可知:"给予动词—交互介词"演变的因素是句中动词和名词的语义关系的变化,若V_2的施事被理解为N_1,则"与"是动词;若V_2的施事被理解为N_1(主语,包括省略或隐含的)和N_2双方,则"与"是交互介词。

1.2 交互介词"给$_5$"的来源

明代已见少数"给$_1$"的用例,但未见"给$_5$"的用例,清代已有较多交互介词"给$_5$"的用例。可以说相对于"给$_1$"来说,"给$_5$"是较迟产生的。从语义结构看,交互介词"给$_5$"和言谈介词"给$_3$"有联系,和所对介词"给$_4$"、所为介词"给$_1$"也可能有联系。"言谈""所对""所为"三种功能的介词所在的语义结构中,都可以推出"V_2事件由N_1单方实施"的意义;在交互介词所在的语义结构中,可以推出"V_2事件由N_1和N_2双方实施"意义。在"言谈/所对/所为—交互"的演变发生之时,"给$+N_2+V_2$"式中V_2的施事发生"单方—双方"的变化。由此可知:在汉语句子的语义关系中,"单方—双方"的变化是可能发生的,而这种语义关系变化导致介词的功能变化。

1.2.1 和言谈介词"给$_3$"的联系

在"给"的"言谈—交互"演变发生之前,"与"的功能发生"交互—言谈"的变化(这种变化发生时,语义关系发生"双方—单方"的变化)。由于"与"兼有"言谈"和"交互"两种功能,"给"有了其中一种功能之后,有可能因"同义词相互渗透"而产生另一种功能。

言谈介词"给$_3$"所在的"给＋N$_2$＋V$_2$（言说）"式中，V$_2$事件的施事被理解为"单方"意义，即由 N$_1$（主语或话题，可能省略或隐含）发出；若 V$_2$的施事被理解为"双方"意义（即由 N$_1$和 N$_2$发出），则"给"为交互介词。观察 V$_2$为"言说"义动词的三组例句：

（3）a. 千万别给他说出联姻之事。（《小五义》第二一一回）

b. 蒋银龙将主意给孟金龙说完了。（《三侠剑》第三回）

c. 我才给你老太太说过，你肯做我的干儿子。（《二十年目睹之怪现状》第二十三回）

d. 我心里一想，这种人何犯上给他说真话，因说道……（同上，第四十四回）

（4）a. 凤丫头，你宝兄弟才回来，再别给他多说话，叫他伤心。（《红楼梦补》第十七回）

b. 这会子凤姐姐自他自己屋里给平儿姐姐说话去了。（《补红楼梦》第三十九回）

c. 今天早起给侄少爷说的话，我见侄少爷没有甚么推托……（《二十年目睹之怪现状》第十七回）

（5）a. 一进门，就见一个穷和尚坐着，给方倬桥妻子李氏正谈的热闹。（《续济公传》第六十三回）

b. 便闲坐给乙庚谈天，说起方才那妇人的事。乙庚道："你给了钱他么？"我道："只代他给了船钱。"（《二十年目睹之怪现状》第十七回）

c. 从此天天都在舱面上，给那同船的人谈天，倒也不甚寂寞。（同上，第十七回）

例（3）组可以推出"言说行为由 N$_1$单方实施，N$_1$是说话人，N$_2$是听话人"，"给"是言谈介词。例（4）组的 V$_2$可能被理解为"N$_1$单方实施"意义,也可能被理解为"N_1和N_2双方实施"意义,由于对V_2施事理解的模糊性,"给"的功能也不能确定,可做"言谈"或"交互"两种分析。依据例(4)组的V_2的"单方"或"双方"两种意义,可以推知:"给$_5$"有可能来自"给$_3$"。例(5)组可以推出"V_2事件由N_1和N_2双方实施","给"是交互介词。观察例(3)—例(5)组中针对V_2的施事所做的推理,可以看出,介词"给"所在的"给+N_2+V_2"式的V_2的施事有可能发生"单方—双方"的变化,与之相随的是介词"给"的"言谈—交互"的功能扩展。

1.2.2 和所对介词"给$_4$"的联系

所对介词"给$_4$"的来源是所为介词"给$_1$","所为—所对"演变的语义基础是"给+N_2+V_2"式中,V_2都可以推出是"N_2获益"的事件的意义。不过开始的时候,"给$_4$"所在的结构式中,V_2多为礼仪动词,N_2在语义结构中是N_1所表示的敬意的接受者。如:

(6)a. 你们为何不给夫人磕头?(《镜花缘》第五十回)

b. 老父台在上,孝廉李文芳给老爷行礼。(《济公全传》第四十三回)

但是,随着V_2的扩大范围,一些"给+N_2+V_2"式的V_2可做"单方"或"双方"两种理解,N_2可能是所对者,也可能是交互者。如:

(7)a. 薛大叔,说正经话,不要给他胡闹了。(《补红楼梦》第十四回)

b. 但只是结句"疑有避寒钗"是给宝姐姐玩呢!(同上,第二十六回)

c. 玉仙要是把印拿出来,大众给他一路鬼混,可别叫他再拿回去了。(《续小五义》第一一三回)

d. 大家睡眼朦胧,他就跑来给吾们混闹。(《续济公

传》第六十九回)

例(7)组的 V_2 部分若理解为 N_1(主语,包括省略或隐含)的行为,则是"单方"意义,"给"是所对介词;若理解为 N_1 和 N_2 双方的行为,则是"双方"意义,"给"是交互介词。例(7)组也显示 V_2 的推理意义有"单方—双方"演变的可能性。V_2 部分如果可以确定是"双方"意义,则"给"是交互介词。如:

(8)a. 二人这才上前见礼,又给王鸿春见了礼。(《续济公传》第六十二回)

b. 那些厨子向来给何敬卿要好。(同上,第七十七回)

c. 我若是依世故场上,胡乱给他周旋,岂不是幽冥之中,负我良友?(《歧路灯》第七十一回)

1.2.3 与所为介词"给$_1$"的联系

所为介词"给$_1$"所在的"给+N_2+V_2"式中也有可能孕育着交互介词"给$_5$","给$_1$"所在的"给+N_2+V_2"式的 V_2 行为原本是由 N_1 发出的,是"单方"意义的,但少数句子的 V_2 可能有"单方"或"双方"两种理解。如:

(9)a. 妻与你做了八九年夫妻,也给你生了两个孩儿⋯⋯"(《七剑十三侠》第一七五回)

b. 你先出去罢,待吾们给大人议妥了⋯⋯(《续济公传》第七十七回)

例(9)组的 V_2 部分如果理解为"单方"意义,则施事是"妻""吾们","给"是"为、替"义;如理解为"双方"义,则施事是"妻与你","吾们与大人","给"是交互介词。

1.2.4 源动词意义的影响

交互介词"与$_1$"的直接来源是动词"与$_{01}$",交互介词"给$_5$"虽然来自介词功能的扩展,但也不能说和动词"给$_{01}$"完全没有联系。有的"给+N$_2$+V$_2$"式中,V$_2$的施事可能做"单方"或"双方"两种理解,尤其是V$_2$为"做伴""交换"义时。如:

(10)a.便留下张金凤给姑娘做伴。(《儿女英雄传》第二十三回)

b.我也要在这边给你们姐妹作伴儿。(《红楼梦》第八十六回)

c.还要拿东西去给他换呢!(《红楼复梦》第二十八回)

例(10)组V$_2$的施事可理解为"N$_1$单方"意义,也可以理解为"N$_1$和N$_2$双方"意义;"给"可做"给予"义动词或交互介词两种理解。由上组可知:源动词在语法化过程中的影响力始终存在。在一些与上组语义关系相似的句子中,"给"作"和"义理解的可能性比较大。如:

(11)a.路上又给我做了伴儿。(《补红楼梦》第十二回)

b.宝玉道:"你怎么又不给他做伴儿去呢?"(《续红楼梦》第二十一回)

比较例(10)组和例(11)组可知:虽然"给$_5$"来自动词的功能扩展,但也不能排除"给$_5$"和"给$_{01}$"的联系。

1.2.5 交互介词性质的确定

交互介词所在的"P+N$_2$+V$_2$"式中,V$_2$的施事有"双方"意义,即"N$_1$和N$_2$共同参与"意义,这就是"交互关系"。"单方—双方"演变的关键是结构式中对V$_2$的施事的理解。

有些动词本身蕴含"双方互动"意义,如"商议""争斗""逢遇"等义类。这些义类的动词进入"P+N$_2$+V$_2$"式的V$_2$位置上一般是交互介词。"给"若处在P位置,则被分析为交互介词。

1.2.5.1 "商议"义动词

"商议"行为需要双方或多方参与,"商议"义动词进入V$_2$位

置,使得"给"只能被理解为交互介词。如:

(12)a. 我这几天很没闲工夫,就给大侄儿和冯书办商量着办去就是了。(《补红楼梦》第二十四回)

b. 一回头,要给那头陀商量,焉知已不知去向。(《续济公传》第六十二回)

c. 就给幕府师爷商议定当,一面禀报上司。(同上,第六十二回)

d. 只好出去给济公商量再说罢。(同上,第七十七回)

1.2.5.2 "争斗"义动词

"争斗"义动词进入 V_2 位置,肯定可以推出"双方"意义,"给"的交互介词性质十分明显。如:

(13)a. 马如飞……又给济公厮斗了一番。(《续济公传》第六十一回)

b. 吾何必给他争嘴,致伤和气。(同上,第六十回)

c. 你真要给吾打架吗?(同上,第七十八回)

d. 话说吴悦士在金大人门房中给何敬卿打架……(同上,第七十九回)

1.2.5.3 "相拼"义动词

(14)a. 苏北山我今天给你一死相拼,我这条老命不要了。(《济公全传》第三十七回)

b. 你若事情闹大了哇,就有人恨上,合着给你拼命……(《小五义》第五十五回)

c. 谁知你给他一卷走了,怎么叫他不给你拼命呢!(《孽海花》第十九回)

1.2.5.4 "逢遇"义动词

"逢遇""见面"等行为一般可推出"双方"参与意义,此类动词

充当 V_2 时,"给"一般作"和"义理解。如:

(15)a. 他只给我们那一个见过一面,叙了叙家乡住处……(《补红楼梦》第十九回)

b. 吾想师父是没给狄元韶碰过面的,那好贸贸然走进去……(《续济公传》第六十回)

c. 老祖太太不便给我们相见,故叫司棋出来打个照面。(《补红楼梦》第三十八回)

1.2.5.5 "作对"义动词

此类动词表示的行为也需要"双方"参与,若用于 V_2 位置,"给"是"和"义。如:

(16)a. 不知为什么心中糊涂,专一想给张大人作对。(《续济公传》第八十回)

b. 吾方才……跟了一般无知之徒给师傅作对。(同上,第六十二回)

c. 吾理应潜身远避,不再给他作对才是。(同上,第六十一回)

1.2.5.6 "相+X"式动词

"相+X"形式的动词一般表示双方关系,如果 V_2 位置上出现这种动词,V_2 部分便可推出"双方"意义,"给"是交互介词。如:

(17)a. 柳二爷知道我们到冥府寻访老太太,他便同了宝玉特来给你相会的……(《补红楼梦》第二十四回)

b. 宝玉出家不出家,给我什么相干呢?(同上,第十六回)

c. 这回他们不知从那里请出一位给这督署刑名相识的人。(《二十年目睹之怪现状》第七回)

其他还有一些本身表"双方交互"意义的动词,如表示"聚会"

"结亲""通奸"等意义的动词。这些动词进入 V_2 位置,"给"也是"和"义。如:

(18)a. 今儿到了这里,又给你们都会在一块儿。(《补红楼梦》第三十三回)

b. 城里的人都给城里的人做亲,谁肯要屯里的女孩儿呢?(同上,第十四回)

c. 这也是我女孩儿的造化。要不然,配个小子罢了,怎么敢给爷们扳亲呢?(同上,第十一回)

d. 你给道士几时通奸的?(《续济公传》第六十四回)

从词汇系统看,在"给"之前,介词"替"先产生"所为"功能,后产生交互功能,"替"有过"所为/所对/言谈——交互"的演变路径;介词"和"先产生交互功能,后产生"所为"功能,和有过"交互—所为/言谈/所对"的演变路径。就词汇系统而言,这些演变路径的存在,对"给"的功能扩展肯定有影响。总之,汉语的"交互""所为""所对""言谈"四种功能往往兼于一身,这是"给"产生交互功能的因素之一。

2 所为介词"与$_2$"和所为介词"给$_1$"的来源

所为介词"与$_2$"有动词和介词两种来源。就动词来源而言,和"与"的两个义项有关系,即"给予"义和"帮助"义;就介词来源而言,和先之产生的交互介词"与$_1$"有来源关系。而所为介词"给$_1$"只有"给予"义动词一个来源,而且"给$_1$"是"给"的"动词—介词"演变中,最早产生的功能,也是介词"给"功能扩展的最早来源。

2.1 所为介词"与$_2$"的产生

2.1.1 和"给予"义的联系

下面一组的"与"一般理解为"给予"义动词,但因为句中蕴含

"N₂获益"意义,"与"有可能向所为介词发展。

(19)a. 反役,与之礼食,使佐新军。(《左传·襄公三年》)

b. 为善者君与之赏,为非者君与之罚。(《鬼谷子·符言》)

下面一组例句显示"给予"义、"参与"义和"所为"功能的联系。

(20)a. 景公死乎不与埋。(《左传·哀公五年》)

b. 众父卒,公不与小敛。(《左传·隐公元年》)

下例显示"给予—所为"演变的可能性。

(21)毋与齐东国,我与子出兵矣。(《战国策·楚策四》)

至南北朝时期,仍可看到"给予"和"所为"的联系。如:

(22)取红花,取白雪,与儿洗面作光悦。取红花,取白雪,与儿洗面作妍华。取红花,取白雪,与儿洗面作光泽。取红花,取白雪,与儿洗面作华容。(崔氏《靓面辞》)

上例的"与"可以理解为"给予"义动词,也可以理解为所为介词。

2.1.2 和"帮助"义的联系

"帮助"义引申自"给予"义,下面一组例句的"与"可作"帮助"义(或"支持"义)理解。

(23)a. 晋侯背大主而忌小怨,民弗与也。(《左传·僖公十年》)

b. 欲与楚者右,欲与吴者左。(《左传·哀公元年》)

c. 卫侯欲与楚,国人不欲。(《左传·僖公二十八年》)

d. 必伐卫,不然,是不与楚也。(《左传·襄公十年》)

"帮助动词—所为介词"是汉语中反复出现的演变路径(如上海话的"帮"),由"帮助"义也可能产生"所为"功能。下面一组例句显示了"帮助"义和"所为"功能的联系。

(24)a. 臣非敢谦也,欲与君王隐也。(《吕氏春秋·重言》)

b. 子归殁而父母之世,后若有事,吾与子图之。(《国语·吴语》)

2.1.3 和交互介词"与₁"的联系

交互介词所在的语义结构中,蕴含"V_2事件由N_1和N_2双方实施"意义;所为介词所在的语义结构中,蕴含"V_2事件由N_1单方实施,N_2有所获益"意义。"交互—所为"的功能变化之所以发生,是有认知因素的。在现实世界中,双方参与的事件可能是使其中一方获利较多,甚至可能是只有一方获益。以现实关系为基础,在语言中的介词的功能可能潜移默化。下面一组例句显示了"交互"和"所为"两种功能之间的联系。

(25)a. 彼其之子,不与我戍申。(《诗经·国风·扬之水》)

b. 彼其之子,不与我戍甫。(同上)

c. 彼其之子,不与我戍许。(同上)

d. 寡人中此,与君代兴。(《左传·昭公十二年》)

e. 与之戮力,以与尔有众请命。(《尚书·汤诰》)

f. 所欲与之聚之,所恶勿施尔也。(《孟子·离娄上》)

g. 秦王饮食不甘,游观不乐,意专在图赵,使臣斯来言,愿得身见,因急与陛下有计也。(《韩非子·存韩》)

例(25)组的介词"与"的功能之所以可作"交互"和"所为"两种分析,是因为句中蕴含"N_2是获益方"之义。

在省略宾语的结构式中,"与"也有可能做交互介词或所为介词两种分析。如:

(26)a. 竖子不足与谋。(《史记·项羽本纪》)

b. 臣非敢诋之,乃与为隐耳。(《汉书·东方朔传》)

汉至南北朝时期,仍可见到"与"的功能可做两种分析的用例:

(27)a. 安国君许之,乃与夫人刻玉符,约以为嫡嗣。(《史记·吕不韦列传》)

b. 陈涉少时,尝与人佣耕。(《史记·陈涉世家》)

c. 今欲相召,当与君正之。(《魏书·儒林列传》)

d. 若言为客易,推剑与君弹。(朱超《咏贫诗》)

若 V_2 可以确定是"单方实施"意义,则"与"是所为介词。如:

(28)昔与汝为邻,今与汝为臣。(孙皓《尔汝歌》)

上例的前一个"与"是交互介词,后一个"与"是所为介词。

上例可证:在南北朝人物的对话中,已见确凿的介词"与$_2$"。上例也显示了"交互—所为"演变的可能性以及演变因素——主要是对语义结构中 V_2 的施事的"双方"或"单方"的理解。

综上,所为介词"与$_2$"的主要来源是动词"与"的两种意义("给予"义或"帮助"义),而"交互—所为"的演变也有可能发生,这是在"给予/帮助—所为"演变发生的同时出现的支流。

2.2 所为介词"给$_1$"的来源

所为介词"给$_1$"只有"给予"义动词一个来源。明代可用于"给+N_2(人)+V_2"式的"给"大多是"给予"义动词。如:

(29)a. 这是闻达的首级,给你拿去玩罢!(《古本水浒传》第三十八回)

b. 这东西俺收藏得多,你要,便给你拿去。(同上,第三十四回)

c. 欲将照夜玉狮子给他乘坐。(同上,第四十九回)

  d. 公公休怪,这一点不算什么礼物,只给公公买些东西吃。(同上,第二十九回)

  例(29)组的"给+N_2+V_2"式中,可以有"N_2获益"的推理意义,也可以做 V_2 的施事是 N_2 的理解。虽然句子的推理意义与所为介词所在的"给+N_2+V_2"式的推理意义相匹配。但是,在语义结构中,V_2 的施事是 N_2,"给+N_2+V_2"式可分析为兼语结构,"给"还是动词。

  导致演变发生的因素是"给+N_2+V_2"式中语义关系的变化,若可以推出"V_2 行为是 N_1 发出的,N_2 不可能发出 V_2 行为"之义,V_1 和 V_2 的施事都是 N_1,则"给"是所为介词。如:

  (30)a. 你好好歇一歇,我且去给你弄点饭食来。(《浪蝶偷香》第二十一回)

    b. 要爷爷起倾国之兵,给他复仇。(《三宝太监西洋记》第六十七回)

  类似例(30)组的用例,明代不多见,但(30)组可以证明:明代已见所为介词"给₁"的萌芽,"给₁"与"给予"义有直接的联系。"给予—所为"是汉语中经常出现的演变路径,演变因素是对 V_2 的施事的理解的变化,即 V_2 的施事由 N_2 变为 N_1。

3 被动介词"与₆"和被动介词"给₆"的来源

  在汉语方言中有较多的可以溯源至"给予"义的被动介词,与来自"致使"义的被动介词一样,它们也萌生于兼语结构的 V_1 位置。不同在于,可溯及"给予"义的被动介词一般有两个语义来源,即"给予"义和"致使"义;有两条演变路径,即"给予动词—被动介词"的路径和"给予动词—致使动词—被动介词"的路径。

3.1 被动介词"与₆"的来源

汉语史上,"与"是最先开始"给予—被动"演变的,唐代已见被动介词"与₆"的用例:

(31)a. 安知鸾凤巢,不与枭鸢倾。(孟郊《饥雪吟》)

b. 有巅从日上,无叶与秋欺。(陆龟蒙《奉和袭美古杉三十韵》)

c. 晚学更求来世达,正怀非与百邪侵。(张蠙《赠郑司业》)

d. 世间一等流,诚堪与人笑。(寒山《诗三百三首》)

虽然例证不多,但可以说,至迟在中晚唐时期,"与₆"已萌生。确定"与₆"的主要标准是结构式中 V_2 部分的意义,V_2 若表示"使 N_1 受损"的事件,即"非企盼"的事件,则"与"是被动介词。这是因为给予动词充当 V_1 的"给+N_2+V_2"式中,一般可做"N_2 获益"的理解,即 V_2 通常表示"N_2 获益"的事件;如果 V_2 的语义类型不发生"获益—受损"的变化,V_1 很难发生"给予动词—被动介词"的变化。

"与₆"有动词和介词两种来源。就动词来源而言,除"致使"义之外,还有"给予"义。就介词来源而言,主要是交互介词"与₁",与所为介词"与₂"也有联系。

3.1.1 和"给予"义的联系

南北朝至唐代的"与+N_2+V_2"式中,绝大多数"与"还是"给予"义动词,但句子蕴含"让 N_2 实施 V_2 行为"意义,也可以推出"N_1 被 N_2 实施 V_2 行为"意义。如:

(32)a. 男儿不惜死,破胆与君尝。(吴均《胡无人行》)

b. 汝来当可得,芝草与汝食。(杨羲《右英吟》)

c. 荷君剪拂与君用,一日千里如旋风。(高适《画马篇》)
　　　d. 产业曾未言,衣裘与人敝。(高适《赠别王十七管记》)

例(32)组的 V_2 后面没有"授予物"论元,但句义中可以推出"授予物"论元,"授予物"出现在"与"前面,如(32)b 的"芝草",或存在于语义结构中,而且是具体的事物,句义中还蕴含"N_2 获益"意义;"与"容易被理解为"给予"义,或者不排除"给予"义,"与＋N_2＋V_2"式可分析为兼语结构。分析例(32)组的推理意义和语义关系可知:动词"与$_{01}$"有可能直接向被动介词发展,而不一定经过致使动词阶段。

例(32)组的语义结构中有"授予物"论元(如"胆、芝草"等),若"授予物"是抽象意义的,则"给予"义淡化。如:

　　(33) a. 凉风怀袖里,兹意与谁传。(李嶷《林园秋夜作》)
　　　b. 阀阅便因今日贵,德音兼与后人传。(翁承赞《蒙闽王改赐乡里》)
　　　c. 事因周史得,言与汉王传。(苏颋《奉和圣制经河上公庙应制》)

例(33)组句义中也存在"授予物"论元,虽然"授予物"是抽象意义的,但"与"还是不能排除动词的可能性(可作"让"解,但也不排除"给予"义的可能性)。"与"若分析为动词,则"与＋N_2＋V_2"式还是兼语结构;若分析为被动介词,则"与＋N_2＋V_2"式是状中结构。

总之,在有"授予物"论元的语义结构中,"与"不能排除"给予"义动词的可能性,而"给予"义的"与$_{01}$"所在的"与＋N_2＋V_2"式中,存在"授予物转入 N_2 手中,由 N_2 实施 V_2 行为"的推理意义,这是"给予—被动"演变的语义基础。致使义的"与$_{02}$"的大量使用是在唐代之后,在"与$_{02}$"产生之后,"致使—被动"是演变的主线。但在开始阶段,"给予—被动"的演变还是有可能的。

3.1.2　和交互介词"与$_1$"的联系

交互介词"与$_1$"的产生远早于被动介词"与$_6$","与$_1$"的存在对"与$_6$"的产生有助推作用。南北朝时期的用例中,已蕴藏"交互—被动"演变的可能性。如:

(34)不与风雨变,常共山川在。(江淹《效阮公诗十五首》)

上例通常被理解为"N$_1$和风雨一起变",但也有可能被理解为"为风雨所变"。唐代的一些用例中,"与"可做"和"或"被"两种理解。如:

(35)a.广张三千六百钓,风期暗与文王亲。(李白《梁甫吟》)

　　b.远怀不我同,孤兴与谁悉。(张九龄《登郡城南楼》)

　　c.惜哉边地隔,不与故人窥。(张九龄《南还以诗代书赠京师旧僚》)

　　d.长天不可望,鸟与浮云没。(刘长卿《初至洞庭,怀灞陵别业》)

例(35)a如理解为"太公与文王相亲"之义,V$_2$的施事是"双方"意义,"与"是交互介词;若理解为"太公为文王所亲"之义,则V$_2$的施事是"单方"意义,则"与"是被动介词。同理,后三例的"与"也有可能做"双方"或"单方"两种理解。例(35)组显示:介词"与$_1$"也有可能是被动介词"与$_6$"的来源。我们再分析V$_2$为"疏离""掺杂""阻隔""忘记"等意义的动词时,"与"有两种可能性。

"疏离"义动词进入V$_2$位置,V$_2$的施事可能有三种理解:第一种是施事为N$_1$和N$_2$"双方",第二种是施事为N$_1$"单方",第三种是施事为N$_2$"单方"。如:

(36)a.杜门不欲出,久与世情疏。(张子容《送孟八浩然归襄阳二首》)

　　b.晚知清净理,日与人群疏。(王维《饭覆釜山僧》)

297

  c. 常知罢官意，果与世人疏。(韩翃《赠张五諲归濠州别业》)

  d. 古来贤哲皆如此，应是才高与众疏。(张籍《赠令狐博士》)

  e. 逍遥向云水，莫与宦情疏。(张乔《题湖上友人居》)

例(36)组的"疏"如理解为 N_1 和 N_2 "双方实施"意义，则"与"是交互介词；但也有可能被理解为 N_1 "单方实施"意义，则"与"是所对介词；如果理解为 N_2 "单方实施"意义，则是"与"是被动介词，句义可做"N_1 为 N_2 所疏"理解。

  就"掺杂"行为而言，N_1 可能是主动的，也可能是被动的，而 N_2 也有可能被理解为主动的；因而 V_2 为"掺杂"义动词的句子中，介词"与"的功能可能有"交互"或"被动"两种理解。如：

  (37)a. 约好饮酒，夷淡不与世杂。(《南史》蔡廓列传)

  b. 清声不与众乐杂，所以屡受尘埃欺。(赵抟《琴歌》)

  c. 不与红者杂，色类自区分。(白居易《感白莲花》)

例(37)a 的"与"通常被分析为交互介词，但不排除被分析为被动介词的可能性，这要看对"掺杂"行为的施事的理解。就例(37)b 而言，对于"清声"来说，可能是自身掺杂于"众乐"，也可能为"众乐"所杂。最后一例的"与"也可能有同样的两种理解。

  若 V_2 是"忘记"义动词，"与"也有两解。如：

  (38)先生一向事虚皇，天市坛西与世忘。(皮日休《怀华阳润卿博士三首》)

  上例的"与"通常被分析为交互介词，句义做"先生和世人两相忘"的理解；但"忘"也可能是 N_2 "单方实施"意义的，句子也有可能被理解为"先生为世人所忘"之义，则"与"为被动介词。

"阻隔"义动词进入 V_2 位置,"与"也有两种理解。如:

(39)a. 久与乡关阻,风尘损旧衣。(孟贯《寄故园兄弟》)
　　b. 尘愁老来颜,久与江山隔。(李群玉《洞庭遇秋》)

例(39)组的"与"一般被理解为交互介词,但也有被理解为"为 N_2 所阻隔"的可能性,则为"与$_6$"。

通过观察(36)—(39)四组例句的多解现象,可得出如下结论:介词"与"所在的"与＋N_2＋V_2"式中,V_2 的施事有"单方"或"双方"两种理解的可能性,不同的理解可能引发"交互—被动"的演变。这种演变是在"给予/致使—被动"演变发生的同时,随之出现的支流。

3.1.3　和所为介词"与$_2$"的联系

少数"与＋N_2＋V_2"式中的"与"有可能被理解为所为介词或被动介词。如:

(40)a. 谁知颂德山头石,却与他人戒后车。(张继《读峄山碑》)
　　b. 莫唱杨柳枝,无肠与君断。(白居易《山游失小妓女》)
　　c. 本来云外寄闲身,遂与溪云作主人。(陆龟蒙《自遣诗三十首》)

例(40)组的"与"如理解为"替、为"义,则 V_2 的施事是 N_1(包括省略或隐含的),"与"是所为介词;如理解为"被他人用作箴诫""被君断"或"被云溪认作主人"的意思,则 V_2 的施事是 N_2,"与"是被动介词。再如:

(41)a. 艳光落日改,明月与人留。(梅尧臣《依韵和王中臣》)
　　b. 未将所学酬知己,先与他人作忌囮。(释居简《泣钱长官竹岩》)

例(41)组的"与"也有可能做类似例(40)组的两种理解,即

"为"义或"被"义。由这两组可知:介词"与₂"所在的结构式中也有可能孕育着介词"与₆"。但是"给予/致使—被动"是演变的主线("交互—被动"的路径相对"所为—被动"的路径来说,也占据主要地位)。不过,在"动词—介词"演变发生的同时,也可能出现另外一些属于支流性质的演变路径;换言之,先产生的介词功能也可能对后产生的功能发生影响,后产生的功能可能具有多个来源。

3.1.4 致变因素分析

导致"与+N₂+V₂"式中动词"与"变为被动介词(整个结构式发生"兼语—状中"的结构变化)的主要因素是 V₂ 的语义类型变化,其次是对举格式和框式结构。三个因素中,动词的语义类型变化,即 V₂ 的"N₁受损"意义或"非企盼"意义起着决定性的作用。

3.1.4.1 V₂ 的意义

就语义因素而言,"与₆"从萌芽至定型,与"与+N₂+V₂"式中 V₂ 的语义类型有着最为密切的关系,可以说,"与₆"的性质确定,是由 V₂ 的"非企盼"意义决定的。若 V₂ 表示不幸、不如意的事件,"与"很容易被理解为被动介词。如:

(42)a. 莫把蛾眉与人妒,但疏梅、淡月深深院。(赵以夫《贺新郎》)

b. 今年都城游,日与贱事逼。(刘敞《和邻几八月十五日夜对月》)

c. 一囚坐法诛,三覆与众弃。(王存《覆验余姚道中》)

d. 壁下茶铛久不黔,更无白眼与人嫌。(沈辽《春日二绝》)

宋代,V₂ 部分继续扩展,也可以表示符合承受者心愿的事件,即"N₁获益"的事件。如:

(43)a. 一与樽前赏,重生塞上春。(韩琦《再谢真定李密学惠牡丹》)

b. 爱民若副贤侯意,共入声诗与众夸。(朱光庭《题福昌寺南轩东壁》)

c. 凭君命句天然景,流落人间与众夸。(孔武仲《和介之登楼见寄》)

宋代,N_2部分也继续扩展,可以是表示抽象事物的名词。如:

(44)a. 高闲不与时俗侵,寂静岂唯鱼鸟乐。(梅尧臣《寄题千步院兼示諲上人》)

b. 廨官旅吴门,迹与世俗扫。(苏舜卿《答章傅》)

N_2还可以是谓词性单位。如:

(45)a. 贱生懼凶丧,日与死亡逼。(苏舜卿《送施秀才》)

b. 时俗反称少壮贤,丈夫动与饥寒逼。(刘敞《积雪示张翁》)

3.1.4.2 对举格式、框式结构的作用

就句式的作用而言,在一个对偶句中,和介词对举的"与"有可能被分析为被动介词。如:

(46)a. 兴因膏泽洒,情与惠风吹。(张九龄《酬通事舍人寓直见示篇中兼起居陆舍人景献》)

b. 雨从箕山来,倏与飘风度。(宋之问《雨从箕山来》)

c. 笑为妻子累,甘与岁时迁。(杜甫《寄岳州贾司马六丈、巴州严八使君两阁老五十》)

d. 三阳不与寒威尽,一气还从暖律回。(度正《送博寺丞》)

例(46)组的"与"可能被理解为交互介词,也有可能被理解为

被动介词,两种理解除了表明"与"有"交互—被动"的演变趋势之外,还显示了"对举格式"的作用。

在排比格式中,一个"与"是被动介词,另一个"与"也可以被分析为被动介词。如:

(47)此音宁与人知,此身不与人欺。(陈德武《清平乐》)

在"与……所……"构式中,"与"也是被动介词。如:

(48)和尚是高人,莫与他所使。(《祖堂集》卷二)

例(47)(48)可证:框式结构在演变中也起一定作用。

3.2 被动介词"给$_6$"的来源

"给$_6$"没有介词来源,只有动词来源,但与动词的两种意义有联系,即"给予"义和"致使"义。

3.2.1 和"给予"义的联系

在可以推出"授予物"或"物件转移"意义的"给+N$_2$+V$_2$"式中,"给$_6$"的直接来源是给予动词。初期的"给+N$_2$+V$_2$"式中,句中若可推出上述两种意义,"给"一般是"给予"义的。如:

(49)太太分付,叫人拿四碗菜……给你吃哩。(《醒世姻缘传》第七十回)

虽然上例的本小句中没出现"授予物",但语义结构中存在。"给你吃"蕴含"让你吃(四碗菜)"之义,也蕴含"(四碗菜)被你吃"之义。"给$_{01}$"所在"给+N$_2$+V$_2$"式大多可有上面两种推理意义,"给$_{01}$"有两个发展方向——"让"义动词或"被"义介词。

蒋绍愚(2002)提出"使役动词—被动介词"演变的一个重要因素,即说话人或承受者"不情愿"的态度。有些"给+N$_2$+V$_2$"式的V$_2$是中性意义的,句中可推出"物资(或钱财)交接"意义或"物件转移"意义,但V$_2$部分表示说话人心目中的"不情愿""不认可"事

件,"给"呈现向被动介词发展的趋势。如:

(50)a.十八两银子,他没留下一分,都给爷使了。(《醒世姻缘传》第三十回)

b.白白给你炒菜吃,全不敬佛!(《儒林外史》第二回)

c.若是几千几百的,白白的给人用,这产业卖了也可惜。(同上,第三十二回)

例(50)组的"给"通常理解为动词或不排除动词的可能性。如果说话人的"不情愿"态度明显一些,句子蕴含 V_2 事件"令人不能承受"的意义。"给"可看作被动介词。如:

(51)a.借来的钱,一总都给你花消馨尽。(《广陵潮》第七十九回)

b.一边走,一边骂咸时不能办事,怪不道家私都给别人挥霍干净了。(《歇浦潮》第四十一回)

c.积得这些家私,如今给人搬运一空。(《花月痕》第四十二回)

d.荣府的零碎东西,尽给人拿了个干净。(《红楼复梦》第四十八回)

观察例(49)—(51)组中"给"的演变,可以推知:在有"授予物"或"物件转移"意义的句子中,说话人的态度、V_2 所表示的事件对于承受者的"可接受"程度,决定了演变的结果。

在有"授予物"或"物件转移"意义的句子中,"给"有"给予"义、"让"义或"被"义三种可能性。如:

(52)a.娘姨笑答道:"奶奶剩的鸭子,都给我们吃完了。"(《歇浦潮》第九十三回)

b.如若再依了他,那不是我们的饭都给他们吃了。

(《广陵潮》第九十三回)

例(52)组中"给"有被分析为被动介词的可能性,但不能作为"给₆"只有"给₀₂"一个来源的证据,因为句中的"给"若看作被动介词,不能排除来自"给予"义的可能性。

若 V₂ 为"抢、卖、骗、拐"等动词,句中也有"授予物"或"物件转移"意义,但在推理意义中,N₂ 是"获益者",而承受 V₂ 行为的人是"受损者","给"可分析为被动介词。如:

(53)a. 谁耐烦拿来,都给孟大妈们抢去了。(《红楼复梦》第七十一回)

b. 唐六如的"竹深留客处,荷净纳凉时"的横幅……后来给张莲叔抢去了。(《文明小史》第六十回)

c. 我把彩云托给你,你给我好好收管住了,别给那些贼人拐了去。(《孽海花》第二十四回)

d. 只为给人卖了,平空的到了火坑里头。(《补红楼梦》第十四回)

e. 但是,他几十岁的一个老太婆,拿了这一笔钱,难保不给歹人骗去。(《二十年目睹之怪现状》第六十五回)

f. 万一给他查抄了去,以后便难于得此机会了。(同上,第九十五回)

g. 就是他告起来,官府来抄,也没得给他抄去。(同上,第一〇二回)

h. 是《孟子》、《论语》的,只怕全给他射去了。(同上,第七十五回)

观察例(49)—(53)组中"给"的意义及其演变轨迹,可以得知:

在有"物件转移"意义的句子中,"给₆"不一定就只有"给₀₂"一个来源,"给予动词—被动介词"的演变也有可能发生,而且发生得相对较早。

3.2.2 和"致使"义的联系

"给₀₂"所在"给＋N₂＋V₂"式中,一般无"授予物"或"物件转移"意义,若可以推出"使N₁受损"意义。"给"是被动介词。如:

(54)a. 你好狠心啊,人家活活儿的给你坑死了呢!(《补红楼梦》第十四回)

b. 劳老爷给人家揍了一顿。(《文明小史》第五十回)

c. 陆升给他打破了头,王三打伤了臂。(《海上尘天影》第二十八回)

但若V₂事件是说话人(也是承受者)愿意发生的,"给"仍是致使动词。如:

(55)a. 姐姐,你别动恼,我给你打两下出出气。(《红楼复梦》第八十七回)

b. 你这样疼爱我,我就给你弄死了,也是没得怨的。(《姑妄言》卷三)

c. 他拔出刀来吓我,我就伸着脖子给他杀。(同上,卷二十二)

由例(55)组可知:"给"和"与"的"致使—被动"演变因素有所不同,"与"是由动词的语义类型决定的,"给"和动词的语义类型也有关系,但决定性因素是承受者的态度。

4 所对介词"与₄"和所对介词"给₄"的来源

所对介词"与₄"的来源是交互介词"与₁",而所对介词"给₄"的来源是所为介词"给$_1$"。

4.1 所对介词"与$_4$"的来源

交互介词"与$_1$"的产生远早于所对介词"与$_4$",而"与$_4$"又看不出与动词的直接联系,因此,我们说"与$_4$"来自先之产生的介词功能的扩展。在"与$_介$＋N$_2$＋V$_2$"式中,如果 V$_2$ 的施事不是 N$_1$ 和 N$_2$ 双方,只是 N$_1$ 单方,即 V$_2$ 行为是一方对另一方发出的,"与$_1$"有可能被理解为"与$_4$"。下例显示了 V$_2$ 的施事发生"双方—单方"演变的可能性:

(56)a. 不与晋而与楚子为礼也。(《公羊传·宣公十二年》)

b. 曷为不与晋而与楚子为礼也?(同上)

上例的"与"可以理解为"和"义或"对"义。如果能推出"V$_2$ 的施事是 N$_1$ 单方"之义,则"与"是所对介词;先秦时期已见近似用例:

(57)a. 为下克忠,与人不求备。(《尚书·伊训》)

b. 君子敬而无失,与人恭而有礼。(《论语·颜渊》)

c. 居处恭,执事敬,与人忠。(《论语·子路》)

d. 是与人为善者也,故君子莫大乎与人为善。(《孟子·公孙丑上》)

由例(56)(57)组可知:语义结构中 V$_2$ 事件的实施者可能发生"双方—单方"的演变,一旦这种演变发生,交互介词就变为所对介词。介词"与$_4$"汉代已有较多用例:

(58)a. 嗟呼!秦缪公之与人周也。(《史记·秦本纪》)

b. 秦素与天下弊。(《史记·周本纪》)

c. 顾君与我何如耳,无畏吕媭之谗也。(《史记·陈丞相世家》)

d. 朕微眇时,御史大夫邴吉……皆与朕有旧恩。

(《汉书·宣帝纪》)

e. 昭信复谮望卿曰:"与我无礼,衣服常鲜于我……" (《汉书·景十三王传》)

f. 值汉初定,与民无禁……(《汉书·叙传上》)

g. 睹贤者不居其上,与人推让,事处其劳,居从其陋。(《潜夫论》卷八)

h. 故君子敬而无失,与人恭而有礼。(《盐铁论》卷八)

i. 王者与臣无礼,貌不肃敬,则木不曲直。(《春秋繁露》卷十四)

至唐宋时期沿用,V_2部分有所扩展。如:

(59) a. 我自与人无旧分,非干人与我无情。(杜荀鹤《旅中卧病》)

b. 今日与君无吝惜,功成只此是蓬瀛。(吕岩《七言》)

c. 惭无二公才与学,享此足与俗辈矜。(梅尧臣《韩子华遗冰》)

d. 刘君与我德至大,拱璧巨鼎非酬稗。(曾巩《送刘医博》)

e. 天地与人太好,山林有我亦奇。(韩淲《次韵昌甫》)

4.2 所对介词"给$_4$"的来源

"给"的演变路径之一是"给予动词—所为介词—所对介词"。所对介词介引的对象大多是表情、态度或礼仪的接受者,在心理上也可能被看作"获益者"。明代已见介引所为者的用例:

(60) 要爷爷起倾国之兵,给他复仇。(《三宝太监西洋记》

307

第六十七回）

明代,"给₄"处于萌芽状态时,结构式中的 V_2 是表示礼仪的动词。如:

(61)我在这里给你磕响头。(《天凑巧》第三回)

对比上面两例,可以得知:所为介词"给₁"和所对介词"给₄"所在的句子中都有"N_2 获益"的推理意义,这是功能扩展的语义基础。

清代的结构式中 V_2 有所扩展,但大多是表示礼仪的动词。如:

(62)a. 那门上的家人……给老爷、太太、公子叩喜。(《儿女英雄传》第一回)

b. 老父台在上,孝廉李文芳给老爷行礼。(《济公全传》第四十三回)

c. 他又给包兴打了个千儿。(《七侠五义》第十五回)

5 言谈介词"与₃"和言谈介词"给₃"的来源

言谈介词"与₃"的来源是交互介词"与₁","与"发生"交互—言谈"演变的因素也是对 V_2 的施事的理解,即 V_2 为"言说"义动词的结构式中,对 V_2 的施事的理解发生"双方—单方"的变化。言谈介词"给₃"来自所为介词"给₁"的功能扩展,"给"发生"所为—言谈"演变的因素不是语义关系的变化,而是结构式中 V_2 的变化,若 V_2 是"言说"义动词,"给"有可能被理解为"对"义。明代已见少数"给₁"的用例[参见例(30)组例句]:

(63)a. 间壁祖家、黑家,都肯把女儿嫁他,我给他两家子破了,说穷得紧,女儿又生得丑陋,特来给我外甥女说。(《天凑巧》第三回)

b. 常给我言从中宫来,既从中宫来,许美人儿何从中生?(《艳异编·正集》卷七)

例(63)组显示:"给$_3$"的来源是"给$_1$",因结构式中 V$_2$ 的变化而发生"所为—言谈"的功能扩展。

6 致使动词"与$_{02}$"和致使动词"给$_{02}$"的来源

致使动词"与$_{02}$"和"给$_{02}$"都有动词和介词两种来源,动词来源都是"给予"义;不同在于介词来源,"与$_{02}$"和交互介词"与$_1$"有联系,"给$_{02}$"和所为介词"给$_1$"有联系。

6.1 致使动词"与$_{02}$"的来源

6.1.1 和"给予"义的联系

汉语的给予语义结构与致使语义结构大多糅合于同一个句法形式。就现实世界的事件关系而言,接受者获得物品之后,可能享用之;而赠送者的目的也是使接受者享用。就事件发展而言,"给他吃"的语义结构中已蕴含"让他吃食物"意义。由此可以推论"给予—致使"的演变是十分自然的。下例的"与"可做"给"或"使"两种解释:

(64)于是遂宽徭,与人休息。(《魏书·明元六王列传》)

唐代仍可见到做"给予"或"致使"两种理解的用例:

(65)a. 汉谣一斗粟,不与淮南春。(李白《箜篌谣》)

b. 乃书数字与我持,小儿归去须读之。(李端《杂歌呈郑锡司空文明》)

c. 我今庭中栽好树,与汝作窠当报汝。(王建《祝鹊》)

d. 唯留一湖水,与汝救凶年。(白居易《别州民》)

"给予—致使"演变的因素是"授予物"或"物件转移"意义的消失(如例64),即句义中不能推出"授予物"或"物件转移"意义。

6.1.2 和交互介词"与₁"的联系

在现实世界中,N₁和N₂双方共同参与的事件,也可能变成N₁让N₂实施、自身不参与的事件。以现实关系为认知基础,交互介词可能变为致使动词。下面一组例句的"与"可作"和"或"让"两种理解。

(66) a. 子家子亟言于我,未尝不中吾志也,吾欲与之从政,子必止之。(《左传·定公元年》)

b. 季孙愿与子从政,此皆季孙之愿也。(同上)

c. 故忠臣也者,能纳善于君,不能与君陷于难。(《晏子》卷三)

d. 故忠臣者能纳善于君而不能与君陷难者也。(《说苑》卷二)

6.2 致使动词"给₀₂"的来源

虽然动词"给₀₁"所在的"给+N₂+V₂"式中大多蕴含"让N₂实施V₂行为"之义,但真正的致使动词"给₀₂"在清后期才出现。那么,"让"义的"给₀₂"是否有自身语义演变的轨迹呢?我们认为,不能排除受到"与"的影响的因素,即"类化"的因素,但"给₀₂"的产生有自身的演变轨迹,且有一定的特殊性。

6.2.1 和"给予"义的联系

6.2.1.1 "授予物"意义的变化

"给+N₂+V₂"式的"给"可能具有多种分析结果,"给"的词义和功能变化几乎都是在这一结构式中发生的,但区分标准毕竟是存在的。就"给予"和"致使"的区分而言,首先是"授予物"意义的消失。

"给$_{01}$"和"给$_{02}$"所在的"给＋N$_2$＋V$_2$"式通常被看作兼语结构,这是"给予—致使"演变的句法基础。结构式中的 N$_2$ 通常被看作 V$_2$ 的施事,而 V$_2$ 行为的实施以"给予"事件为前提,V$_1$"给"和 V$_2$ 被看作两个动词。如:

(67)涿州泰山庙住持来谢,说本州已拨了田给他领了。(《梼杌闲评》第三十回)

上例的"给"的施事是 N$_1$(可能省略或隐含),V$_2$ 表示"使 N$_2$ 获益的事件,但也符合 N$_1$ 的意愿。在语义结构中,N$_2$ 是 V$_2$ 的施事。在推理活动中,N$_1$ 被看作"授予者",N$_2$ 被看作"接受者"(或"获益者")。例(67)的"给"通常做"给予"解,但也不妨做"让"解;也就是说,"给$_{01}$"所在的句子存在"给予"义向"致使"义发展的语义和句法基础。

在讨论"给予—致使"演变的论著中,晁瑞(2013)、张文(2013)都涉及"授予物"问题,两人的观点颇具启发性。

晁文仔细地区分了两种"V$_1$＋N$_2$＋给＋N$_3$＋V$_2$"中的语义关系,认为演变发生在"卖两顷给他嫖"这样的语义结构中,她认为在推理活动中,可以推出"地"不是给"他"的,而是卖给别人的。因此,"给"的"给予"义就消失了。我们认为,在这种语义结构中,也不能排除"给予"义。因为在推理活动中,还可以推出"卖地所得的钱给了他"之义,语境中还不能排除"授予物"和"物件转移"意义。所以,不能排除"给"为"给$_{01}$"的可能性。

张文的论述主要着眼于 N$_1$ 的"操控力",但已明确提到"授予物"问题。她认为在类似"姑娘少坐,等我请个人来给你见见"(《儿女英雄传》第七回)的句子中,"给"只能做"让"解。"给"在这里之所以不具有"给予"义,是因为在"(甲)+V_1+N_2+给+乙+V_2"式中,"甲"无法实现向"乙"转移N_2,"乙"也无法拥有"甲"所转移之物N_2,进而"乙"因为没有对N_2的所有权而无法"消耗"或"任意处理N_2",因此使"给"的"给予"义理解受阻。我们认为张文的说法具有合理性。

典型的"给予"义动词所在的"给+N_2+V_2"式中蕴含"授予物"意义,所以只要句义中存在"授予物"意义(如例67的"田"),无论"授予物"是否在本小句中出现,只要语义结构中可以推理而得,"给"还是容易被理解为"给予"义或不能排除"给予"义的可能性。

6.2.1.2　"授予物"意义的消失

在"给予—致使"演变中,致变因素之一是说、听双方的主观认识,若说话人不认为语境中有"授予物",或者听话人没有"授予物"的理解,则"给"是"让"义动词。比较下面数组例句。

(68)a. 又命船户取了些姜汤,给他自饮。(《七剑十三侠》第七十一回)

　　b. 你可随我前去,我给你看视便了。(同上,第一四八回)

　　c. 飞云子既是知道这消除万毒丸,当时何不给他服下。(《施公案》第二十三回)

　　d. 那委员取出文书给安老爷看。(《儿女英雄传》第二回)

例(68)组可做出"有授予物,N_2是接受者"的推理,也可以推出V_1行为("给予"行为)先于V_2行为的意义。"给"虽可做"让"解,但不能排除"给予"义的可能性。

下面一组例句中,如果做出"有授予物"的推理,则被"给予"的是"人";由于"人"通常不被看作"可传递之物","给"呈现向"让"义发展的明显趋势。

(69) a. 本帅即挑拨一千精锐,给你带去便了。(《七剑十三侠》第一○六回)

b. 那里有几营人来给你带去!(《老残游记》第一回)

c. 又把自己的二爷拨出一个,给他带着出门。(《官场现形记》第七回)

比照例(67)和例(68)组中"给"的功能和意义,可以看出:虽然"人"也有被看作"授予物"的可能性,但相对来说,例(69)组比例(67)更靠近"致使"义。

有时候,句中蕴含"授予物"意义,但"所予之物"不是具体的"可持拿或递交"的事物,"给"更靠近"致使"义,但"给予"义仍不能排除。如:

(70) a. 倒让出缺来给别人署事。(《儿女英雄传》第二回)

b. 这们一个缺,给我做上一年就尽够了!(《官场现形记》第三十一回)

c. 这些人,也没有什么大官给他做,不过一家给他们个副爷罢。(同上,第十四回)

虽然例(70)组的"授予物"是比较虚的,但"给"的"给予"义还是不能排除。再如:

(71) a. 奴才们要再不作出个样子给他们瞧瞧,越发了不得了。(《儿女英雄传》第二十二回)

b. 老和尚小子还弄这么一手给大家看看呢。(《三侠剑》第六回)

  c. 就是卖一手给大家看看。(同上,第一回)

  d. 绝没有不好的道儿给你走。(同上,第三回)

  e. 胜老达官您请放心,私刑决不能给他受的。(同上,第二回)

例(71)组"授予物"更虚,但"给"的"给予"义恐怕还是不能排除。有时候,句义中有"可转移的事物",但物件没有发生转移,还在原地;"给"更靠近"致使"义。如:

(72)a. 再要多说时,连火也不给你烤了。(《七侠五义》第一一八回)

  b. 来了电报,不给你晓得,总算是我替你扣下来的。(《官场现形记》第四十一回)

如果句义中不能推出"授予物"意义,"给"是"让"义。如:

(73)a. 张永又道:"咱家究竟是人是鬼,请诸位英雄告知明白,好给咱家得知。(《七剑十三侠》第七十一回)

  b. 我给你见一见众位老爷们。(《小五义》第二二一回)

  c. 你拣个好人家,给他一夫一妻的过活去。(《补红楼梦》第四十六回)

  d. 晴雯悄悄的去邀了宝钗湘云,也不给宝黛二人知道。(《红楼真梦》第四十五回)

  e. 这是石俊峰,他不给魏太监放账,连知府也不做了。(《幻中游》第五回)

  f. 他们不给林妹妹知道,倒先回绝了。(《红楼梦补》第十八回)

  观察例(68)—(73)组中"给"的词义变化,可以得知:在"给予—致使"的演变中,"给+N_2+V_2"式中关于"授予物"的推理有

"存在—淡化—消失"的变化。

6.2.1.3 "使……获益"意义的变化

一部分"给"做"让"解的句子中,虽然不能推出"授予物"意义,但有"N_2获益"意义。如:

(74)a. 你明儿就教他近来罢,我也不要他服侍,给他在这儿静静儿的调养调养。(《补红楼梦》第十一回)

b. 平儿向林家的道:"给他在这里来住着玩玩……"(同上,第四十二回)

c. 平儿道:"该怎么样,给他们学着玩玩也好啊!"(同上)

d. 李纨道:"也给孩子们学着做做诗,比唱曲子总有益些。"(同上,第四十一回)

例(74)组的"N_2获益"意义是"给$_{01}$"所在的"给+N_2+V_2"式的推理意义的保留,但由于句中没有"授予物"和"物件转移"意义,"让"义可以确定。在"让"义固定之后,"获益"意义可能淡化,"授予物"意义肯定不存在。如:

(75)a. 尤三姐道:"老太太见了他们,喜欢得什么似的,舍不得给他们回来……"(《补红楼梦》第十二回)

b. 我才刚听见姑老爷未必一两天内肯给你去呢。(同上,第十九回)

c. 多住些日子,我才给你回去呢。(同上,第十五回)

d. 秋痕牵着衣笑道:"我今天不给你走!"(《花月痕》第十八回)

e. 如今他妈病了,也不给他回去看,到底是什么意思?(同上,第三十九回)

f. 既然到了这里,想不给你师父快乐一夜,那是断断

不能。(《施公案》第三六九回)

继续发展,V_2可以表示"对N_2不利"的事件。如:

(76)a. 要搜我身上,我不给他搜,故此吵嚷的。(《补红楼梦》第四十三回)

b. 你们不用手忙脚乱,大家动手,给你们捆吧。(《三侠剑》第一回)

c. 杜氏哭嚷道:"这不是我么,给你打!给你打!"(《歧路灯》第六十七回)

d. 要果然是孙绍祖这个混账东西到这里来了,也要给他受受罪才好呢!(《补红楼梦》第三十二回)

e. 你不仁,我不义,我给你家产尽绝。(《三侠剑》第二回)

综上,导致"给予—致使"演变的因素之一是话语推理中"授予物"意义和"物件转移"意义的消失,此外还有"N_2获益"意义的消失。

6.2.2　和所为介词"给₁"的联系

典型的所为介词"给₁"所在的"给＋N_2＋V_2"式中通常蕴含"N_2获益"义,这是"给₀₁"所在结构式中的"使……获益"意义的滞留。此外,从广义角度看,"为……提供服务或方便"的行为也可归属于"给予"的行为。一般情况下,"给₁"所在的"给＋N_2＋V_2"式中,V_2的施事不是N_2而是N_1(主语)。如:

(77)这个忙着给太太拿鞋……(《儿女英雄传》第十二回)

当"给＋N_2＋V_2"式发生"所为—致使"演变时,V_2的施事发生变化,虽然大多数还保留"N_2获益"意义;但在语义结构中,V_2的施事是N_2,而不是N_1。下面请观察"N_2获益"和"N_2受损"两种意义的句子中V_2施事的变化。

在一些表示"使 N_2 获益"意义"给＋N_2＋V_2"式中，V_2 与 N_1、N_2 的关系不是十分清晰，V_2 的施事难以确定。如：

(78)我如今既作了他家的媳妇，要不给公婆节省几分精神，把丈夫成就一个人物……(《儿女英雄传》第二十九回)

上例"节省"的施事如理解为"我"，"给"是所为介词；如理解为"公婆"，"给"是致使动词。下面一组例句属于相同的类型：

(79)a. 咱们尽心出力，给二叔叔挣个封妻荫子。(《红楼复梦》第九十回)

b. 情愿减咱们年岁，给老太太延年益寿。(同上，第七十六回)

c. 给你老爷子、老太太扬扬名……(《儿女英雄传》第二十八回)

例(79)b 是丫鬟说的话，而"挣个封妻荫子"的事情，丫鬟是做不成的；因此，V_2 的施事就模糊了。后面两例同理。例(79)组显示：若 V_2 表示的事件不是 N_1 能完全操控的，"给"做"让"解的可能性比较大。但这个"让"义不一定来自"给予"义，也可能来自"替、为"义。

下面一组例句中，V_2 的施事也难以确定：

(80)a. 你两个再一个人给我们抱上两个孙孙。(《儿女英雄传》第二十八回)

b. 每人给你父母抱俩孙子。(同上)

c. 也有两人过来这么二三年了，还不给我抱个孙子的！(同上，第三十八回)

例(80)a"抱上两个孙孙"的施事如理解为"你两个"，"给"是所为介词；如理解为"我们"，"给"是致使动词。后两例同理。

V_2若为"解闷""开心"类动词,施事也难以确定。如:

(81)a. 我给你饯行,二则也给采翁解解闷。(《儿女英雄传》第二十八回)

b. 我饶说笑话给姑妈解闷儿,姑妈反倒拿我打起卦来了。(《红楼梦》第九十九回)

c. 故此请了过去斗牌,给姨妈散散闷儿。(《补红楼梦》第七回)

d. 望你回来给老太太开心。(《红楼复梦》第四十五回)

e. 紫鹃这话原给黛玉开心。(《红楼梦》第八十七回)

例(81)组的"给"若理解为所为介词,则 V_2 的施事是 N_1;但"解闷""开心"通常是施事自身的心理活动,V_2 的施事也有可能理解为 N_2,"给"也就做"让"解了。

有些句子的"给"有三种可能性:"给予"义动词、所为介词或"让"义动词。如:

(82)a. 命家人预备些西瓜汁给姑爷解暑。(《红楼复梦》第十五回)

b. 忙叫翠翘倒杯茶给大爷解解气。(同上,第十七回)

例(82)组显示了"给予"义和"致使"义的联系,也显示了"所为"功能与"致使"义的联系,以及"给予"义和"所为"功能的联系。

有很多可做"所为"或"致使"两种理解的句子,确凿的 V_2 以 N_2 为施事的句子,清代已出现。如:

(83)a. 也还博得个"失之东隅,收之桑榆",给天下儿女子吐一口气。(《儿女英雄传》缘起首回)

b. 瞬届会试场期,大家俱忙着给贾兰进场会试。(《补红楼梦》第七回)

c. 各样灯虽然好,倒不如灯谜儿有趣,也给孩子们长些聪明见识。(同上,第三十四回)

d. 不但这样,还要叫他双亲合葬;不但这样,还要给他安身立命。(《儿女英雄传》第一六四回)

e. 良夫人叫包旺道:"把他拉到姑娘屋里再抽,给姑娘下气去。"(《二十年目睹之怪现状》第一○四回)

例(83)组的"给"可以排除"给予"义,也可以排除所为介词的可能性。例(83)组"给$_{02}$"的直接来源是"给$_{01}$"还是"给$_1$"?我们认为,因为句中没有"授予物"或"物件转移"的推理意义,"给$_{02}$"与"给$_1$"的联系似乎更为密切。仔细观察,例(83)组的"给"有明显的所为介词的痕迹。

综上,我们认为"给$_1$"也有向"给$_{02}$"发展的可能性。但与"给$_{01}$—给$_{02}$"的演变模式不同。"给$_1$—给$_{02}$"的演变中,V_2的施事发生变化,即由N_1变为N_2。虽然这种变化是隐藏的,但变化前和变化后两端的结果对比是清晰的。经由"所为—致使"演变路径而来的"给$_{02}$",其所在结构式的V_2部分通常仍表示"N_2获益"意义,这是"给$_1$"所在结构式的语义关系的滞留。典型的"给$_1$"所在的"给+N_2+V_2"式的V_2部分表示"N_2获益"意义,但也有表示"N_2受损"意义的,其中有一类是表示"使N_2名誉受损或丢脸"意义的。如:

(84)a. 我们家道艰难,走不起,来了这里,没的给姑奶奶打嘴。(《红楼梦》第六回)

b. 给咱们打嘴伤脸,那是不依的。(《红楼复梦》第七十一回)

在一部分表示"使N_2受损"意义的句子中,"给"也有被理解为"让"义的可能性。如:

319

(85)a. 我如今还配来瞧你么？没的给你丢脸。(《红楼真梦》第四十七回)

b. 你别给我胜三大伯丢人啦。(《三侠剑》第二回)

c. 象你们这是给山王现眼呢。(《小五义》第一一〇回)

d. 岂不给我师傅丢了一世的英名？(《三侠剑》第二回)

e. 决不能给黄门现世。(同上)

f. 姐姐速求一死,决不能给咱刘家丢了人。(同上,第四回)

例(85)组的"给"可理解为所为介词,但也有可能被理解为"让"义动词。例(85)组显示:"给$_{02}$"的来源有可能是"给$_1$"。

总之,"给$_{02}$"有"给予"义动词"给$_{01}$"和所为介词"给$_1$"两个来源,"给$_{01}$—给$_{02}$"演变的因素主要是"授予物"意义和"物件转移"意义的消失;"给$_1$—给$_{02}$"演变的主要因素是语义关系的变化,即 V_2 的施事由 N_1 变为 N_2。

以上从几个方面讨论了"与"和"给"语法化的演变模式的不同。由此可知:同一义类动词的语法化可能有相同的结果,但演变的路径、方向和致变因素可能有较大的差异,两者或数者之间不一定是"拷贝"关系,而是有各自的演变模式。

参考文献

晁 瑞 2013 《汉语"给"的语义演变》,《方言》第3期。
洪 波 2004 《"给"字的语法化》,《南开语言学刊》第2期。
洪 波 2010 《汉语给与动词的使役化及使役动词的被动介词化》,见洪波著《汉语历史语法研究》,北京:商务印书馆。
蒋绍愚 2002 《"给"字句、"教"字句表被动的来源——兼谈语法化、类推和功能扩展》,《语言学论丛》第二十六辑,北京:商务印书馆。

李　炜、石佩璇　2015　《北京话与事介词"给"、"跟"的语法化及汉语与事系统》,《语言研究》第 1 期。

李宇明、陈前瑞　2005　《北京话"给"字被动句的地位及其历史发展》,《方言》第 4 期。

刘　云　2018　《北京话处置标记"给"的来源与历时演变》,《汉语学报》第 1 期。

马贝加　2014　《汉语动词语法化》,北京:中华书局。

石毓智　2004　《兼表被动和处置的"给"的语法化》,《世界汉语教学》第 3 期。

吴福祥主编　2015　《近代汉语语法》,北京:中国社会科学出版社。

徐　丹　2005　《某些具有[±给予]意义动词的语法化》,《汉语语法论集》(二),北京:商务印书馆。

张　文　2013　《近代汉语"给"的语法化演变研究》,《语言学论丛》第四十七辑,北京:商务印书馆。

从特殊音变看宁波话传教士文献中多功能虚词"等"的来源
——兼论苏沪、宁波方言多功能虚词"搭"的非同一性

盛益民

（复旦大学中文系）

0 引言

语法化过程中，常常会伴随着形态、音系方面的变化，Bybee 等（1994:20）甚至还提出了"形-义共变"（coevolution of meaning and form）这一著名假说。关于语法化学界对相关音变的研究以及其汉语语法化过程中的音变现象，请参李小军（2016）的详细论述。伴随语法化而产生的音变，往往是不合常规音变的特殊音变。不过，伴随语法化而产生的特殊音变也有其自身的规律，因此探究虚词的特殊音变模式也是历史句法学研究中的一项重要工作。

我们发现，汉语方言中存在一种虚词或常用动词增生鼻音的特殊音变模式（详参本文 2.1 节），这是之前学界较少关注的现象。本文打算以传教士宁波话文献中的多功能虚词"等"的来源为例，具体说明这一重要的特殊音变现象。

现代宁波市区方言用"拨"pəʔ⁷①表给予动词、允让动词和被动标记,用"搭"təʔ⁷表受益者标记、受损者标记、伴随者标记、等比标记和并列连词等,例如:(引自汤珍珠等,1997:297、305,注释为笔者所加)

(1)该本书拨我仔。这本书给我吧。(给予)
(2)该事体再拨我忖忖看。这事再让我想想看。(允让)
(3)手骨拨蛇咬一口。手被蛇咬了一口。(被动)
(4)我搭侬梳头。我给你梳头。(受益者)
(5)东西也搭我拷腐。东西也给我打碎了。(受损者)
(6)侬事先应该搭渠讲清爽。你事先应该跟他讲清楚。(伴随者)
(7)儿子搭阿爹一样长。儿子跟父亲一样高了。(等比对象)
(8)我眼睛有色盲個,红搭绿老老要看错。我眼睛有色盲,红和绿经常要看错。(并列)

类似的情况也见于宁波鄞州瞻岐、北仑柴桥、舟山定海、岱山等旧宁波府属地。例如定海也是用"拨"表给予、被动;用"搭"表受益者标记、伴随者标记、并列连词等,例如(引自徐波,2004):

(9)渠每回搭人家帮忙蛮尽心個。他每次给别人帮忙都挺尽心的。(受益者)
(10)我偶凑搭侬弄痛个,对侬弗起啊。我是不小心给你弄痛的,对不起哟。(受损者)
(11)渠只弗来,来来我搭其讲。就怕他不来,来的话我就和他讲。(言谈

---

① 国际音标本文一律不加[ ],单音节词一律标调类(1阴平、2阳平、3阴上、4阳上、5阴去、6阳去、7阴入、8阳入),多音节词一律标调值。传教士文献中的标音符号本文一律用斜体表示。此外,为了便于阅读,虚词所使用的同音记音字一律不加" "。

对象)

(12)渠比比叨叨来的寻直轧头,时介忖搭我造孽。他骂骂咧咧的,总是想挑起事端和我吵架。(伴随者)

(13)我脚底里垫瓦砖头,正好搭侬一字过平。我脚底下垫块砖头,正好和你一样高。(等比对象)

(14)渠拉阿爹每日讨香烟搭老酒喫。他们的爸爸每天要讨烟抽和讨酒喝。(并列)

不过林素娥(2015a)指出,在清末的宁波话传教士文献中,另有一个多功能虚词"等",其功能与"搭"基本相同;根据现有文献及笔者的实地调查,这个多功能虚词在现今的旧宁波府属地方言中并未保留。因此"等"的来源、消失及其在宁波话介词历史发展中的地位等问题是一个需要着重探讨的问题。林素娥(2015a)等文对此已有所考察,但其解决方案还有一些可商之处(见1.2节),有必要进一步讨论。

下文的宁波方言专指宁波市区方言,其与旧宁波府所辖鄞县(今鄞州区)、旧慈溪、旧镇海(大致现镇海区大部加北仑区)、奉化、象山、旧定海(大致现舟山市定海区加普陀区)、岱山、嵊泗等县的方言同属吴语太湖片甬江小片。本文所使用的材料,除标记出处的,其余均由笔者调查所得。

1 传教士文献中的多功能虚词"等"及其来源

1.1 多功能虚词"等"的功能

林素娥(2015a)指出,19世纪以来,在包括《马太传福音书》(1853)(以下简称《马太》)、《约翰传福音书》(1853)、《宁波方言字语汇解》(1876)(以下简称《汇解》)、《宁波土话初学》(1857/1868)(以下简称《初学》)、《宁波土话旧约·创世记》(1876)以下简称《创世记》)、《宁波方言便览》(1910)①(以下简称《便览》)等宁波话传教士文献中,有个与现代宁波话"搭"对应的多功能虚词,在罗马版文献中记作 teng,汉字文本中写作"等"。

本文对林文所引材料重新进行了归纳,发现这个多功能虚词"等"在传教士文献中可以表示如下功能:

第一,引介动作行为的受益者,例如:

(15)teng ngô' ma'. 等我买。为我买。(《汇解》185 页)

(16)倷等我刺鞋底,我等倷缝棉袄。我给你做鞋底,你给我缝棉袄。(《便览》73 页)

第二,引介言谈的对象,例如:

(17)ngô iao teng ng kông. 我要等你讲。我要跟你说。(《汇解》443 页)

(18)我已经再三等其讲过。我已经再三跟他讲过了。(《便览》48 页)

第三,引介动作行为的伴随者(相当于林文的引介协同对象和引介关联对象),表示动作共同、协同的对象,例如:

(19)若有人勉强你走一里,也好等其走两里。如果有人强迫你走一里,你也可以跟他走两里。(《马太》5:41)

(20)teng ngô 'soh'-go siang-ken? 等我啥个相干?跟我有什么相干?(《汇解》87 页)

第四,引介等比的对象,即用于等比结构中引介比较的对象,

---

① 本书根据穆麟德(Paul Georg von Möllendorff,1847—1901)的遗稿整理后于1910 年出版,所代表的语言实际要早于穆麟德去世的 1901 年。

例如:

(21) ng teng Fah-lao ih-yiang-go. 你等法老一样个。_{我跟法老一样的。}(《创世记》44:18)

(22)告诉其等告诉我是一样个。_{告诉他跟告诉我是一样的。}(《便览》49页)

第五,用作并列连词,例如:

(23)善人等恶人天生成是仇敌。_{善人和恶人天生是仇敌。}(《便览》48页)

(24)好亲眷肯关照等照应。_{好的亲戚愿意关照和照应。}(《便览》164页)

林文统计了《初学》《创世记》《便览》三种文献中"等"的功能分布,我们根据本文的分类重新进行了统计,结果如下:

表1 三种宁波话传教士文献中"等"的分布

	《初学》	《创世记》	《便览》
受益者标记	3	24	20
言谈对象标记	7	232	36
伴随者标记	14	176	32
等比对象标记	1	2	8
并列连词	50	207	34
总　计	75	641	130

从表中可以看出,在《初学》《创世记》《便览》三种宁波话传教士文献中,"等"是非常常用的多功能虚词。

1.2 多功能虚词"等"的来源方案及存在的问题

关于"等"的来源,学界已经有两种不同的解决方案:第一种,认为本字就是"等",反映的是"等"的多功能语义模式。

上一节已经指出,在《便览》等有汉字的传教士文献中,以上多功能虚词正写作"等"。林素娥(2015a)也认为该多功能虚词的本字就是"等",而且认为"等"早期是给予动词(但这种功能在传教士

文献中已经不存在),其各种虚词用法都是从给予动词发展而来的,以下为林文构拟的演变路径:

等_给予 > 等_让、使 ⎰ > 等_被动标记 [重新分析]
　　　　　　　　⎱ > 等_伴随介词 ⎰ > 等_并列连词 [重新分析]
　　　　　　　　　　　　　　　　 ⎱ > 等_关联介词、平比介词、对象介词、受益者介词等 [功能扩展]

"等"可以表给予义是林文论证的出发点,林文从吴语历史文献和方言共时状况两个方面进行了具体论述。但是无论历时层面还是共时层面,我们认为这种说法都还有一定的问题。

先来看早期吴语文献的情况。林文引用郑伟(2007)一文讨论《绣榻野史》的例子,认为早期吴语中"等"有给予义,例如:

(25)你肯再把阿秀等我弄一弄罢。

(26)我怕你病,安排药来等你吃,你倒要自死。

不过这两个例子并非双及物构式这种给予动词出现的典型结构,对于句中"等"的理解也还有不同的看法。刘华丽(2014)就认为:例(25)是广义处置式,不能从中推导出"等"有给予义;而例(26)是一个兼语句,"等"仍可以理解为允让义的致使动词。

此外,在早期的其他吴语文献中,也并没有发现"等"表示给予动词的例子。石汝杰、宫田一郎(2005:127)在"等"的条目下只列出了"让、使"的义项,例如:

(27)我今日呦勿要开啥牢店哉,且等耳朵里静办勾日把介。(《报恩缘》一五出)

(28)明朝要到上海去住格两日,……等倪散散心看,勿然是坐勒屋里向,倪头脑子也涨格哉。(《九尾龟》二四回)

这说明早期吴语文献中有"等"表致使的例证,但是并没有表给予的例证。

327

在共时方言状况上,文章引用湖南邵东等地的方言证明"等"可以表示"给予",但是这样的材料只能作为旁证,我们并没有在现今的吴语方言中找到"等"表示给予的例子。① 林文还引用到了浙江金华话、衢州话的材料,这两个方言中"等"可以表示允让、被动义,但是都没有给予的用法。同时,汉语史文献中也没有"等"单独表给予的例子,可见,并没有确切证据能证明吴语存在表示给予义的"等"。

如果排除掉"等"可以表示给予义,那么宁波话传教士文献中"等"的各类虚词用法就只可能从"等待"义发展而来,但是这也并不能解释相关的后续演变。何忠东、李崇兴(2004)、何亮(2005)、龚波(2010)、刘华丽(2014)、曹茜蕾(2015)等文都已经证明,汉语方言中存在"等待＞允让＞被动"的演变路径,早期吴语及金华、衢州等地"等"表示被动的用法,正是"等待"义经由允让义发展出被动标记功能的。② 但是,现在仍没有可靠材料能证明"等待"义动词、致使动词等可以发展出受益者标记、伴随者标记等功能。③

因此,如果认为宁波话传教士文献中写作"等"的字本字就是"等",就无法解释其具体演变。

---

① 即便是邵东等地"等"给予用法的来源,也需要再讨论。王健(2017)认为是受另一个多功能虚词"把"类推所产生的。当然,由于邵东周围有不少地区给予动词说"得",鼻音增生也是一个可以考虑的解决途径。

② 关于允让义动词发展到被动标记的具体演变过程,Yap & Iwasaki(2003)、洪波、赵茗(2005)、张丽丽(2006)等已有非常深入的研究,可参看。

③ 江蓝生(2012)认为有"使役动词＞伴随者标记"的演变。不过在张敏(2008)、张定(2010)和盛益民(2015)关于介词的概念空间中,"使役"与"伴随"并不相连。这一语义演变还需要更多证据支持。

第二种解决方案是,认为"等"的本字不是"等",而是另有来源。

林素娥(2015b:181)改变了原来的看法,认为"等"的本字是替代义动词"代"。不过"代"《广韵》中是去声代韵定母字,而"等"是上声等韵端母字,两者声母清浊有别,韵母有阴声韵与阳声韵的差异,声调也不相同,语音上差别较大。因而传教士文献中的"等"恐怕不可能从"代"发展来。

当然,本文赞同第二种研究思路,下面将在增生鼻音这种虚词特殊音变模式的基础上,论证"等"并非传教士文献中"等"这个多功能虚词的本字,"等"只是一个记音的训读字而已,其读音来源于传教士文献中另一个虚词"搭"增生鼻音尾这一特殊音变。

2 从鼻音增生看"等"来源于"搭"

2.1 增生鼻音:虚词的一种特殊音变方式

潘悟云(2002)从弱化的角度,对虚词声母、韵母、声调三个方面的特殊音变进行了考察,是探讨虚词特殊音变模式方面的一篇力作。

本文认为增生鼻音也是汉语虚词或高频词一种常见的特殊音变模式。所谓增生鼻音,就是非阳声韵的词增生出鼻音尾或者鼻化的过程。张敏(2011)已经提出,口语中高频使用的非阳声韵字偶有鼻音化的特殊演变。[①] 刘丹青(2017)也提到,北京土话"比""起"分别有"秉""擎"的同义说法,很可能是鼻韵尾化的一种特殊

[①] 除了吴语"拨-本"之间的例子之外,张敏(2011)还举到了部分浙江方言将"拿"读成鼻音尾或鼻化韵。不过,这些浙江方言对应的成分本字可能是咸山摄的"担",未必是"拿"增生鼻音的例证。

音变现象。

虚词或者高频词增生鼻音尾的现象在吴语中较为常见,在北部吴语中可以找到好几组平行的例证,主要有以下几类:

第一,给予动词、被动介词"拨"。

北部吴语给予动词、被动介词主要是用"拨"。根据胡明扬(1992:60—61),海盐话的"本"pen³具有给予动词、接受者标记、被动标记等功能,张敏(2011)就认为其是其他吴语对应多功能词"拨"增生鼻音尾的结果。金山_{张堰}方言的"本"pəŋ³、平湖方言的"本"pen³、萧山方言(大西博子,1999)的"板"pɛ̃³等,也都是"拨"增生鼻音尾或者鼻化的结果。而松江方言(许宝华、陶寰,2015)对应的虚词则是既可以说 6əʔ⁷,又可以说 6əŋ³,阳声韵形式 6əŋ³来源于 6əʔ⁷增生鼻音尾,保存了共时平面同时具有两种读音的鲜活例证。

第二,受益者标记、伴随者标记"忒"。

苏沪吴语中,广泛存在表示受益者标记和伴随者标记的"忒"tʰəʔ⁷,钱乃荣(2003:225)等均认为其为"替"促化的结果。根据许宝华、陶寰(2015),松江方言表示受益者标记、伴随者标记等功能的介词有 tʰəʔ⁷、tʰəŋ³两种读音,我们认为 tʰəŋ³正是 tʰəʔ⁷增生鼻音尾的形式。[①]

[①] 郑伟(2017:210)认为松江话的 tʰəŋ³继承自早期吴语文献中的"听"。但是这种观点可能在语音和语义上都还有需要解释的地方:语音上,松江话"听"表示听闻义读 tʰiŋ¹,表示任凭义读 tʰiŋ⁵,与介词 tʰəŋ³韵母不同,声调有别,语音上相差较大,这一点郑文已经提及;语义上,早期吴语文献中的"听"只有受益者标记的功能,而松江方言的 tʰəŋ³还可以表示伴随者标记、并列标记等功能,也有较大不同。加之松江共时层面上有舒、促两读,所以,虚词的鼻音增生音变可能是更好的解释。

第三,伴随者标记"克"。

这个形式主要分布于吴江靠近嘉善的黎里、芦墟、松江_{石湖荡}、金山_{张堰}、嘉善_{魏塘}、平湖等地。其中松江_{石湖荡}有 $k^h \partial?^7$、$k^h \partial \eta^3$ 的异读,而金山_{张堰}只用"肯"$k^h \partial \eta^3$($< {}^* k^h \partial \eta^3$)表示受益者标记、伴随者标记、并列连词等,例如:

(29)奴肯渠开门。_{我替他开门。}(受益者)

(30)奴肯渠讲:张三肯李四侪是金山人。_{我跟他说:张三和李四都是金山人。}(伴随者、并列)

阳声韵的"肯"都来源于入声的"克"增生鼻音韵尾。而平湖_{当湖}为"克"$k^h \partial?^7$、平湖_{独山港}为"肯"$k^h \partial \eta^3$,地理上的不同也反映了两者之间的关系,鼻尾形式都是韵尾增生而来的。

此外,吕四方言的持拿动词和处置介词"拿"有 na^{334}、$n\mathit{æ}^{334}$ 两种读音,(卢今元,2007:142)读鼻化是鼻音增生的结果。潘悟云、陶寰(1999)指出,南部吴语某些介词之后也会发生类似的鼻音增生现象,例如表示"和"的虚词,丽水音 $t^h i$,庆元音 $t^h i e \eta$;表示差比的"比",丽水音 pi,庆元音 $\textrm{бie} \eta$。类似的现象也见于副词等其他类虚词,如绍兴_{柯桥}话"特为故意",既可以说成 $de?^{13}$ ɦue^{33} 也可以说成 $de\eta^{11}$ ɦue^{33},"越加_{更加}"既可以说成 ɦio?^{13} ko^{33} 也可以说成 ɦioη^{23} ko^{31}。

吴语之外,也有一些类似的例证。王双成(2014)认为,青海西宁、门源等多地"这么、那么"中"么"读 mən,是鼻音韵尾增生的结果。江苏泰州方言"我"u、"你"nii都读鼻化韵,袁丹(2014)认为是鼻音增生的例证。汪化云(2016:302)认为江西九江方言的处置标记"班⁼"pan 来自"把",若此则也是鼻音增生的例证。李小军(2016)指出,湖南邵阳方言语气词"咱""啊"可以通过增生鼻音的方式发生功能的分化。当然,汉语方言中类似的更多例证,还有待于进一步发掘。①

2.2 "等"来自多功能虚词"搭"的鼻音增生

我们认为文献中的"等"teng 就是来源于宁波话传教士文献中另一个常用虚词"搭"teh 的鼻音增生,下面具体论证。

林素娥(2015a、2015b)指出,早期传教士文献中还有一个与"等"类似功能的多功能虚词"搭"。根据笔者对《便览》的统计,虚词"搭"一共出现了 9 次,用作受益者标记、伴随者标记、并列标记等功能,例如:

(31)你搭我带一封信去。你给我带一封信去。(受益者)

(32)我搭一個朋友品股资做個。我跟一个朋友合伙做的。(伴随者)

(33)今夜脱了鞋搭袜,得知明朝着弗着。今夜脱了鞋和袜,不知明天穿不穿。(并列)

此外,"搭我"还可以表达命令标记的功能,这是"等"在文献中并未体现的功能,例如:

(34)你要搭我快点做好!你给我快点做好!

洪波(2004)、洪波和王丹霞(2004)等文指出,普通话的命令标记"给我"是从受益者标记"给"与"我"词汇化后发展而来的。宁波话的"搭我"也是如此。

对于"等"和"搭"的关系,林素娥(2015a、2015b:142、180—181)认为"等"是宁波话固有的成分,而"搭"是 19 世纪末 20 世纪初随着上海话与宁波话的紧密接触而从上海话传入宁波话的。

---

① 刘丹青先生(私人交流)认为,一般语法单位的增加都靠音义结合单位的增加而实现。虚词和常用动词增生鼻音的动因是语音层面的,还是句法语义层面的,还有待于进一步探究。

虽然在宁波话传教士文献中,"搭"出现频率远较"等"低,但是我们认为"搭"并非上海话影响的结果,理由有以下几个方面:

第一,早期宁波方言的"搭"与苏沪吴语的"搭"并不同音。《便览》中"搭"的文字虽然写作"搭",但读音却都是 teh,用国际音标为 teʔ⁷ 或 təʔ⁷。徐通锵(1993)指出,早期宁波话有 eʔ、aʔ 两韵的对立,不过在《汇解》时代不少字就已经有 eʔ、aʔ 的异读了;到赵元任(1928/1956),这两韵已经完全合并了。与宁波话"搭"有同源关系的成分在宁波地区广泛存在,如旧慈溪三七市(今属余姚,据阮桂君,2009)为"得"təʔ⁷、象山丹城(叶忠正,2010)为"得"teʔ⁷、舟山定海 为"搭"tɐʔ⁷,其中旧慈溪三七市、象山丹城等地仍有 eʔ/əʔ、aʔ 两韵的对立,例如象山丹城"得 teʔ⁷ ≠ 搭 taʔ⁷"。这进一步支持早期宁波话"搭"的形式是 teʔ⁷,文字上写作"搭"是 eʔ、aʔ 相混过程中的体现,下文写作"搭/得"。这与苏沪吴语的"搭"并不同源,这个问题第 3 节还会进一步讨论。

第二,林素娥(2015b)已经指出,早期上海话传教士文献中"搭"并无受益者标记的功能,其为苏州话影响的结果。而宁波话传教士文献中,"搭/得"却有受益者标记的用法,如果说"搭"是苏州影响上海再影响宁波,时间上存在不可调和之处;而我们也并无可靠的证据证明苏州话对宁波话产生过直接影响。

第三,与宁波话"搭/得"有同源关系的成分在宁波地区广泛存在,如旧慈溪三七市、象山丹城"得"的功能比宁波话更加发达(具体请参 3.2 节)。如果宁波市区话的"搭/得"是上海话影响的结果,那么宁波其他地区的情况就没法解释了。

综上,我们认为,"搭/得"是宁波话早期固有的成分,宁波周边地区方言的情况可以为其提供很好的支持。"搭/得"正是"等"的直接源头,"等"*teng* 是"搭/得"*teh* 增生鼻音尾的结果,两者的语音形式的对应是这一点的很好体现。①

那么如何解释传教士文献中"等"远多于"搭/得"的事实呢? 我们认为,可能发生"搭/得"增生鼻尾为"等"的只是宁波现今市区附近的一小块区域,传教士又恰好主要活动于这一区域,所以这种形式作为强势形式被记录了下来,而这个区域周边的广大地区则仍然广泛地使用"搭/得"。伴随着城市范围的扩大和周边人口的大量涌入,在宁波市区方言中,周边的"搭/得"又逐渐占了上风,并最终淘汰了"等"这个创新形式。在赵元任(1928/1956)的记录中我们就已经看不到"等"的痕迹了。至于"搭/得"之所以能胜出,倒也许与上海等地的接触有一定的关系,接触促进了"搭/得"在择一过程中的胜出。

"搭/得"在宁波市区的语音创新及不同成分之间的竞争过程可以总结如下:

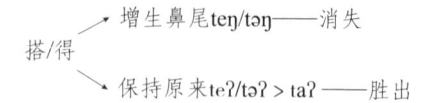

```
            ┌─ 增生鼻尾 teŋ/təŋ ── 消失
搭/得 ──────┤
            └─ 保持原来 teʔ/təʔ > taʔ ── 胜出
```

3 苏沪、宁波吴语多功能虚词"搭"的非同一性

苏沪地区的"搭"与宁波方言的"搭/得",读音相近、功能类似,因此学界多认为两者具有同源关系。我们认为两者并无同一性,

---

① 陶寰先生(私人交流)提醒笔者,2.1 节北部吴语的例证显示,入声韵字鼻音增生之后一律读上声调。宁波话由"搭/得"增生鼻音的形式"等"也是阴上调,也符合浙北吴语鼻音增生的通则。

来源不同,是不同的语素。下面分别讨论。

3.1 苏沪吴语的"搭"及其来源

苏沪一带用"搭"的方言点主要是苏州、常熟、无锡、上海等地,主要以苏州为中心分布。①

苏州话的"搭"具有受益者标记、言谈对象标记、伴随者标记、等比标记、比拟标记、并列连词等多种功能,例如(引自石汝杰,2000):

(35)耐做生活还忙杀勒浪,再要搭我煎药,实在对勿住。你干活已经够忙的了,还要为我煎药,实在对不起。(受益者)

(36)哀桩事体晏歇搭耐说。这件事待会儿跟你说。(言谈对象)

(37)阿记得我勒学堂里搭耐打相打个日脚?还记得我在学校里跟你打架的日子吗?(伴随者)

(38)我年纪轻个辰光,搭耐差勿多,也欢喜游泳个。我年轻的时候,和你差不多,也喜欢游泳。(等比)

(39)听着辩个消息,赛过搭中仔奖一样开心。听到这个消息,就跟中了奖一样高兴。(比拟)

(40)伲爷搭伲兄弟一淘到苏州来哉。我父亲和我弟第一起到苏州来了。(并列连词)

关于苏州方言"搭"多功能虚词的具体演变路径,学界尚有争议。刘丹青(2003)认为是从"连带、连同"义动词发展出并列连词,苏州话并列连词"搭"之后可以加体标记"仔",是动词用法的遗留,而其伴随介词用法来源于动词义或者并列连词功能;吴福祥

---

① 除了吴语,并列连词"搭"还分布于安徽境内安庆、怀宁、歙县、绩溪四处(据内部铅印本《安徽方言概况》)、云南大部分地区(曹志耘主编,2008:40)和湖南益阳方言(徐慧,2001)等地。这些方言与吴语的"搭"是同出一源,还是平行演变的结果,需要进一步研究。

(2003)、赵川兵(2010)则认为"搭"经历了"'连带、连同'义动词＞伴随介词＞并列连词"的单向性演变,不过江蓝生(2012)和吴福祥(2017)已经指出汉语方言中的确存在并列连词发展出伴随介词的现象。抛开争论,苏州方言的"搭"最初由"连带、连同"义动词发展而来是学界的共识。

而受益者标记等功能是伴随介词进一步发展的结果。刘丹青(2003)、郑伟(2017:197—205)指出,历史文献中,晚明的《山歌》中"搭"只有并列连词和伴随介词的功能,到清初的《三笑》中才有受益介词、等比介词等功能,这些用法都是从伴随介词中发展出来的。《山歌》中,"搭"只有并列连词和伴随介词的功能,体现了发展的早期阶段,书中另一个多功能虚词"听"[①]的出现频率远高于"搭",可表伴随介词、受益介词、对象介词、并列连词等,例如(引自石汝杰,2006):

(41)哥哥也弗许听个嫂同床。(伴随者)
(42)隔河看见野花开,寄声情哥郎听我采朵来。(受益者)
(43)使尽机谋凑子我里个郎,听个外婆借子醉公床。(对象)
(44)郎啊,我听你并胆同心一个人能介好。(并列)

伴随着"搭"的功能逐步发展,多功能虚词"听"也被淘汰了。

苏州话"搭"的演变可以总结如下:

"连带、连同"义动词＞并列连词/伴随介词＞受益介词/等比介词

"搭"在苏州一带发生语法化之后,又伴随着苏州的影响力

---

① 刘丹青先生、石汝杰先生(私人交流)认为,"听"很可能是"替"增生鼻音尾的形式。若此,则其与上海一带来自"替"促化的"脱/忒"也能联系上。

扩散到了上海等其他吴语当中。林素娥(2015b)考察发现,早期上海话传教士文献多用"脱/忒",大约到19世纪末20世纪初开始出现"搭"的形式;林素娥(2015b:182)同时发现,"搭"的出现,正好与极性问标记"阿"进入上海的时间相似,这主要是因为19世纪末20世纪初恰好是苏州话影响上海话最剧烈的时期。在上海郊区的嘉定(汤珍珠、陈忠敏,1993:184)、崇明(张惠英,2009:179—180)、松江(许宝华、陶寰,2015)等地,至今仍然还是以用 $tʰəʔ$ 为主,正好与上海早期文献中的"脱/忒"(上文已经提到可能是"替"的促化)一致,也能说明这一类是上海地区的早期形式,"搭"由苏州话传入上海市区,但是还没有完全波及上海郊区。

3.2 宁波方言"搭"的来源和语义演变

在2.2节已经指出,宁波话的"搭"早期读音是 $teʔ^7/təʔ^7$,后来伴随着宁波方言 $eʔ/əʔ$、$aʔ$ 两韵合并为 $ɐʔ$ 而读成了 $tɐʔ^7$。那么宁波话"搭/得"的来源又是什么?

宁波话用"拨"表给予、允让、被动,用"搭"表受益者标记、伴随者标记、并列连词等。而旧慈溪三七市和象山丹城,则是用"得"表示宁波话"拨"和"搭"的所有功能。先来看慈溪三七市,"得"$təʔ^7$ 是该方言的给予动词,同时可以表达被动标记、处置标记、受益者标记、受损者标记、言谈对象标记、伴随者标记、等比标记等介词用法以及并列连词功能,例如(引自阮桂君,2009:273—275):

(45)葛支笔得我仔。这支笔给我了。(给予)

(46)我得伊刮勒两个耳光。我被他打了两个耳光。(被动)

(47)莫得人家东西弄坏。别把人家的东西弄坏。(处置)

(48)我得诺梳头。我给你梳头。(受益者)

(49)东西莫得人家弄坏。东西不要给人家弄坏了。(受损者)

(50)葛事体诺事先应该得渠讲清爽。这事你事先应该跟他讲清楚。(言谈对象)

(51)萝卜得肉聚头滚滚渠。萝卜和肉一起煮一煮。(伴随者)

(52)儿子得阿爹一样长。儿子和爸爸一样高了。(等比对象)

(53)我有眼色盲,红得绿老老要看错。我有色盲,红和绿经常看错。(并列)

叶忠正(2011)指出,象山丹城话的"得"te?[7]既具有给予动词的用法,又是一个多功能的虚词,这与旧慈溪的情况非常相像。根据笔者的调查,"得"除了具有给予动词、允让动词的用法,还具有被动标记、处置标记、接受者标记、受益者标记、受损者标记、言谈对象标记、伴随者标记、等比标记等介词用法以及并列连词功能。例如:

(54)得渠一本书。给他一本书。(给予)

(55)我借得渠一百块钞票。我借给他一百块钱。(给予)

(56)司机得渠落车。司机不会让他下车的。(允让)

(57)我得渠打了一顿。我被他打了一顿。(被动)

(58)渠得碗打碎咾哧。他把碗打破了。(处置)

(59)送本书得渠。送本书给他。(接受者)

(60)我得渠开门。我给他开门。(受益者)

(61)自行车渠得我妆坏咾哧。自行车他给我弄坏了。(受损者)

(62)我得渠讲:明朝我弗去哧。我跟他说:明天我不去了。(言谈对象)

(63)我明朝得渠一道去嬉。我明天跟他一起去玩。(伴随者)

(64)我得渠一样大。我跟他一样大。(等比对象)

(65)我得小王统是浙江人。我和小王都是浙江人。(并列)

上文2.2节中已经指明,宁波方言的"搭/得"早期读 te?[7] 或

tə?[7]，且与慈溪、象山等地的"得"同源。所以我们认为，早期宁波话的"搭/得"也是给予动词，其各类非谓语介词用法都是从给予动词发展而来的，演变过程可以总结如下：

```
                  ┌→ 受益者标记 → 伴随者标记 → 等比标记/并列标记
给予动词 ─┤            ↘ 命令标记
                  └→ 允让动词 → 被动标记
```

盛益民（2010、2015）已经证明，浙北绍兴等地的多功能词"拨"并非原生的，而是来自其他方言的影响。我们认为宁波话的情况也类似，"拨"也是外来的。给予动词"拨"进入宁波地区之后，替代了"得"原有的给予动词、允让动词、被动标记等功能，于是形成了宁波话"拨—搭/得"功能分化的局面。

北部吴语中，多功能虚词"得"除了分布于甬江小片，也分布于临绍小片的富阳、旧新登（今富阳新登）、诸暨、嵊州等地。诸暨五泄话用"接"[tɕie?[7]]"得"表给予，用"得"te?[5]表被动、受益者标记、伴随者标记、言谈对象标记、并列标记等，例如：

(66) 我接得渠一本书。我给他一本书。（给予）

(67) 我得渠敲得一记。我被他打了一下。（被动）

(68) 我得渠开门。我给他开门。（受益）

(69) 我得渠凑队去游泳。我和他一起去游泳。（伴随）

(70) 渠得我讲：明朝要落雨。他跟我说：明天要下雨。（言谈对象）

(71) 我得渠统□[ka?[7]]是诸暨人。我和他都是诸暨人。（并列）

而富阳春江话的"得"te?[7]只有伴随者标记、言说对象标记、并列标记等功能，给予动词等也是用"拨"。例如（引自盛益民、李旭平，2018：277、319）：

(72) 我得渠一道游水去。我跟他一起去游泳。（伴随）

(73)尔拨我得渠讲一声,我来寻渠过啣。你给我跟他说一声,我来找过他了。(言谈对象)

(74)我小学得初中都灵桥读㗳。我小学和初中都在灵桥读的。(并列)

旧新登、嵊州_鹿山_等地的情况也类似。我们认为富阳、新登等地跟宁波的情况一样,"得"早期的给予动词、被动标记和受益者标记等功能也都被"拨"给替代了。

"得"在北部吴语各地的功能差异,可以归纳为下表:

表2 北部吴语的多功能词"得"

	给予	受益者标记	命令标记	伴随者标记	并列连词
慈溪_三七市_、象山_丹城_	得	得	得	得	得
诸暨_五泄_	接=得	得	得我	得	得
宁波	拨	得	得我	得	得
富阳_春江_	拨	拨	拨我	得	得
富阳_新登_	把[pa³]	把[pa³]	把[pa³]我	得	得

除了北部吴语,"得"还分布于南部吴语的婺州片中,如金华方言的"得"tə?⁷可以表示给予动词和被动标记,东阳方言的"得"tei?⁷和开化方言的"得"tʌ?⁷也有类似的功能,例如:

金华(曹志耘等,2000:247)

(75)渠得我侬十块钞票。佢给我十块钱。(给予)

(76)鸡得贼偷去了。鸡被贼偷去了。(被动)

东阳(秋谷裕幸等,2001:117)

(77)哝个碗得渠□[sʌ³³]破哇。那个碗被他打破了。(被动)(东阳)

开化(曹志耘等,2000:447、458)

(78)得我一本书。给我一本书。(给予)

(79)□[e²¹]个瓯得渠捶破罢。那个碗被他打破了。(被动)

可见,多功能"得"在浙江吴语中具有广泛的分布,最初为给予动词、被动标记、受益者标记、伴随标记、并列标记等各类虚词用法都是从给予动词发展出来。宁波一带由于语音合并加上部分功能为"拨"所替代,所以才出现了与苏沪吴语的"搭"偶然同音、同义的现象。

至于浙江吴语这个"得"的语源,张敏(2011)认为来历不明。其或许来自取得义的"得",或许另有来源,需要进一步研究。

4 结语

通过考察分析,我们认为宁波话传教士文献中的多功能虚词"等"并非从给予动词或者等待义动词"等"发展而来的,而是传教士文献中的另一个多功能虚词"搭/得"增生鼻尾的结果。宁波话最初是"等"与"搭/得"并存,在现今宁波话中,"等"已经被淘汰了。"搭"与旧慈溪三七市、象山丹城乃至诸暨、富阳、嵊州等地的"得"有同源关系,其多功能虚词的用法是从给予动词发展而来的。

宁波吴语的"搭/得"与苏沪吴语的"搭"也并没有语源上的关系,两者只是偶然同音而已。苏沪吴语的"搭"由"连带、连同"义动词发展而来,之后又从苏州扩散到了上海等其他吴语当中。而宁波一带的"搭/得"由给予义动词发展而来,其与苏沪一带来源于"连带、连同"义动词的"搭"并非同一个语素。只是在宁波方言中,因为语音演变导致了与苏沪一带的"搭"偶然同音了而已。

本文的研究在厘清了传教士文献中多功能虚词"等"的来源和苏沪、宁波方言多功能虚词"搭"的非同一性外,还有其他两个方面的意义:

一方面,在汉语语法化以及虚词考源的研究过程中,应该注意其音义互动的复杂性,尤其应该重视虚词的特殊音变。除了文献中常见的弱化之外,还应该发掘更多类似的特殊音变模式,本文提到的增生鼻音就是一种重要的特殊音变模式。利用增生鼻音,也许可以帮助解决不少汉语史和汉语方言中的问题,如汉语史中复数标记"们"的鼻尾问题、不少汉语方言中语气词读阳声韵的问题等。当然,语法化过程中也并不必然伴随语音的改变,因此在使用特殊音变进行虚词考源时,必须进行详细论证,以避免使用特殊音变的随意性。同时,也要认识到虚词的特殊音变有其内在规律性,如北部吴语读入声的虚词或者高频词增生鼻音后一律读成阴上调,就是一种规律的体现。

另一方面,在共时的方言语法和利用比较方言学的方法进行方言语法史研究过程中,需要重视语素同一性的问题。一般情况下,同一个方言区内语音对应、功能相当的成分,常常是同源的;然而对于像吴语这样内部语法差异巨大的方言来说,可能并没有那么简单,如盛益民(2013)指出南北吴语的复数标记"拉"la° 仅仅是同音而已,本文也证明苏沪吴语的多功能介词"搭"与宁波一带的"搭"也是偶然同音。

参考文献

曹志耘　1996　《金华方言词典》,南京:江苏教育出版社。
曹志耘主编　2008　《汉语方言地图集·语法卷》,北京:商务印书馆。
曹志耘、秋谷裕幸、太田斋、赵日新　2000　《吴语处衢方言研究》,(日本)好文出版。
大西博子　1999　《萧山方言研究》,(日本)好文出版。
方松熹　1993　《舟山方言研究》,北京:社科文献出版社。
龚波　2010　《汉语方言中表被动的"等"及其来源》,《汉语史研究集刊》第13辑,成都:巴蜀书社。
何亮　2005　《方言中"等"字表被动的成因探析》,《语言科学》第1期。
何忠东、李崇兴　2004　《汉语"使役""被动"规律性演变的方言佐证——汉语方言中的"等"字被动句》,《武汉理工大学学报》(社科版)第 2 期。

洪　波　2004　《"给"字的语法化》,《南开语言学刊》第 2 期。

洪　波、王丹霞　2007　《命令标记"与我"、"给我"的语法化及词汇化问题探析》,见沈家煊、吴福祥主编《语法化与语法研究》(三),北京:商务印书馆。

洪　波、赵　茗　2005　《汉语给予动词的使役化及使役动词的被动介词化》,见沈家煊等主编《语法化与语法研究》(二),北京:商务印书馆。

胡明扬　1992　《海盐方言志》,杭州:浙江人民出版社。

江蓝生　2012　《汉语连-介词的来源及其语法化的路径和类型》,《中国语文》第 4 期。

李小军　2016　《汉语语法化演变中的音变及音义互动关系》,北京:中国社会科学出版社。

林素娥　2015a　《一百多年前宁波话连-介词"等"的用法及其来源》,《语言科学》第 4 期。

林素娥　2015b　《一百多年来吴语句法类型演变研究——基于西儒吴方言文献的考察》,北京:中国社会科学出版社。

刘丹青　2003　《语法化中的共性与个性、单向性与双向性——以北部吴语的同义多功能虚词"搭"和"帮"为例》,见吴福祥、洪波主编《语法化与语法研究》(一),北京:商务印书馆。

刘丹青　2017　《〈老北京土话语法研究〉序》,北京:中国社会科学出版社。

刘华丽　2014　《汉语"等/待"使役结构历时考察》,《东亚文献研究》第 14 辑。

卢今元　2007　《吕四方言研究》,上海:上海辞书出版社。

潘悟云　2002　《汉语否定词考源——兼论虚词考本字的基本方法》,《中国语文》第 4 期。

潘悟云、陶　寰　1999　《吴语的指代词》,见李如龙、张双庆主编《代词》,广州:暨南大学出版社。

钱乃荣　2003　《上海语言发展史》,上海:上海人民出版社。

秋谷裕幸、赵日新、太田斋、王正刚　2001　《吴语江山广丰方言研究》,日本:爱媛大学法文学部综合政策学科。

阮桂君　2009　《宁波方言语法研究》,武汉:华中师范大学出版社。

盛益民　2010　《绍兴柯桥话多功能虚词"作"的语义演变——兼论太湖片吴语受益者标记来源的三种类型》,《语言科学》第 2 期。

盛益民　2013　《吴语人称代词复数标记来源的类型学考察》,《语言学论丛》

第48辑,北京:商务印书馆。

盛益民 2014 《吴语绍兴柯桥话参考语法》,南开大学博士学位论文。

盛益民 2015 《语义地图的不连续与历史演变——以绍兴方言的虚词"作""拨"为例》,见李小凡等著《汉语多功能语法形式的语义地图研究》,北京:商务印书馆。

盛益民、李旭平 2018 《富阳方言研究》,上海:复旦大学出版社。

石汝杰 2000 《苏州方言的介词体系》,见李如龙、张双庆主编《介词》,广州:暨南大学出版社。

石汝杰 2006 《山歌》的语音和语法问题,见石汝杰著《明清吴语和现代方言研究》,上海:上海辞书出版社。

石汝杰、宫田一郎主编 2005 《明清吴语词典》,上海:上海辞书出版社。

汤珍珠、陈忠敏 1993 《嘉定方言研究》,北京:社科文献出版社。

汤珍珠、陈忠敏、吴新贤 1997 《宁波方言词典》,南京:江苏教育出版社。

汪化云 2016 《黄孝方言语法研究》,北京:语文出版社。

王 健 2017 《从致使动词到"给予"动词——一个逆语法化的实例?》,第四届地理语言学国际学术研讨会(华东师大)论文。

王双成 2014 《汉藏语言的鼻音韵尾增生现象》,《民族语文》第5期。

吴福祥 2003 《汉语伴随介词语法化的类型学研究——兼论SVO型语言中伴随介词的两种演化模式》,《中国语文》第1期。

吴福祥 2017 《汉语方言中的若干逆语法化现象》,《中国语文》第3期。

徐 波 2004 《舟山方言中的虚词 tɐʔ⁵》,《浙江海洋学院学报》(人文科学版)第4期。

徐 慧 2001 《益阳方言语法研究》,长沙:湖南教育出版社。

徐通锵 1991 百年来宁波音系的演变,《语言学论丛》第16辑,北京:商务印书馆。

许宝华、陶 寰 2015 《松江方言研究》,上海:复旦大学出版社。

叶忠正 2010 《象山方言志》,北京:中华书局。

袁 丹 2014 《汉语方言中的鼻尾增生现象》,《语文研究》第3期。

张 定 2010 《汉语多功能语法形式的语义图视角》,社科院语言所博士学位论文。

张惠英 2009 《崇明方言研究》,北京:中国社会科学出版社。

张丽丽 2006 《汉语使役句表被动的语义发展》,《语言暨语言学》7.1:

139—174。

张　敏　2011　《汉语方言双及物结构南北差异的成因:类型学研究引起的新问题》,《中国语言学集刊》4.2:87—270。

赵川兵　2010　《试从"句位扩散"看吴语连词"搭"的来源》,《语言学论丛》第41辑,北京:商务印书馆。

赵元任　1928/1956　《现代吴语的研究》,北京:科学出版社。

郑　伟　2007　《吴语早期文献所见的"等"字句》,《中国语文研究》第2期。

郑　伟　2017　《吴语虚词及其语法化研究》,上海:上海教育出版社。

Bybee, Joan, Revere Perkins & William Pagliuca 1994 *The Evolution of Grammar: Tense, Aspect, and Modality in the Languages of the World*. Chicago: University of Chicago Press.

Hilary Chappell(曹茜蕾)2015 Reanalysis of analytic causative and passive constructions in Sinitic languages with source verbs of giving and waiting,上海外国语大学学术报告。

Yap, Foong-Ha & Shoichi Iwasaki 2003 From causatives to passives: A passage in some East and Southeast Asian languages. In Eugene H. Casad and Gary B. Palmer(eds.). *Cognitive Linguistics and Non-Indo-European Languages*. Mouton de Gruyter, Berlin. 419—445.

(本文原载《语文研究》2018年第4期)

山西绛县方言处置式标记"眊"的语法化*

史秀菊

（山西大学文学院）

1 引言

处置式是汉语中较有特点的句式，也是最重要的句式之一，自从王力把"把"字句命名为"处置式"以来，"处置式"的研究一直受到学界的关注，在现代汉语、汉语史、汉语方言学界都有很多不同角度的专题讨论。随着研究的深入，方言中各种各样的处置式标记也被发现，李蓝、曹茜蕾（2013）总结了目前各地方言中的处置式，发现了113个处置式标记（当然，不排除若干个标记是同一个来源，只是在不同方言中读音有差异），除了拿持义之外，还有给予义、得到义、趋向义、使令义、连接义、助益义、言说义等多种来源的动词都可以语法化为处置式标记。我们在山西南部发现了视觉动

---

* 本文是国家社科基金"类型学视野下的晋方言语法比较研究"（13BYY047）的阶段性成果。本文大部分语料是作者在绛县调查所得，另外两位绛县籍学生——史荣（硕士）和李瑞华（本科）也提供了部分语料，特此感谢。

词"眊"作为处置式标记的说法。

1.1 "眊"的视觉动词义

"眊"在山西方言中是普遍存在的一个视觉动词(陕北方言也大量存在),读音基本一致(各地音系的缘故,略有差异),各地方言俗字都写作"眊"。

"眊"在方言中最常用的语义是"探望"义。例如各地民歌:

(1)半个月我眊你十五回。(《眊妹妹》)

(2)眊呀眊你来。(《恋不够的双山梁》)

(3)眊了妹子儿来。(《摇三摆》)

(4)头一回眊妹妹你不那个在。(《想亲亲》)

以上民歌中的"眊"都是探望义。方言中"眊"的常用义也是探望义。例如:

临猗:我师傅病啦,叫我走医院眊眊_{探望探望}他去。

绛县:他眊病人去啦。

汾阳:我说等有空儿喽眊眊你来。

原平:你不眊眊他去?

"眊"也可以是"瞧"义,具有随意、短时的意义

临猗:叫我眊(一)下他在么_{让我看看他在不在}。

绛县:走地里眊一下去吧[tciɑ²⁴]_{去到田地里瞧瞧去吧}。

清徐:到地里眊的_去来没啦嘞_{到地里看了看没有}?

天镇:我眊一眊。

"眊"在《说文解字》《辞源》和《现代汉语词典》中都是形容词["目少精",去声。《说文解字注》,2006:131],显然,山西方言中"眊"的视觉动作义并不是"眊"的本义,那么,视觉动作义的"眊"在山西方言中是引申义,还是个俗字?本文无意考证,本文重点关注

"眊"作为处置标记的语法化历程。

1.2 "眊"在绛县方言中可以充当处置式标记

"眊"作为处置式标记的分布面很小,目前我们只发现存在于山西南部绛县和新绛县一带。本文以绛县方言为例,在前人研究的基础上,分析"眊"由视觉动词到处置式标记的语法化历程。

绛县位于山西省南部,运城地区东北端。东部与临汾地区的翼城县相接,西部和运城地区的闻喜县毗连,南跨中条山与运城地区的垣曲相邻,北部自东向西由临汾地区的翼城、曲沃和侯马市环绕。地理坐标为东经110°24′～110°48′,北纬35°20′～35°38′。根据《中国语言地图集》,绛县方言属中原官话汾河片。

2 处置式"眊"字句

"眊"在绛县读音为[₋mɑu]。当问及处置式"[₋mɑu]"是哪个字时,当地人都毫不犹豫地写作"眊",我们在当地音系中也找不到另一个读音相同或相近的动词,所以根据当地人的语感和我们的判断,处置式标记"[₋mɑu]"应与视觉动词"眊"是同一个词,处置标记是由视觉动词语法化而来。

2.1 处置式"眊"可以出现在各种句类里

"眊"作为处置式标记,与普通话的"把"的语法与语义功能基本相当,语义特征也基本一致,可以出现在各种句类中。例如:

(5) 王强眊兵兵打唠一顿。(陈述)

(6) 你咋眊外₋杯子打啦?(疑问)

(7) 你眊这块手巾涮(一)涮。(祈使)

(8) 眊外₋狗冻得!(感叹)

(9)我眊你娃扔井里啦？你眊我恨成这_{这样}！（反问＋感叹）

2.2 "眊"的句法语义条件限制与"把"字句基本相同

"眊"字句与"把"字句的句法语义条件也基本相同。例如：

(10)他眊我训唠一顿。（"眊"的宾语通常为定指）

(11)谁眊我黑板上外_那字擦啦？（动词必须是复杂形式）

(12)绛县人眊石子饼唤格兰托。（"眊"字的宾语具有话题性）

(13)不要哭啦，我眊你兀_那书搁到书房_{学校}啦，没没_{没丢}。（"眊"宾语受动作的完全影响）

(14)你咋眊外_那苹果弄地下啦？（不如意或出乎意料）

(15)你眊书包拿起叫我坐下。（与因果或目的关系有联系）

(16)我眊钱都存咾银行啦。（受"都"管辖的受事要做"眊"的宾语）

(17)他眊信看完了。|＊这是他眊信看完的地方。（充当句子成分受限）

以上是根据沈家煊（2002）分出的类。从这些例句可以看出，"眊"字句与"把"字句的语法、语义条件限制也基本相同。

2.3 "眊"字句也可分为广义、狭义和致使义三种

吴福祥（2003）把处置式分为三类：广义处置式、狭义处置式和致使义处置式。这三种处置式绛县的"眊"字句都能涵盖。例如：

广义处置式：$V+O_1+V+O_2$

(18)你眊钱予唠他_{你把钱给他}。［处置（给）］

(19)他眊我作啥人啦_{他把我当成什么人啦}？［处置（作）］

(20)我眊娃送唠他姥娘厦啦_{我把孩子送到姥姥家了}。［处置（到）］

狭义处置式：$P+O+V$

(21)眰门闭唠把门关了。（光杆动词）

(22)你眰外那咋一伙全部扔啦你怎么把那些全部扔啦？（动词前有修饰成分）

(23)眰地拖干净把地拖干净。（动词后有补充成分）

致使义处置式

(24)你眰屋里溷得你把家里弄得乱的！

(25)眰我冻感冒啦把我冻感冒了。

(26)眰我看睡着啦把我看得瞌睡了。

以上 22 个例句包含了"眰"字句的各类句法结构。不再赘述。

因此，绛县方言的"眰"字句与普通话中的"把"字句语义和功能相当。

3 处置式标记"眰"的语法化历程

3.1 "眰"的主观化

3.1.1 视觉动词"眰"的语义特征

如前所述，绛县方言的"眰"读音为[₋mau]（同效摄开口一等明母字，阴平），1.1 中各方言点的视觉动词用法在绛县方言中都存在。

"眰"和"看"是绛县方言中使用频率最高的视觉动词。二者语义上既有交叉又有区别，"看"一般出现在如"看书""看戏""看电影"等需要一个人"专注"或视线长时间集中"的语境中，"眰"则出现在"探望""随意""短时"等语境中，具有[＋视觉，＋动作性，＋探望，＋随意，＋短时]等语义特征，所以当地口语中，"眰"经常构成重叠式["眰（一）眰"]，或与"眰一下""眰两眼""眰几下"等表示"短时"义的时量短语组合。因与本文无关,不再赘述。

3.1.2 视觉动词"眊"的主观化倾向

按照 Sweetser(1990)的观点,感官动词的隐喻运作方式是从身域投射到心域,而心域可进一步投射到言语行为域,产生相应的语用功能。(转引自魏兴、郑群,2013:84)魏兴、郑群(2013),曾立英(2005),郑娟曼、张先亮(2009),刘月华(1986)等都曾讨论过视觉动词语法化的问题。绛县方言的视觉动词"眊"的"身域→心域→言语行为域"的主观化倾向也很明显,即"眊"与"看"的主观化程度基本相同。

3.1.2.1 由"身域"到"心域"

(27)你眊着 瞧着 他今个喜欢 高兴 盲吗?

(28)你眊着天黑唠 你瞧着天黑了,就赶紧往回走。

(29)眊,车 看,(小心)车!

(30)你眊这办法还行盲吗? ——我眊着不行 我觉得不行。

(31)我眊着明儿下雨呀 我觉得明天天要下雨。

上例(27)"眊"的对象是"他今个喜欢盲吗","眊"除了视觉动作外,还需要观察、感受和判断对方的心情;例(28)"天黑"除了视觉观察外,也还需要经验感知,具有[+视觉,+感知]的语义特征。例(29)例中的"眊"的主观化也有所加强,是说话人警示听话人"小心车!",这句中"眊"的视觉义已经很弱了。例(30)—(31)的主观化进一步加强,相当于[+觉得/+认为]义,视觉动作义基本消失。

以上例句显示,视觉动词"眊"由"视觉动作"已经发展到了"心理感知、认知"阶段,即由"身域"已经投射到了"心域"。

3.1.2.2 由"心域"到"言语行为域"

沈家煊(2002)认为,与陈述句相比较,祈使句带有更强的主观性。调查中我们收集到很多"眊"字祈使句。这种祈使句主要是句首提示语"眊!"或"你眊!",在当地使用频率很高。值得注意的是,"(你)眊!"这种祈使句中有很强的言语行为义,即说话者通过言语要求听话人按照要求发出"眊(看)"这一动作或提醒对方小心注意。因此,"眊"不仅由"身域"投射到了"心域",更由"心域"投射到了"言语行为域"。

我们发现,绛县方言具有"言语行为域"的"你眊!"句,常带有责备、埋怨的语气:

(32)你眊!电脑弄坏了吧?

(33)你眊!娃摔着啦!

(34)你眊!鸡蛋打啦吧?

这种语境中,听话人由于某种过失导致了不如意的结果——"弄坏了电脑""摔了娃""打了鸡蛋",这是说话人出乎意料的,也不愿看到(不如意)的事实,所以说话人用带有责备、抱怨的语气斥责对方。由于听话人所做错事已经是双方都明了的,是无须再用眼看的,所以这种语境中的"眊"视觉意义基本消失,更多的是对不如意事件的责备,具有明显的言语行为义,主观化进一步增强。上面各例中的"你"在具体语境中也可以省略,如(32)例可以直接说"眊!电脑弄坏了吧?"

调查中发现,"眊"字感叹句在当地使用频率很高,而感叹句包含说话人强烈的情感,因此主观性更强。例如:

(35)眊我拐_累得!

(36)眊他气得!

(37)眊外_那狗冻得_{看那狗冻的}!

(38)(你)眊外地方穷得!

以上3例中的"眊"出现在感叹句句首,虽然"眊"后所描述的人或物的状态,例如"累得"状态、"气得"状态、"冻得"状态都是可视的,但同时也是一种主观感觉。如例(37)"眊外狗冻得!"一句,既有狗瑟瑟发抖的可视景象,也包含着说话人的主观判断——如果是冬天,说话人的判断正确;如果是夏天,说话人这种判断就是错误的。例(38)的视觉动作义进一步减弱,因为"穷"是不可只用眼观,更需要用心去感受,去认知的。

以上例句不仅是说话人在抒发强烈情感,也是说话人在寻求听话人对自己观点的认同。因此也具有较明显的言语行为义。

还有一种感叹兼祈使的句子,既是说话人的感叹,也是对听话人的催促。例如:

(39)眊饭凉喽_{看饭凉了}!(快吃!)

这句话中的"眊"具有一定的催促、提醒义,主观色彩更浓,视觉动作义进一步减弱,主要语义是[＋催促/提醒],要求听话人听到此话语后,抓紧时间做出说话人希望的行为(吃饭)。因此,这里的"眊"具有更明显的"言语行为义"。

以上视觉动词"眊"的主观化过程符合"身域→心域→言语行为域"(魏兴、郑群,2013)的语法化规则。

3.2 "眊"的语法化

需要说明的是,绛县方言的处置式一般都是"眊"字句,"把"字句很少说,而且大多数人认为"把"字句是较文的说法。

3.2.1 "眊"字句中,处置标记的隐含

如前所述,"眊"在具体语境中可以主观化,具有了"言语行为义"。这种具有"言语行为义"的"眊"一般出现在祈使句和感叹句中。沈家煊(2002)通过"把"字句和一般动宾句的比较,从说话人

的"情感""视角"和"认识"三个互有联系的方面,论证了"把"字句的语法意义是一种"主观处置"。同时认为,祈使句与陈述句相比较,祈使句带有更强的主观性,所以祈使句多用"把"字句。我们在调查中也发现,绛县方言所有的"眊"字句中,祈使句和感叹句的主观化程度比陈述句和疑问句更高。这类祈使句往往是表示责怨语气,感叹句是不如意的语气。但根据语境可知,责怨的结果和不如意的结果都不是对方有意而为的,是"无意致使"的,而只有"无意致使用法"的使役结构才有可能发展为致使义处置式(黄晓雪、贺学贵,2016)。例如前例(32)—(39),再如:

(40)你眊碗打啦吧?

(41)(你)眊袄弄脏了吧?

(42)眊娃吓得!

(43)眊我嗓喊哑了!

例(40)—(41)与前例(32)—(34)相同,都是责怨语气,(42)—(43)与前例(35)—(38)相同,都是不如意的感叹语气。以上例句中的"眊"既可以只理解为"看"义,也可以理解为处置式,试比较:

(40′)a.(你)看碗打了吧?

b.(你)看把碗打了吧?

(42′)a.看娃吓得!

b.看把娃吓得!

以上 a 句中只用"看",b 句中的"看"后出现了处置标记"把",这两例都不是绛县方言的说法,但在大多数方言中都能使用。我们发现,上例中的 a 句和 b 句,有无"把"意并没有太大的差别,只是用"把"强调了处置义,即使无"把",句子中也含有处置义,因为受事"碗""娃"等在这类句子中具有"被致使"义——"碗被打""娃被吓",所以,由于受事的"被致使"义的存在,处置标记可以不出现,处于隐性状态。

我们可以通过其他结构来证明这一点。朱德熙(2010)发现,因为"卖"类动词(还包括"送""递""借"等)本身含有"给予"义,所以这些动词所出现的句子中"给"就可以处于隐性状态。例如(转引自朱德熙,2010:102):

　　△我卖你一本。　△我送你一盆花。　△他借我一本书。

以上3例都可变换为:

　　△′我卖给你一本。　△′我送给你一盆花。　△′他借给我一本书。

因为"卖""送""借"本身包含"给予"义,所以"给"就可以不出现。朱先生认为,不带"给"的句式可以看成带"给"句式的紧缩形式。(朱德熙,2010:103)

同理,绛县方言的"眊碗打了"类句子中,因"碗打了"本身就包含了"被致使"义,所以处置标记可以不出现,处于隐含状态,或是一种紧缩形式。

3.2.2　受语境感染,"眊"具有了"致使"义

沈家煊(2002)认为:因为处置式常有不如意的含义,所以当受事受损时,人们更多选择处置式。"就'把'字句而言,常见的结果是,在说话人的心目中,施事成了责任者,受事成了受损者。"(沈家煊,2002:389)如前所述,"眊"后的受事都有"被致使"义——"碗被打""袄被弄脏""娃被吓""嗓被喊哑",这种"被致使"义经常出现在责怨句中。也就是说,"被致使"的受事都成了"受损者",句内或句外的施事便成了"责任者",在这种语境中,受事"碗""袄""娃""嗓"的前面应隐含着一个表示处置义的介词(如大多数方言中的"把"),例如:

(41')眊(把)袄弄脏了吧_{看把袄弄脏了吧}?

(43')眊(把)我嗓喊哑了_{看把我嗓子喊哑了}!

例(41')可以理解为"看把袄弄脏了吧?";例(43')可以理解为"看把我嗓子喊哑了!"。但如前所述,绛县方言中没有"把"做处置标记的句子,其他方言中的处置标记"把"在绛县方言中都用"眊"。我们也可以说"把"在绛县方言中永远处于隐含状态。但是,"把"的隐含,使得"把"的这一空位被忽略,"眊"便直接与受事组合,受事的"被致使"义逐步感染了"眊",使得"眊"具有了致使义,成了处置标记。因此,"眊"的处置标记功能是受语境感染所致。

这种受语境影响,使不具有某意义的动词沾染上此意义的现象并不罕见,构式语法学者在这方面有不少论述。我们这里以朱德熙(2010)中对"写"类动词的论述为例:

朱先生发现,"写"类动词(还包括"留""赚""盾"等),本身不包含给予义,但在 $S_1(N_s+V+给+N'+N)$ 里因整个句子是表示给予义的,因此"写"类动词也就沾染上了给予义。例如(转引自朱德熙,2010:91):

△他写给校长一封信　　△他留给小王一个座位。

在具体论证"写"的给予义时,朱先生说:当"写"跟"信"组合的时候,预先假定有"受者"(收信人)一方存在,此时"写"就取得了给予的意义。(朱德熙,2010:98)

我们认为,绛县方言中的"眊"与朱先生所论证的"写"类动词所处语境类似,都是在语境中获得了词本身不具有的意义:当"眊"经常与具有"被致使"义的受事组合时,"眊"就取得了"致使"义。

3.2.3 "眊"字句的重新分析过程

由视觉动词逐渐变为处置式标记,这一语法化过程可能经过了长时间的重新分析阶段,而且这一重新分析阶段至今并未完全结束——表示责怨语气的祈使句和表示不如意语气的感叹句至今都可以有多种理解。例如：

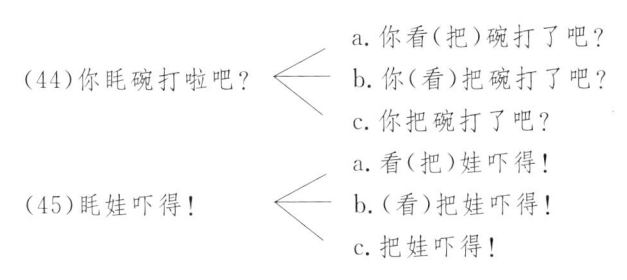

(44)你眊碗打啦吧？ ← a.你看(把)碗打了吧？
b.你(看)把碗打了吧？
c.你把碗打了吧？

(45)眊娃吓得！ ← a.看(把)娃吓得！
b.(看)把娃吓得！
c.把娃吓得！

调查时，问到类似以上祈使句和感叹句时，当地人认为 a、b、c 三种理解都可以。但现在一般会理解为 c 类，即"眊"相当于"把"，是一个处置式标记。

因此，绛县方言的处置式标记经历了以下重新分析的过程：

  眊：看(＋把) → 眊：(看＋)把 → 眊：把

由于这两种"眊"字句在当地使用频率很高，"眊"的处置式标记功能便不断得到加强，其功能稳固后，"眊"的处置标记功能便向狭义处置式和广义处置式扩展，从祈使句、感叹句向陈述句和疑问句扩展，也就有了今天绛县方言中语义语法结构与官话"把"字句相当的"眊"字处置式(详见第 2 节)。至此，"眊"完成了由视觉动词到处置式标记的语法化历程。

汉语语法化的一个鲜明特点是：虚化过程中词语的意义开始变得丰富起来，新意义的产生并不意味着旧有意义的消亡，新旧意义同时共存于同一方言之中，这个特点能帮我们解释为何"眊"的视觉动作义和处置式标记义能够共存，也能解释为何致使义处置式至今能够重新分析(也可能是因为"眊"作为处置标记的时间还不太长)，当然这种新旧义共存现象也为我们寻找其语法化轨迹提供了切实可靠的帮助。

4 结论及余论

综上所述,我们认为,"眊"由视觉义动词语法化为处置式标记,首先经过了主观化的过程,即经历了"身域→心域→言语行为域"的过程。处置式标记"眊"就是在言语行为义的基础上进一步语法化的结果。而具有言语行为义的"眊"多出现在表示责怨语气的祈使句和表示不如意语气的感叹句之中,处置标记功能也就是从这类祈使句和感叹句开始的。

正如朱德熙(2010)所述,如果某词本身具有某种意义,表达这种意义的标记就可以不出现[如"送"具有"给予"义,"送(给)你一本"中的"给"可以隐含];如果动词本身不具有某种意义,但总和具有这种意义或与这种意义相关的词语发生组合,就会获得本身所不具有的意义(如"写"不具有"给予"义,但经常与"信"发生组合关系,就获得了"给予"义)。我们认为,绛县方言"眊"的语法化过程也是这样:因为受事具有"被致使"义,其前的处置标记可以处于隐含状态;"眊"没有致使义,但由于处置标记的隐含,经常与具有"被致使义"的受事发生组合关系,逐渐感染上了致使义,从而具有了处置标记的功能。

吴福祥(2003)把处置式分为狭义处置式、广义处置式和致使义处置式三类,并认为广义处置式和狭义处置式是较早的形式,致使义处置式是较晚的形式,吴先生令人信服地诠释了"持拿"义动词语法化为处置式标记的历时轨迹。但绛县方言"眊"字处置式的语法化历程显示,这类处置式的产生应是从致使义处置式开始,然后才向广义和狭义处置式扩展,显示出了与由"持拿"义动词语法化而来的处置式标记的不同类型特征。

值得注意的是,据黄晓雪、贺学贵(2016),源于使役动词的处置标记"叫"主要分布在河南、山东、安徽北部等地的官话区,通过对近代《歧路灯》的考察可以看出,"叫"字句有致使义处置式,但没有狭义处置式,"叫"演变为处置标记经历了由"使役动词→用于致使义处置式→用于广义处置式和狭义处置式"的发展过程,其出现次序也与"将""把"等这种由"持拿"义动词而来的标记相反。

我们注意到,"盹"作为处置式标记,只存在于很小的范围(绛县和新绛两县)。但与绛县、新绛同处官话区,甚至同处一个行政区划(运城地区)的很多方言的处置标记是"叫",如临猗方言:

你叫碗打啦吧？ 叫孩惊哩！ 你叫书包拿起叫我坐下。

临猗方言处置标记"叫"的语法化历程应与上述《歧路灯》中"叫"字句的语法化顺序相同,都是由致使义处置式向广、狭义处置式扩展,同一片区域的处置式标记的"盹"与"叫"的共同特点是,都不是手持义动词:一个是视觉动词,一个是言说义动词,两者的语法化顺序不谋而合,这种类型特征值得研究。

山西方言处置式标记既有从"持拿"动作义而来的"把""拿"和"给",也有从"言说"义而来的"叫"("到/招"等有可能是"叫"的音变形式),从视觉动作义虚化来的处置式标记很少见,全国方言的处置式标记的报道中也未见到。因此"盹"字处置式具有一定的类型学意义。

参考文献

黄晓雪、贺学贵 2016 《从〈歧路灯〉看官话中"叫"表处置的现象》,《中国语文》第 6 期。

李 蓝、曹茜蕾 2013 《汉语方言中的处置式和"把"字句(上)》,《方言》第

1期。

李　明　2003　《试谈言说动词向认知动词的引申》,《语法化与语法研究》(一),北京:商务印书馆。

刘丹青　2003　《语序类型学与介词理论》,北京:商务印书馆。

刘月华　1986　《对话中"说""想""看"的一种特殊用法》,《中国语文》第3期。

沈家煊　2001　《语言的"主观性"和"主观化"》,《外语教学与研究》第4期。

沈家煊　2002　《如何处置"处置式"?——论把字句的主观性》,《中国语文》第5期。

魏　兴、郑　群　2013　《西方语法化理论视角下对汉语话语标记"你看"的分析》,《外国语文》第5期。

吴福祥　2003　《再论处置式的来源》,《语言研究》第3期。

武文杰　2011　《现代汉语视觉行为动词研究》,北京:人民出版社。

许慎撰　段玉裁注　2006　《说文解字注》,郑州:中州古籍出版社。

曾立英　2005　《"我看"与"你看"的主观化》,《汉语学习》第2期。

张伯江　2009　《从施受关系到句式语义》,北京:商务印书馆。

郑娟曼、张先亮　2009　《责怪式话语标记"你看你"》,《世界汉语教学》第2期。

朱德熙　2010　《朱德熙文选》,北京:北京大学出版社。

从"是时候 VP 了"看汉语从句补足语结构的崛起
——兼谈汉语视觉语体中的 VO 特征强化现象*

唐正大

(中国社会科学院语言研究所)

1 引言

1.1 作为新语的"是时候 VP 了"

近些年出现了一种新兴的语言表达"是时候 VP 了",这是一种构式性新语,"是时候……了"保持不变,变项部分是 VP,多为动词性短语。

(1)是时候为农民的文化生活好好谋划谋划了。

(2)如今是时候保护自己的资源了。

(3)欧盟是时候悬崖勒马了。

---

* 本文受中国社会科学院创新工程项目"汉语口语的跨方言调查与理论分析"和中国社会科学院优势学科"语言类型学"资助,承蒙洪波、李宗江、林华勇、刘丹青、龙海平、彭利贞、彭睿、齐卡佳、邢向东等学者提出宝贵的修改意见。赵国富为本文提供《人民日报》例句检索。本文原发表于《世界汉语教学》2018 年第 3 期。《世界汉语教学》匿名审稿专家的精到见解使本文避免了更多疏漏。谨此一并致谢。尚存问题概归作者。

(4)研究生教育是时候改革了。

(5)TVB的孩纸们,是时候High起来了。

"是时候VP了"作为新语,主要活跃在视觉语体中,以媒体语境[①]为主,包括《人民日报》《光明网》等主流媒体,以及微博、微信文字记录等。而在诉诸听觉的访谈、影视剧台词、微信语音记录类语域中,则极少见。

说"是时候VP了"有构式性,主要因为其:1)具有不可变换的框式结构。"了"虽紧邻VP,却与VP无关,句法语义上属于被VP隔开的"是时候",二者一般均不可缺少,且不能变换为"*是时候了VP";2)不可类推。"是时候……了"两端均缺少可替换项,例如下文(21a、21b)均不能说;3)表义特定。"是时候VP了"的基本语义可以描述为"应该现在VP"或"应该马上VP",是一种没有情态词的道义情态表达,多用于表达言语行为,并不彰显简单判断句这样的字面义。

说"是时候VP了"是新语,是因为这种构式在21世纪之前内地汉语文本中难觅其踪。[②] 根据杜道流(2014)统计,《老舍文集》《王朔文集》《大宅门》等北京作家作品中均未见一例"是时候……了"。而据他对网络媒体的搜索,有1136条结果。下表则是我们以1946—2016年《人民日报》为代表,观察到的"是时候VP了"的出现和使用频次:

---

① 本文使用"视觉语体"替代"书面语"是因为、"是时候VP了"的语域既包括报刊书籍等典型书面语类型外,也有微博、微信文字记录等不适合看作(典型)书面语的形式。

② 《红楼梦》第六回中有一个"是时候+SV"的用例:"周瑞家的与平儿忙起身,命刘姥姥'只管等着,是时候我们来请你'。说着,都迎出去了。"但仔细分析,这个"是时候SV"和本文讨论的结构有本质区别,此例相当于"到时候我们来请你",两个小句是状语从句+主句的关系,本文的"是时候VP了"句则是主语从句结构。另外,二者在情态、言语行为方面也完全不同。

表1　1946—2016《人民日报》中"是时候VP"的使用频次

年份	是时候	是时候VP	年份	是时候	是时候VP
1946—2001	301	0	2009	11	7
2002	3	1	2010	17	14
2003	5	0	2011	14	9
2004	7	2	2012	14	11
2005	4	0	2013	30	22
2006	2	0	2014	41	36
2007	5	2	2015	41	39
2008	4	0	2016	27	24

可以看出，1946—2001年"是时候"共出现301次，其中无一例"是时候VP"，绝大多数都是以"是时候了"作为一个独立主句，极少数以"是时候"结句，例如"来得是时候"或"……不是时候"。"是时候了"用例如：

（6）是时候了，向全国人民特别向华南、西南人民赎罪罢！（1949.10.12）

（7）把质量提到第一位，是时候了。（1977.8.19）

（8）你要听劝，结婚吧，是时候了。（2000.11.17）

概括起来，这种"是时候了"句主要有两种句法格局：

A式：[是时候了，VP]；

B式：[VP（，）是时候了]。

其中，A式占压倒性优势，A式中的VP都是可以独立成句的句子，如（6）。B式相对较少，其中一部分是不能独立成句的动词性短语（主语从句）[①]，如（7）；另一部分VP为独立句，如（8）。

---

① 本文统一将VP处理为从句/小句，除了论证系统的统一性，更是因为汉语存在大量无须主语出现的独立句和从属句（也即动词性短语实为小句）；另外，"是时候VP了"用例中也出现了少量SV型主谓短语做从句的例证（如BCC语料库"是时候我们算账了"），可以看出二者的平行性。

《人民日报》首次出现"是时候 VP"在 2002 年,首次出现"是时候 VP 了"则是在 2004 年。下面是前 3 个用例:

(9)香港长江实业集团主席李嘉诚表示,香港回归已经 5 年多,<u>是时候就《基本法》第二十三条立法</u>,立法不会损害香港的投资环境。

(10)新世界集团主席郑裕彤说,香港回归才 7 年,实在不<u>是时候谈普选</u>,需要等待政治和经济方面气候成熟,才是谈论普选的时间。

(11)奥运会尚未闭幕,金牌争夺战依然扣人心弦,加油助威之余,<u>是时候好好思考一下这些问题了</u>。

不难看出,前 2 例"是时候 VP"后都不带"了",且均是直引香港籍说话者用语,其中(10)还是后来再未出现过的否定式。只有(11)这种类型才是后来真正站稳脚跟且活跃起来的"是时候 VP 了"[①],而且这个新句型之后每 4—5 年就有一次较大增长,2004—2008 年仅 3 例,2009—2012 年 56 例,2013—2016 年则增至 139 例。更值得注意的是,"是时候 VP 了"在所有"是时候"用例中的占比逐年提高,至今,甚至基本取代上文所说的 A 和 B 两种"是时候了",而不是与之并存!这与很多昙花一现或最多新老并存的新语生态显然有本质区别。另外,将 VP 置于不及物性的谓词性成分(intransitive predicate,参看 Givón,2001:158)"是时候"之后,是汉语语法体系中的罕见现象。根据北京语言大学语料库网络版

[①] 杜道流(2014)注意到的"是时候 VP 了"出现于 2002 年:
因此,现在是时候将研究人民币成为世界货币的问题提上国家议事日程了。
(《人民币"硬通"到国外》,《北京晨报》2002.03.21)

BCC,"是时候……了"的用例近2500条,都是近10年涌现出来的用例。是时候关注一下"是时候VP了"的来源、结构以及对语法结构的影响了。

1.2 关于"是时候VP了"的相关研究

有关新语"是时候VP了"的直接研究不多,主要有晁代金(2008a、2008b)、杜道流(2014)、彭利贞(2014)、王倩蕾(2014)、石定栩和朱志瑜(2000)以及石定栩、朱志瑜和王灿龙(2003)等,后二者讨论了香港书面汉语中受英语影响而产生的"是时候VP"结构。

各家研究都注意到,"是时候VP"是一种新兴的格式。杜道流(2014)主要从语言规范的视角出发,认为该格式不符合"语言规范的需要性原则和普遍性原则",应该"消除有关媒体的不良影响,提高民众的规范意识"。其他几位研究者则默认该格式的合理性,并进行了语义和句法分析。晁代金(2008a)用描述性的语言指出"是时候VP了"表示"应该做某事了",彭利贞(2014)则更明确地指出"是时候"是一种新型的道义情态表达。本文基本认可该观点。王倩蕾(2014)从结构、分布等方面通过聚合替换的方法,详细描写"是时候VP"的句法特性。晁代金(2008a、2008b)则指出,这种格式一方面受英语影响,另一方面,举出若干例证,认为近代汉语中已经存在的"是时候了"与之具有源流关系。石定栩等(2000、2003)指出,香港书面汉语中的"是时候VP"受英语 It is time to 影响产生,是该语域中系统性的"右向分枝"结构之一。

以上研究尚有一些未及充分展开的思考,例如,未明确论证"是时候……了"和VP的语法关系;未充分说明这种新兴格式和汉语固有的"是时候了"格式之间的呼应和传承关系;未充分注意到"是时候……了"的构式性和特异性;未充分讨论其情态意义和表言语行为功能的来源及其语法化动因;未充分意识到与这种新兴格式构成类型关联(typological correlations)的其他已有格式和新兴格式,也即新语出现所触发的特异性-系统性的矛盾。本文尝试考虑这些问题。

2 "是时候 VP 了"的可能性来源

关于"是时候 VP 了",最可能想到的来源有三个,1)"是 VP 的时候了"。VP 是定语(或关系从句),也就是说,VP 在"是时候 VP 了"中仍是定语,是后置定语,参考杜道流(2014)、石定栩和朱志瑜(2000)等。2)"是时候了,VP"或"VP(,)是时候了"。即上文说的 A 式和 B 式,VP 是小句。A 式中的 VP 是独立小句;B 句中的 VP 一部分是独立小句,一部分是"指称性主语"(参考朱德熙,1982:101—102;吉田泰谦,2011;等等),或者说是主语位置的补足语从句,简称主语从句。根据本文,"是时候 VP 了"中,VP 仍是补足语从句,是主语从句的另一种形式,下文称为"从句补足语"[①]。3)英文 It's time to…。有利于英文来源说的理由有:首现的若干"是时候 VP"例多和香港人说华语有关;其次"是时候 VP"和英文语序完全吻合。

本文认为,"是时候 VP 了"的核心来源是上述 A 式和 B 式,即由双小句模式的 A 式或 B 式的一部分融合成为简单句,或由邻接式(nexus)主语从句模式(B 式的另一部分)更进一步缩合成内嵌式的补足语结构。持此认识的理由之一是,从语义、情态表达类

[①] Givón(2001:158)将这种不及物性谓词前和谓词后的从句都归入"不及物的小句性主语结构(Intransitive clausal-subject construction)"。其谓词后的从句与常规意义上的宾语从句有本质不同,因此 Givón 称其为"从句补足语(clausal complement)",不对等于以宾语从句为主体的补足语从句(complement clause)。

型、言语行为类型多方面看,"是时候 VP 了"都和汉语中业已存在的"是时候了"句(A 式、B 式)一脉相承。

其次,本文不否认英语相应句式影响的可能性,但同时认为,内地汉语中,这种影响可能是助推器性质的,而非单一原因。简言之,A、B 式是新语产生的内因,英语的相应表达是可能的外因,或者是经由香港书面语中介而起作用的外因。[①] 内地视觉语体中出现的"是时候 VP 了"与香港书面语中的"是时候 VP"有明显不同(下面举例详参石定栩等,2000、2003):

1)内地汉语"是时候 VP 了"有特异性(idiosyncrasy,详见下文)。而香港书面语中,"是时候 VP"是系统性拷贝英语后置关系从句而产生的一种新结构,不限于"是时候 VP",其他例如"有期限贝里沙离开本国、未到期返回大陆、接到投诉城市电讯广告太暴力"等。

2)内地汉语"是时候 VP 了"有构式性(constructionality,详见下文),"是时候……了"格局固定,而后者的"是时候 VP"以无"了"为主,且有多种自由的扩展形式和变体,例如"是适当时候……、不是时候……",甚至"时候"还可以被"时机"等替换,这些,内地汉语都还做不到。

2.1 "是时候 VP 了"≠"是 VP/SV 的时候了"

先举几个"是 VP/SV 的时候"的典型例子:

(12)真黑,这是一夜里最黑的时候。(汪曾祺《看水》)

(13)现在真是你陈玉英下决心的时候呀。(陈建功、赵大

[①] 《世界汉语教学》审稿人提醒,"是时候 VP"在香港已有近百年历史,后随着影视作品大量进入内地而被借用。笔者对此表示感谢,同时不否认这一途径的可能。但内地"是时候 VP 了"高度特异化和构式化,显然是因为有近代汉语以来活跃使用着的"(VP,)是时候了(,VP)"作为基底和呼应。

年《皇城根》)

(14)要在正常的年月,这是勤劳的农民老大爷开门咳嗽、拾粪抓鱼的时候。(石言《秋雪湖之恋》)

(15)又过去了八个小时,该是鲜红的太阳照亮矿山的时候了。(孙少山《八百米深处》)

我们发现,"是 VP/SV 的时候"除了少部分和"是时候 VP 了"表达功能相当,如例(15),在更多情况下是一个陈述表达,相当于 Austin(1962:3—4)所说的言有所述(constative),而"是时候 VP 了"则更多地用于言有所为(performative)。具体讲,"是时候 VP 了"多用于完成一个建议/规劝/倡议这样的言语行为,可归于 Searle(1979:1—29)所说的指令(directives)下面的次类——建议(advice)类言语行为。

正是这一重要区分,导致二者在句法、分布和语义等方面显示出诸多差异,简下:

第一,"是 VP/SV 的时候"更多是不带"了"的用例,如(12—14),这些都无法转换为新语"是时候 VP 了"。除了二者在言语行为层面的差异,在语义层面,"是 VP 的时候"多表达现实情态(realis),而"是时候 VP 了"只表达非现实情态(irealis),具体讲,表达道义情态(deontic modality)。否则不能说:

(16)*我们昨天做完作业,已经是时候熄灯关门了。

第二,"是 VP/SV 的时候"中的变项部分以主谓小句为主;"是时候 VP 了"中则主要是主语不出现的动词性短语做小句。

第三,"是 VP/SV 的时候"前多有自己的主语,例如回指上文的"这"或者"现在"以及其他指称时间的名词性短语或小句;"是时候 VP 了"前则无法有类似的主语,下文详述。

第四,几乎所有的"是 VP/SV 的时候"都可以被否定,然而"是时候VP了"在内地汉语中几乎是清一色的肯定句,除了极少的"空前绝后"的港式个案,如例(9)(10)。

第五,从结构内部成分的语义属性角度来看,"是VP/SV的时候了"中的谓词可以表静态语义(stative),可以有持续义(duration);而相应的"是时候VP了"均不可以。下面两个不能说的用例是从相应合法的"是……的时候"转换而来的:

(17)* 这是时候一夜里最黑(了)。

(18)* 每天四点到六点,是时候他潜心钻研(了)。

总之,"是VP/SV的时候了"与"是时候VP了"在句法、语义、语用(言语行为)多个方面存在差异,几乎不具有对等性,前者不足以成为后者的来源和基底。

2.2 "是时候VP了"与"(VP,)是时候了(,VP)"

为行文方便,我们将上文谈到的A式和B式"是时候了"句合成为"(VP,)是时候了(,VP)"。这个固有格式与新语"是时候VP了"在多个方面都更为接近和对等。我们在语料中观察到的"(VP,)是时候了(,VP)"用例,都含有道义情态语义因素且多用于建议类言语行为,属于言有所为,可看作"是时候VP了"的内在来源结构。先看两个例子:

(19)解决信息安全这个棘手而又迫切的问题是时候了。(2000.7.10)

→是时候解决信息安全这个棘手而又迫切的问题了。

(20)是时候了,这场以侵略为目的的丑戏该收场了!(1999.5.12)

→这场以侵略为目的的丑戏是时候该收场了。

二者高度对等。除了在情态和言语行为类型层面均具有特定的解读外,还表现在,二者共有的"是时候(……)了"这个结构在形态句法方面具有特异性和构式性。具体讲,"是时候(……)了"的

369

形态句法特征可分解为三个方面：1)缺少体词性主语，试对比"你是班长了"和"*你是时候了"即可看出；2)"是"后不能是普通名词，甚至只能是"时候"；3)句末有完成体标记"了"，而"是"与"了"在其他情况下的共现率是很低的。不难看出，"是时候了"不具有可类推性，也就是说，没有其他同构形式同时满足这三个条件。

(21) a. *是地方/时间/方法/原因/样子/方式(……)了
 b. *是时候(……)着/过/呢/来着……

关于"是时候(……)了"的结构特异性和构式性，第4部分将进一步讨论。

3 从单义复合句结构到小句融合

3.1 作为单义复合结构的"(VP，)是时候了(，VP)"

从句间关系角度看，"(VP，)是时候了(，VP)"结构有两种情况：简单句和复合句。简单句中，从句 VP 作为主要谓语"是时候了"的主语；复合句又有在"是时候了"之前和之后两种情况。无论哪种情况，"是时候了"前面都应该有一个逻辑主语(logic subject)①，该主语表达一个自指的事件或命题，不同于普通名词表达

---

① 现实话语中，"是时候了"的逻辑主语不一定每次都能在上文或下文中找出先行句(precedent)，有时候可以是一个未说出的、听说方默认知晓的事件。例如：
〈婚礼伴郎团在新娘和伴郎房间外面等了一会，某伴郎说：〉是时候了！
另外，《世界汉语教学》审稿人指出本文例(6)和"到点了，该下课了"以及"到站了，可以下车了"均不宜分析为主语回指。我们认为，例(6)和后两种双小句结构有本质不同。例(6)中"是时候了"前有一个零形逻辑主语，反指后行句，二者可以构成自指小句＋谓语结构："向……赎罪是时候了"；而"到点了"和"到站了"是述谓句，不是自指小句，在逻辑语义上也不能与各自后面的小句构成主谓关系。

的实体(参看 Dixon 等,2006:15)。下表显示"(VP,)是时候了(,VP)"的各种情况(表头中的"位置"一栏是指:作为主语或逻辑主语先行词的小句相对于"是时候了"的前后位置;该小句用下画线标出,波浪线表示与逻辑主语同形的句法主语,实线表示零形式逻辑主语所回指/反指的先行句或者后行句):

表2 文本中"(VP,)是时候了(,VP)"的构成情况

整句结构	例句	整句构成	位置	语篇分布
简单句	(22)把行政学的研究提上日程是时候了。(1982.1.29)	主语从句＋是时候了	在前	少见
复合句	(23)你要听劝,结婚吧,是时候了。(2000.11.17)	主句(先行句)+(逻辑主语)是时候了	在前	罕见
	(24)既然历史发出了进军的命令,就不应彷徨,是时候了…… (1981.6.19)	主句(含先行句)+(逻辑主语)是时候了		
	(25)现在①是时候了,电影与电视问题应该根据这个最高准则来共同讨论了。(1985.11.11)	(逻辑主语)是时候了+主句(后行句)	在后	多见

从上表可以看出,尽管每种情况都可以转换为从句直接做"是时候了"主语的简单句模式,如例(22),但这种模式在实际语料中分布却并不多;绝大多数状况下,"是时候了"倾向于独立成句,其零形的逻辑主语往往与在前(罕见)和在后(常见)的另一个主句有相同的命题结构[分别如例(23)和(25)],或者相关[如例(24)]。这样,我们就可以观察到一个有趣现象:自然语料中的"(VP,)是

---

① "现在"看起来似乎是"是时候了"的主语,其实不然,应视作状语性成分,即附加语(adjunct),"是时候了"必须有一个命题式主语。另外,每个"是时候了"句实际上都含有"现在"这个含义。

时候了(,VP)"在句法形式上,大多数都是复合双小句模式,然而语义上却相当于一个单一命题,即"做某事是时候了"。

根据 Matthiessen(2001),单义复合结构(hendiadic)指的是用两个独立项表达一个单一语义(hendiadic 一词来自希腊语,意为 one by means of two)的结构,如英语并列结构 go ahead and shoot、start and think about it 等实际上各表达一个单一事件,而不是等立或先后发生的双事件。同时,go ahead and 和 start and 等作为高频使用的常项,发生"助动词化(auxiliation)",其功能是规定第二个动词的体(aspect)或情态(modality)。从这个角度看,"(VP,)是时候了(,VP)"是单义复合结构——两个等立的小句表达一个不可分割的事件/命题。"是时候了"是常项,附带表达道义情态和建议行为等语义和功能。

3.2 单义复合结构诱导的小句融合

3.2.1 从句主语和从句补足语:主语从句的两种类型

从上文可知,大多数情况下,独立小句"是时候了"前不出现显性主语,而是零形式的逻辑主语;"是时候了"和另一个独立小句共现,其零形式逻辑主语回指或反指这个独立小句。这是典型的单义复合结构。而单义复合结构容易诱发小句融合,最终成为简单句。

由逻辑主语回指/反指的这个独立小句最终成为句法主语,是小句融合的目标。在汉语中,最自然、最符合汉语语法体系的融合,就是成为"主语从句+是时候了":原来的被回指小句降级为从句,嵌套进主语位置,原独立小句"是时候了"成为其谓语。

而实际语篇中,这种理想的归宿——"主语从句+是时候了"并没有和其他主语从句一样,成为主流的选择。究其因,这应该更多地和言语行为类型的句式偏好相关。原"是时候了"句多用于言有所为,发起一个建议类言语行为。言语行为句显然更欢迎直接以谓词开始的小句形式,而不是以从句做主语的完整小句。陆俭明(1980)关于"易位句"的研究也注意到大量祈使句类型的易位句现象,例如"看电影去,我们!""快上车吧,小王!"等。

这样就出现了一对互为矛盾关系的需求:1)句法上将另一个与逻辑主语同指的小句融合进来的需求;2)语用上直接以谓语动词开始而不出现主语的需求。这对矛盾决定了,理想的固有模式"主语从句+是时候了"不能同时满足二者,或因此不被重用。而"是时候VP了"的出现,恰好调和了这一矛盾。具体对比下面两例:

(26)a. 把行政学的研究提上日程是时候了。

b. 是时候把行政学的研究提上日程了。

从句"把行政学的研究提上日程"在二例中都是内嵌的(embedded),但在a句中处在主语位置,在b句中出现于"是时候"和"了"之间。a句大格局古已有之,b句则是个新事物,其优势在于,既保持了原有的言语行为表达的谓语动词开句模式,又满足了零形逻辑主语需要被实现的句法要求。

例(26b)句的优势还没说完:这种b式主语从句一般也称作"外移式(extraposed)"主语从句(参看Culicover等,1990;Burridge,2006:57—58)。跨语言看,推动主语外移(后移)的动力主要是为了避免中心嵌套(center embedding),从而实现相对具有处理优势的"重成分后置"局面,也即右分支结构(right-branching)。从例(26)可以看出,相对于常项"是时候"而言,变项是具有可扩展性的小句;常前变后,是更易于处理(processing)的选择。

Givón(2001:158—160)以英语为例,概括了世界语言中主语补足语从句的两种类型:从句主语型主语从句、从句补足语型主语从句,分别简称如下:

(27) a. 从句主语(clausal subject): That he did it is incredible/shocked him.

　　 b. 从句补足语(clausal complement): It is incredible/shocked him that he did it.

不难看出,汉语(26a、26b)与英语(27a、27b)表现出高度的平行性。尽管 Givón 将二者都归于上位概念"主语从句(subject clause)"之下,但也对其做了区分,并指出,跨语言看,从句补足语结构(CC,即 b 句)是更常见、分布更广泛的结构,而从句主语结构(CS,即 a 句)则较为少见。也就是说,汉语史上一直沿革而来的主语从句都以从句主语(a 句)这种"罕见"结构为基础形式,例如古汉语中的"主'之'谓"结构①或现代汉语中的"指称性主语"等(参看朱德熙,1983);而类型学上常见的"是时候VP了"型结构则以新语身份出现在汉语中。

3.2.2　从句补足语结构的句法限制、融合度和句法依赖

当然,"是时候VP了"自融合之后,在句法方面会受到一些额外限制,例如原变项小句VP进入内嵌位置,原句末语气词或其他与道义情态抵牾的情态副词等均不能出现:

(28) a. 一起唱起来吧,是时候了!

　　 b. *是时候一起唱起来吧(了)!

(29) a. 是时候了,一定要让中国人民知道抗日战争的真相。

　　 b. *是时候一定要让中国人民知道抗日战争的真相了。

句法限制增加源自融合度提高。根据 Payne(1997:307),补足语从句的融合度(即语法整合度)位居第三等级,仅次于单小句结构和连动结构,如图(粗体格式为笔者所加):

---

① 《世界汉语教学》审稿人提醒,"主'之'谓"结构并非只做主语。

| One | Serial | **Complement** | Adverbial | Clause | Relative | Coordi- | 2 seperate |
| **clause** | verbs | **clauses** | clauses | chains | clauses | nation | clause |

High degree of grammatical integration　　　　　　　　　　　　　　　　No grammatical integration

图 1　Payne(1997)关于句间语法整合度的连续统图示

需要指出的是,Payne(1997)的补足语从句指的是及物动词带宾语从句〔如 I believe that…、我希望……等),以及规范的主语从句,如上文 Givón(2001)举的英文例〕和汉语中的从句主语类型(如"拿出真本事是时候了")。这两种补足语从句尽管也是内嵌入主句中,但在句法上仍然可以切分出两个单位(fragments),可停顿,可各自具有较为独立的语调,在汉语口语中,甚至可以带上话题标记等分割标志:

(30)我希望呢,手中有房,卖房的时候,房价涨得高高的。(BCC)

(31)拿出真本事吧,是时候了。

相比之下,新兴的从句补足语结构"是时候 VP 了"的语法整合度则更高,是更典型的简单句:从句直接嵌套入谓词内部,"是时候"和"了"之间,整句只能享有一个语调:

(32)是时候(*呢,)拿出真本事了。

小句融合在一定程度上是由于句间依赖关系(dependence)推动的。源格式"(VP,)是时候了(,VP)"中,"是时候了"依赖于语境(context)中出现另一个独立小句,或者某种听说双方共知的情况(如 3.1 节首段脚注所示),以满足其零形逻辑主语的落地(anchor)要求。而当源格式融合为"是时候 VP 了"之后,"是时候……了"就在句法上依赖于补足语从句 VP 了。简示如下:

(33)(VP,)是时候了(,VP)　　　　　是时候VP了
　　　语境依赖　　　　⟶　　句法(补足语)依赖

3.2.3 "是时候了"在近代汉语中的类似表现

晁代金(2008a)注意到,元代已有"是时候了"用例:

(34)(卜儿云)这早晚是时候了,待我披开头发,倒坐门限上,把马杓儿敲三敲,叫三声石留住待。(《全元曲·桃花女破法嫁周公》)

我们看到,本句"是时候"的直接主语"这早晚"(即"这时候")回指的是上文提到的"等到三更前后,风止雨息,倒坐在门限上。板散了头发,将马杓儿去那门限上敲三敲,叫三声石留住,搭救孩儿则个"。

明清以降,更多"是时候了"用例出现。且绝大多数都是出现在对话中,附带表达道义情态和建议类言语行为,与新语"是时候VP了"几无二致。

(35)宛蓉道:"这出完了就煞锣了。预备迎接新人,是时候了。"(《补红楼梦》第四十四回)

(36)婆子道:"是时候了,起来做正经事去。"(《梼杌闲评》第三十八回)

3.3 关于"是时候VP了"来源的小结

从上文可以看出,新语"是时候VP了"与近代至今一直使用的"(VP,)是时候了(,VP)"一脉相承,在情态和言语行为类型上有平行性。前者由后者融合而来,是主语从句的一种新兴形式——从句补足语类型。这种类型尽管在世界语言中更常见,但却不同于汉语中主语从句的主流,即从句主语结构。"是时候VP了"不仅远胜于相应的从句主语结构,甚至已经呈现出明显的取代

源结构的趋势,是一种稳定下来的、具有活力的形式(参看表1)。

新兴结构的产生容易使人联想到外来语的影响,尤其是英语中 It's time to 在各方面都与"是时候 VP 了"具有高可比性。晁代金(2008b)、杜道流(2014)等均认为受到英语影响。而且,香港书面汉语中的"是时候 VP"和其他类似现象显然是直接拷贝英语的结果(参看石定栩等,2000、2003 等)。我们认为,内地汉语的"是时候 VP 了"的形成,其内因是汉语一直存在相应的双小句模式,由于其单义复合结构性质,故具有融合的内在需求,英语以及受英语影响的香港书面汉语可能起了导火索和助推作用。新格式的产生,往往不是单一的来源和诱因。

也正是因为这种汉语固有基底的存在,才使得诸如(9)(10)这样的不带"了"、可否定的"港味"用例几乎成为昙花一现的孤例。

4 "时候"的句法语义依赖类型的发展

上文提到"是时候 VP 了"的特异性和构式性,注意到该结构的常项部分"是时候……了"的无可替换性、可扩展性,因此不同于香港书面汉语的系统性新格式。我们认为,这种特异性和构式性主要是由"时候"的语义特征决定的。下面简单勾画一下"时候"的句法语义变化,并借此探索"是时候……了"及其源格式对于其他小句的依赖方式。

根据方清明(2017),"时候"上古已现,以至唐代,表示"时令与气候"或者"时间(时长)",为并列结构复合词。我们认为,这种"时候"具有独立指称(autonomous reference),不依赖于其他成分赋予其语义内容:

(37)龙星明者,以为时候,故曰大辰。(《春秋左传正义》卷四十八)

(38)若乃阴阳历运日月次舍。称谓虽殊,时候无异。(《大唐西域记》卷二)

方清明(2017)注意到,唐宋以后,"时候"不再特定用于时令气候义,而出现了与其他事件共现的用例。显然,此时"时候"已失去独立指称能力,必须依赖修饰语来赋予其语义,修饰语一般是小句或动词短语。

(39)只怕酒醒时候,断人肠。(秦观《虞美人·碧桃天上栽和露》)

(40)你一个妇人家,这早晚天道,也不是你来的时候。(《全元曲杂剧·杀狗劝夫》第三折)

近现代以来,"时候"一词的搭配趋于模式化和习语化。单用的"时候"日渐衰落。巴金、老舍、茅盾等早期作品,尚可看到具有独立指称义、不依赖回指或修饰语的"时候"用例,但也多具有某种较强的特定风格。港台小说家金庸等小说也零星可见单用的、表时令、时分义的"时候"。而当今的主流文本中,这些用法的"时候"几趋式微。

(41)呜呜的汽笛声从左近的工厂传来,时候正是十二点。(茅盾《蚀》)

(42)设若我的眼由左向右转,灰紫、红黄、浅粉,像是由秋看到初春,时候倒流;生命不但不是由盛而衰,反倒是以玫瑰作香色双艳的结束。(老舍《微神》)

(43)小殓完毕,时候已近傍晚。(巴金《家》)

(44)瘴气是山野沼泽间的毒气,三月桃花瘴、五月榴花瘴

最为厉害。其实瘴气都是一般,时候不同,便按月令时花,给它取个名字。(金庸《天龙八部》)

对话语域中"是时候了"的出现,使得原本用于言有所述层面的"时候"发展到了言有所为层面;相应地,"时候"也由指称现实事件或惯常事件的时间,发展为直接参照说话时间,也因此拥有了时间直指功能(temporal deixis)。

至于其他有"时候"出现的常用构式,例如"时候未到、到时候、有时候、是时候"中,"时候"依赖回指语境中出现或先设的小句而获得语义。从一定意义上看,"是时候了"的依赖性,决定于"时候"的依赖性。下图显示不同结构和不同阶段中"时候"的句法语义依赖模式,以及语用功能的发展变化:

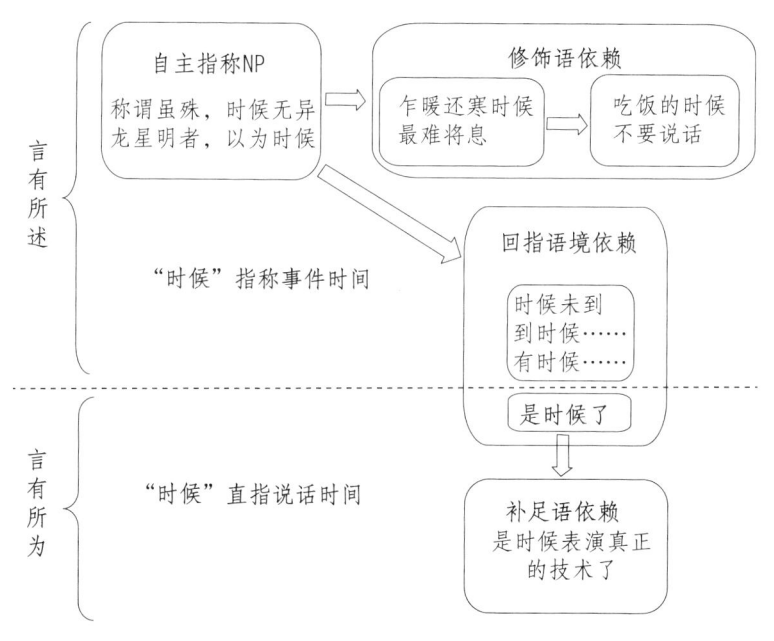

图 2 "时候"的句法语义依赖性及语用功能的发展

5 "是时候VP了"句法属性认定的几种可能

本文将"是时候VP了"结构分析为简单句,语法整合度最高,其主语谓词"是时候……了"内嵌一个从句补足语VP,后者是前者的逻辑主语,这是一种新型的主语从句结构。

但对于"是时候VP了"的分析还可以有其他可能或争议,最容易想到的就是:1)VP为"时候"的后置定语;2)"是时候VP"是连动。由于"是时候VP了"是近十年流行开来的新型构式,直接研究不多,尚未充分深入其句法结构。然而,和"是时候VP"结构最为接近的,便是另一个高能产性结构——"有+NP+VP"。下面分别讨论这两种分析角度。

5.1 后置定语分析及其句法后果

吕叔湘、朱德熙(1979)在分析"有+NP+VP"类结构的时候,将有些VP看作NP的附加语,指出,"作者们为了要使句子更通畅,就不把它放在前面,而把它放在后面"。符达维(1984)、朱霞(2010)、李明(2003)等将放在名词后面的附加语解读为后置定语。例如认为"有希望成为音乐家"中,"成为音乐家"看作"希望"的后置定语。我们来讨论是否适合将"是时候VP了"中的VP也看作"时候"的后置定语。

首先,这种分析的直接前提是,承认汉语存在后置定语。按照该分析,汉语后置定语还存在其他多种。下面观察,几种被认为是后置定语的成分在句法特征方面是否具有同质性:

(45)村里有个姑娘叫小芳。

(46)民死亡者,非其父母,即其子弟,夫人愁痛,不知所

庇。(《左传·襄公八年》)

(47)你比如说你跟着那种水平不高的英语老师,<u>他根本不知道那个纯正的英语发音</u>,<u>他英语语法也不怎么样</u>,你就全完了。(转引自方梅,2004)

(48)王婆带进来一个小姑娘,<u>青涩俊俏</u>。

(49)当事人对<u>决定不服的</u>,可以申请复议。(转引自董秀芳,2003)

这些分析为"后置定语"的成分和前面"中心语"之间的句法紧密度彼此差别很大,比较之下,(46)(49)两种情况下,后置成分和前面的核心名词之间结构更紧密,更接近限定性修饰语。其他较为松散。我们认为,内部差异大,不利于"后置定语"范畴化。这些认定或多或少是纯粹从语义出发,或者从英汉比较的相似性角度做出的。

其次,最关键的是,【前置定语+中心词】结构是一个稳定、独立的名词性短语,可以出现在任何一个做论元的句法位置,或者独立做名词谓语句的谓语,句法功能相当于普通名词。但相应的【中心词+后置定语】却不是符合汉语语法的组合。如"有时间来我们家"中,【*时间来我们家】不合法,不能自由使用。这样,作为名词性短语内部的修饰语,"后置定语"的认定却必须高度依赖于整个名词短语所在的特定结构(或构式),如"有"字句、存现句等,这似乎是个理论缺陷。

再次,具体到本文讨论的"是时候 VP 了",可能更不适合看作后置定语结构。和其他名词相比,"时候"并不是典型的名词,一般不做论元(不同于"时间"),指称能力低。"时候"出现的语法环境多是特定的,有习语化倾向。

5.2 连动分析及其句法后果

5.2.1 从句法地位和时体意义角度讨论"是时候 VP 了"连动分析的不合理性

朱德熙(1982:186、190)将"有(没有)NP-VP"划入连谓结构,本文称作连动结构。那么将与之表层相似的"是时候 VP 了"也看作连动结构是否可行?下面以"是时候表演真正的技术了"为例进行分析。

我们认为,把"是时候表演真正的技术了"认定为连动结构有两个困难:第一在于两个动词短语句法地位不平等;第二在于两个动词短语的时体意义不同。"了"句法上属于主要谓词"是时候","是时候……了"是主句,而"表演真正的技术"是嵌套的句法成分,可以还原为"表演真正的技术是时候了"。根据朱德熙(1982),"包孕结构"不属于"连谓式"。另外,根据 Aikhenvald(2006)、Haspelmath (2016)提到的"一个时、一个体"的连动准入限制,"是时候……了"和内嵌的"表演真正的技术"也不能共享一个时体意义。"是时候……了"这个框式结构是一个典型的完成体表达,其体意义是"是时候"这个新事件的出现/实现,和说话时间相关;而"表演真正的技术"是非现实的,表示"潜在状态"(potential state,参看 Dixon 等,2006:15)。其时间指称只能是将来,即"将来时间指称"(future time reference,参看 Dahl,1985)。现实和非现实、现在和将来,这也决定了"是时候……了"和"表演真正的技术"不可能成为连动。

5.2.2 "有 NP-VP"与连动结构向从句补足语结构的裂变[①]

朱德熙(1982)讨论的连动结构"有 NP-VP"在汉语中很常用,

[①] 刘丹青(2017、2018)阐述了库藏裂变思想,前者更具体讨论了连动式和动补式的裂变,本节研究受该思想启发。有理由认为,汉语中的显赫范畴连动式发展到一定阶段后,裂变出一系列其他类型的子结构。

认识该结构有助于进一步了解"是时候VP"。我们认为,"有NP-VP"内部似有必要做出至少下列两种区分。(50)和(51)中"小桃"和"事"分别为各自句中动词"叫"和"干"的共享主语和宾语,这也判定连动结构的重要标准。但(52)(53)中的"可能"和"工夫"则不是这样的共享论元。而且,通过下面的转换式可以看出,后二例中的第二个谓词短语在语义上,更突出的是补足语从句所表达的自指义,因此能够毫不违和地回到主语从句位置(如右列)。回到句首位置的"下雨"和"跟着你到处乱跑"是"指称性主语"(朱德熙,1983),"包孕成分",故不能看作连动结构。那么当这个包孕成分原封不动回到第二谓词短语位置,再看作连动似不太合理——因为二者之间的语义关系没有改变,即指称和述谓地位也没有改变。因此有理由将(52)(53)这种"有NP-VP"从连动结构中独立/裂变出来,看作本文讨论的"从句补足语型主语从句"结构,简称从句补足语结构,与"是时候VP"具有一致性。

(50)有个青年叫小桃。～*叫小桃有个青年。

(51)他成天没事干。～*没事干他成天。

(52)有可能下雨。～下雨有可能。

(53)没有工夫跟着你到处乱跑。～跟着你到处乱跑没有工夫。

实际上,和"时候"与"是"的结合一样,"可能""工夫"这样的抽象名词更容易和"有"发生词汇化,而形成一个类似于不及物动词或唯谓形容词的词项,这使得其后的VP转化为不及物动词的独一论元,相当于主语论元(S)。关于这种裂变,再看两组更直观的例子:

(54)a.有时间下棋。(从句补足语结构)

b. 有时间消磨。(连动结构)

(55)a. 有几天没上班了。(从句补足语结构)

b. 有几天可以挥霍?(连动结构)

以上 a 句的第二谓词都可以回到句首位置作为述谓对象,可以看作从句补足语结构。尤其是(55a),"有几天"的词汇化程度更高,表示"时间相当长",这也激发了"没上班"的指称性。

现在反观"是时候 VP 了"。"是时候"的词汇化程度也很高,该组合的稳固化可以追溯到元代汉语,语义也较为特定。因此,"是时候 VP 了"结构看作从句补足语型主语从句结构,和"有 NP-VP"结构中的一部分裂变出来的结构,具有高度平行性。这些结构有一个共性,第一谓词词汇化为一个类似于不及物动词或形容词谓语的词项,这使得第二谓词发生指称化,成为语法关系方面的"指称化主语",或者本文所说的从句补足语结构。有的甚至可以认为发生了助词化(auxiliation)倾向,例如"有希望、有必要、是时候"等。

6 类型学视野下的从句补足语结构

6.1 作为 VO 特征关联的从句补足语结构

正如上文,汉语从古至今,主语从句都是以主前谓后为主要模式。"是时候 VP 了"是新出现的谓前主后的形式,类似于很多 VO 型语言中常见的外移式(extraposition)结构。唐正大(2013)将汉语主语从句、条件句看作话题结构扩张的结果,论证了它们与话题的语言内部象似性(language internal iconicity),所讨论的是本文的从句主语(clausal subject)的情况。出现在常规主语位置的主语从句,和汉语话题优先的类型相关。而话题优先则是 OV

语言常见的类型特点。(Gundel,1988)而"是时候 VP 了"这种从句补足语结构,即外移式主语从句结构,只有在 VO 型语言里面才可能观察到(参看 Dixon 等,2006;Givón,2001;等等)。

也就是说,"VP 是时候了"属于 OV 特征关联结构(OV correlates),"是时候 VP 了"属于 VO 特征关联结构。

上文提到,就整个汉语主语从句家族而言,从句做主语的结构是系统性的,在语篇中占绝对优势;而从句补足语结构则以个案的形式零散存在,本文讨论的新语结构"是时候 VP 了"即如此。而且,从句补足语结构大多都可以转换回从句主语结构。反之并非必然。

　　　　系统性:从句主语　　　　零散性:从句补足语
(56)表演真正的技术是时候了。　～是时候表演真正的技术了。
(57)再看到这么优美的舞姿很难。　～很难再看到这么优美的舞姿。
(58)你这样做事情不合常理。　　～*不合常理你这样做事情。
(59)提出离婚给他带来沉重的打击。～*给他带来沉重的打击提出离婚。

新语"是时候 VP 了"胜出,是在自然语料尤其是视觉语体中,是语用上的胜出;准确地说,是因为这种新语结构"继承"了一直存在的"是时候了"句的言语行为表达偏好,并在单义复合句的融合压力下,发生了小句融合。

6.2　VO 特征强化的其他表征

6.2.1　汉语中的其他从句补足语结构举例

Givón(2001:158)将能够带不及物性小句主语结构(Intransitive clausal-subject constructions)的形容词谓语分为 3 个次类(部分举例):

a.认识类(Epistemic):be true,be false,be likely,seem,appear

b. 评价类(Evaluative):be nice,be good,be terrible,be shocking
c. 难易类(Difficulty):be difficult,be easy,be impossible

由于主语从句都表示命题(Dixon等,2006:15),而对于命题(事件)的述谓操作,更多的是人对其事实性(factivity)的信疑认识、情感褒贬、价值判断等。因此,这些谓语天然具有主观性。汉语中也有一些类似的词项可以带后置的从句补足语结构,然而由于这种结构在汉语语法体系中是高度有标记结构,所以很容易被其他强势结构同化吸收。有一部分原谓词已经向情态副词或助词方向演变了。例如较为常用的"确实、有可能、好像、怕是"、评价类和难易类的如"好在、幸好、还好、很难、容易"等。

还有一些零散的形容词或不及物性的动词组也出现了可以带后置的从句补足语的例子。例如"奇怪、多余、何X"等。

近代汉语"奇怪"多单用为独词句,如(60);或以谓语结句(如"这事真奇怪"):

(60)八姨吩咐烫酒,又叫厨房内预备起来,这才觉得他四个看戏的还没有回来,叫声"奇怪!"(《官场现形记》第五十回)

而现代汉语文本中就出现了很多"奇怪"带从句补足语的例子,甚至还出现了更新的用法——直接带名词宾语。分别如下:

(61)很奇怪,他们都很自然地就接受了。(叶晓岚《保镖情人》)

(62)是啊,我也在奇怪这事儿。(BCC)

例(61)具有双重分析的可能,后一个小句从逻辑语义上可以看作"很奇怪"的主语,可以有"他们很自然的接受(了,这)很奇怪"的转换式,此时"奇怪"表示事理怪异;也可以有主体"觉得奇怪"的理解。吕叔湘(1999:439),将"带疑问小句做宾语"的"奇怪"用法归入动词,意为"觉得奇怪",这个看法很精准。疑问小句的确更适合看作宾语(补足语从句),理由有二:1)在逻辑语义上很难看作"奇怪"的主语,"他怎么不来很奇怪"不合法。2)疑问小句和前面的"奇怪"之间可以没有停顿,甚至有时不可以停顿,例如"我奇怪他怎么不来"(吕叔湘例)。综上,从主语-宾语的典型性角度看,存在一种连续统现象:事件/命题名词做主语＞从句主语＞从句补足语＞宾语小句＞事件/命题名词做宾语。此不展开。

"何X"通过小句融合成为主语从句的谓语,以言者的角度对该谓语表示的命题进行间接评价。各种"何X"语法化程度彼此不同。"何苦"在融合之前经历了作为并列小句并列肢的阶段[注意(63)(64)两例中的并列连词"而、乃"],到北宋则已有"谓语＋从句补足语"的用法,如(65),与现代汉语结构几无差别,如(66);而其他大多数"何X"带从句补足语则主要在现代汉语中,如(67)(参看罗耀华、孙敏,2010):

(63)子子孙孙,无穷匮也,而山不加增,何苦而不平?(《列子·汤问》)

(64)吾以义兵从诸侯诛残贼,使刑馀罪人击杀项羽,何苦乃与公挑战!(《史记·高祖本纪》)

(65)太学既无非望之恩,又于乡举额窄处增之,则人人自安乡里,何苦都要入太学!(朱熹《朱子语类》)

(66)离婚是你我两个人的事儿,何苦把老爷子和再造金丹也扯进去呢?(赵大年《皇城根》)

(67)何德何能,值得别人这样对我?想想只觉得惶愧。(张长《我与朱嫂》)

相比之下,"何用""何难"等几乎都只有"VP＋(有)何用/难"这

样的"从句主语＋谓语"的常规结构,但还是出现了极少量"谓语＋从句补足语"结构的萌芽:

(68)白兄和九毒娘子约在初更,尽可晚餐之后再行赶来,何用一个人留在这里?(东方玉《九转箫》)

(69)试想一想,在一百笔二三百笔始能完成的一幅画中何难有一笔两笔的败笔呢。(孙福熙《清华园之菊》)

而"多余＋从句补足语"有东北官话的基底,于一些东北地区小说中可见,当代的微博中也有不少这种用法。

(70)我看你多余这样躲躲闪闪,老朋友老同学,应该出来见见他,做做他的工作。(《夜幕下的哈尔滨》)

(71)我真特么多余打这电话!(微博,BCC)

6.2.2 动后限制松动、旁格论元的直接宾语化

汉语语法表现出强烈的动后限制(post-verbal constraint,参看 Chao,1968;Huang,1982;张敏,2011;等等)。很多动补结构带宾语有严格限制。例如"V 极了"结构在常规状况下就不能再带宾语。以下例句中相应的"规范"用法应该是介词短语做状语结构"和……像极了"、重动句"恨……恨极了"或话题结构"……人们爱极了"等。然而下列新兴 VCO 格式在现代汉语中已使用了多年,至今仍然活跃。语料中,绝大多数用例都是"像极了 N",其他少量的则是"爱、恨、怕、眷恋"等心理活动动词带"极了":

(72)那妇女像极了 1999 年陪同我们参观的博物馆馆长。(陈鲁豫《心相约》)

(73)灭绝师太却恨极了魔教。(金庸《倚天屠龙记》,1961)

(74)其实他爱极了她那份羞涩。(程浅《永远最爱你》,1997)

在最常用的"像极了 N"中,N 由介词宾语的旁格地位提升到

了直接宾语位置,可以看作谓词的增元(valence-increasing)操作,和所谓的施用结构(applicative)有相似之处。

作为VO关联特征强化表征之一的增元操作还有所谓的旁格宾语现象(如"吃大碗"对比"用大碗吃")以及动宾加宾现象(如"联手美国"对比"与美国联手")等。尤其是后者,邢公畹(1997)认为是一种"似乎要流行开来的可疑句式",他举的例子还有"肺癌患者起诉烟草公司、长沙出土数万楚简、中式快餐挑战麦当劳、跟踪深海巨章",认为这些说法"也许会流行,但也很难说"。但这些句式如今显然已经流行开来,稳定使用,不再可疑了。

总之,本文讨论的"是时候VP了"这种从句补足语结构在汉语中并不孤独,存在一些类似的结构,但这些结构之间并不是系统性的关系,而是离散存在的、有标记的结构。这些结构相对于在主语位置的补足语从句,则为后起。而且作为后起新语的时代也各不相同,缺少系统性和结构性演变迹象。然而,随着这些结构的零散出现和增多,我们可以看出其背景性因素,即汉语的VO关联特征(VO correlates)在一定程度上有所强化。通过对语篇的初步观察,我们发现,这种从句补足语结构几乎只出现在诉诸视觉的语体(简称为视觉语体)中,在诉诸听觉的语料中尚较难觅得。对此尚待后续研究。

参考文献

晁代金　2008a　《"是时候"组合的发展演变》,《廊坊师范学院学报》第2期。
晁代金　2008b　《"是时候VP"句式探析》,《柳州技术学院学报》第6期。
董秀芳　2003　《"的"字短语做后置关系小句的用法——兼论法律文献中"的"字短语的用法》,《语言文字应用》第4期。
杜道流　(2014)　《是"是……时候(了)"还是"是时候……(了)"?》,《淮北师范大学学报》(哲学社会科学版)第 2 期。

方　梅　2004　《汉语口语后置关系从句研究》,见中国社会科学院语言研究所《中国语文》编辑部编《庆祝〈中国语文〉创刊五十周年学术论文集》,北京:商务印书馆。

方清明　2017　《论跨层结构"的时候"的词汇化与语法化》,《语言教学与研究》第 1 期。

符达维　1984　《现代汉语的定语后置》,《重庆师院学报》(哲学社会科学版)第 4 期。

吉田泰谦　2011　《指称性主语的分类及其句法、语义特点——"自指性"主语与"转指性"主语探析》,《世界汉语教学》第 2 期。

李　明　2003　《说"有＋NP＋VP"》,华中师范大学硕士学位论文。

刘丹青　2017　《汉语动补式和连动式的库藏裂变》,《语言教学与研究》第 1 期。

刘丹青　2018　《汉语研究中的库藏裂变问题》,国际中国语言学学会第 26 届年会主旨演讲论文。

陆俭明　1980　《汉语口语句法里的易位现象》,《中国语文》第 1 期。

吕叔湘主编　1999　《现代汉语八百词》,北京:商务印书馆。

吕叔湘、朱德熙　1979　《语法修辞讲话》,北京:商务印书馆。

罗耀华、孙　敏　2010　《"何苦/何必"的词汇化和语法化》,《汉语学习》第 2 期。

彭利贞　2014　《"是时候"的前移现象》,"语言的描写与解释"国际研讨会论文集(复旦大学)。

石定栩、朱志瑜　1999　《英语对香港书面汉语句法的影响——语言接触引起的语言变化》,《外国语》第 4 期。

石定栩、朱志瑜　2000　《英语和香港书面汉语》,《外语教学与研究》第 3 期。

石定栩、朱志瑜、王灿龙　2003　《香港书面汉语中的英语句法迁移》,《外语教学与研究》第 1 期。

唐正大　2013　《类型性、话题性与汉语主语从句——语言内部象似性视角》,《汉藏语学报》第 1 期。

王倩蕾　2014　《"是时候＋VP"句法语义研究》,《常州工学院学报》第 6 期。

邢公畹　1997　《一种似乎要流行开来的可疑句式——动宾式动词＋宾语》,《语文建设》第 4 期。

张　敏　2011　《汉语方言双及物结构南北差异的成因——类型学研究引发的新问题》,《中国语言学集刊》第 4 期。

朱德熙 1982 《语法讲义》,北京:商务印书馆。

朱德熙 1983 《自指和转指——汉语名词化标记"的、者、所、之"的语法功能和语义功能》,《方言》第1期。

朱 霞 2010 《"(NP1)+有+NP2+VP"句式考察和探源》,上海师范大学硕士学位论文。

Aikhenvald, Alexandra Y. 2006 Serial verb constructions in typological perspectives. In Alexandra Y. Aikhenvald & R. M. W. Dixon(eds.). *Complementation: A Cross-Linguistic Typology*. London: Oxford University Press. 1—68.

Austin, John Langshaw 1962 *How to Do Things with Words*. London: Oxford University Press.

Burridge, Kate 2006 Complement clause types in Pennsylvania German. In R. M. W. Dixon and Alexandra Y. Aikhenvald(eds.). *Complementation: A Cross-Linguistic Typology*. London: Oxford University Press.

Bybee, Joan L. 1985 *Morphology: A Study of the Relation between Meaning and Form*. Amsterdam: John Benjamins.

Chao, Yuen Ren 1968 *A Grammar of Spoken Chinese*. Berkeley: University of California Press.

Culicover, P. & M. Rochemont 1990 Extraposition and the complement principle. *Linguistic Inquiry* 21(1):23—47.

Dahl, Sten 1985 *Tense and Aspect System*. New York: Basil Blackwell Ltd.

Dixon, R. M. W. & Alexandra Y. Aikhenvald 2006 *Complementation: A Cross-Linguistic Typology*. London: Oxford University Press.

Givón, T. 2001 *Syntax: An Introduction*. Vol. 1. Amsterdam: John Benjamins Publishing Company.

Gundel, J. K. 1988 Universal of topic-comment structure. In M. Hummond, E. A. Moravcsik and J. R. Wirth(eds.). *Studies in Syntactic Typology*. 209—242. Amsterdam: John Benjamins Publishing Company.

Haspelmath, Martin 2016 The serial verb construction: Comparative concept and cross-linguistic generalizations. Taipei: *Language and Linguistics* (《语言暨语言学》)17(3):291—319.

Hopper, Paul 2001 Hendiadys and auxiliation in English. In Joan Bybee and

Michael Noonan(eds.). *Complex Sentences in Grammar and Discourse: Essays in Honor of Sandra A. Thompson.* Amsterdam:John Benjamins Publishing Company.

Huang,C.-T. James 1982 Logical relations in Chinese and the theory of grammar. Doctoral dissertation,MIT.

Lyons,John 1966a "Towards a 'notional' theory of the 'parts of speech'". *Journal of Linguistics* 2(2):209—236.

Matthiessen,Christian M. I. M. 2001 Combining clauses into clause complexes:A multi-faceted view. In Joan Bybee and Michael Noonan(eds.). *Complex Sentences in Grammar and Discourse: Essays in Honor of Sandra A. Thompson.* Amsterdam:John Benjamins Publishing Company.

Payne,Thomas 1997 *Describing Morphosyntax: A Guide for Field Linguistics.* Cambridge:Cambridge University Press.

Radford, A. 1988 *Transformational Grammar: A First Course.* Cambridge: Cambridge University Press.

Searle,John R. 1979 Taxonomy of illocutionary acts. In John R. Searle(ed.). *Expression and Meaning: Studies in the Theory of Speech Acts.* Cambridge:Cambridge University Press.

(本文原载《世界汉语教学》2018年第3期)

安徽旌德三溪话疑问标记"唉"及其来源[*]

吴早生　郭艺丁

（安徽大学文学院　新乡学院文学院）

0　引言

我们知道,从疑问句的句法和类型来看,编码是非问句主要有三种语法装置:语调、形态和词序。其中语调在三者中可能是最普遍的。而疑问句的形态,经常用于标记是非问,很少用于标记特指问,如 Swahihi 语疑问形态"je"用于标记是非问是非常频繁的,但很少用于特指问。特指问中很少使用这种非普遍(generalized)语素当然是可以理解的:特指问已经被疑问代词很好地标记了。(Givón,2001:vol Ⅱ 294—296)

只有在为数很少的语言中,当所有疑问句都带有黏着疑问语素时,特指问中这种非普遍疑问语素才是必要的,如 Greenlandic

---

[*] 本文得到了国家社科基金项目"现代汉语语气助词与相关范畴/结构的同现限制及补偿机制研究"（项目编号:17BYY025)的资助。本文还得到了第九届汉语方言语法国际学术研讨会与会专家和《方言》编辑部及匿名评审专家的宝贵修改意见,谨致谢忱。文中若有错讹,概由笔者负责。

Eskimo 语。(Sadock and Zwicky,1985:184)

这种在特指问中使用非普遍疑问语素的现象,也见于安徽旌德三溪话,该方言在特指问及高程度是非问中使用非普遍疑问语素"唉"作为疑问标记。且这个疑问词只能置于句末,如果邻接于时体词"底"或"仔",经常会失去独立的音节,而黏着于时体词上。但与 Sadock and Zwicky(1985)所论不同的是,这种黏着现象于三溪话中并非必需的,在一定条件下,它可以以独立语素的形式出现。

本文主要讨论安徽旌德三溪话这个特殊的句末疑问词"唉"及其在邻接时体环境下的变异形式,并结合其他语言的疑问标记情况探索其语法化路径。

旌德县位于皖南山区,隶属安徽省宣城市,东依宁国市,南邻绩溪县,西毗黄山市黄山区(原太平县),北接泾县。地理坐标:东经118 度 15 分至 44 分,北纬 30 度 7 分至 29 分。旌德县辖 6 个镇、4 个乡,其三溪镇位于旌德县西北部,东连蔡家桥镇,南接孙村镇,西邻兴隆镇,北与泾县榔桥镇毗邻,是旌德的北大门。根据《中国语言地图集(第 2 版)·汉语方言卷》,旌德县方言主要有徽语旌占片、绩歙片、西南官话鄂北小片、江淮官话洪巢片;在江淮官话洪巢片的文字描述中,将旌德县城、蔡家桥等地归入该片。旌德三溪与蔡家桥相邻且操同一种方言,同属江淮官话洪巢片。

1 三溪话句末疑问语气词使用情况

三溪话能用于句末的疑问语气词主要有两大类三小类:

1.1 用于有疑问小词(指疑问代词和"咯",下同)疑问句的语气词:

1.1.1 非主观化的:"唉[ɛ^{33}]"(变体有:"哉₁[tsɛ^{33}]""咥[tiɛ^{33}]")

1.1.2 主观化的:"唻[lɛ⁴⁴]""呢[ni⁴⁴]""哉₂[tsɛ⁴⁴]"

"哉₁[tsɛ³³]"是"仔"和语气词"唉"的合音("仔"相当于普通话"了₁"),"咥[tiɛ³³]"是"底"与语气词"唉"的合音("底"相当于普通话"的")。

本文所谓的主观化语气词是指该语气词表达问话者对所问问题答案有所了解或曾经了解,这里的问话只是为了进一步求证或要求通过提醒唤起记忆。而非主观化语气词是纯粹疑问的标记,只表明该句是疑问句。

1.2 用于无疑问小词疑问句的语气词:"啊"(变体:"喳""嗲")"呗""吧"

三溪话中任何疑问句句末都必须赋予特定语气词,此类疑问词与1.1中提到的疑问句末语气词互补分布。除"啊"外,其他疑问句末语气词都不能用于陈述句。

分别举例如下:

1.2.1 用于有疑问小词的疑问句:

1.2.1.1 非主观化的:"唉"(变体有:"哉₁""咥")

从语义上看,此类疑问句在普通话中对应为特指问、选择问、正反问和"吗"问句,它们使用的疑问句末语气词与普通话是不一致的。普通话前三种问句中语气词不是必需的,但三溪话疑问句语气词是必需的,即该类含有疑问小词的问句必须与本类语气词同现,且不可或缺。相反,它们不能用于其他类问句。如:

(1)落下这么大底雨,你怎么来咥?

*落下这么大底雨,你坐车子来咥?

(2)小明家底屋咯盖好哉₁?

*小明家底屋昨家盖好哉₁?

(3)你什么时候去唉？

*你明朝_{明天}去唉？

1.2.1.2　主观化的："唉""呢""哉₂"，句法分布与"非主观化"的相同，但表示的是主观化意义——深究、确认、思索和提醒，普通话均用"呢"表达。如：

(4)这个话咯是你讲底唉？

对应普通话：这个话是不是你讲的呢？

(5)张明是什么时候来底呢？

对应普通话：张明是什么时候来的呢？

(6)你什么时候来底哉₂？

对应普通话：你是什么时候来的呢？

当地人的语感是，只在问话人对问句答案有所了解、曾经了解或反复追问的情况下，才能使用该类语气词表达上述语义。

1.2.2　用于无疑问小词的疑问句："啊"（变体："喳""嗲"）"呗""吧"。

从语义上看，该类问句在普通话中对应为低程度疑问句（即求证性疑问句），往往用"啊""呗""吧"表示疑问程度不高。该类语气词不能与疑问小词同现，否则不合法：

(7)你到广东去喳？

*你什么时候到广东去喳？

(8)这本挂历你是到县城买嗲？

*这本挂历你咯是到县城买嗲？

(9)你明朝_{明天}去啊？

*你什么时候去啊？

(10)你明朝_{明天}去呗/吧？

*你什么时候去呗/吧？

2 "唉"疑问形式及其变体的使用情况

2.1 "唉"在疑问句末的独立使用

三溪方言肯定句中,"唉"可独立使用。使用条件是"唉"不与时体词"仔、底"相邻,或虽相邻但语气舒缓。

(11)你咯是昨家上底街唉?

(12)小芳家什么时候办底酒唉?

(13)你什么时候来唉?打个招呼噢。

(14)你欢喜喝什么酒唉?

(15)昨家你到哪去仔唉(语气舒缓)?

(16)小明咯是骑车子去底唉(语气舒缓)?

2.2 "唉"的变体——"哐"和"哉₁"

三溪方言中,"哐、哉₁"标明事情在说话时刻之前已完成,不能用于正在发生或将要发生的事情。如下面例子在该方言表示的都是已完成事件。

(17)你家秧什么时候栽哐? (18)你是几点到旌德哐?

(19)你那天搞么事去哉₁? (20)昨家下午你到哪去哉₁?

下面例子表示的是现在或将来发生的非完成事件,用"哐、哉₁"等疑问句末语气词后,都不合法。

(21)*你明朝搞么东西去哐? (22)*明年你到哪打工去哐?

(23)*歇下子咯会下雨哉₁? (24)*你明朝搞么事去哉₁?

2.3 "哐"和"哉₁"的异同

2.3.1 相同点:它们都只能用于句内有疑问小词的疑问句句末,而不能用于其他类疑问句。

(25)你是几岁念书咥？/*你念书咥？咯是你搞咥？/*你搞咥？你咯去过哉？/*你去过哉₁？

2.3.2 不同点：前者疑问焦点是非谓语核心，可在该焦点前用疑问焦点"是"（用于特指疑问词）或"咯是"（用于非特指疑问词）；而后者只用于谓语核心或以整个谓语短语为疑问焦点的疑问句。"一个句子的焦点是句子语义的重心所在。由于句末成分往往遵循由旧到新的原则，越靠近句末信息内容就越新。"（张伯江、方梅，1996）而三溪话谓词及谓词后内容作为命题的信息焦点靠近句末，是无标记的，而其他部分作为信息焦点在句中靠前，是有标记的。

(26)你是哪天去咥？　(27)我是什么时候讲咥？
(28)你咯是昨家去咥？　(29)哪个跟你讲咥？
(30)小明咯是跟你讲咥？(31)那个电视几点开始放咥？
(32)你昨家咯去哉₁？　(33)小明咯跟你讲哉₁？

其中最后两例一般不用焦点标记"是"，若用，则有强烈要求确认的语义，此时句末必须配以"仔"表时体，"哉"不再是兼表时体的疑问词，而是具有确认要求的语气加强词，记为"哉₂"。

3 "唉"变体的形成条件及测试

"唉"的两个变体"咥、哉₁"分别是与"底"和"仔"在疑问句末相邻而产生语音融合的结果。

下面我们通过慢读舒缓和移位分离两种方法进行测试，证明"咥、哉₁"确实暗含"仔、底"体标记。

关于"仔"的体标记用法，已有不少研究。"仔"表示体，一般认为表示实现体和持续体,或与此相似的体含义。许宝华、汤珍珠(1988)认为上海话存在四个"仔",从成分搭配角度进行分析,认为"仔$_1$""仔$_2$"分别表示动作完成和状态持续。徐烈炯、邵敬敏(1998)和左思民、钱乃荣(2003)也都把上海话"仔"归入体貌助词,认为"仔"一是表示动作实现和完成,一是表示状态持续。林达青(2002)也将枞阳话"仔"分为实现体和持续体。

前人关于"仔"的上述研究都包含了动作实现或状态持续,而三溪话中"仔"主要表示动作实现,不表状态持续(状态持续在三溪话中由"到"担负),其语义相当于普通话"了$_1$",但与普通话不同的是:它可以与经历体及"了$_2$"(三溪话也有"了",但只有普通话"了$_2$"义)连用,连用时因语音不同而不会发生像普通话"了$_1$""了$_2$"的并合现象,这进一步印证了前辈学者区分"了$_1$""了$_2$"的正确结论。也就是说:了[普通话]=仔[三溪话]+了[三溪话],如:

(34)吃过仔了。/吃仔了。/吃饭了。/吃仔饭了。/吃过仔。/吃仔。

至于"底"的用法,与普通话"的"的用法基本一致[包括结构助词、体助词和强调结构"(是)……的"中的"的"],本文不再详述。

3.1 慢读舒缓

"哉$_1$""咥"在三溪方言中,分别相当于"仔唉""底唉"的合音,语气舒缓时,声音拉长,可以直接表示为"仔唉""底唉",如下例在语气舒缓时可以表示为"/"右边的形式表达:

(35)小明家底屋咯盖好哉$_1$/仔唉?

(36)下午你到哪去哉$_1$/仔唉?

(37)你什么时候上街咥/底唉?

(38)你是怎么烧炭咥/底唉?

3.2 移位分离

"咥"与"底唉"相当,只是后者语气比前者舒缓,这可以从三溪话"底""唉"能在一句话中分开使用而功能相当于"咥"的情况得到证明,特别是带宾语的句子:

(39)你什么时候上街咥=你什么时候上底街唉?(该方言里也存在右边这种"V底O"格式,但不如左边句式常用,下同)

(40)你是怎么烧炭咥?=你是怎么烧底炭唉?

(41)酒你咯喝哉₁?=你咯喝仔酒唉?

(42)麂子肉你咯吃哉₁?=你咯吃仔麂子肉唉?

我们通过慢读和移位分离发现,三溪话中的"哉₁""咥"之所以能够同时担负体和语气是由于它们分别是"仔""底"跟"唉"的合音,其底层语气词仍是"唉",只不过与"仔""底"合并为一个音节而已。

"唉"的使用,使其跟普通话甚至跟大部分语言中疑问小词疑问句的疑问手段产生了明显区别,在普通话语义所能达及的所有特指问、选择问、正反问和"咯"是非问中,三溪话都相应地使用了统一的疑问语气词"唉"来表达,且语气词"唉"不可或缺。

4 特指问句末语气词类型考察与"唉"的语法化解释

4.1 类型考察

4.1.1 汉语方言特指问句末语气词考察

虽然汉语普通话非是非问(包括特指问、正反问和选择问)中,疑问代词和疑问结构已经能够很好地标记疑问语气,不再使用疑问语气词标记疑问,即汉语普通话非是非问句末语气词不是必有的。但汉语一些方言(特别是南方方言)中,包括特指问在内的非是非问,不仅可以与其他疑问标记共现,而且必须使用这种看似冗余的标记。

本文所述三溪话属于江淮官话,江淮官话与南方方言中吴语、赣语和湘语的地理位置较近,本文从吴语、赣语、湘语中各举一个实例,同时再举北方晋语的一个实例,来说明上述特征。

4.1.1.1 吴语温州平阳话

钱成慧(2000)认为,温州平阳话中,只有疑问代词"改(儿)"和单音节名词"号(日)"组词表询问日期时,可以直接加上上扬语调,变为特指问,平阳人能够接受。而其他非是非问形式(包括正反问、选择问和其他特指问),加上上扬语调不能直接形成问句,平阳人感觉疑问代词和疑问结构带上上扬语调后,句子仍没完,显得很突兀、生硬,不表疑问;如果带下降语调,则表斥责、申骂语气,也不表疑问。且得出结论:平阳话非是非问的疑问功能,是由句末语气词而不是疑问代词、疑问结构或疑问语调来承担的。

也就是说,温州平阳话在表达疑问时,不仅是非问需要疑问语气词才能表达疑问功能,非是非问句需要传达一般意义上的疑问功能,也必须带上疑问语气词。在非是非问中,语气词虽然是羡余成分,但又是该方言容许且需要的羡余信息。更重要的是,平阳话也只有带上疑问语气词才能表达一般意义上的询问,而没有那种表示意外、不相信的强烈反诘语气。例如:

(43)日昼吃勒阿泥?

(44)你老公该年一百万番钱訾那能近嘎?

(45)这句话用平阳话甃那能讲哦?

(46)你吃饭啊还是吃白粥喔?

(47)你有寻着也有吗?

(48)你茶叶卵吃否吃喔?

总之,在平阳县城当地人语感中,平阳话正反问、选择问、特指问和是非问一样,其疑问语气由句末语气词负载;而语调只是帮助完成句子,并不承担表达疑问语气的功能。

4.1.1.2 赣语塘南话

肖放亮(2015)认为,赣语塘南话疑问句有一个明显特征,就是疑问语气词是构成疑问句必不可少的要素,具有成句功能,如果不用语气词,则语气生硬。如下面的特指问例句,包括不用疑问代的特指疑问句,如(49),以及使用疑问代词的特指疑问句如(50)—(54)。

(49)你昨日有去是?(含有"责备、不满"意味)

(50)你昨日聋有去哦?(只是询问原因)

(51)你昨日聋有去啊?(含有"惊讶、好奇"意味)

(52)你昨日做什哩有去嘛?("责备、不满"的意味较重)

"是"有时可以与指原因的疑问代词混用,并不相互排斥(但"做什哩"和"是"不混,原因不详)。例如:

(53)你聋讲差劲是?　(54)我香不晓得是?

一般情况下,塘南方言选择问里的关联词语不出现,靠语气词"啊"充当连词,完成选择问。后项末尾一般出现哦、啊等语气词,前后相呼应。如果后项末尾无语气词,则显语气生硬。

(55)你吃饭啊吃面哦?　(56)箇块地秧菜啊秧瓜生哦?

塘南方言正反问句采用"VP+啵/么"格式,例如:

(57)你在听啵？　　(58)我东去看打球啵啦？

(59)你個里写么？　　(60)买票么啦？

4.1.1.3 湘语长沙话和新化话

刘建琼、张英帆(2008)认为,新化话不论是非问还是非是非问,句末语气词都不可省略,而长沙话新派和老派在疑问句末语气词使用上有一定差别,老派长沙话的非是非问一般都要有疑问语气词,且用法比较稳固,例如:

(61)饭熟咖冇啰/唻？

(62)你去啵/呗？("啵/呗"是"不啰/不唻"合音)

(63)你是去放羊嘞,还是去玩啰/唻？

(64)是多哒嘞,还是少哒啰/唻？

(65)小张到哪里去哒嘞？

(66)咯是么子啰/唻？

该文还指出,虽然长沙话新派方言的正反问和选择问出现了疑问语气词脱落的现象,但长沙方言特指问疑问语气词是非常稳固的,新老派都很好地保留了疑问语气词,在语流中也更倾向于使用疑问语气词。

4.1.1.4 晋语兴县话

高洋(2014)认为,山西兴县方言疑问句中,语气词使用非常广泛,几乎每一个疑问句都离不开语气词,特指问、反诘问和求证问一般都是在句末单独使用语气词,而选择问一般都是两个语气词配合使用。语气词不仅有表语气的作用,有时还可以表时态,在求证问中,语气词还可以作为区别惊讶性求证问和测度性求证问的标志。例如:

(67)你想要哪本书嘞？　　(68)你背上书包做甚去也？

(69)自行车昨家坏咧？　(70)你是要红的也啊要绿的也？
(71)吃的有嘞啊没咧？　(72)你是听课也啊不咧？

以上列举的汉语方言中，有些要求所有疑问句都必须有疑问标记，有些要求非是非问有疑问标记，有些只要求特指有疑问标记。但有一点是共同的，这些方言的特指问都必须使用疑问标记。同样，三溪话特指问和高程度是非问（即"咯"问句）也必须使用疑问标记；不同的是，三溪话特指疑问表纯粹的疑问功能时，疑问标记只有一个疑问标记"唉"及其合音（疑问标记的黏着形式），只有低程度是非问所用疑问标记不同，且与特指疑问句和高程度是非问中的"唉"互补分布。

4.1.2　世界其他语言特指问句末语气词考察

不仅汉语方言中存在特指问疑问代词、疑问结构与其他疑问标记必须共现的情况，这类句法现象也存在于其他语言中。在世界其他语言中，语言学家们也发现了特指疑问代词与其他疑问标记的共现现象，除了汉语方言的上述表现之外，还有以下两种：

4.1.2.1　特指疑问词可以与其他疑问标记共用，疑问标记为独立语素，如 Swahili 语，虽然很少，但仍有与特指疑问词共现的疑问标记"je"，且该疑问标记与疑问句可以有语音停顿（Givón，2001）：

(73)(je)nani a-li-kwendamji-ni?
　　（Q ）who he-PAST-go town-LOC
　　谁去城里？

4.1.2.2　特指疑问词可以与其他疑问标记共用，疑问标记为黏着形式，如 Asheninka 语的"-ka"和 Greenlandic eskimo 语的"-a"：

Asheninka 语(David payne,i.p.c):

(74)Tsikai-tim-i-kairi-ta?

wh 3MASC-be-REAL-Q he-there

他(那个人)是谁?

Greenlandic eskimo 语(Sadock and Zwicky,1985:184):

(75)Kinapiniar-p-a?

WHhunt-ASP-Q

捕到了什么?

当然,世界语言中,大部分语言的特指疑问词都不能与其他疑问标记共用,如有特指疑问词,一般不用其他疑问标记。如英语、Ute 语等语言的特指问:

(76)英语如:What are you doing?

(77)Ute 语如:(Givón,2001:Vol II 303)

'aa-wawuuka-kha?

WH-ACCOMP   work-ANT

你跟谁(一起)工作?

有些语言虽然特指问句末可以使用语气词,但语气词的使用不是必须的,而是可选的。此类语气词不再表达疑问功能,而是表达某种特殊的非疑问语义。例如汉语普通话疑问句末的"呢"有三个语义——深究、确认和提醒。(熊仲儒,1999;邵敬敏,1989)

4.2 "唉"的语法化解释

旌德三溪话疑问句末语气词具备了上述两种情况:特指疑问词和"咯"疑问词须与其他疑问标记共用,或为独立语素,或为黏着形式,或为融合独立词。如:

(78)疑问标记:你什么时候上底街唉?/你昨家咯是去仔

一趟唉?

(79)黏着语素标记:你什么时候上街底唉?/你昨家咯去仔唉?
(80)融合于单音节的语素:你什么时候上街哇?/你昨家咯去哉₁?

此外,三溪话中还存在一种独词疑问句"唉[ɛ²⁴]",可以单独成句,附在疑问句前后,用停顿隔开,口语中特别明显。这种疑问词在很多语言中都存在,如Swahili语的"je"。

从共时语法化角度看,独词疑问标记、附着疑问标记、黏着疑问标记和融合疑问标记的共存,给我们运用语法化的单向性假设提供了可能。我们可以利用语法化的单向性假设来共时地构拟某种演变方向。一个词汇成分发生语法化后通常会表现出"非范畴化"(失去原先的形态-句法特征)和"磨蚀"(形式变短、语音弱化)等后果。因此,如果我们发现一个特定的成分具有两种不同的用法,或者发现两个语源上有关系的成分,其中一个显示出非范畴化和磨损的效果,而另一个则不然,那么我们有理由认为后者是较少语法化的,并能构拟从后者到前者的演变方向。(吴福祥,2003;Heine & Kuteva,2002)

我们认为,三溪话疑问小词疑问句句末语气词"唉",很可能就是古汉语中的"尔/耳"[①]:先是"尔"正常语序的第二人称用法,然后是

---

① 我们推测,从历时来源的角度看,三溪话中的"唉"很可能源于古汉语疑问句中的"耳"和"尔",这种假设有以下一些理由:

第一,从语义和用法上看,古汉语"耳/尔"均可用于特指疑问句,用于疑问句中的古汉语"耳/尔"已经没有陈述句中"罢了"之类的语义,仅表达语气舒缓,其义接近三溪话中的"唉"。

(1)先秦时期,"尔"与"耳"都可见于特指问中,如刘晓南(1991)列举的"耳"在先秦晚期特指问用例。孙锡信(1999)指出:先秦时期"尔"用于特指问句时,"句中有疑问代词与句末的'尔'呼应"。

(2)魏晋南北朝时期,孙锡信(1999)列举了"耳/尔"用于疑问句的情况:

"尔"用于强调或后置追补,从正常语序中分离,成为独立成分称呼语,然后发展为叹词独词句,进一步演变为疑问标记独词句,最后演变为附着和黏着疑问标记,到语音弱化脱落,或与其他语素合音融合。

当然,"尔"从"人称代词"到"强调或后置追补"再到"叹词"的演变路径只是一种推测,尚需大量历时语料的证据,这里不做进一步考证。但是从"叹词"到"疑问独词标记"再到"附着疑问标记"的语例,在汉语及各种方言中确实是有例可循的。例如,近年来研究比较热的是非问句末语气词"哈"便符合该演变的路径:贺阳(1994)最早指出北京话中的"哈"能够独立负载句子的询问信息;尹世超(1999)认为"哈"用在是非问句末或问句后的称呼语之前,

---

(接上页)"耳"用于特指问的例子:"当从何所说般若波罗蜜?菩萨转复相呼菩萨云何?天中天,想如字耳?"(支谶译《道行般若经》),"如"的意思是"怎样"。用于是非问的例子:"人宁著痴,大如须弥山,呼为有其过,不足言耳?"(支谶译《遗日摩尼宝经》)

"尔"魏晋南北朝时期没有明显的发展。仍是先秦"疑问代词……尔"形式,可能已成为固定格式。例如:"盐铁之利……有益于国,无害于人,百姓何苦尔?"(《盐铁论·非鞅》)。释提桓因言:"何缘尔,人无底、波罗蜜亦无底?"(支谶译《道行般若经》)

第二,三溪话中,"唉"与"尔/耳"发音相同,在句末均为轻声、[ɛ]音(该方言无[ɚ]音,凡[ɚ]均并入[ɛ])。本文记录为"唉",是因为汉语共同语中"唉"与"尔/耳"不同音,而三溪话中的该句末语气词同于共同语的"唉",采用了共同语同音字进行替代的记录方式。

从语音、语义和用法来看,三溪话该语气词很可能就是古汉语"疑问代词……尔/耳"格式中句末语气词的遗留。三溪话中除了具备古汉语"疑问代词……耳/尔"用法,还有"咯……耳/尔"的组配,这一点也可以在古汉语中找到相应的用法:魏晋南北朝时期的"耳"在佛经中已经扩展到高程度是非问中,只不过三溪话是非问句采用疑问小词"咯"表达是非问,与"唉"进行组配而已,即三溪话除了有"疑问代词……唉"的固定形式之外,还有"咯……唉"的固定格式。这些格式在三溪话中已经固化,"唉"在上述问句中不可或缺。

由此,我们推测:三溪话的"疑问代词/咯……唉"的固定形式很可能是古汉语"疑问代词/是非问……耳"和"疑问代词……尔/耳"遗留与并合的产物。这种句末用法又与该方言中"底""仔"高频接触,导致了其语音的融合。

或者用在是非问句后独立成句,表示征求同意,希望听话人对所说的话予以认同,他还进一步指出"哈"是非问句是一种疑问程度最低、语气最委婉的是非问句;苏小妹(2008)则将"哈"分为独自成句的叹词"哈$_1$"和附着于句末的语气词"哈$_2$",并指出哈$_2$由"哈$_1$"虚化而来。吴宝安、韩小红(2013)发现,网络上出现了大量用于正反问、选择问和特指问的大量用例,复制如下:

(81)对不对哈?

(82)干什么哈?

(83)你是去网游,还是去学习哈?

也就是说,经过多年的发展,"哈"已经由独立叹词演变成可以用于疑问句末的语气词,并由是非问的用法扩展到其他问句的用法。当它用于其他问句时,其语气已经由"是非"询问义虚化为较为单纯的句末疑问标记。下面是我们对叹词句到疑问独词句再到附着疑问标记演变路径做出的语法化推导:

叹词句＞疑问标记独词句＞附着疑问标记

三溪话疑问标记"唉"也经历了上述这一演化过程,也就是说,三溪话疑问形式"唉"最先是与所要判断/征询的命题分离的,两者由于频繁接触,由语用成为句法规则,附着于要判断/征询的命题之上。

由于使用的频率进一步增加,该疑问形式进一步与句子某一固定的位置或成分邻接使用,最后形成了黏着语素。在某些语言中,特指问与该标记因重合冗余而弱化脱落,最后很可能只剩下疑问语调这一最为简单的方式,如普通话特指问句。而是非问无此机制动因的激发,仍然保留疑问标记。另一些语言或方言,由于音节或句法特点的限制,使其与其他语素进一步融合,而未能发生脱落。

附着疑问标记＞黏着疑问语素标记 ⟨ 语音弱化脱落
弱化融合于单音节语素

这一演化过程在三溪话"唉"中具体表现为弱化融合,而非弱化脱落,下面是其演化的具体路径:

叹词句"唉[ε^{44}]"＞疑问独词句"唉[ε^{34}]"＞附加句末的"唉"＞"(仔)唉/(底)唉"＞"哉$_1$/咥"

也就是说,三溪话中,"唉"最先是作为独立语句出现的,然后语音停顿减弱减少,转化为相当于我们现在所说的插入语。因为经常和所要判断或征询的命题连用,所以逐渐附着于该命题或判断的句末;而句末常出现的时体词"仔""底"常与"唉"邻接使用,逐渐黏着于其上,在一定条件下,有时融合为一个音节。

5 余论

安徽旌德三溪话疑问句末标记"唉"与疑问小词(疑问代词和"咯")冗余使用的现象,在世界语言中虽然存在,但并不多见。我们推测,该类疑问标记的产生经历了由语用感叹到句法停顿,再到句法附加,直至脱落或黏着融合的演变历程。

目前我们所见世界语言的疑问标记主要用于是非问,较少用于特指问,这一现象是在语言经济原则的推动下产生的。而三溪话特指问及"咯"问句的句末语气词未发生脱落,一直保留至今,与其句法黏着与语音融合有着密切联系,而这种黏着与语音融合,也存在于我们所发现的具有该特征疑问句的其他语言和方言中。

三溪话疑问句末"啊"也有两个变体"喳""嗲",变体条件类似

409

于"唉"的变体。但它只用于低程度是非问,不用于特指问句和咯问句。

普通话"呢"有三个语义——深究、确认和提醒。而三溪话中三个特殊的疑问语气词"哉$_2$、呢、唉",其语义与普通话"呢"的三个语义正好对应,分别表达了说话人对问句的不同态度[深究责问-强确认-弱确认(提醒)],它们是如何进一步分合的,还需进行深入研究。其中"哉$_2$"语音与"哉$_1$"完全相同,它们是否有相同的渊源,还值得进一步探讨。

参考文献

崔莉佳 2009 《语气词"哈"的研究》,吉林大学硕士学位论文。
崔希亮 2011 《语气词"哈"的情态意义和功能》,《语言教学与研究》第4期。
高 洋 2014 《山西兴县方言疑问句研究》,山西大学硕士学位论文。
贺 阳 1994 《北京话的语气词"哈"字》,《方言》第1期。
林达青 2002 《安徽枞阳方言的"仔"和"个"》,南京师大硕士学位论文。
刘建琼、张英帆 2008 《长沙方言作为过渡方言的分析——以长沙方言疑问语气词为例》,《湖南科技大学学报》(社会科学版)第4期。
刘晓南 1991 《先秦语气词的历时多义现象》,《古汉语研究》第3期。
钱成慧 2000 《平阳话疑问语气词》,首都师范大学硕士学位论文。
邵敬敏 1989 《语气词"呢"在疑问句中的作用》,《中国语文》第3期。
苏小妹 2008 《说说句末语气词"哈"和"哈"附加问句》,《现代语文》(语言研究版)第4期。
孙锡信 1999 《近代汉语语气词——汉语语气词的历史考察》,北京:语文出版社。
吴宝安、韩小红 2013 《句末语气词"哈"的语气意义虚化成因探析》,《现代语文》第7期。
吴福祥 2003 《关于语法化的单向性问题》,《当代语言学》第4期。
肖放亮 2015 《南昌县塘南方言疑问句与普通话疑问句比较研究》,《现代语文》第12期。

熊仲儒 1999 《"呢"在疑问句中的意义》,《安徽师范大学学报》第1期。
徐烈炯、邵敬敏 1998 《上海方言语法研究》,上海:华东师范大学出版社。
许宝华、汤珍珠 1988 《上海市区方言志》,上海:上海教育出版社。
尹世超 1999 《说语气词"哈"和"哈"字句》,《方言》第2期。
张伯江、方 梅 1996 《汉语功能语法研究》,南昌:江西教育出版社。
张振兴 2012 《中国方言地图集》(第2版)(汉语方言卷),北京:商务印书馆。
左思民、钱乃荣 2003 《上海话时态助词"仔"的语法意义》,《吴语研究——第二届国际吴方言学术研讨会论文集》,上海:上海世纪出版集团/上海教育出版社。

Givón, T. 2001 *Syntax: An Introduction*. John Benjamins Publishing Company.
Sadock, J. and A. Zwicky 1985 Speech act distinction in syntax. In T. Shopen (ed.). Vol. I. *Language Typology and Syntactic Description*. Cambridge: Cambridge University Press.
Heine, Bernd & Kuteva Tenia 2002 *Word Lexicon of Grammaticalization*. Cambridge: Cambridge University Press.
Hopper, P. and E. Traugott 1993 *Grammaticalization*. Cambridge: Cambridge University Press.
Sadock, J. and A. Zwicky 1985 Speech act distinction in syntax. In T. Shopen (ed.). Vol. I.

(本文原载《方言》2018年第4期)

时间副词"已经""曾经"的差异比较

杨荣祥

(北京大学中文系/
北京大学中国语言学研究中心)

0 引言

"已经"和"曾经"是现代汉语中两个常用的副词,因为在句子中都表示时间的意义,所以通常都将二词归入时间副词小类。这两个副词的意义和用法有同的一面,也有异的一面,在有些句子中,二者可以互换,句子的意义差别似乎不大,但是很多时候是绝对不能互换的,或者互换后意义有很大相同。如:

(1)二狗已经出卖过他一次,这次也当然不会以德报德,二狗天生的长条狼,给狼做事,早晚叫狼吃掉,没错儿!

(2)在需求分析阶段我们曾经建立了数据流图,用以表达问题中数据流和加工之间的关系。

上面二例,"已经"和"曾经"互换,如果脱离大的语境,意义差别不大;[①]但下面四例则根本不能互换:

[①] 当然不可能意义完全一样,而且,必须有语境的限制,如例1如果"动词+过"后面没有数量成分"一次",就只能用"曾经",不能用"已经"。意义上的差别还可以参看《现代汉语虚词例释》的辨析(详下文)。

(3)我已经不是青年了,但我身上仍流动着热血,仍爱激动。

(4)只见元豹和赵航宇已经又说又笑的了。

(5)这还不是最恶劣的,上星期另一个班的男生还曾经在老师转过身在黑板上写字时从后面用弹弓向老师射击。

(6)在做出这个决定之前,我曾经做噩梦、出冷汗、脸上无端发红、健忘、不能控制自己的脾气,但是决定了以后,一切就都好了。

不能互换,说明二者的意义和用法有差别。但是二者到底有什么样的差别呢？先看工具书的解释。

《现代汉语八百词》:"已经:[副]表示动作、变化完成或达到某种程度。"(P.538)"曾经:[副]表示从前有过某种行为或情况。"(P.89)在"已经""曾经"的释义后面,还根据与谓词的不同组合类型分别举例,并对二者进行了比较:"1)'曾经'表示从前有过某种行为或情况,时间一般不是最近。'已经'表示事情完成,时间一般在不久以前。2)'曾经'所表示的动作或情况现在已结束;'已经'所表示的动作或情况可能还在继续。[我曾经在这里住过三年(现在不住在这里了)|我已经在这里住了三年(现在还住在这里)]3)'曾经'后的动词以带'过'为主,也可以用'了';'已经'后的动词以带'了'为主,少用'过'。"(PP.89—90)

《现代汉语词典》(2002年增补本)的释义与《现代汉语八百词》完全一样,只是举的例子不同。[①](见 P.1537、P.128)

《现代汉语虚词例释》也对二者做了"辨异":"曾经:(副词)表

[①] 到2012年的第6版,仅在"曾经"条下增加了一个例句"上个月曾经热过几天",其他没有变化。2018年的第7版与第6版没有差别。

示某种行为、状态是以前存在过或发生过的事实,它所修饰的动词后边往往有'过'。"(PP. 111—112)"已经:(副词)一、表示行为、动作、情况在说话之前或另一行为、动作、情况发生之前就发生或完成了。(例略)二、用在数量词前边,表示在说话人看来,事物的数量多,或时间长、时间晚等。(例略)"(PP. 480—481)"'曾经'着重表示经历过某事,也就是说某种动作、行为在过去某一时间里发生过,但已结束。……又如:(8)他曾经读过这篇文章。'已经'着重表示动作、行为开始或完成了。例如:(9)我们已经写信去联系,可是还没有结果。(10)你提的那个问题已经解决了。(11)他中学毕业以后已经当了三年工人了。例(8)的'曾经'跟例(9)的'已经'互换后,意思没有明显的区别,但强调的重点不同。'曾经读过',说明有过这件事,但不一定读完;'已经读过'则一定读完了。'已经写信'说'我们'方面的联系工作已经完成,'曾经写信'只说有过写信联系这件事。例(10)是强调完成,例(11)强调开始,现在仍在继续,'已经'都不能换成'曾经'。"(PP. 112—113)

  工具书的解释,似乎并不能帮助我们完全辨别出二者的差异,所以不少学者对此提出商榷意见,并对这两个副词的意义和用法加以辨析(陆丙甫,1988;马真,2003;胡正微,2005;等等),特别是马真先生的文章,运用比较法和语义背景考察,揭示了"已经"和"曾经"二者在语法意义上的主要差异:"已经"强调句子所说的事情、情况在说话之前,或者在某个行为动作之前,或者在某个特定的时间之前就成为事实了,其影响与效应具有延续性和有效性;"曾经"强调句中所说的事情或情况是以往的一种经历,其影响与效应具有非延续性和非有效性。所谓"比较",主要是"将含有虚词的句子跟抽掉这个虚词后的句子进行比较";关于"语义背景",马文指出:"'曾经'和'已经'使用时的语义背景是不一样的,用'曾经'往往含有'过去一度如此,现在不如此了',或者说'那是以前的事了,现在又当别论'这样的意思,换句话说'曾经'主要强调句中所说的事情或情况是以往的一种经历;而用'已经',往往含有'所说的事情或情况在某个特定的时间之前就成为事实,其效应与影响一直作用于那个特定时间之后'的意思。"

马真先生的文章所采用的研究方法很有借鉴意义,得出的结论我们也深表赞同。不过,通过"比较"和"语义背景"分析来认识"已经"和"曾经"的语法意义,基本上都是依赖对句子意义的理解,如果能够从语法表现上论证二者的差异,找出形式上的标准,这将更有利于全面认识"已经"和"曾经"的差异。本文即拟在马文的基础上,对"已经"和"曾经"的差异做进一步辨析。

1 "已经"和"曾经"所表示的时间意义

"已经"和"曾经"都是表示时间意义的副词,这是大家公认的。但是究竟表示什么样的时间意义,却有不同的看法。陆俭明、马真(1985)将"曾经"归入"定时时间副词"的"表示过去时"小类,"已经"归入"不定时时间副词"的"表示已然"小类。定时时间副词"只能用来说某一特定时间里完成或发生的事",不定时时间副词"可以用来说不同时间里完成或发生的事情"(马真,2003:25)。马庆株(2000)将二者都归入时间副词的"先时"小类。张谊生(2005)采用多层次划分时间副词小类的方法,将"曾经"归入"表时副词"中"时体副词"的"有定副词"小类,将"已经"归入"表时副词"中"时体副词"的"无定副词"小类。将"已经"和"曾经"归入不同的小类,说明已经认识到二者的差异,归类、命名不同,又说明大家对二者的意义认识不同,认识不同,主要是因为确定的分类标准不同。

杨荣祥、李少华(2014)强调给时间副词划分小类,一定要从"时间意义"出发,要把时间副词表示的时间意义与汉语时间表达系统结合起来,联系汉语里其他表示时间意义的成分如时态助词("了""着""过")、动词的内在时间过程,看各个时间副词所表达的时间意义的特点。据此,杨、李文将时间副词分为四个基本类十一个小类,"曾经"和"已经"分别属于"先时"基本类的"绝对先时""相对先时"两个小类。绝对先时副词的时间意义特征是[＋时位](标明动作行为或事件的时间位置)、[＋参照时间前]、[＋说话时间前](表示动作行为或事件发生在参照时间前,同时也是说话时间前);相对先时副词的时间意义特征是[＋时位]、[＋参照时间前]、[±说话时间前](表示参照时间不仅可以是说话时间,也可以是说话时间之前的某个标明的特定时间,也可以是说话时间之后的某个标明的特定时间,具体例句和说明可参马真,2003;杨荣祥、李少华,2014)。据此,"曾经"和"已经"的时间意义差别就在于:"曾经"只能表示说话时间之前的动作行为或事情,"已经"既可以表示说话时间之前的动作行为或事情,也可以表示说话时间之前的某个特定时间之前的动作行为或事情,还可以表示说话时间之后、某个特定时间之前的动作行为或事情。可见,陆俭明、马真(1985)、张谊生(2005)提出的二者存在"定时"与"不定时"的差别或"有定"与"无定"的差别,都是很有见地的。

那么,"已经"和"曾经"的时间意义差异能不能从语法表现上得到验证呢?

2 "曾经""已经"与"了""过""着"共现的差别

时间副词在汉语的时间表达系统中占有重要地位。关于汉语的时间表达系统,以往学者有许多很好的论述。(参见陈平,1988;龚千炎,1994、1995;戴耀晶,1997;等等)大家都公认,时间副词和时态助词("了""着""过")[①]是现代汉语时间表达系统最重要的内容,杨荣祥、李少华(2014)就认为:"任何语言都有时间意义的表达,但不同语言运用的手段是不同的。汉语的时间意义表达与印欧语不同,在汉语中,最常见、最重要的时间表达手段是运用体助词和时间副词。"而且,我们注意到,时间副词与时态助词往往共同作用于句子的时间意义表达,但是,作为时间副词的重要成员,"已经"和"曾经"对于时态助词"了""着""过"的选择有明显的差别。

2.1 "已经""曾经"与"了"共现的差异

"已经"可以与"了$_1$""了$_2$"共现,"曾经"只能与"了$_1$"共现。如:

(7)a. 我的想象力已经到了极限。

b. 我不管他们是哪里人,我已经掌握了足够的证据。

(8)a. 诶,牛大姐,这事儿没问题,他已经把名片给我们了。

b. 新上任的行政科长已经行使她的职权了。

(9)a. 但是你已经尽了你的职责了。

[①] 关于现代汉语中"了、着、过",有多种不同的命名,甚至将"了"区分为"了$_1$""了$_2$","过"区分为"过$_1$""过$_2$",并给予不同的名称。本文一并称之为时态助词。关于时间副词和时态助词所表时间意义与语言学通常说的"时(tenes)""体(aspect)""时态(tempus)"到底是什么关系,或者说它们之间能不能进行对比,本文不做讨论(可参杨荣祥、李少华,2014)。

  b.但他后来走到社会里,却事事顺利,不几年听说已经做了简任官了。

(10)a.暗号我已经搞来了。

  b.这时候,太阳已经向西天降落了。

据李少华(2004),在北京大学中文系现代汉语教研室开发的共约1680万字的"北大汉语语料库"的"现代汉语语料库"(以下简称"语料库")中,"已经"共出现9724次,与"了"(包括"了$_1$""了$_2$")共现多达5622次。"已经"与"了"共现有四种格式:(一)"已经+V了+NP",2562例,(二)"已经+V+NP+了",1053例,(三)"已经+V了+NP+了"(只算与"了"共现一次),118例,(四)结句的"已经+V了",1889例。格式(一)中的"了"肯定是"了$_1$",格式(二)中的"了"肯定是"了$_2$",格式(三)中的前后两个"了"分别是"了$_1$""了$_2$",格式(四)中的"了",有些能够判断是"了$_1$",大部分是"了$_{1+2}$"。上举例(1—4)分别为格式(一)—(四)。

"曾经"不能与"了$_2$"共现,只能与"了$_1$"共现。如:

(11)a.清代学者、医学家徐灵胎曾经对八股文做了深刻的讥讽。

  b.这雾瘴曾经遮挡了东山的眼睛很久。

  c.我们的通信曾经给了她很大的快乐。

在上述"语料库"中,"曾经"共使用1025次,与"了$_1$"共现只有53例,不能与"了$_2$"共现。① "已经"与"了"(包括"了$_1$""了$_2$")共现

---

① 语料库中有一例"曾经"与"了$_2$"共现,但这是一个病句:"秦干事曾经在王景的热情召唤下收拾行装了,上路的前一刻终于又放弃了。"(赵琪《告别花都》)这个句子在实际口语调查中,所有人认为"了"应该置换到动词"收拾"之后。

的比例为1.7∶1,"曾经"与"了"(只有"了₁")共现的比例为20∶1。可见,相比于"已经","曾经"与时态助词"了"共现是不自由的。

注意,所谓"共现",是指"已经""曾经"分别和"了"在同一个谓词性句法结构中同时出现,共同表示整个谓词性句法结构的时间意义,并且和"了"都作用于同一个动词(参见杨荣祥、李少华,2014)。如:

(12)a.有的梢头已经绽开了芽苞,吐出指甲大的苍白的小叶。

b.没等他再开口,金一趟已经拦住他了。

c.许多年前,她曾经忍受了外祖父遇害后的巨大痛苦。

(13)a.有些地方已经洗得露了白色的经纬,而且打了许多补丁。

b.总之,林慧的答辩曾经使龚大平产生了一秒钟的感动或震动。

例(12a)"已经"和"了₁"在同一个句法结构"已经绽开了芽苞"中同时出现,并且共同表示该句法结构的时间意义,"已经"和"了"都作用于句法结构中的动词"绽开";例(12b)"已经"和"了₂"在同一个句法结构"已经拦住他了"中同时出现,并且共同表示句法结构的时间意义,"已经"和"了₂"都作用于句法结构中的动词"拦住"。例(12c)"曾经"和"了₁"在同一个句法结构"曾经忍受了……"中同时出现,并且共同表示句法结构的时间意义,"曾经"和"了₁"都作用于句法结构中的动词"忍受"。例(13)不是共现,例(13a)"已经"作用于"洗得露了白色的经纬","了"作用于动词"露";例(13b)"曾经"作用于"使龚大平产生了一秒钟的感动或震动","了"作用于动词"产生"。下文"已经""曾经"与"过""着"共现与此同。

2.2 "已经""曾经"与"过"共现的差异

据《现代汉语八百词》:"过:〔助〕表示动态的助词。1.用在动词后,表示动作完毕……后面可以带语气助词'了'。2.用在动词后,表示过去曾经有这样的事情。动词前可以加副词'曾经'。3.形容词带'过',一般需要说明时间,有同现在相比较的意思。"(P.216)其实,第三项与第二项没有什么区别,都是"表示过去曾经有这样的事情",形容词前同样可以加副词"曾经"。据此,孔令达(1986)将动态助词"过"分为"过$_1$""过$_2$",分别大致相当于《现代汉语八百词》的第一项和第二项。根据我们对语料库的调查,"已经"只能与"过$_1$"共现,共现时,句尾多带"了",不带"了"的句子可以补上"了"而基本不改变句子的意思。这个"了"是"了$_2$",因为如果"动+过"后面带宾语的话,"了"都在宾语后。也就是说,"已经"在与"过$_1$"共现的同时,还可以与"了$_2$"共现。"曾经"只能与"过$_2$"共现,句尾不能带"了"。如:

(14) a. 这份表格已经填过了,是用黑墨水填的,是我的笔迹。

b. 领导上知道我是初中毕业,就怕我三心二意,已经跟我谈过好几回话了。

c. 小鹅儿也已经露过面,关于陈维高的传说也就不那么新鲜了。

d. 徐伯贤回到家里的时候,徐太太正在收拾碗筷,已经吃过晚饭了。

e. 纪妈已经向太太报告过,娃娃已会撒嘴儿微笑。

(15) a. 他们曾经怀疑过:河岸上只有一营人,是否能挡得住敌兵?

b. 这曾经发生过不太好的影响,使人怕到北边去。

c. 他曾经看到过有关月球的摄影描述。

d. 我母亲曾经说起过我们在杭州时的片断,她都是带着回想的情绪去说。

e.夏小丽就曾经闹过退职。

2.3 "已经""曾经"与"着"共现的差异

"已经""曾经"都很少与"着"共现,在语料库中,"已经"与"着"共现只有73例,"曾经"与"着"共现只有14例。二者与"着"共现虽然都不多,但是差别明显。《现代汉语八百词》列了助词"着"的六种用法:"〔助〕表示动态的助词,紧接动词、形容词后。动词、形容词和'着'的中间不能加入任何成分。1.表示动作正在进行。用在动词后,动词前可以加'正、在、正在',句末常有'呢'。2.表示状态的持续。可用在动词、形容词后。动词、形容词前不能加'正、在、正在'。3.用于存在句,表示某种姿态存在……4.动₁+着+动₂。构成连动式……5.形+着+数量。6.动/形+着+点ㄦ。用于命令、提醒等。"(PP.594—595)"已经"可以与前四种用法的"着"共现,分别如下面例(16—19)。

(16)a.秀莲叽叽呱呱说的时候,他已经在忖度着了。

b.他是已经在考虑着这个必要的办法的了。

(17)a.当远处电报大楼的七记钟声,悠悠地随风飘来时,暮色已经笼罩着光明中学附近的街道和胡同。

b.纸褪了色,铁生了锈,可以被虫子蚀咬的已经都带着小孔或脱了毛。

(18)a.天气还早,何家已经坐着四个病人了。

b.青翠的叶上已经凝集着细密的露珠,这显然是昨夜被人遗弃了的。

(19)a.这时聂小轩已经由乌世保伺候着喝过粥,服了药。

b.太阳还没有升起,但是一片红光已经燃烧着升腾而起了。

c. 可是国庆和刘小青已经踩着楼梯上去了,我只能颤抖地叫一声。

而"曾经"只有5例与"着"的第二种用法共现,9例与第四种用法共现。如:

(20)a. 高妈,在她丈夫活着的时候,就曾经受着这个毒。

b. 八九年前,芥川龙之介游上海,他曾经那样地讽刺着九曲桥上的"茶客"。

c. 最初的时候,我曾经激动地期待着在课堂上和老师展开争论。

d. 这个游戏曾经长久地迷恋着我,一旦获得上街的机会,我就满腔热情地投入到这样的游戏之中。

e. 他闭上了眼,盼望看到那些曾经在考场里保护着他的白胡子老头儿。

(21)a. 那段路他曾经饿着肚子走了整整一个下午。

b. 亦陀曾经背着大赤包给李空山"约"过好几次女人,他晓得李空山会见女人的地方。

c. 我曾经划着舢板在风暴来临的海上迷向;有一次在海滩上投手榴弹,一枚弹片打进我屁股。

"已经""曾经"用在"动$_1$+着+动$_2$"前,不能算是与"着"共现,因为"已经""曾经"是作用于整个连动式"动$_1$+着+动$_2$",而"着"只是作用于"动$_1$"。"曾经"与"着"的第二种用法共现,是很受限制的,一般要求句子中有表示过去时间段的成分出现,"着"所表示的"状态的持续"一定是在这个过去时间段内。上举五例中,前三例都有明确地表示过去时间段的词语,d例用状语"长久地"

表示时间段;e例中"在考场里"是以前的事情。"已经"与"着"第二种用法共现没有这样的限制。可见,"曾经"与时态助词"着"共现虽然不是绝对不可以,但只能与一种用法共现,而且很受限制。

3 "曾经""已经"其他的分布差别

除了与"了""过""着"共现存在明显的差异,"曾经""已经"还有一些句法分布也表现出显著的差别。

3.1 与否定形式共现差异

在我们调查的语料库中,没有见到"曾经"与否定形式共现的用法,而"已经"可以。如:

(22)a.我们已经不能对他有更高的要求了。

b.我五点整去办公室找您,您已经不在了。

c.他们这两天已经不到机关上班了。

d.叶三已经不卖果子,但是他四季八节,还四处寻觅鲜果,到季陶民坟上供一供。

e.大部分米店都已经不用碾子,改用机器轧米了,

f.我已经不愿意再追查下去了。

(23)a.阮琳已经彻底没希望了,她积累滋养的"气"已在维持生存中用尽耗光了,谁都知道她挺不了多久了。

b.待到烟尘再次散开,公路上已经没有马匹了。

c.那是中国传统的葬礼用曲,已经多年没听见了,一听那旋律仿佛碰见了熟人。

d.开始时经理说:"太太有点苦恼,她已经两天没上

海边去了。

e. 已经许久没听过这声音了。

f. 她已经有些年头没卖过这么好的价了。

例(22)是"已经"修饰带"不"的否定形式,例(23)是修饰带"没(有)"的否定形式,"没(有)"有些是动词,有些是副词。根据我们的语感,"曾经"不是绝对不能跟否定形式共现,但很不自由,所以语料库中没有见到。下面这样的句子是可以接受的:

(24)他曾经很长时间不跟我说话。

(25)他曾经很长时间没有给父母寄过一分钱。

但是首先,这些句子中必须出现表时段的词语;①其次,这样的句子通常只能作为背景句,往往是用来和"现在"对比的。

3.2 与"在 VP"共现差异

"已经"可以修饰"在 VP","曾经"不能。"在"是表进行意义的副词。如:

(26)a. 小院里的坛坛罐罐都洒上阳光,院当间的老枣树上蝉已经在长叫。

b. 那边记者们已经在噼噼啪啪地照了,所有的人都光顾庄重地面向镜头,没人注意他。

c. 高冰没有读中学,小学毕业,就在本城读了女师,已经在教书。

d. 人们已经在说我和加丽亚的闲话了。

e. 同志们已经在赶牛进棚了。

---

① 《现代汉语八百词》已经指出这一点:"'曾经'后面不能是否定式,除非有时间限制。'为了搞实验,曾经三个月不出门(*……曾经不出门)'。"(P.89)

f. 车出芦草沟,迎面的天色沉了下来,前面已经在下雨。

3.3 "已经"修饰"形容词+了","曾经"修饰"形容词+过"

"已经""曾经"都可以出现在形容词前,但不自由:形容词都不能是光杆的,这跟它们出现在动词前是一样的。出现在形容词前的条件主要有两项:一是形容词前还有程度副词,这一点是二者相同的,只是"已经+程度副词+形容词"更常见一点,"曾经+程度副词+形容词"比较少见。如:

(27) a. 他们村经过几年发展,已经很富裕。

b. 这孩子才十六七岁,已经很老成。

c. 他已经很大很高,虽然肢体还没被年月铸成一定的格局,可是已经像个成人了。

d. 他这才似乎知道了雪还没住,摸一摸头上,毛线织的帽子上已经很湿。

(28) a. 应该曾经和我关系很密切,可我问过所有认识的女人她们都说包不是她们的。

b. 这件衣服曾经多么新啊,它是妈妈亲手为我做的,是外祖母割的布料。

c. 这里曾经很热闹,现在不行了。

二是"已经+形容词"后面一般要带"了"(即使形容词前有程度副词,也往往要加"了"),而"曾经+形容词"后面通常要加"过"(以及别的附加成分),否则不成句。如:

(29) a. 你不必担心我重提旧事会犯病,我已经好了,很能控制自己。

b. 我知道我是没福和太出声的姑娘搅到一起去的,现在这样我已经很满足了。

  c. 这个问题已经很清楚了，不要丑表功了。

  d. 可惜我记性不好，对这位张三灶王爷的全部事迹已经模糊了。

  e. 夜已经很深了，他们也不想喝茶了，瓜子还剩一小撮，也不想吃了。

  f. 他觉得脸上冷飕飕的，两颊已经湿润了。

(30) a. 五爷家挤满了人十分热闹，五爷家曾经这么热闹过。

  b. 王举人说丁家穷，梦莲就说丁家曾经阔绰过。

  c. 因此，她曾经红过一个时期。

  d. 瑞宣本来就没心去计较金三爷曾经冷淡过他；在看见金三爷怎样收拾了冠晓荷以后，他觉得这个老人是也还值得钦佩的。

  e. 这回范大妈倒没有着急，也许因为她年轻时曾经风流过，甚至成家之后，生儿育女，还暗地里与旧日情人来往。

4 "已经""曾经"的主、客观性差异

  除了以上句法表现上的差异，"已经"和"曾经"还存在主、客观性的差异，表现在两个方面。

  4.1 根据邹海清（2011），"已经"可以与多个情态动词共现，包括认识情态、道义情态、动力情态，"已经"位于情态动词前或后，有的既可前也可后。在我们调查的1680万字的语料中，没有见到既可位于"已经"之前也可位于其后的情态动词，以下这些用例中，认识情态动词都位于"已经"前，道义情态动词、动力情态动词都位

于"已经"之后。如①：

(31)a. 但他知道翌日醒来时,她必然已经消失。

b. 我的脸色肯定已经变成了猪肝色。

c. 在自己的信仰照临下,他一定已经走过许多路,或者说走完许多路了。

d. 看那架势,他应该已经把我失去的 3.75 美元多少捞回了一点才是。

e. 那时候他可能已经预感到,几十年以后他会重新站到这个位置上。

f. 可是,钱少爷年轻轻地就会已经死了!

g. 但三个月后,已经必须命令广州分号也立即撤回了,命令说:"务以速归早回为是,万万不可再为延迟,早回一天,即算有功,至要至要!"

h. 瑞宣的被捕,他看,是日本人已经要和英国碰一碰了。

i. 在你还正以为是阳春天气呢,忽然,晌午时分,却已经要穿单衣拿扇子了。——动力情态

j. 在十岁上,他已经会弹琵琶,拉胡琴——胡琴拉得特别地好。——动力情态(能力)

k. 钱老人已经能坐起一会儿来了。

l. 至此,我已经可以肯定这是在日本了。

m. 颐谷到李家第二星期后,已经肯对自己承认爱上

---

① "一定""必须"我们认为应该归入情态副词(《现代汉语词典》(第 7 版)也标注为副词),但同样是表示道义情态。

  李太太了。

  n. 我已经不愿意再追查下去了。

  o. 打人的已经不敢再打,我怎么倒去学打人呢!

而"曾经",我们只见到表道义情态的"一定"和"应该"位于其前的用例各一个:

  (32)a. 神是人创造的,在人创造神的过程中,一定曾经怀有过这种感情因素吧。

  b. 应该曾经和我关系很密切,可我问过所有认识的女人她们都说包不是她们的。

  我们知道,情态是说话人对其所述事件的现实性状态或命题的真值的主观态度,无论是情态动词还是情态副词,都是汉语中表达说话人主观态度的重要形式。"已经"和"曾经"在与情态动词或情态副词共现方面存在的差异,既反映了二者在句法分布上的不同,也反映出二者所表达的意义存在主、客观性的差异。"曾经"总是表示客观的时间意义,马真(2003)说"'曾经'主要强调句中所说的事情或情况是以往的一种经历","以往的经历"本来就是客观的存在,所以"曾经"表示的时间意义很难具有主观性,而"已经"表示的"已然"时间意义,往往带有说话人的主观认识。

  4.2 "已经"表时间意义的主观性还表现在在句子中可以重读,而"曾经"是不能重读的。拿本文开头的例(1)例(2)来说,"已经""曾经"可以互换,但如果用"已经",都可以重读,用"曾经"则不能重读。如:

  (1)' 二狗不会出卖他吧? 二狗已经出卖过他一次,还不会!("已经"重读)

  二狗不会出卖他吧? 二狗曾经出卖过他一次,还不会!("曾经"不能重读)

(2)' 在需求分析阶段我们已经建立了数据流图,你不知道吗?("已经"重读)

在需求分析阶段我们曾经建立了数据流图,你不知道吗?("曾经"不能重读)

"曾经"不能重读,是因为其只是对已成为"过去"的时间意义的客观表达,而"已经"如果重读,一定是要强调其时间意义的延续性和有效性。

另外,"已经"还有表示主观大量的用法,如:"已经凌晨三点了(,快点睡吧)!""已经二十好几了(,还这么不懂事)!""已经三个小时了(,讨论还没有结束)。""曾经"没有这样的用法。

5 "已经""曾经"语法表现差异的语义解释

第二、三两节所述"已经"和"曾经"与"了""过""着"共现差异以及其他句法分布差异可以归纳如下表:

分布项 "已经""曾经"	了$_1$	了$_2$	过$_1$	过$_2$	着	否定式	在 VP	A 了	A 过
"已经"	+	+	+	—	+	+	+	+	—
"曾经"	+	—	—	—	?	—	—	—	+
备注				"曾经"很难与"着"共现,参前文					

"已经""曾经"的语法表现差异,可以印证马真(2003)对这两个时间副词的意义解释,即"已经"具有延续性和有效性,"曾经"具有非延续性和非有效性。下面我们对二者的语法表现差异进行语义解释。

5.1 关于与"了$_1$""了$_2$""过""着"共现

"已经""曾经"与"了$_1$""了$_2$"共现情况不同,从语义的角度看,实际上是受到了"意义相容"规律(李少华,2004)的限制。"了₁""了₂"表示的时间意义是不一样的。关于"了₁""了₂"的差异,学界有很多研究成果(参见林若望,2017),此不赘述。我们认为,作为时态助词,"了₁"蕴涵的时间意义是:参照时间之前某一起点到参照时间为止的时间段,"V了₁"表示动作行为或状态变化在该时间段实现并完成;"了₂"蕴涵的时间意义是:参照时间之前某一起点开始一直延续到参照时间的时间段,没有明确的终点,"S了₂"①表示事件在参照时间之前已经实现,但到参照时间仍在延续。也就是说,"了₁"蕴涵的时间意义是截至参照时间的,过了参照时间,就不具有有效性和延续性了;而"了₂"蕴涵的时间意义则具有延续性,当然也就具有有效性。"已经"往往含有'所说的事情或情况在某个特定的时间之前就成为事实,其效应与影响一直作用于那个特定时间之后'的意思。"(马真,2003)因为"事情或情况在某个特定的时间之前就成为事实",所以能够与"了₁"共现,"其效应与影响一直作用于那个特定时间之后",所以能够与"了₂"共现。"曾经"只表示过去的经历,其时间意义是"过去一度如此,现在不如此了",所以只能与"了₁"共现,不能与"了₂"共现。

根据孔令达(1986),"'过₁'表示动作完毕,不受任何时间的限制,既可以用于过去,也可以用于现在和将来。"这种意义正好与"已经"表示的时间意义相匹配,"已经"表示的时间意义既可以是过去已经完成实现的,也可以是延续到现在甚至是将来的。"'过₂'表示曾经有某事,它总是同过去时间相联系。"(孔令达,

---

① 我们认为,"了₁"和"了₂"的辖域不同,"了₁"只管辖其前的动词,"了₂"管辖整个句子(一个事件),故以"S了₂"标识。

1986)这正好与"曾经"表示的时间意义相匹配。这就是为什么"已经"只能与"过₁"共现,"曾经"只能与"过₂"共现。

"着"的语法意义已见前引《现代汉语八百词》,其表示持续、进行的意义,"曾经"难以与之匹配,而"已经"因为具有延续意义,所以能够与之匹配。

5.2 关于与否定式、"在 VP"等共现

我们知道,否定式表示的意义具有恒常性和延续性,比如说"他不学习",那一定是从说话时间之前开始到现在都处于"不学习"的状态;"他没去北京",那一定是到现在仍然处于"没去北京"的状态。"曾经"表示过去的时间,跟"现在"是相对立的,所以无条件情况下不能与否定式共现,而"已经"表示的时间意义具有延续性和现实性,所以能够与否定式共现。

"在 VP"表示动作行为持续和进行,总是和"现在"相联系,所以能够与"已经"共现,不能与"曾经"共现。至于"曾经"总是与"形容词+过"共现,那是因为单独的形容词总是表示恒常的延续的性质状态,如果要表示状态变化,必须通过外在的时间性标记才能实现。而"曾经"只与过去时间相联系,所以在与表示状态变化的形容词共现时,必须在形容词后面加标记过去时间意义的"过"。"已经"表示的时间意义具有延续性和现实性,所以修饰形容词词时,一般需要在句尾加"了",这个"了"只能看作"了₂"或"了₁₊₂"。

6 结语

如何把握汉语虚词的意义,这是学界一直在努力探讨的问

题。我们认为,虚词的意义必须通过语法分析获得。确认虚词的意义,一定要能够得到语法表现方面的印证,反过来,不同虚词的语法表现差异,一定与其意义的不同有关,只有通过语法意义和语法表现的相互印证,我们才能更加准确、全面地认识各个虚词的特征。

参考文献

北京大学中文系 1955、1957 级语言班　1982　《现代汉语虚词例释》,北京:商务印书馆。
陈　平　1988　《论现代汉语时间系统的三元结构》,《中国语文》第 6 期。
戴耀晶　1997　《现代汉语时体系统研究》,杭州:浙江教育出版社。
龚千炎　1994　《现代汉语的时间系统》,《世界汉语教学》第 1 期。
龚千炎　1995　《汉语的时相、时制、时态》,北京:商务印书馆。
胡正微　2005　《语法场与语法意义——兼论"已经"和"曾经"的语法意义》,《语言科学》第 3 期。
孔令达　1986　《关于动态助词"过$_1$"和"过$_2$"》,《中国语文》第 4 期。
李少华　2004　《时间副词与体助词"了"的共现规律研究》,北京大学硕士学位论文。
林若望　2017　《再论词尾"了"的时体意义》,《中国语文》第 1 期。
陆丙甫　1988　《"已经"同"曾经"的区别究竟在哪里》,《语言教学与研究》第 1 期。
陆俭明、马　真　1985　《现代汉语虚词散论》,北京:北京大学出版社。
吕叔湘　1981　《现代汉语八百词》,北京:商务印书馆。
马庆株　2000　《略谈汉语动词时体研究的思路——兼论语法分类研究中的对立原则》,《语法研究和探索(九)》,北京:商务印书馆。
马　真　2003　《"已经"和"曾经"的语法意义》,《语言科学》第 1 期。
杨荣祥、李少华　2014　《再论时间副词的分类》,《世界汉语教学》第 4 期。
张谊生　2005　《现代汉语副词探索》,上海:学林出版社。
邹海清　2011　《现代汉语时间副词的功能研究》,北京:世界图书出版公司。

"不错、不假、没错"
——从词组到副词再到连词

于泳波　李宗江

（解放军信息工程大学）

1　现代的用法

"不错、不假、没错"这几个词语在现代汉语里主要有以下三种用法：

1.1　偏正词组。作为由否定副词"不（没）"修饰形容词"假（错）"构成的谓词性偏正词组，常做谓语，表达对错或真假的判断，语义实在。如：

(1)来到家门口，大门插着，拍了几下门，里边有了回声，一个女的问："谁呀？"

那五听着耳熟，可不像云奶奶。看看门牌，号数不错。就说："我！"(邓友梅《那五》)

(2)我们知道你厂的药不假，可是，用户一听是周口的药、是河南的药就不买，要卖，就得降价。(《人民日报》1993年10月12日)

(3)康大力：找对啦？妈！

康顺子:没错儿!有他在这儿,不会错!(老舍《茶馆》)

例(1)中"不错"做谓语,是对门牌号码正确与否的判断。(2)中的"不假",在充当宾语的主谓结构"你厂的药不假"中做谓语,对主语"你厂的药"的真假进行判断,意为"不是假的"。(3)中的"没错儿"是个独立的小句,是对要找的地方进行判断,下文的"不会错"证明了"没错儿"的意义。它们在语义上都表述一个特定的事物。

1.2 情态副词。表示对某一说法的肯定,语义指向其后的整个句子。如:

(4)温夫人:(点点头)这是你的主意,不是我的。

尔夫人:<u>不错</u>,是我的主意。还有,永远不要忘记你的孩子——我愿意把你当着做母亲的看待,并且望你自己也记着你是个母亲。(《新青年》第6卷第三号《遗扇记》)

(5)哪轮得着你来教训我们!我怎么了?李缅宁怎么了?<u>不假</u>,他是混得不如你,没你有钱,但做人问心无愧。(王朔《无人喝彩》)

(6)怎么?不是说海军大学官费吗?对,<u>没错</u>,就是官费,可是官费的饭菜大少爷咽不下去。(林希《小的儿》)

以上例中的"不错、不假、没错"相当于"的确""确实"等副词,其中例(4)是对话语篇,"不错"是对"是我的主意"这一说法的进一步肯定;例(5)(6)是叙述语篇,(5)中"不假"是对"他是混得不如你"这一说法的进一步肯定;例(6)中"没错"是对"就是官费"这一说法的进一步肯定。它们的功能有两个:一是具有篇章功能,即当是对话语篇时,用来回应对方,具有话轮转接功能,如例(4);当是叙述语篇时,用来回应上文提出的问题或相关说法,具有句际衔接作用。另一方面因为它们没有特定的表述对象,而是修饰后面的整个小句,表达说者对其后小句的肯定态度,因而具有情态功能,即方梅所说的"饰句副词"。"不错"等作为饰句副词,所修饰的对象可以是一个较长的复合句,如:

(7) 不错,他的脚上是带着镣,他的牙已有好几个活动了,他的身体是被关在这间制造死亡的小屋里;可是,他的心里从来没象现在这样充实过。(老舍《四世同堂》)

(8) 莫只恨我们这路人呵,这不公平。不错,干强盗勾当杀人劫财,是罪过,所以官府抓了便杀头,也算自做自受。(尤凤伟《石门夜话》)

"不错"在以上的例(7)中,修饰的是一个并列复句,在例(8)中修饰的是一个因果复句。

1.3 让步连词。其作用是附着在其前的小句上,表示让步,引导后续的转折句。如:

(9) 这怎么能行? 我得劳动……改造! 我急了。

啧啧啧,你看你这人! 你不是腰扭了吗? 他挺不耐烦。

可是说……这个……万一专案组知道了,这……我要尊严不错,可我被搞得自己也不清楚该不该受审查了。(朱春雨《陪乐》)

(10) 你姑娘挨打不假,咱们已经处理过了嘛! 现在说的是韩宝山,他和你姑娘是什么关系?(张石山《镢柄韩宝山》)

(11) "他想和赵蕾结婚! 他对我说的一切都是假的,演出来的。"

"说他说的一切都是假的、演出来的没错,但他不想和赵蕾结婚,据我所知,赵蕾至今还是独身一人。"(王朔《给我顶住》)

在以上的例句中,"不错、不假、没错"都是紧附在前面的小句

435

上,读得很轻,音长缩短,与其前的小句间没有标点,读的时候也没有停顿,所附着的小句变成黏着的,它们成了一个让步标记,后面需要跟一个转折句,如例(9)(11)中的后续句首都有转折连词"可"或"但",例(10)中的后续句前虽然没有转折连词,但逻辑上显然是表示转折的,可以加上诸如"但、可"之类的转折连词。

以上三种用法,以前两种用法最为常见,但对后两种用法及其性质没见有人专门讨论过。李宗江、王慧兰(2011:118)注意到了"不假"的后两种用法,将"不假"归入"语篇关联语",将本文所说的情态副词用法概括为:"用于一个句子或小句的开头,后面有停顿,表示姑且承认其后所说的是事实,再后面的句子表示上文的事实不影响本句所说的结果。"将本文所说的让步连词用法概括为:"用于一个句子或小句的末尾,与小句之间没有停顿,整个小句表示姑且承认所说是事实,下一句表示上句的事实不影响本句所说的结果。"这种概括没有将两种用法严格区分开来,似乎二者的区别只是前置和后置,以及前面有没有停顿的问题,其功能是一样的。实际情况不是这样。作为情态副词的"不假、不错、没错"并不必然后接转折句,如:

(12)我问他,镢头兄弟,你是种地呀,是绣花呀?他说,<u>不假</u>,是绣花,咱国人手多,机器少,眼下还得搞搞这手工业。(张一弓《赵镢头的遗嘱》)

(13)许逊跳开逃到一边,"胳膊都拧脱环了。"又对我说,"你说他爸是不是比他们花?"

"<u>没错</u>,花得厉害。"我笑说。(王朔《动物凶猛》)

(14)潘月亭:(用眼梢睃了一下李石清)我看你太高兴了。

李石清:<u>不错</u>,这次事我帮您做得相当漂亮。我的确高兴。(曹禺《日出》)

以上的例(12),"不假"所修饰的小句后面跟的并不是转折句,而是对上句的补充说明。例(13)(14)"没错"和"不错"所修饰的小句没有后续句。这说明,在情态副词阶段,这几个词语并没有标记"让步-转折关系"的功能。

正如上文的描写,这三个词语的三种用法在意义和功能上都不同,而且这种不同可以找到历时演变的依据。它们虽然在现代共存,却代表不同的历史层次,构成一个演变的序列,即:

偏正词组→情态副词→让步连词

　　　词化[①]　　语法化

这个序列代表一个词化和语法化的过程。因为历史语料对"不错"的演变过程反映得最为全面完整,所以下面主要以"不错"为例来描写这个过程。

2 "不错"的演变

2.1 从偏正词组到情态副词

"不错"作为偏正词组先秦就可见到,在近代也很常见。如:

(15)意虑定则心遂安,心遂安则所行不错,神自得矣。(《鬼谷子·实意法腾蛇》)

(16)时诸世人,却后七日,闻其子死,咸皆叹言:"真是智者,所言不错!"(《百喻经·婆罗门杀子喻》)

(17)号作乐天应不错,忧愁时少乐时多。(白居易《少年问》)

[①] 本文的"词化"是指由句法性的单位演变成词的过程和现象,并不完全等同于 lexicalization 的概念,详见李宗江(2012)。

(18)老者闻言,点头顿杖道:"长老,你且休化斋,你走错路了。"行者道:"<u>不错</u>。"(《西游记》第50回)

上例中的"不错"都是"正确"的意思,在例(15)(16)(17)中均做谓语,在(18)中做小句,语义重心在否定副词"不"上,整个结构表达对中心语"错"的否定判断。

这个意义上的"不错"后来可以前加"并"进行强化否定。如:

(19)三大人见他哥这们一说,心上自己转念头,说:"哥的话并<u>不错</u>。"(《官场现形记》第4回)

以上例(16)的"不错"实际上已不是一种判断,而是一种评价,表达对智者所言的看法。这种用法到后来可以直接用于后一话轮的开头,表示回应对方的疑问或说法。如:

(20)守园门的婆子听了,也不禁好笑起来,因问道:"这样说,凡女儿个个是好的了,女人个个是坏的了?"宝玉点头道:"<u>不错</u>,<u>不错</u>!"(《红楼梦》第77回)

(21)那女子指着屋门说:"走到屋里去!"安公子说:"哪,哪,我的手还捆在这里,怎的个走法?"<u>不错</u>,前回书原交代的,捆手另是一条绳子,这话要不亏安公子提补,不但这位姑娘不得知道,连说书的还漏一个大缝子呢!(《儿女英雄传》第6回)

例(20)中"不错"用来回应对方的疑问,(21)中作者以第三者的角色,对安公子的说法做出回应,这种位置的"不错"主要是发挥话轮转接功能,而没有情态功能。

到了清代晚期,"不错"开始出现情态副词的用法,即一方面是回应对方,同时还以与对方所说部分或全部重复的方式给出一个肯定的说法,如以下例中"不错"后面的小句,"不错"用来表达对此说法的进一步肯定。如:

(22)不一刻,蓉官又过来坐下,富三笑道:"空巴结他,也不带你去,磨了半天,一顿饭都磨不出来。"蓉官点着头道:"不错,我磨他。他叫我,我也不去。这老爷子不是好相交的。"(《品花宝鉴》第3回)

(23)掌柜的说:"在这儿,在这儿!你老啥事?"那人道:"你这儿有位铁爷吗?"掌柜的道:"不错,不错,在这东厢房里住着呢。我引你去。"(《老残游记》第4回)

(24)这种竹杠我劝你还是不敲的好。要弄弄一笔大的。就是人家说我们敲竹杠,不错,是我的本事敲来的,尔其将奈我何,就是因此被人家说坏名气,也还值得。(《官场现形记》第17回)

例(24)虽然不是对话,但仍是以对话的方式讲的,即人家说什么,我用"不错"及后面的小句做出回应和肯定。

作为情态副词的"不错"不再表达否定判断,主要表达说话人的主观肯定态度,即对别人某种说法的肯定,语义辖域是其后的整个小句。这种用法的"不错"可以删除(删除后句子命题意义不变,只是流畅性稍差),可以用"是了、是的"等进行替换,如:

(25)采秋先说道:"今日荷花生日,不许说这衰飒句子,领罚一杯再说。"众人都说:"该罚!你不见方才替花祝寿么?"剑秋道:"是了,不错,该罚!"(《花月痕》第11回)

(26)蕙芳道:"奇谈!什么四等的好友,定要请教。"春航道:"第一,是好天:夕阳明月,微雨清风,轻烟晴雪,即一人独坐,亦足心旷神怡。感春秋之佳日,对景物而留连,或旷野,或亭院,修竹疏花,桐荫柳下,闲吟徐步,领略芳辰,令人忘俗。"蕙芳点头道:"不错,真是好的。第二,想必是好地了。"春航道:

"<u>是的</u>。一丘一壑,山水清幽,却好移步换形,引人入胜……"(《品花宝鉴》第 13 回)

以上例(25)中在前面用了"是了",显然与"不错"的作用是相同的,例(26)中在前一话对中用"不错",后一话对中用"是的",二者作用相同。这种用法的"不错"不能前加"并"进行强化否定,在清代及现当代都没有发现这样的书面例句,从语感上说也不可接受,这说明它已经词化为一个饰句副词。

作为饰句副词,与其他的饰句副词一样,与其所修饰的小句之间的语序有三种,第一种是前置于被饰小句,第二种是插入所饰小句的主谓之间,第三种是后置于被饰小句,据考察,后两种语序的例子后出现,始见于现代早期(例见下文),且第二种语序用例少见。

2.2 从情态副词到连词

"不错"作为情态副词,在清代并不多见,但到了民国初期用例增多。如:

(27)(杂脚办传命官执令急上,冲头白)吓,你可是大南门把总,韦大局嘛吓。(大局白)<u>不错</u>,我就是韦大局了,有何事干。(《新小说》第一年第三号《新广东武生度曲》)

(28)田太太:是的,很要紧的话。(坐在左边椅子上。)我说的是陈家这门亲事。

田先生:<u>不错</u>,我这几天心里也在盘算这件事。(《新青年》第六卷三号《游戏的喜剧终身大事》)

(29)妇女们又干些什么事呢?读者们阅读至此,一定会说我挂漏了。<u>不错</u>,挂漏了,但此文未完篇,就在此说说何妨。(《民俗》第四十期《翁源的中秋节》)

(30)你不应该和父亲捣乱!你知道他的人性,有什么事为什么不先跟我说呢!<u>不错</u>,你帮我们的忙不少,可是你别管教我父亲啊! 无论怎说,他比咱们大二十多岁! 他是咱们的前辈! (老舍《二马》)

这时开始出现情态副词"不错"用于叙述语篇的用例,如(29)(30),但都是以读者[如例(29)],或听者[如例(30)]作为谈话对象的,仍然是在自设的互动语境之下。

此时也开始出现"不错"用于被饰句的主语和谓语之间和后置于被饰句的用例。如:

(31)一山的形影,<u>不错</u>,时常出现在她的心眼中;但只是一闪便逝,象湖水上的翡翠鸟的影子似的。(老舍《火葬》)

(32)他的年岁在五十开外,出家有二十几年,这钟楼,<u>不错</u>,是他管的,这钟是他打的(说着他就过去撞了一下)……,但此外,可怜,我的俗眼竟看不出什么异样。(徐志摩《天目山中的笔记》)

(33)他这话根本不对。淘气在李家好多年了,<u>不错</u>,可是它也有男主人哪! 为什么它不模仿建侯? (钱锺书《猫》)

(34)马老先生虽然根本看不起买卖人,可是范掌柜的应酬周到,小眼睛老眯缝着笑,并且时常给马老先生作点特别的菜,马老先生真有点不好意思不和老范套套交情了。再说,他是个买卖人,<u>不错</u>,可是买卖人里也有好人不是! (老舍《二马》)

例(31)(32)中,"不错"用于被饰句的主语和谓语之间,例(33)(34)中,"不错"位于被饰句后面。后置的"不错",与被饰句之间有逗号隔开,说明语音上有停顿。"不错"的后置为其继续演变创造了条件。

随着相对于所修饰小句位置的后移,"不错"在当代语料中也浮现出了让步连词的新用法。让步连词与后置的情态副词之间的界限不太好确定,仅凭标点符号并不真实。首先,后置的"不错"没有了语篇功能,即:就叙述语篇来说,没有了与上文的衔接功能;就对话语篇来说,没有了话轮转接功能。例如:

(35)自己已经二十七了。自己应是晚婚的楷模,不错,但一想到二十七同三十间那段并不宽绰的空白,心里还是发毛。(莫怀戚《陪都旧事》)

(36)洪进田:没看见这一军人盼他都快盼疯了吗?他去带什么军队,他都有办法。可是这一军人不归他带着就没办法。这一军人由谁带着都能打仗,可是非由他带着不能打"胜仗"。

墨子庄:你们盼他回来,不错;他能回来不能回来可不在乎你们盼望不盼望呀!中央,权在中央!据我看,中央就不会放他回来!(老舍《张自忠》)

以上的例(35)是叙述语篇,例(36)是对话语篇,"不错"与原本要衔接的语句或话轮中间都隔着被饰句,因而它失去了前置时的语篇功能。另外,情态副词是表达说话者对命题的态度的。方梅(2013a)认为:"表达说话人态度的副词,其位置对'信度'表达有影响,前置用法信度高。"就"不错"来说,其信度就是肯定的程度,这种肯定程度的高低可以后接转折句的差别作为证明。因为后接转折句时,"不错"所表达的肯定态度是一种有条件的权宜之计。统计显示后接转折句的多少,与"不错"的位置有着密切的关联。以"不错"为例,请见下表:

前置		中置		后置	
接转句	不接转句	接转句	不接转句	接转句	不接转句
17	21	4	0	13	1
45%	55%	100%	0	93%	7%

以上的统计告诉我们,情态副词"不错"前置时以不后接转折句为多数,而当其中置或后置时,基本上都要后接转折句。这说明,后置于被饰句的"不错"其情态功能已经弱化。语义或功能的弱化与语音的弱化之间具有象似性,(江蓝生,2000;李小军,2011)情态功能弱化的"不错"逐渐轻读,音强弱化,音长变短,最后与被饰小句读在了一个语调单元。

伴随着位置和语音的变化,"不错"的语法、语义也发生了改变。原本后置的"不错"所修饰的句子是个自足的句子形式,但在加了"不错"后,反而不能结句而必须有后续句了,如:

(37)"这是金府的规矩!"

"知道知道,我早知道。瞧您,又不是金家人,可一张嘴就是'金府的规矩……喊!'"

"你少废话!我是金府的老妈子,不错,可是呀,除了金老爷子和我杨妈之外,谁也没资格进这三间屋。"(陈建功、赵大年《皇城根》)

此例中的"我是金府的老妈子""我是金府的老妈子,不错",本来都是可以单独成句的,但如果去掉逗号,将"不错"与前句连起来读,反而不能结句了,也就是说,后附上来的"不错"取消了所依附小句的自立性,使之由一个自足的小句变为一个黏着小句,[①]必须有后续句与之相随。这种用法的"不错"已经由饰句副词进一步虚化为连词了。作为连词的"不错"其语法贡献就是标记"让步-转折"关系。证据是,在由"不错"参与连接的"让步-转折"复句中,如果删除"不错",就变为一般的转折关系复句,让步义消失。如:

---

① 关于依附小句的详细讨论,参见方梅(2013b)。

(37')我是金府的老妈子,可是呀,除了金老爷子和我杨妈之外,谁也没资格进这三间屋。

没有了依附在小句后的"不错",上例就只是普通的转折关系复句,不再有让步义了。

3 "不假"与"没错"

3.1 "不假"

"假"表示"不真,虚假"义,《汉语大词典》所举最早用例为唐代,"不假"表示"不虚假",至晚于元明时期可见,但它作为情态副词和让步连词,都是现代才见。以下是"不假"三种不同用法的用例:

(38)他生性是恁的,如何教他改得?我倒敬他真实不假。(《水浒传》第37回)

(39)不定哪一会儿,他要是喝酒喝高了,会给人说,不假,他提我了,可我给他塞钱了……(李佩甫《羊的门》)

(40)改革开放十几年,我自己挣了几十万元。有的人有了钱就是这样干。可我是个共产党员,我不能这样干,也不愿意这样干。我自己富了,不假,如果只顾自己享乐,这不是共产党员。(北京大学CCL语料库)

(41)对方说,是我刚才在扶不假,但那也不能证明是我弄倒的呀!你这位老同志怎么如此冤枉好人啊!(梁晓声《冉之父》)

从现代汉语的情况看,作为词化的"不假"与"不错"的区别有以下三点:一是"不假"用于前置不多见,主要是后置的。二是后置例中前加逗号例很少见,用于不前加逗号的例子很多,这说明大家在语感上觉得后置的"不假"独立性差,已经后附于前一小句。三是所有的后附"不假"的句子,全部后接转折句,这说明它已完成向让步连词的演变。从当代的语感来说,"不假"作为让步连词也更自然。

3.2 "没错"

"没错"作为偏正词组,在清代才见,如:

(42)人家是个老家儿,老家儿说话再没错的,怎么说咱们怎么依就完了。(《儿女英雄传》第20回)

"没错"在现代早期主要是用于回应对方的疑问和请求,做出肯定的表示。如:

(43)马老先生给了钱,有点不放心:"箱子丢不了哇?""没错!"伊牧师用小黄眼珠绕着弯儿看了老马一眼。(老舍《二马》)

(44)"你是赵先生吧?天黑我看不清,先生!"拉车的说。"是我姓赵!你是春二?"赵子曰如困在重围里得了一支救兵。"好,春二你在这里等着我!"

"没错儿,先生!"(老舍《赵子曰》)

作为情态副词和让步连词都是在当代汉语中才见,如:

(45)门突然打开,父亲出现在面前,严肃又很不高兴地问:"你站在这里干什么?"他看到母亲此刻正装着惊讶的样子看着自己。没错,母亲的惊讶是装出来的。(余华《四月三日事件》)

(46)钱是不少,粮也多,没错儿,可没油哇。大锅菜吃得胃酸。(阿城《棋王》)

(47)"那你还要怎么样?可以啦。人中等,对你又好,你,我,咱这一屋子人有一个算一个,又何尝不都属于中等?"

"中下等!"夏太太气呼呼地说。

"是一个阶层没错,我就是接受不了她这方式。"(王朔《我是你爸爸》)

从对"不假"和"没错"三种用法的考察来看,从词组到副词之间的演变跨度明显,但从副词到连词的演变,至少从书面语料来看,都是在当代完成的,中间的时间跨度很小。这是因为作为情态副词由前置到后置并不是历时的演变,而是共时的语用性易位,因而二者实际上不需要时间跨度,而后置的情态副词功能已经弱化,因而后附于被饰小句不一定需要很长的时间。

4 演变动因

这几个否定词加形容词的偏正词组之所以可能演变为情态副词并进而演变为让步连词,主要与语义和语用因素有关。

4.1 由词组到副词

这三个偏正词组之所以能够演变为情态副词,关键的第一步是三者语义的中和。这三个词组的意义本来是不同的,"不错、没错"是表示"正确",而"不假"是表示"真实","真假"和"对错"本来是两个不同的语义范畴,但三者在表述言语时,语义得到了中和,即都可以表示对别人所说内容的认同。如:

(48)你瞧,凭他怎么样,师傅比你晒日头肠儿、看三星儿,也多经了七十多年了,师傅的话没错的。(《儿女英雄传》第25回)

(49)这话不错,一切的东西是我们徽州出的好。(《儒林外史》第23回)

(50)老师的话不假。(《新小说》第二年第七号《黄绣球》)

在以上的例子里,三个不同的词组表示的意义是一样的。即当用来表述言语时,三者已经在一定程度上词化了。以下的对比

更好地说明了这一点:

> (51)老余说的有道理,起码在素质低的情况下可以少犯错误。人民嘛,听党的话没错儿。(王朔《编辑部的故事》)

> (52)李:哎,老余,话可不能这么说呀。人可是你叫来的,事儿也是你办的。
>
> 余:是,人是我叫来的没错啊。(王朔《编辑部的故事》)

(51)是对一种行为的肯定,而(52)是对一种说法的肯定,两句中"没错"的意义完全不同。(52)中的"没错"可以换作"不假",但(51)中的"没错"不能换作"不假",或者说换了以后意思不同。

这种意义中和后的"不错、不假、没错"当离开表述言语名词的谓语位置后,可以很自然地处于话轮起始位置,用于回应对方说法,同时表示对其后所说内容的肯定,于是就变成了情态副词。

4.2 由副词到连词

由副词到连词的变化,取决于情态副词的后置。句后并不是情态副词的语法位置,而是语用性的易位。上文谈到,后置的情态副词功能弱化,为其继续虚化创造了条件。"不错"等情态副词所修饰的句子所代表的命题并不是行域的,而是知域的,即是说这种事件是否实际发生并不重要,而是说话者知道了这一信息并先承认这一事实。处于转折句前而情态功能弱化的"不错"等词语,实际上表达的意义就是"姑且承认是这样"的意思,也就基本是"让步-转折"关系的意义,这是语境吸收的结果。如:

> (53)五爷积极,不假;五爷的老婆积极,不假。看不假可假大了,驴屎蛋外面光,都是伪装的。不假装积极咋能混成劳模,不混成劳模咋能破坏,不破坏咋为保长报仇?(乔典运《香与香》)

447

这个例子里,"不假"虽然还没有后附于前面的小句,还具有一定的肯定功能,但从下文的内容可以知道,说者肯定的是五爷表面的积极,而主要是想表达"五爷的积极是假的"。

在汉语中,表示"肯定"的成分通过语境吸收而表达让步意义或成为让步连词的构成成分,还有"是"和"虽然"。乐耀(2016)讨论了"X 是 X,但(可)是……"形式的"让步-转折"复合句,称其为"让步类同语式"。他指出:吕叔湘先生认为其中的"是"是表示让步的,并转引吕叔湘(1882)说道:"是"字本来只是肯定,因为有下文的一转(比如"就是""不过""只是"等),"是"字才有"虽然"之义。这也就是说同语式中"是"字让步义的获得是语境作用的结果。董秀芳(2011:240)谈到了"虽然"的词汇化,认为其中的"然"原本是"是这样"的意思,也是表示肯定的,如:

(54)为人臣不忠,当死;言而不当,亦当死。<u>虽然</u>,臣愿悉言所闻,唯大王裁其罪。(《韩非子·初见秦》)

最后能够与"虽"词化为"虽然",也是与"让步-转折"关系的特定语境有关。

语法化有一条规律,即语义的演变先于形式的演变,(沈家煊,1998)弱化的情态副词在意义上已经具备了让步的意义,语音的弱化和独立性的消失是在语义变化的基础上发生的。

5 余论

5.1 其他的相关形式

在演变过程中,也产生了一些与"不错、不假、没错"等具有类似功能的形式,这是它们在词化过程中伴生的现象。例如:

(55)洗老太太：我深知我的儿子，他的眼里不藏沙子！他认识谁好谁歹！你对他忠心，他就真心待你；你对他耍坏，他就给你个厉害看看！

杨太太：<u>一点不错</u>，局长真是条汉子。有刚有柔，精明强干！（老舍《残雾》）

(56)王小二：你都八十多岁了？

李八十：<u>一点不假</u>，我就叫李八十嘛！看，我的胡子不是全白了吗？（老舍《宝船》）

(57)蒋殿人救过水山他爹是<u>不假</u>，那是组织的指示，同时对他自己也没有什么危险。（冯德英《迎春花》）

(58)生活中有许多误区<u>这不假</u>，但我至今对我的误区是什么还不明白。（赵瑜《马家军调查》）

以上的"一点不错""一点不假"相当于情态副词的功能，"是不假""这不假"相当于让步连词的功能。这是在"不错""不假"等词化演变过程中出现的现象，说明其相应功能的词汇定型化过程仍未完结。

5.2 "没错"与"没错儿"

从上文的举例中我们看到，"没错"也有"没错儿"的写法。后一种写法应该是将"错"理解为名词了，因为"没错"有歧义，而"不错"就不可能有儿化的写法。那么从来源上说，作为副词和连词的"没错"是来自"错"为名词的动宾结构呢还是来自"错"为形容词的偏正结构？根据"不假、不错"中的中心语都是形容词的情况，三者的演变规律是相同的，因而我们将"没错"中的"错"也理解为形容词。但因为歧义的"没错"在两种结构上意义基本相同，因而将其中的"错"误解为名词而加上了儿化，这是作家个人的理解，并不能说明问题的实质。

参考文献

董秀芳 2011 《词汇化:汉语双音词的衍生和发展》(修订本),北京:商务印书馆。

方 梅 2012 《会话结构与连词的浮现义》,《中国语文》第 6 期。

方 梅 2013a 《饰句副词及相关篇章问题》,"第二届汉语副词研究学术研讨会"论文,重庆师范大学。

方 梅 2013b 《依附小句的关联模式——无关联词语复句的衔接方式》,"汉语句式研究研讨会"论文,南昌大学。

江蓝生 2000 《语法化程度的语音表现》,见《近代汉语探源》,北京:商务印书馆。

李小军 2011 《虚词衍生过程中的语音弱化——以汉语语气词为例》,《语言科学》第 4 期。

李宗江 2012 《关于词汇化的概念及相关问题——从同义并列双音词的成词性质说起》,《汉语史学报》第 12 辑。

李宗江、王慧兰 2011 《汉语新虚词》,上海:上海教育出版社。

廖秋忠 1986 《现代汉语中的篇章连接成分》,《中国语文》第 6 期。

吕叔湘 1982 《中国文法要略》,北京:商务印书馆。

沈家煊 1998 《语用法的语法化》,《福建外语》第 2 期。

乐 耀 2016 《从互动交际的视角看让步类同语式评价立场的表达》,《中国语文》第 1 期。

汉语否定不定代词的类型转变

张 定

(中国社会科学院语言研究所/
中国社会科学院辞书编纂研究中心)

1 引言

汉语语法学界经常提到,上古汉语表否定的无定代词"莫"在现代汉语中并没有相对应的词,现代汉语常通过其他形式表达类似的概念。例如:

(1)a. 有子七人,莫慰母心。(《诗经·邶风·凯风》)

b. 吾惧君以兵,罪莫大焉。(《左传·庄公十九年》)

(2)a. 没有谁敢说话。

b. 没有什么可说了。

正如王力(1989:61)所指出的,"莫"译成现代汉语就是"没有谁""没有什么"。换言之,"莫"在现代汉语中的对应形式是否定词"没有"直接加在"谁""什么"等疑问词的前面,这些疑问词一般要轻读。跟"莫"一样,"没有+疑问词"不能处在宾语位置。考察还发现,类似上古汉语"莫"所表示的概念在现代汉语中还可以通过其他形式来表达。例如:

(3)a. 谁都不敢说话。

b. 什么都不能说了。

c. 任何事情都不能掉以轻心。

(4)a. 我不敢说什么。

b. 他不吃任何东西。

例(3a、3b)中,疑问词和否定词隔开,否定词所否定的并非疑问词所充当的论元,而是整个谓词;例(3c)中出现的是限定词"任何"。上述疑问词或"任何"一般要重读。

例(4a)中,疑问词充当宾语,否定词用来否定整个谓词,但疑问词要轻读;例(4b)中,"任何"虽然重读,但处在宾语位置。

表否定的情况如此,上古汉语表肯定的无定代词"或"及现代汉语中与之相对应的"有人""有些"等也存在类似的异同,尽管表肯定的情况相对不太复杂。例如:

(5)a. 宋人或得玉,献诸子罕。(《左传·襄公十五年》)

b. 有人得到一块玉。

例(5)中的"或""有人"都不能处在宾语位置。

由此引发的几个主要问题是:(i)古今汉语表否定的无定代词经历了什么样的类型变化?(ii)为什么"或""莫"只能做主语？真的是主语吗?(iii)"或"和"莫"到底是什么样的关系?

本文拟在前人研究的基础上,采用历时类型学的视角,初步考察古今汉语表否定的无定形式所经历的句法类型转变,尝试探求"莫"的性质以及"莫""或"之间的关系。

2 "否定不定代词"的界定

否定不定代词(negative indefinite pronoun)是一个不好界定

的范畴。Haspelmath(1997:194)指出,直觉上,如果一个不定代词无需额外的动词否定,其本身内在地表达了否定义,那么我们就认为这个不定代词是否定的。据此,英语的 nobody、nothing 等是典型的否定不定代词。

Haspelmath(1997:194)指出,界定否定代词更好的方式是采用省略语境(elliptical context)这种纯句法标准来测试。根据这一标准,如果不定代词可以出现在省略语境(动词及其否定成分被省略了)但仍然传达出否定义,那它就是内在否定的。典型的省略语境包括参数问句的否定答句和比较基准等。例如(引自Haspelmath,1997:195):

(6) 西班牙语

  A:¿Qué viste? B:Nada.
  What did you see? Nothing.
  你看见了什么? 没什么。

(7) 罗马尼亚语

  M' a nenorocit ca nimeni altul.
  me has made.unhappy like nobody other
  我.宾 已 使.不高兴 像 没有人 其他
  She has made me unhappy like nobody else.
  她使我比谁都不高兴。

(8) 土耳其语

  A:Ne duy-du-n? B:*Bir şey.
  what hear-PAST-2SG one thing
  什么 听见-过去-2 单数 一 东西
  What did you hear? Nothing.
  你听见什么了? 没什么。

例(6)中西班牙语的 nada 和例(7)罗马尼亚语的 nimeni 通过了测试,它们都是典型的否定不定代词,Haspelmath 称之为独立的不定代词(free-standing indefiites);例(8)中土耳其语的 Bir şey 则未能通过测试。不过,Haspelmath(1997:196)还发现,根据这一标准应该看作内在否定的不定代词[如例(9)中的 hiç kimse],它们并非在所有语境中都具有否定的解读[如例(10)中的 hiç kimse]。

(9) A: Kim geldi?　　　　　　B: Hiç　　kimse.
　　　who come-past(3sg)　　INDEF anyone/no one
　　　谁　来-过去(3 单数)　　不定　任何人/没有人
　　　Who came?　　　　　　Nobody.
　　　谁来了?　　　　　　　没有人。

(10) Hiç　　kimse　gel-di　　　　　mi?
　　　INDEF anyone come-past(3sg)　Q
　　　不定　任何人　来-过去(3 单数)　疑问标记
　　　Did anybody come?
　　　有人来了吗?(*没有人来了吗?)

例(10)的 Hic kimse 出现在非否定的疑问句,其本身并没有内在否定义。有鉴于此,Haspelmath(1997:199,2005)有意将否定不定代词模糊地界定为"以'直接否定'为其一项重要功能的不定代词"。换言之,无论是"内在否定"的 nothing、nobody 类,还是"非内在否定"的 anything、anybody 类,都是否定不定代词,尽管后一类的否定义要借助谓词否定来完成。

(11) What did you see? —Nothing.
　　　你看见什么了?　——没什么。

(12) I don't like anything.
　　　我什么都不喜欢。

3 否定不定代词的句法类型

否定不定代词可以与一般的动词否定标记共现,也可以不共现。Haspelmath(1997:201)根据它们与动词否定的关系,将其分成 NV-NI、V-NI 和(N)V-NI 三个主要类型;Haspelmath(2005)在此基础上又增加了"否定存在结构"。综述如下:

(i) NV-NI 类

否定不定代词总是强制性地与动词否定共现。下例俄语中,如果省略动词否定成分 ne,句子就不合语法。

(13) Nikto   ne   prišel.
     nobody   NEG   came
     没有人   否定   来.过去
     Nobody came.
     没有人来。(Haspelmath,2005)

(ii) V-NI 类

否定不定代词从不与动词否定共现,英语的 no-系列(nobody、nothing 等)属于此类。下例德语中,使用动词否定成分 nicht 将导致句子不合语法(*Niemand kam nicht)。

(14) Niemand   kam.
     nobody   came
     没有人   来.过去
     没有人来。(Haspelmath,2005)

(iii) (N)V-NI 类

这是混合类型的:否定不定代词有时跟动词否定共现,有时不共现。下例西班牙语中,否定不定代词在动词前,不用动词否定;在动词后则需要动词否定。

(15) a. Nadie　　vino.　　b. No　　vi　　　　nada.
　　　nobody came　　　　NEG　I. saw　　nothing
　　　没有人　来.过去　　否定　我.看见.过去　没有什么
　　　没有人来。　　　　我什么都没看见。(Haspelmath,
　　　　　　　　　　　　2005)

(iv)否定存在结构

还有些语言要用一个否定存在结构(negative existential construction),其中主要谓词由一个否定性的或被否定的存在动词充当,翻译成英语不定代词的这个词充当主语。例如 Nêlêmwa 语(大洋洲,新喀里多尼亚):

(16) Kia　　　　agu　　　i　　　uya.
　　 not. exist　　person　　3SG　arrive
　　 不.存在　　　人　　　　3单　到达
　　 Nobody came. (Lit. "There isn't a person who came.")
　　 没有人来。(字面义"不存在一个人来。")(Haspelmath,
　　 2005)

值得一提的是,Haspelmath(1997)只是将否定存在结构看作否定不定代词的一种替代策略(alternative strategies),而非一种独立的类型。

Haspelmath(1997)基于跨语言比较,概括出语言中不定代词最常表达的9项功能(参看张定,2013b)。Haspelmath(1997:52)指出,大部分语言都有不定代词,这9项不同的功能通常也都用不定代词来表达。但是就这些功能而言,已经证实有替代性的策略来表达它们,而且很可能不少语言完全就没有不定代词。其他语言通过不定代词所表达的那些功能,在这些语言有四种表达方式:通指名词(generic nouns)、存在句(existential sentences)、非特指自由关系小句(non-specific free relative clauses)和全称量化词(universal quantifiers)。

Haspelmath(1997:54)首先简要介绍了存在句的情况。在他加禄语等菲律宾语言中,其他语言使用特指不定代词时,这些语言使用存在句。例如下面的句子字面上或可翻译为"昨天有(人)来"。

(17)他加禄语(转引自 Haspelmath,1997:54)
　　　May　dumating　kahapon.
　　　exist　come:AG　yesterday
　　　存在　来:施事　昨天
　　　Someone came yesterday.
　　　昨天有人来了。

这种表达方式出现在施事的位置,如果不定代词充当受事或处所,动词会采用受事或处所的形式。当其他语言使用否定不定代词时,他加禄语也使用同样的策略。例如:

(18)Wala-ng　　　　　　dumating　　kahapon.
　　　not.exist-LK　　　come:AG　　yesterday
　　　不.存在-连接词　　来:施事　　昨天
　　　No one came yesterday.
　　　昨天没有人来。

就否定存在结构而言,与 Haspelmath(1997)将其看作替代策略有所不同的是,Haspelmath(2005)将其处理为一种独立的类型,并认为,有人可能觉得这些语言也是与谓词否定共现的类型,但由于这些语言中，否定不定代词的对应形式不允许出现在一般的名词或副词的位置，因此它们属于一个独立的类型。

有鉴于此，本文采用 Haspelmath(2005)的分类，即将否定存在结构也视为一种独立的类型，而非一种替代性的策略。

上述四种类型及语言数目如下表所示。(Haspelmath,2005)

序号	类型	数目
i	否定不定代词与谓词否定共现	170
ii	否定不定代词排除谓词否定	11
iii	否定不定代词有混合的句法表现	13
iv	否定存在结构	12
	总计	206

4　现代汉语否定不定代词的主要类型及来源

本节尝试采用 Haspelmath(2005)的四分框架，概括现代汉语否定不定代词的主要类型，结合以往研究成果，阐述这些不同类型的来源。

(i)否定存在结构

正如"引言"部分所提到的，现代汉语常用"没(有)谁""没(有)什么"来对译上古汉语的"莫"，这种"没(有)-"结构是一种典型的否定存在结构。"没(有)"后面的成分，除了例(2)所示的疑问词之外，还可以是"人""东西"等通指名词及相关的复杂形式。例如：

(19)a.没人知道这件事。

b.没东西可吃了。

c.没有事情可做了。

d.没有什么人是完美的。

与"没(有)＋疑问词"结构一样,这些例中的"没(有)"是否定存在的动词,"没(有)＋通指名词"结构也不能出现在宾语位置。

(ii)NV-NI 类

"引言"部分提到,类似上古汉语"莫"所表达的概念在现代汉语中还可以通过其他形式来表达,如例(3)(4)所示。这类形式显然属于 NV-NI 类,即由疑问词演变而来的否定不定代词强制性地要求与动词否定共现,其中例(3)(4)中,否定词为"不"。否定词也可以是"没"或"没有"。例如:

(20)a.谁都没敢说话。

b.什么都没有说清楚。

c.任何事情都没有解决。

(21)a.我没敢说什么。

b.他没想去什么地方。

c.他没吃任何东西。

与例(19)所示的否定存在结构不同的是,在例(20)中,重读的否定不定代词"谁""什么""任何"(及其所在的结构)常与"都、也"共现,出现在否定词"没(有)"之前,而且这些例子中的"没(有)"是否定副词,用来修饰后面的主要动词结构。例(21)中,"没"也为否定副词,但轻读疑问词"谁""什么"和"任何"及其所在的结构可以出现在宾语位置。可以看出,在这类例子中,"没(有)"的性质以及"谁""什么"和"任何"及其所在结构的位置,与例(19)所示的否定存在结构有本质的区别,因此,它们是典型的 NV-NI 类。

再看此处两小类否定不定代词的来源。张定(2013a、2013b)论证了现代汉语中几类肯定性不定代词的来源:(21a,21b)这类轻读疑问词系列的来源结构是"上位母句'(我)不知'＋参数问句",

"(我)不知"在截省语境中省略。(20a、20b)这类重读疑问词系列最初的来源结构是"上位母句'不关心/不相干'+参数问句",上位母句中表达"不关心"或"不相干"的成分"不管/管、不论/无论、不拣/拣、不问、任"在语境中经常省略,导致"全称让步小句"(UCC小句)进一步语法化,并与结果小句进一步糅合,其中的重读疑问词逐渐可以理解为单句中的准句内论元。"任何"也符合汉语及其他语言 UCC 小句句法化的一般规律(如 20c),但本质上它不是汉语独立演变的结果,而是在清末汉语与其他语言接触的产物,因此它还可以出现宾语位置(如 21c)。上述肯定性不定代词形成后,能出现在直接否定句中是由不同的因素造成的:轻读疑问词用于否定句的功能直接来自回声答句;汉语重读疑问词的直接否定功能来自否定语境,是表自由选择的疑问词扩展到否定语境的结果;"任何"虽然出现较晚,但它用于否定句也应该是来自语境的扩展。上述三个过程都会导致同一个结果,即出现 NV-NI 型否定不定代词。

5 古今汉语否定不定代词的类型转变

从上述类型和来源的考察可以看出,上古汉语的否定不定代词"莫"可以看成 V-NI 类型。这种类型虽然符合逻辑,但总体类型分布上非常罕见。Haspelmath(1997)称之为"拉丁语类型",在 Haspelmath(1997)的 40 种语言样本中,7 种为该类型,而且只出现在印欧语中,是一种区域现象。在 Haspelmath(2005)的 206 种语言样本中也只有 11 种。

现代汉语具有两种主要的否定不定代词类型,即否定存在结构和 NV-NI 型并存。

先看否定存在结构。上古汉语中,否定的无定概念常用"莫"来表达。在检索的语料中,主要否定动词"无"构成的"无+疑问词"类否定存在结构不见于汉代之前的文献,刘向《说苑》可见 1 例"无+轻读疑问词",略引如下:

(22)欲召击,无谁与谋……(《说苑·奉使》)

但这种结构在汉代及稍后一段时期仍然罕见。"无+通指名词"的用例较早见于南北朝时期的《世说新语》,唐代逐渐增多。例如:

(23)a. 王文度弟阿智,恶乃不翅,当年长而无人与婚。
（《世说新语·假谲》）

b. 又列肆之内,不立市丞牧佐之法,无人领受……
（《北齐书·陆法和传》）

c. 沉沦三恶道,家内无人知。(《王梵志诗校注·沉沦三恶道》)

可以看出,由于"莫"的强势存在,汉代以前的汉语中并没有出现否定动词"无"与疑问词或通指名词共现的用例。汉代至唐代,"无+轻读疑问词"和"无+通指名词"相继产生,但"无+轻读疑问词"用例十分少见,"无+通指名词"则逐渐增多。唐宋以后,随着主要否定动词"无"被"没(有)"取代以及新的疑问词"甚、什么"逐渐取代"何",新的否定存在结构"没(有)+什么"和"没(有)+通指名词"就此形成。

就结构本身的性质来看,从汉代以前的"莫"到汉唐之间的"无+轻读疑问词"和"无+通指名词",是一种质的变化,即从 V-NI 型转变为否定存在结构。而从汉唐之间的"无+轻读疑问词"和"无+通指名词"到唐宋以后的"没(有)+轻读疑问词"和"没(有)+通指名词",这种结构的类型并没有发生质的变化,即都是否定存在结构。

显著的变化在于,"莫"逐渐减少后,轻读和重读疑问词在各自的句法环境里逐渐成为肯定性不定代词,新的 NV-NI 型否定不定代词开始出现。

方一新(2017)考察并比对了《孟子》和《孟子章句》的无定代词,发现《孟子》中"莫"58 例,而《孟子章句》中为 33 例,这表明到了东汉,"莫"已大幅减少。不过,这段时期并未产生 NV-NI 型否定不定代词。成为 NV-NI 型否定不定代词必须具备的条件是,其中的否定词必须是否定副词,用来否定谓词,如"不"和否定副词"没(有)";否定名词性成分的仍然是否定动词,如"无"和动词"没(有)",整个结构仍然是否定存在结构。

据蒋绍愚、曹广顺(2005),"没"替换"无",开始只是动词本身的替换,它们后面带的宾语都是体词性的。大约宋代,"没"可以否定谓词,成为一个单纯对事件表示否定的副词。"没有"也是先用作否定动词,然后再演变为否定副词,大约发生在明代。例如:

(24)没瞒过我,实是你灾。(《张协状元》第二十出)

(25)我并没有看见,只怕娘错数了。(《金瓶梅词话》第八回)

另一方面,当轻读疑问词和重读疑问词在各自的句法环境里演变为肯定性不定代词,它们扩展到包含已有常用否定副词"不"和新产生否定副词"没(有)"的否定句,汉语的 NV-NI 型否定不定代词由此形成。Haspelmath(1997、2005)的研究表明,这种类型不合逻辑,但在欧洲之外的语言中非常普遍:在 Haspelmath(1997)的 40 种语言样本中,32 种为该类型;在 Haspelmath(2005)的 206 种语言样本中,该类型的语言多达 170 种。换言之,汉语选择了一种受偏爱的类型。

综上所述,古今汉语否定不定代词总体上经历了从 V-NI 型到否定存在结构和 NV-NI 型并存的类型转变。

Haspelmath(1997)指出,V-NI 类型相对罕见的原因在于,要表达的语义是一般句子否定(或关系否定),但这种类型中,表层形式中被否定的是一个参与者而非动词。意义和形式之间出现了偏差。有些语言容忍这种形式-意义的错配,但这种错配一般不受欢迎,故而罕见。从这个角度看,现代汉语选择了一种受偏爱的类型。

6 "或"和"莫"的关系

本节将基于已有研究成果和文献材料,尝试进一步从句法测试、产生时代、语音联系等方面讨论上古汉语肯定不定代词"或"和否定不定代词"莫"的来源。初步得出如下结论:"或"来源于存在动词"有","或"结构式本质上来自肯定存在结构。"莫"可以构拟为"否定成分+或","莫"结构式本质上来自否定存在结构。

6.1 "或"做"有"解

探讨"莫"的来源首先要考察"或"的问题。学界一般将上古汉语的"或"解释为现代汉语的"有人"和"有的",这方面的成果比比皆是,此处不赘。问题是,"或"的来源是什么?

清代王引之在《经传释词》提出,"或,犹'有'也。"王氏列出不少直训、异文和对文材料,证明"或"和"有"的语义联系。王氏提到,《考工记·梓人》"毋或若女不宁侯"、《礼记·祭义》"庶或飨之"、《孟子·公孙丑》"夫既或治之"等里面的"或",在郑、赵注及《广雅》《小尔雅》中都用"有也"直训。又如异文材料,《尚书·古义》:"无有作好,遵王之道;无有作恶,遵王之路。"《吕览》引此"有"作"或"。

王氏还利用"莫""或"的对文材料来阐述两者的性质:"《易·益·上九》曰:'莫益之,或击之。''或'与'莫'相对为文。'莫'者,'无'也;'或'者,'有'也。"

此外,王氏认为"或"字古读若"域","有"字古读若"以",二声相近,因此,"'或'之言'有'也""音义相通,则字亦相通"。

王氏的这几段论证十分精彩且很有启发意义。方有国(1993)更是明确指出,目前称之为无定代词的"或"字,其实是由动词变来的。当它含有"人""谁"意而表示"有人""有谁"一类意思时,它就变为无定代词。

我们赞同这些观点。下面尝试进一步在句法上证明,"或"来自"有",并且保留了上古"有"作为存在动词的句法限制。

(i)"或"不能独立使用。

(26)——谁敢言?

——*或。

(ii)除了放在否定动词"无"等之后充当宾语,"或"一般只能处在主语位置,不能充当宾语。

(27)a.宋人或得玉。(《左传·襄公十五年》)

b.*吾知或。

c.*伤于或。

这些证据显示,表肯定的无定代词"或"很可能来源于表肯定的存在动词"有",与此相应,表无定的"或"结构式来自"有"字肯定存在结构。此外,后文将提到,"或"能放在否定动词"无"等之后充当宾语,表明其身份已在很大程度上摆脱存在动词所受的限制,开始具有指代性。

6.2 "莫"的性质

遵循当前学界的共识,我们认同上古汉语"莫"是个否定性的无定代词,即本文所界定的"否定不定代词"。不过,与英语的 nothing 等真正的否定不定代词相比,"莫"只是在语义和某些句法特征上符合测试标准,它并不能通过另一些句法测试。

6.2.1 句法标准测试

(i)"莫"无须借助其他否定词来实现否定。一旦"莫"字句中带有其他否定词来实现动词否定,该句就是一个双重否定句。

(ii)"莫"字句中,代词宾语必须前置。

(28) a. 三岁贯女,莫我肯顾。(《诗经·魏风·硕鼠》)

b. 保民而王,莫之能御也。(《孟子·梁惠王上》)

以上两项测试表明,"莫"自身含有否定义。

(iii)不能独立使用。

(29)——谁敢言?

——*莫。

(iv)"莫"只能出现在主语位置,不能用作宾语。在"莫如 X"比较句中,比较基准是 X 而非"莫"。

"莫"的以上句法行为表明,尽管"莫"具有内在否定义,但它与英语 nobody、nothing 等有本质上的不同,它很可能是"否定形式＋或"的融合体。

用于不定代词时,"莫"和"或"具有高度平行的句法表现,这也与现代汉语中的"有-/没(有)-"存在结构高度平行。

(30) a. 有人了解我/没有人了解我

b. *我了解有人/*我了解没有人

(31) a. 或知我/莫我知

b. *我知或/*我知莫

6.2.2 时间先后

张玉金(2004)的考察显示,"或"和"莫"皆不见于殷商时代的语料中,是西周时代新出现的代词。"莫"和"或"在西周金文、西周甲骨文中均见不到,而出现在《诗经》《周易》和《尚书》之中,其中今文《尚书》仅有"或"而无"莫"。

钱宗武(2004:156—157)通过对《尚书》的详细考察发现,今文《尚书》"或"20例,其中10例为虚指代词,但没有无指代词"莫"。今文《尚书》的无指代词主要是"罔"[①],全部做主语。

一个有意思的问题是,既然今文《尚书》还没有"莫",那么表达否定不定的语义时除了"罔",还有什么其他形式?

进一步分析钱宗武先生的用例发现,今文《尚书》出现的10例虚指"或"中,有4例是"无或",这一迹象强烈暗示了"无或"和"莫"之间的联系。我们对《尚书》语料重新做了考察,结果与此一致。下面是这4例"无或"。

(32)a. 无或敢伏小人之攸箴。(《商书·盘庚上》)
  b. 非汝封刑人杀人,无或刑人杀人。(《周书·康诰》)
  c. 非汝封又曰劓刵人,无或劓刵人。(《周书·康诰》)
  d. 无或私家于狱之两辞。(《周书·吕刑》)

不过,今文《尚书》中的"无或"仍然是语法上的组合,是否定动词"无"后接肯定性无定代词"或"构成的。

6.2.3 语音变化

据"东方语言学"网站"上古音查询",各家对上古汉语"无"的拟音为:高本汉 *mo,李方桂 *mag,王力 *ma,白一平 *ma,郑张尚芳 *

[①] 为避免旁涉过多,关于上古"罔"等无定代词的问题,本文暂不讨论。

maa,潘悟云﹡﹡maa;各家对上古汉语"或"的拟音为:高本汉﹡gwək,李方桂﹡gwək,王力﹡ɣuək,白一平﹡wək,郑张尚芳﹡gʷɯɯg,潘悟云﹡﹡gʷɯɯg;各家对上古汉语"莫"的拟音为:高本汉﹡mak,李方桂﹡mak,王力﹡mak,白一平﹡mak,郑张尚芳﹡maag,潘悟云﹡maag。

从语音上看,上述诸家拟音中,"无+或"的相应组合都很有可能逐渐融合为"莫"。因此,如同学界普遍接受上古汉语的"诸"是"之于"或"之乎"的合音等现象,我们也可以认为"莫"是"无或"的合音字。与此相应,表否定的"莫"结构式来自"无或"否定存在结构。此外,今文《尚书》有"或"无"莫",即"或"的形成早于"莫",而《诗经》《周易》中"或""莫"并存,鉴于这一观察,我们认为,"无或"开始融合为"莫"应该是今文《尚书》产生后不久的事情。

7　结论

本文结合先贤研究成果,在语义、句法、语音等相关证据的基础上,提出上古汉语否定不定代词"莫"由"无或"逐渐融合而成,"莫"结构式来自更早的否定存在结构。本文的研究显示,来源结构对语法成分的句法行为有决定性的制约。除了上述这些来自存在结构的不定形式,前面提到的来自UCC小句整合缩减后形成的重读疑问词系列也是如此;"任何"是例外,它是接触导致的。

参考文献

方一新　2017　《从中古注疏看汉语代词的发展》,"汉语语法史研究高端论坛(2017)"会议论文,浙江杭州。
方有国　1993　《上古汉语语法研究》,成都:巴蜀书社。

蒋绍愚、曹广顺主编 2005 《汉语语法史研究综述》,北京:商务印书馆。

钱宗武 2004 《今文尚书语法研究》,北京:商务印书馆。

王 力 1989 《汉语语法史》,北京:商务印书馆。

王引之 1956 《经传释词》,北京:中华书局。

张 定 2013a 《汉语疑问词任指用法的来源——兼谈"任何"的形成》,《中国语文》第2期。

张 定 2013b 《汉语疑问词虚指用法的来源》,《语法化与语法研究》(六),北京:商务印书馆。

张玉金 2004 《西周汉语语法研究》,北京:商务印书馆。

Haspelmath, Martin 1997 *Indefinite Pronouns*. Oxford: Clarendon.

Haspelmath, Martin 2005 Indefinite pronouns. In Haspelmath, Martin, Matthew Dryer, David Gil, Bernard Comrie(eds.). *The World Atlas of Language Structures*. Oxford: Oxford University Press.

(本文原载《古汉语研究》2019年第2期)

"之"的衰落及其对句法的影响[*]

朱冠明

(中国人民大学文学院)

1 引言

"之"在上古汉语中是个十分常用的词,除了有义为"往、至"的动词用法之外,还有作为功能词的丰富的用法,包括指示代词、人称代词、连词、助词等。[①] 连词"之"和指示代词"之"的使用比较少见;动词"之"的使用本来就受语义表达需求的限制,且有"如""往""适"等词同它竞争,因此出现频率也不高。本文不讨论这三种"之"的使用情况。说"之"在上古十分常用,主要是指作为人称代词和助词的"之"在上古出现频率非常高。但是至中古即魏晋南北朝时期,文献中"之"的使用频率急剧下降,人称代词和助词"之"在口

---

[*] 中国人民大学科学研究基金(中央高校基本科研业务费专项资金资助)项目"佛典语言的中国化"(13XNL007)成果。

[①] 关于"之"做代词、连词、助词等功能词的用法,详见中国社会科学院语言研究所古代汉语研究室(1999:832—843)。此书将插在主谓间的"之"归为连词,如:"人之有技,若己有之。"(《尚书·秦誓》)本文则按照通常的看法将这类"之"视为助词;这里提到的连词"之"是指该书所列连词"之"的第一类,即表并列关系的"之",如:"鬼侯之鄂侯、文王,纣之三公也。"(《战国策·赵策三》)本文不讨论"之"的这一类用法。

语中衰落并逐渐淡出。同时在中古时期汉语一系列的句法形式也发生了改变，这些改变或多或少与"之"的衰落有关。本文讨论人称代词和助词"之"在中古的衰落，以及由此而引起的一些句法变化。

2　中古"之"的衰落

说"之"在中古汉语中衰落，可以从以下几个方面来看：
1) 同上古相比，"之"在文献中的使用频率急剧下降。
2) 上古汉语中"之"的功能，在中古时期被其他功能词替代。
3) 上古一些句法结构中原本应该用"之"的地方，至中古"之"可以删略，或曰使用零形式。

以下将分别从这几个方面来讨论人称代词"之"和助词"之"的衰落。

2.1　人称代词"之"的衰落

人称代词"之"相当于现代汉语中的"他"，但在句中主要做动词或介词的宾语而不能做主语，既可以指代人，也可以指代物，还可以指代前文提到的情况。

2.1.1　人称代词"之"使用频率的变化

代词"之"从上古至中古的使用频率如下表（表中数字第一行为代词"之"在作品中的使用总次数，第二行为使用次数与该作品总字数之比）：[①]

[①] 数据来源分别是：《左传》据何乐士(2004:45)、《史记》据龚英(2006:4)、《孟子》据崔立斌(2004:176)、支谶译经与《四分律》据魏培泉(1990/2004:59)、《世说新语》据张永言(1992:590)。

左传	孟子	史记	支谶译经	世说新语	四分律
4037	802	4750	382	609	740
1.46%	1.79%	1.17%	0.25%	0.77%	0.12%

魏培泉(1990/2004:59)在统计代词"之"的使用频率后指出:"'之'的见频能降到那么低则必定意味着'之'的地位远不如从前或者仅存余气了。"表中《世说新语》的频率明显高于佛经,是因为《世说》为文人创作,仿古成分相对更多一些,这更加说明实际口语中代词"之"大概已经很少使用了。

2.1.2 其他功能词的替代

上古汉语宾语位置上的第三人称代词主要用"之",至中古"其"和"他"也逐渐发展出第三人称代词的用法,占据上古"之"的位置。

据吕叔湘(1985:14—16)、魏培泉(1990/2004:45—51),"其"在中古发展出做主语、兼语、宾语的用法,其中在上古一般用"之"的位置如兼语、介词宾语、间接宾语等,中古改用"其"的例子大大增加,例如:

(1) 令其行毒,害杀某人。(《生经》,3/96c)|令之佐新军。(《国语·晋语》)

(2) 将至水所,为其洗浴。(《贤愚经》,4/366c)|既复命,为之请曰……(《国语·鲁语》)

(3) 我等不应与其饮食。(《四分律》,22/597a)|公与之母。(《国语·越语》)

"他"在中古是否已经发展成为第三人称代词尚存在争议(蒋绍愚,1994/2005:114—115),但已经常出现在兼语和宾语位置上,占据了上古"之"的位置。下3例中的"他"都符合吕叔湘(1985:8)为第三人称代词提出的"有先行词""有定"的要求:

(4) 诸比丘吸食作声。尔时有比丘先是伎儿,闻是声即起舞。诸比丘大笑,笑时口中饭粒出,有鼻孔中出者。诸居士呵

责言:"诸沙门释子自言'善好有德',云何令他笑如伎儿?"(《十诵律》,23/138a)|越有难,吴王使之将。(《庄子•逍遥游》)

(5)彼实不食,我妄杀他。(《百喻经》,4/557b)|其闻之者,吾杀之矣。(《左传•僖公二十三年》)

(6)我问彼人,悉能分别,彼人问我,我不能知。因是事故,未与他等。(《贤愚经》,4/423a)|今主君之疾与之同。(《史记•赵世家》)

汉语发展的最终结果是"他"成为第三人称代词(一些方言中是"其"发展为第三人称代词),彻底取代了上古兼语和宾语位置上的"之",这一过程至少在中古已经开始。

2.1.3 人称代词"之"的删略

后文我们会看到,在句末的及物动词宾语位置、受事主语句、连动结构、使令句等句法结构中,上古本来都需要用代词"之"的地方,至中古被删略而成了零形式。这种变化对汉语的句法演变造成了深刻的影响。

2.2 助词"之"的衰落[①]

2.2.1 助词"之"使用频率的变化

助词"之"从上古至中古的使用频率如下表(表中数字第一行为助词"之"在作品中的使用总次数,第二行为使用次数与该作品所调查部分总字数之比):[②]

[①] 本文要讨论的助词"之"主要指与句法结构的构成有关的"之",即位于修饰语与中心语之间、位于主谓语之间以及标志宾语前置句的"之",不包括用于时间副词之后的"之"("久之")和专名中间的"之"("藐姑射之山")。

[②] 数据来源分别是:《左传》据何乐士(2004:45),为助词2564次与连词543次之和;《孟子》据崔立斌(2004:255),该书称为"连词";《世说新语》据张永言(1992:590);《史记》(列传30—44)、《般舟三昧经》(三卷本)与《四分律》(前5卷)为笔者调查。

左传	孟子	史记 (列传 30—44)	般舟三昧经 (三卷本)	世说新语	四分律 (前 5 卷)
3107	1034	387	60	415	40
1.12%	2.30%	0.71%	0.25%	0.52%	0.08%

与代词"之"一样,助词"之"在《世说新语》中的频率也明显高于佛经。另外王洪君(1987)、魏培泉(2000a)等考察了主谓间的助词"之"从先秦到中古的使用频率,王据此认为"主之谓"结构在西汉大大衰落,至南北朝在口语中消失;魏则认为这类"之"在西汉时可能就已经从口语中消失了。

2.2.2 其他功能词的替代

作为修饰语标记的助词"之"最终被"的"取代。中古"的(底)"还未出现,但一部分助词"之"的位置被"所/许"占据(江蓝生,1999;曹广顺,1999),如:

(7)时清信士便行求索,得前时所妻,为比丘尼,呼之归家。(《生经》,3/106b)|向之寿民,今为殇子矣。(《吕氏春秋·察今》)

(8)谁能救济我所寿命,我当终身善好奉事。(《撰集百缘经》,4/205b)|则智伯之命不长矣。(《韩非子·说林上》)

(9)犹如童蒙小儿辈,戏于自许粪秽中。(《佛本行集经》,3/782b)|下君尽己之能,中君尽人之力,上君尽人之智。(《韩非子·八经》)

2.2.3 助词"之"的删略

后文我们将看到,上古的"主之谓"式"N 之 V"、定中式"N 之 N"、含关系小句的"R 之 N"结构以及"数量之名"等结构,到中古其中的"之"常常被删略而成为零形式,这些都是"之"在中古衰落的表现。另外上古汉语中的宾语前置现象到中古也渐趋消亡,"姜氏何厌之有"(《左传·隐公元年》)变成"足下家君太丘有何功德"

(《世说新语·德行》),作为宾语前置标记的"之"自然也被删略了。

从上文的统计和分析可以看到,作为人称代词和助词的"之",其衰落过程至少从西汉就已经开始,在中古加剧。我们推想随着取代"之"的"他"和"的(底)"在唐代的兴起,"之"可能在唐代便基本从口语中淡出。这个原本常用的、高频率出现的功能词的衰落和消失,给汉语句法的演变造成了很大的影响,下文要讨论的中古新出现的一些句法现象,或多或少都与"之"的零形式化有关。

3 代词"之"的衰落与相关句法的改变

3.1 及物动词居末

上古汉语及物动词一般不能落单放在句末,即句末的及物动词一般都要带宾语,[①]其宾语常常是用代词"之"来回指前文提及的人或物。但至中古由于"之"的衰落,这一规则显然已经开始失效。方一新(1994)注意到这样的例子:

(10)桓车骑不好著新衣,浴后,妇故送新衣与。(《世说新语·贤媛》)

方文指出"与"是及物动词,后面的宾语本来是不能省略的,进而怀疑"与"后脱"之"字;但他又发现在魏晋佛典和小说中这种用法比较常见,当是六朝时候的习惯用法。吴福祥(1999)也指出六朝的"VO 破"(《出曜经》"打瓶破",4/699c)来自汉代"VO 破之"

[①] 严格地讲,先秦汉语及物动词即便不处于句末,也一般都要带宾语,如果不带宾语,则是有条件的。蒋绍愚(2013)详细讨论了先秦及物动词不带宾语的各种条件,可参看。

(《史记·曹相国世家》"击李由军破之"),在汉代他动词用法的"破"后面必须有宾语支撑。

魏培泉(1990/2004:62)举了多组例子,说明很多位于句末的及物动词其宾语"之"可以用零形式,如:

(11) 阿难言:"佛,天中天,自当知。"(《道行般若经》,8/478a)|阿难言:"佛,天中天,自当知之。"(《大明度经》,8/508b)

(12) 时彼仙人,从空中飞下,至王宫内。王女见来,以手擎之,坐著座上。适以手擎,触体柔软,即起欲意。(《生经》,3/105b)

由"之"的删略而致的及物动词落单居于句末,目前我们看到又使至少两种句式发生了改变,并对汉语句式的演变造成更多的影响。其一是连动式的变化;其二是受事主语句的变化。

3.2 连动式的变化

先秦至中古汉语中的多动共宾连动式,有这样一些表达方式(赵长才,2000:13—16):

(13) 楚子虔诱蔡侯般,杀之于申。(《左传·昭公十一年》)|遂攻杀成王。(《韩非子·内诸说下》)|择其善者而从之。(《论语·述而》)|学而时习之。(《论语·学而》)

不管哪一种表达方式,第二个动词后面都必须有宾语支撑,而不能落单甩在后面,如删除宾语,则只能删除前面一个,即不可能有"攻成王杀(V_1OV_2)"这样的结构。但是先秦以后这种规则慢慢地变得不甚严格了,赵长才(2010)举出了简帛文献中这样的例子:

(14) 取雷矢三颗,冶,以猪煎膏和之。(《马王堆汉墓帛书·五十二病方》)|取封殖土,冶之。(同上)

(15) 以殷服零,撮取大者一枚,捣。(《马王堆汉墓帛书·五十二病方》)|取兰根、白付,小刌一升,舂之。(同上)

"冶"和"捣"都是及物动词,且是连动式的后一动词,它们可以删略宾语"之"而居于句末,说明"V₁OV₂"式连动结构在西汉便已出现端倪。至魏晋这类连动式的用例更为常见(例19、例20转引自赵长才,2010):

(16)(阿群)奉命携剑,逢人辄杀。(《六度集经》,3/23b)
(17)欲得鹿王肉食。(《生经》,3/102a)
(18)时五夜叉,各自持器,来承血饮。(《贤愚经》,4/360c)
(19)太祖乃为发石车,击绍楼,皆破,绍众号曰霹雳车。(《三国志·魏书·袁绍传》)
(20)太子作书以授与乌,乌口衔书飞到本国,以书置王前。王披书读,知太子消息,甚大欢喜。(《菩萨投身饴饿虎起塔因缘经》,3/426a)

这类"V₁OV₂"连动结构在中古的出现,其直接后果是促成了狭义处置式和隔开式述补结构的产生。①

3.2.1 狭义处置式的产生

处置式的形成机制是很多学者讨论过的热点问题(蒋绍愚,1994/2005:221—230;吴福祥,2003)。一般认为处置式来源于连动式中第一动词的虚化:连动式"V₁+O₁+V₂+O₂"中,V₁("以""持""取""将""把"等)虚化为处置介词,假如$O_1 \neq O_2$,则发展成广义处置式;假如$O_1 = O_2$,则删除多用"之"指代的O_2,发展成狭义处置式。问题是,O_2为什么可以删除呢?

根据上古汉语多动共宾连动式的规则,在$O_1 = O_2$的情况下,

---

① 以下关于狭义处置式和隔开式述补结构的产生机制,可参见朱冠明(2005:27—28)相关讨论。

连动式"$V_1O_1V_2O_2$"中被删除的应该是 O_1,可是狭义处置式中被删除的恰恰是 O_2,对此曹广顺、遇笑容(2000)用受外来影响解释。但上文提到连动式在西汉以后的发展变化为 O_2 的删除创造了条件,即处于 O_2 位置的"之"的衰落,使中古"V_1OV_2"成为汉语中正常的表达方式。这种结构中作为 V_1 的"持、取、将、把"等动词虚化的结果便是狭义处置式的产生。也许可以这样看,汉语自身的发展包括代词"之"的衰落导致删除 O_2 的"V_1OV_2"结构出现,但毕竟用例稀少、发展缓慢;而在佛经翻译中原典语的影响,使得"V_1OV_2"大量出现,这就进一步促进了狭义处置式的产生和广泛使用。目前我们见到的"取""持""将"狭义处置式的早期(魏晋南北朝时期)用例,主要也是出现在汉译佛经中(曹广顺、龙国富,2005)。

3.2.2 隔开式述补结构的产生

隔开式述补结构,即"VOC"式述补结构(《百喻经》"啄雌鸽杀",4/557b;《出曜经》"打头破",4/631a),在六朝的产生,也与上述连动结构的改变密切相关。这类"VOC"结构的形成机制与"取OV"类处置式实质上是一致的。以往的研究强调"VOC"的形成机制是处于"V_1OV_2"中 V_2 位置上"杀"类词的自动词化和"破"类词使动用法的衰落,但这两个变化都是与代词"之"的衰落紧密联系在一起的。蒋绍愚(2003)指出"啄雌鸽杀"来自"V_1+O+V_2+之","之"删除后形成 V_1OV_2。正是因为"之"的衰落和连动式的发展,才出现了例(16)"逢人辄杀"这样的例子,"杀"在这个位置虚化成为补语,最终导致了"啄雌鸽杀"类动补结构的产生。同样,我们认为"破"类词虚化为补语也是通过这样一条途径。正如蒋先生注意到的,《史记》中有很多"VN,破之"(《史记·绛侯周勃世家》"复攻砀,破之")的用例,中古以后这些"之"可以被删除,于是出现

了下面这样的例子:

> (21)有人取一佛刹,悉破碎如尘;其人取此一尘,悉复破,尽如一佛刹尘;都卢悉取一一尘,皆复尘碎,尽如一佛刹尘。云何颰陀和,是尘其数宁多不?(《般舟三昧经》,13/908a)

即产生了"VO 破"结构,此时"破"还是动词,但它正是在这个环境中进一步虚化而成补语的。这样,"啄雌鸽杀"与"打头破"的形成机制便统一起来:毕竟"杀"和"破"的前身语法功能是一致的,二者都是及物动词,只不过"杀"是真正的及物动词,而"破"是不及物动词的使动用法。

代词"之"的衰落以及连动式的发展,使得"V_1OV_2之"结构在中古"之"可以被删除而形成"V_1OV_2",最终导致了"取 OV"类狭义处置式和"VOC"动补结构的产生。其实宏观地看,这两种结构有着本质上的共同点,因为从理论上讲,连动式"V_1OV_2"中 V_1 和 V_2 都存在虚化的可能:V_1 虚化,便成了狭义处置式;V_2 虚化,便成了隔开式述补结构。

3.3 受事主语句的变化

据蒋绍愚(2004,1994/2005:253—255),汉语的受事主语句在西汉以后发展出一类新的形式:

> (22)a. 父母即报女言:"汝所说甚快,难得闻。我亦复欲与汝共行,自惟年老,不能自行。汝所欲得,便自说。"女言:"我欲得金银珍宝琦物。"(《道行般若经》,8/472c)
>
> b. 亲曰:"甚善。吾亦有志,伤年西垂,体违心愿矣。若欲所得,便自说之。"女言:"我欲得珍宝琦物。"(《大明度经》,8/505)

例(22b)是先秦原有的受事主语句格式,即动词后要用"之"来回指动词前作为主语的受事成分;例(22a)则是西汉后新出现的格式,动词后的"之"省略。蒋绍愚(2004)指出这类受事主语句格式的出现,可能和汉语及物动词的发展有关,即我们上文提到的及物动词的宾语可以删略。蒋先生举有《史记》4例,《世说新语》2例,并认为"数量不多"。但我们推想既然作为及物动词宾语的"之"的删略在中古已很常见,这一类新型受事主语句也当有较多的用例。事实上在中古汉译佛典中这类句式的确很多,朱冠明(2011)便举有包括上举例(22)在内的20余例,如:[①]

(23)诸佛之法,有十八事,如是之谊,我已永失。(《正法华经》,9/73c)

(24)其人老耄,家中大小,莫不厌恼。(《贤愚经》,4/376c)

"之"的衰落导致了这类受事主语句的产生,而这类受事主语句的使用又进一步促成了以"给/教"为使役动词的使役句向被动句的转变。关于这一转变的详细过程,见蒋绍愚(2004、1994/2005)的讨论。也就是说,现代汉语中常用的"给/教"字被动式的产生,其原因要追溯到代词"之"在中古的衰落。

3.4 其他

除上述几种情况外,还有几种句法的变化与代词"之"的衰落有关。如使令结构中由于"之"的删略,使役标记直接与动词/形容词结合,即形成"(VP)使 V"结构,这一结构在中古特别常见,如:

[①] 朱冠明(2011)认为之所以佛典中这类受事主语句用例很多,可能还与原典语言的影响有关。但不论如何,这类受事主语句是在中古"之"的衰落这一大背景下才出现的。

(25)八月初,踏其苗令死。(《齐民要术·种蘘荷芹苴》)|故拘之牖里之库百日,欲令之死。(《史记·鲁仲连邹阳列传》)

(26)欲令塔大,无多宝物,那得使成?(《贤愚经》,4/424c)|故水旱不能使之饥。(《荀子·天论》)

这种结构尽管在上古就能见到用例,但东汉以后使用频率变得非常高。(魏培泉,2000b)

又如中古有一种"V之将X"连动结构:

(27)猎者亦募,而行求之,捕之将来。(《生经》,3/102b)|使便唤之,将来诣王。(《撰集百缘经》,4/242b)

这类结构中"之"常常删略,成为"V将X"结构,中古已有不少用例:

(28)卿等急速至彼乌处,生捕将来。(《佛本行集经》,3/896b)|愚人今在何处?可唤将来。(《摩诃僧祇律》,22/243b)

这种结构导致本为"带领"义的动词"将"在唐代以后虚化成为一个动态助词。(曹广顺,1990)

4　助词"之"的衰落与相关句法的改变

这里讨论的助词"之"主要指插入主谓间形成"主之谓"结构的"之"和修饰语与中心语之间的"之"。前文(2.2.1)提到"主之谓"中的"之"在中古基本已经从口语消失;修饰语和中心语之间的"之"至魏晋南北朝也明显衰退,无论修饰语是谓词性的还是体词性的,它与中心语之间不用"之"的现象都十分常见。(石毓智、李讷,1998)如:

(29)为子娶妇,恨其生资不足。(《颜氏家训·归心》)|若

不忧德之不建,而患货之不足。(《国语·晋语》)

(30)未闻孔雀是夫子家禽。(《世说新语·言语》)|庆氏之马善惊。(《左传·襄公二十八年》)

这两类助词"之"的衰落也给汉语句法的演变带来了较大的影响,我们举被动句和无标记关系小句为例。

4.1 "被NV"式被动句

"被NV"即王力(1958/1980:426)所说的能插入"关系语(施事者)"的被动句。这类被动句在中古的时候出现,在此之前的"被"字句均为"被V"结构,关系语不能出现。王力(1958/1980:432)和魏培泉(1994)都认为"被NV"的前身是先秦的"被N之V/N":

(31)处非道之位,被众口之谮。(《韩非子·奸劫弑臣》)

其中"谮"本身既可以是名词,也可以是动词,但有"之"的情况下只能当名词理解。显然,"N之V/N"中的"之"的删略是"被NV"形成的关键,王力(1958/1980:432)指出:"像'被众口之谮'减去'之'字就成为'被众口谮',这样宾语就转为被动词,'被'字也就由动词虚化为助动词了。"我们在《史记》《汉书》和《论衡》中还能找到10余例"被N之V/N",如:

(32)沂、泗水以北,宜五谷桑麻六畜,地小人众,数被水旱之害,民好畜藏,故秦、夏、梁、鲁好农而重民。(《史记·货殖列传》)

(33)自古至今,葬未有盛如始皇者也,数年之间,外被项籍之灾,内离牧竖之祸,岂不哀哉!(《汉书·楚元王传》)

但是在东汉之后,由于"之"的衰落,"被N之V/N"变得十分罕见,在我们调查的范围之内(东汉至隋的近50部佛经共270余万字)未见用例;但"被NV/N"则有近120例,如:

(34)可惜真人,竟被龙映。(《中本起经》,4/150b)

(35)鳖王见之,被火焚烧,焚炙其背。(《生经》,3/96b)

(36)时尊者目犍连告诸比丘:"向者面被世尊教,从佛承受此名无闻之闻法。"(《鼻奈耶》,24/866a)

(37)彼人当为我取材故,而被王缚,我当自往救其令脱。(《善见律毗婆沙》,24/729a)

(38)大缚我既得出讫,况复汝先被我降。(《佛本行集经》,3/813a)

例(36)—(38)中施事("世尊""王""我")是高生命度的成分,这些句子已经是典型的"被NV"式被动句。假如助词"之"在中古继续存在于"被N之V/N"结构中,那么"N之V/N"结构只能是定中结构或者"主之谓"结构,也只能用作"被"的宾语,"被NV"式被动句便不可能产生;正是助词"之"的衰落,使得原本是"被"的宾语的"N之V/N"成为"NV/N",这样才有可能被重新分析。如例(36),"被世尊教"既可以理解为"被/世尊//教",这还是动宾结构;也可以理解为"被//世尊/教",这就成了典型的带施事的被动句。(太田辰夫,1958/2003:227;Bennett,1981)

4.2 无标记关系小句

上古汉语的关系小句[①]一般都会有标记词"之""所"和"者",或居于中心词之前,或居于中心词之后。(陈丹丹,2009:28—33)如:

(39)则夫好攻伐之君,不知此为不仁不义也。(《墨子·

[①] 汉语自古就有不少光杆动词不带定语标记直接修饰名词的例子(董秀芳,2007),但刘丹青(2005)认为汉语光杆动词做定语并不能看成关系小句,只有论元齐全的及物动词或带有述谓性强化成分(时体、程度词语等)的不及物动词做定语,才是典型的关系小句。下文所举都是这类典型的关系小句。

天志下》)|荆王所爱妾有郑袖者。(《韩非子·内储说下》)|群臣吏民能面刺寡人之过者,受上赏。(《战国策·齐策》)

至西汉"之"类关系小句与中心语之间的标记"之"开始脱落,出现了一些无标记关系小句。何乐士(1992:36—37)举有数例《史记》中的例子,如:

(40)且太子所与俱诸将,皆尝与上定天下枭将也。(《史记·留侯世家》)

中古时期由于助词"之"的进一步衰落,这类无标记关系小句出现得更多(朱冠明,2014):

(41)然床头捉刀人,此乃英雄也。(《世说新语·容止》)

(42)(桓公)见前为琅邪时种柳,皆已十围。(《世说新语·言语》)

(43)今欲乞丐行莲华上白象,象名罗阇和大檀。(《六度集经》,3/8a)

(44)海边有一新死女人,面貌端正,身容殊妙,相好具足。(《贤愚经》,4/378a)

(45)汝今欲离生死怖惧、鞭打痛者,当自观身,以息怨谤。(《杂宝藏经》,4/459c)

无标记关系小句一直到明清时期文献中都还能见到不少用例,现代汉语中由于修饰语标记"的"的强势使用,这一类关系小句才从语言中消失。

4.3 其他

"数量名"格式的产生也与助词"之"的衰落有关。据吴福祥、冯胜利、黄正德(2006),先秦汉语度量衡单位词如果用于名词之前,通常要在数量短语和名词之间嵌入属格标记"之",如:

(46)曾子曰:"可以托六尺之孤,可以寄百里之命。"(《论语·泰伯》)

但西汉后这个"之"开始脱落:

(47)吾以布衣提三尺剑取天下,此非天命乎?(《史记·高祖本纪》)

"之"脱落的直接后果是导致"数词＋度量衡单位词"获得了指称名词的实际量度的功能。"数词＋单位词＋名词"获得计量功能后,两汉产生的个体量词在这一格式的类推之下,"数词＋个体量词＋名词"格式得以产生。

尽管吴福祥等认为"之"为什么会脱落目前还不能做出圆满的回答,但是我们看到,这里"之"的脱落与助词"之"的整体衰落趋势是完全一致的。不管什么原因,总之是"之"的衰落促成了"数量名"结构的产生。

5 结语

以上论述了人称代词"之"和助词"之"在中古汉语中的衰落,以及由此给汉语的句法演变造成的影响。其中重点讨论的是代词"之"的删略对狭义处置式、隔开式述补结构以及受事主语句的影响,以及助词"之"的删略对"被 NV"式被动句和无标记关系小句的影响。同时也注意到了这两类"之"的衰落带来的其他方面的一些影响,包括动态助词"将"和"数量名"结构的产生等。

"之"是上古汉语中非常重要也是十分常见的一个功能词,它的衰落乃至消失本身就是汉语史上的重大事件。我们相信这么重要的一个功能词,不会默无声息地退出历史舞台,它的衰落和消失对汉语句法所造成的影响值得深入研究。本文讨论到的狭义处置式、隔开式述补结构、新型受事主语句、"被 NV"式被动句、无标记关系小句、"数量名"结构等,都是被研究者广为关注的重要的句法现象,它们的产生和发展演变或多或少都与"之"的衰落有关联。"之"的衰落是不是还有其他方面的影响,以及"之"为什么会衰落,则尚需做进一步的研究。

我们注意到,先秦汉语中其他一些十分常用的功能词如介词"于/於"、"以"、连词"而"、助词"所"、"者"、语气词"也"等,也同"之"一样在中古急剧衰落,至近代则从口语中消失。这些功能词衰落的表现、原因以及给汉语句法演变造成的影响,也同样是值得深入研究的问题。

参考文献

曹广顺 1990 《魏晋南北朝到宋代的"动+将"结构》,《中国语文》第 2 期。
曹广顺 1999 《〈佛本行集经〉中的"许"和"者"》,《中国语文》第 6 期。
曹广顺、龙国富 2005 《再谈中古汉语处置式》,《中国语文》第 4 期。
曹广顺、遇笑容 2000 《中古译经中的处置式》,《中国语文》第 6 期。
陈丹丹 2009 《汉语史上关系从句的类型学考察》,中国社会科学院研究生院博士学位论文。
崔立斌 2004 《〈孟子〉词类研究》,开封:河南大学出版社。
董秀芳 2007 《动词直接作定语功能的历时考察》,见《燕赵学术》(秋之卷),成都:四川辞书出版社。
方一新 1994 《〈世说新语〉词语拾诂》,《杭州大学学报》第 1 期。
龚 英 2006 《〈史记〉中的代词"之"的篇章功能》,北京大学硕士学位论文。
何乐士 1992 《〈史记〉语法特点研究》,见程湘清主编《两汉汉语研究》,济南:山东教育出版社。
何乐士 2004 《左传虚词研究》(修订本),北京:商务印书馆。
胡敕瑞 2005 《动结式的早期形式及其判定标准》,《中国语文》第 3 期。

江蓝生 1999 《处所词的领格用法与结构助词"底"的由来》,《中国语文》第 2 期。

蒋绍愚 1994/2005 《近代汉语研究概要》,北京:北京大学出版社。

蒋绍愚 2003 《魏晋南北朝的"述宾补"式述补结构》,《国学研究》第 12 卷,北京:北京大学出版社。

蒋绍愚 2004 《受事主语句的发展与使役句到被动句的演变》,In Ken-ichi Takashima & Jiang Shaoyu (eds.). *Meaning and Form：Essays in Pre-Modern Chinese Grammar*(高岛谦一、蒋绍愚主编《意义与形式——古代汉语语法论文集》),Muenchen:LINCOM GmbH.

蒋绍愚 2013 《先秦汉语的动宾关系和及物性》,《中国语言学集刊》第 7 卷第 2 期。

刘丹青 2005 《汉语关系从句标记类型初探》,《中国语文》第 1 期。

吕叔湘 1985 《近代汉语指代词》,江蓝生补,上海:学林出版社。

石毓智、李讷 1998 《汉语发展史上结构助词的兴替——论"的"的语法化历程》,《中国社会科学》第 6 期。

太田辰夫 1958/2003 《中国语历史文法》(修订译本),蒋绍愚、徐昌华译,北京:北京大学出版社。

王洪君 1987 《汉语表自指的名词化标记"之"的消失》,《语言学论丛》第 14 辑。

王 力 1958/1980 《汉语史稿》(修订本),北京:中华书局。

魏培泉 1990/2004 《汉魏六朝称代词研究》,台北:"中研院"语言研究所。

魏培泉 1994 《古汉语被动式的发展与演变机制》,《中国境内语言暨语言学》第 2 辑。

魏培泉 2000a 《先秦主谓间的助词"之"的分布与演变》,"中研院"历史语言研究所集刊第 71 本第 3 分。

魏培泉 2000b 《说中古汉语的使成结构》,"中研院"历史语言研究所集刊第 71 本第 4 分。

吴福祥 1999 《试论现代汉语动补结构的来源》,见江蓝生、侯精一主编《汉语现状与历史的研究》,北京:中国社会科学出版社。

吴福祥 2003 《再论处置式的来源》,《语言研究》第 3 期。

吴福祥、冯胜利、黄正德 2006 《汉语"数＋量＋名"格式的来源》,《中国语文》第 5 期。

张永言　1992　《世说新语辞典》,成都:四川人民出版社。

赵长才　2000　《汉语述补结构的历时研究》,中国社会科学院研究生院博士学位论文。

赵长才　2010　《也谈中古译经中"取"字处置式的来源——兼论"打头破"、"啄雌鸽杀"格式的形成》,见遇笑容、曹广顺、祖生利主编《汉语史中的语言接触问题研究》,北京:语文出版社。

中国社会科学院语言研究所古代汉语研究室　1999　《古代汉语虚词词典》,北京:商务印书馆。

朱冠明　2005　《中古汉译佛典语法专题研究》,北京大学博士后研究工作报告。

朱冠明　2011　《中古佛典与汉语受事主语句的发展——兼谈佛经翻译影响汉语语法的模式》,《中国语文》第2期。

朱冠明　2014　《近代汉语中一种无标记的关系小句》,第16届全国近代汉语学术研讨会论文,江西师范大学。

Bennett, P. 1981 The evolution of passive and disposal sentences. *Journal of Chinese Linguistics*. Vol. 9.

（本文原载《语言科学》2015年第3期）

"很是"的词汇化

朱俊玄

(首都师范大学文学院
商务印书馆汉语编辑中心)

0 引言

在现代汉语中,"很是"是一个用频较高的词语,已有的研究多是对"很是"语法、语用属性和语义功能的讨论,较少论及其历时发展和词汇化,且对其属性的认定和词汇化的讨论存在分歧。张谊生(2003)认为"很是"是限制性副词,用来表示程度。曾芳、宋艳旭(2006)一方面指出"很"和"是"都是表示强调的语气副词,同时也认为在某些句子中"很"应该还是程度副词,而"是"则为判断动词,但该文不承认"很是"的词汇化。张金圈(2008)主张"很是"兼表高量程度和强调、确认语气,可认定为一个"程度-语气副词",并且有强烈的词化倾向。温素平(2010)认为"很是"作为焦点标记词,"有时候已经凝结为一个词,合起来表示程度的比较或确认,词化成一个程度副词了"。

基于上述成果,我们拟分别分析"很是"在近代汉语和现代汉语中的种种表现,探讨"很"和"是"的历史发展及"很是"的来源,从而阐明"很是"的词汇化及其性质功能。

1 近代汉语中的"很是"

1.1 明清文献分布。经检索，古代汉语文献中未见"很是"的用例，近代仅于明代文献《古今奇观》中检得1例，之后于清代文献中才大量出现。我们通过北京大学中国语言学研究中心(CCL)古代汉语语料库逐个检索了56部清代小说，[①]仅有13部小说中含有"很是"，主要分布如下。

表1　CCL明清文献中"很是"的搭配成分及占比

语　料	很是＋N/NP	很是＋A/AP	很是＋V/VP	很＋是	总计
《古今奇观》				1	1
《红楼梦》	1			31	32
《彭公案》		5	1	1	7
《施公案》				5	5
《镜花缘》				1	1
《老残游记》		1		1	2
《儿女英雄传》				13	13
《侠女奇缘》				13	13
《文明小史》		1	1	1	3
《二十年目睹之怪现状》		7	1		8
《孽海花》		8	1		9
《官场现形记》		1		2	3
《小五义》	2		2	3	7
总　计	3/3%	22/21%	7/7%	72/69%	104

具体来看，从明代到清代中叶，虽然出现了"很是"修饰名动

[①] 《七剑十三侠》《东州列国志》等实为明代小说，归属有误，但因未检索到"很是"，故不影响检索结果。

489

形、用于谓语性(或定语)成分的修饰语部分的用法(见上表中第2—4列);但"很是"单独/重叠成句,或者充当补语却为其优势性功能(见上表中第5列),占比近7成。此优势性用法的"很是"尚为跨层结构——程度副词与表示肯定、确认的"是"组成的偏正结构,相当于"很对、很好、很正确"。例如:

(1)宝玉道:"很是。我已知道了……"(《红楼梦》第二十八回)

(2)"……不知大哥以为何如?"东造说:"很是,很是。"(《老残游记》第八回)

(3)何小姐道:"你这话说的很是,正是惠顾我的话。"(《儿女英雄传》第三十回)

(4)石铸咳了一声说:"……"众人说:"很是的。"(《彭公案(四)》)

到晚清时,"很是"修饰名动形的用法才逐渐增多,以修饰A/AP为主,且出现了紧密结合的倾向,如"很是上算/神奇/华丽/焦闷/堂皇",偶见修饰N/NP、V/VP的例子,如:

(5)很是庭房的式样(《小五义》)/很是英雄气派(《小五义》)

(6)藩台很是怪他,马上撤了差,记大过三次。(《二十年目睹之怪现状》第四回)

其中后接的N/NP、V/VP多为抽象性的。

1.2 民国文献分布。通过检索CCL民国时期的48种小说,我们共得到1426例。抽检首中末各100例,分布如下表。

表2 CCL民国文献中"很是"的搭配成分及占比

	很是+N/NP	很是+A/AP	很是+V/VP	很+是
前100例	1	76	23	0
中100例	0	76	20	4
末100例	1	75	20	4
总 计	2/0.7%	227/75.6%	63/21%	8/2.7%

从中发现,"很是"单独/重叠成句和做补语的功能急剧萎缩,由近70%降至不到3%;而修饰名动形的用法明显增多,尤其是修饰A/AP成为优势性功能。需另外指出的是,其中约99%的A/AP、V/VP都为双音节的,V/VP后再接宾语的例子极其少见。

2 现代汉语中的"很是"

通过对CCL现代语料库的检索,我们未检得"很是"单独/重叠成句和做补语的例子,①只有"很是＋N/NP""很是＋A/AP""很是＋V/VP",本文合称"很是X"。

2.1 "很是X"中X的词性分布

2.1.1 很是＋N/NP。"很是"后接的N/NP一般不是典型的名词性成分,例如②:

(7)绘画的技法很是关键。

(8)有几句评语还很是地方。

"很是＋N/NP"做谓语的基础句式就是名词谓语句,而名词谓语句已有充分的研究。经典例句如:"今天星期三""他傻瓜""张三黄头发",其中"星期三"并非普通的时间名词(如"早晨、世纪"),其他几类名词或名词性短语也都具有不同程度的形容词化。虽然它们做谓语不需要系词,但其否定形式却离不开系词。加上"很是"后,做谓语的"很是＋NP"同样要求NP兼有形容词的性质。

---

① 我们虽然检得几例,但因出自诸如《李自成》(姚雪垠)、《倚天屠龙记》(金庸)等半文半白的语体中,并非典型的现代汉语语体,故未计入。

② 本文检得的CCL现代汉语用例不再注明出处。

2.1.2 很是+A/AP。其中的A/AP一般是性质形容词,而非状态形容词。

(9)很是郁闷/很是为难/很是耐看/很是了得

(10)夏天能遇到好多钓鱼、烧烤、摄影的人,很是安逸,很是美。

(11)这里有一则故事,很是耐人寻味。

(12)*很是雪白/*很是热乎乎。

2.1.3 很是+V/VP。"很是"后接的V/VP多是动作性不强的动词性成分,尤以心理动词居多,甚至包括表示道义情态的助动词(如"应该")。例如:

(13)很是享受/很是喜欢/很是认同/很是费周折

(14)让我很是感动的一件事

(15)很是赞赏宋璟的人格和文才。

(16)我和他同一个单位,很是支持他的工作。

(17)我感觉这次重谈素质教育很是应该,也很是时候。

曾芳、宋艳旭(2006)指出,"很是"后接的动词"仅限于一部分表示情绪、态度、理解、评价或状态的动词。V/VP的动作一般不进入时间流逝过程,或者是无界的,或者不带体标记。V/VP及其表现向形容词性成分靠拢。

2.1.4 我们又检索了中国传媒大学媒体语言语料库(MLC),见下表。

表3 MLC中"很是"的搭配成分及占比

很是+N/NP	很是+A/AP	很是+V/VP	总计
10/12%	50/61%	22/27%	82

可见,"很是"仍倾向于与形容词性成分搭配,占比近六成,但

与民国时期相比,比例有所下降;搭配的名词性成分、动词性成分比例上升,占比近四成,但多为该范畴内的非典型成员,一般是具有形容词性质的抽象名词和动作性不强的心理动词,即使是形容词也偏向于性质形容词。"很是 X"做谓语的句式与"很 X"做谓语的句式具有共同点——要求 X 具有性质义。

2.2 "很是 X"中 X 的音节数量。我们统计了 CCL 现代汉语语料库,发现 X 以双音节的为主,几乎没有单音节的。①

表4 CCL 现代汉语语料库中 X 不同词长的数据及占比

双音节	三音节	四音节	四音节以上	总计
1532/79%	61/3%	169/9%	171/9%	1933

其中三音节多属临时组合,只有几例 X 的凝固性较强:

(18)很是无所谓/很是有意思/很是扫面子/很是绅士样

四音节 X 中成语共 34 个,占比 20%,这说明"很是"仍带一定的文学色彩。

2.3 "很是 X"的句类分布

2.3.1 排斥否定句。我们对 CCL 现代汉语语料库中"很是 X"所在的否定句做了逐一分析,未见对"很是 X"进行否定的例子。② 据石毓智(2001)提出的"自然语言肯定和否定公理"——语义程度极小的词语,只能用于否定结构;语义程度极大的词语,只能用于肯定结构;语义程度居中的词语,可以自由地用于肯定和否

---

① CCL 现代汉语语料库中发现了 3 个 X 为单音节的例子:"温家宝一连看了几户农家,心情很是沉。/这在当时英国很是鳌。/而这两女尚年幼,我很是担。"其中后两个例子有脱字可能,首例虽勉强可用,但通行度远不如双音节的"沉重"。另外发现了一个真正的例外:"夏天能遇到好多钓鱼、烧烤、摄影的人,很是安逸,很是美。"这说明并举使用的后项"很是"在韵律的调节下可以接单音节词语。

② "很是"后接否定词的数量却不少,如"很是不"有 137 例。

定两种结构之中。跟程度居中而可以进行否定的"很 X"不同,"很是 X"表较强的语义程度("最 X"表示极强性,而"很是"表示较强性),带有相当肯定的语气,一般不可再被质疑或者否认。因此,"很是 X"排斥否定句。

2.3.2 排斥疑问句。查检 CCL 现代汉语语料库,"很是 X"用于疑问句的仅有 1 例[①]:

(19)现在建筑材料涨价,楼房每平方米已是一千余元,这幢楼造价很是昂贵吧?

值得注意的是,上例虽为疑问句,但说者是"无疑而问",是对自己判断的确认。且与"很是"句式的数量相比,仅此一例几乎可忽略不计。"很是"句式对疑问句的排斥,说明其表示确认、判断的功能强大。张金圈(2008)也认为"很是 X"表示肯定确认的语义功能,"这种表义功能和对焦点的要求是与疑问句的语义、句法特点相冲突的"。但他认为"很是 X"一般居于句尾,表达常规焦点,对此我们不敢苟同,"很是 X"不居于句尾的句子有相当大的比例,尤其是句中有复杂的动宾、介宾结构等时,其中的焦点也并非在"很是 X"上。如:

(20)这个发现,让我很是得意了一段时间。

(21)刚刚落下帷幕的奥运会很是让全世界人民的眼睛都"非常"了一回……

2.3.3 偶用于感叹句。我们对 CCL 现代汉语语料库中"很是 X"所在的感叹句做了统计,仅检得 12 例,占全部用例的 0.6%。"很是

[①] 我们还发现一个疑似例:"那么从谈判的角度,您的政治诉求将很是什么样的政治诉求?"该例出自《李敖对话录》,属于口语语料,"很"字疑为衍字或为口误,统计时,我们将该句排除。

X"表示较强的程度,与表达强烈主观感情的感叹句在"主观性"方面有着极大的共通性,为何"很是X"极少用于感叹句？我们认为,虽然都有较强的"主观性",但"很是X"的底层功能是判断,表示较强的肯定判断的主观认识和态度(见下文),而感叹句表示的是强烈的主观感情,因此"很是X"与陈述句有较大的契合度,而较少用于感叹句。

2.4 小结。"很是X"中X多为双音节的带有性质义的词语,X按照"性质形容词＞抽象动词＞抽象名词"的顺序,进入"很是X"的比例逐渐降低,"很是X"排斥疑问句、感叹句和否定句,适于陈述句、肯定句。

3 "很是"的词汇化

3.1 "很"的语法化

王静(2003)指出,先秦到唐宋,"很"一直用作形容词,中古后"很"与"狠"同用。元明以后"很/狠＋形容词"演变成以形容词为中心、"很/狠"做状语的结构。到了清代"狠""很"分别用作形容词和程度副词。"很"的用法在清代和现代汉语中已完全相同,可以用在形容词、能愿动词和心理感知动词等前面做程度副词。王文指出,程度副词"很"在现代汉语里又进一步虚化为表语气的副词,例子如下：

(22)这二年村里很出了些富裕户。(王朔《空中小姐》)

(23)我也紧挨着这支军旅,很走了一阵。(《春种秋收》)[①]

(24)这件事很引起她的反感。(巴金《雾雨电》)

(25)可是她十二分相信老赵很有些说得出做得出的鬼把

---

① 本例未找到原文,且CCL现代汉语语料库中也未查到。

戏。(茅盾《子夜》)

然而,王文没有论证"很"语气副词的演变。我们认为上述例子不能作为程度副词"很"演变成语气副词的确证,但可作为程度副词"很"使用范围"扩张"的例证——"很/狠"＋A/AP 本为其典型用法,后逐渐扩展到了 V/VP,且多为抽象动词,V/VP 后若有名词性宾语,也多为抽象的名词性成分,如"很卖力气、很守本分"。这可视作"很"从 V/VP 的非典型成员向 V/VP 核心扩张的突破口,本文论及的"很＋是"也可以作为"很"使用范围扩张过程中实现的新功能。

3.2 "是"的语法化

一般认为,"是"经历了形容词/指示代词、系词的发展历程,并在语用层面发展出了焦点标记词的功能。刘林(2016)根据语义虚化程度、功能数量、浮动性强弱、是否强制使用等特点区分了典型焦点标记和非典型焦点标记,并将"是"分为两类:"是$_1$"为典型焦点标记,语义虚化、功能单一、浮动性较强、不强制使用;"是$_2$"为非典型焦点标记,特点与"是$_1$"相反。分别举例如下(加点文字重读):

(26)a. 是$_1$我明年夏天去内蒙古旅游。

b. 我是$_1$明年夏天去内蒙古旅游。

c. 我明年是$_1$夏天去内蒙古旅游。

d. 我明年夏天是$_1$去内蒙古旅游。

e. 我明年夏天去内蒙古是$_1$旅游。[①]

(27)a. 这样的青年今天是$_2$不太多了。(梁晓声《表弟》)

b. 我说和尚的卦是$_2$灵,果然应了。(贾平凹《浮躁》)

[①] 刘林(2016)的例 e 为:"我明年夏天是$_1$去内蒙古旅游。"

根据刘林(2016)对"是$_1$、是$_2$"的分类,本文讨论的"很是 X"中的"是"应为"是$_2$":标示其后信息为焦点,肯定焦点选项集合{A,～A}中的一项,否定其反项。虚化程度不及"是$_1$",位置相对固定,虽然与"是$_1$"一样都可以删除而不影响命题的成立,但"是$_2$"删除后明显降低了命题的肯定度和确认性。因此,"是$_2$"表示确认意义,语义近似于"确实",可视作表达传信与情态功能的评注性副词,交代说话者对事件、命题的主观评价和态度,具有焦点标记的功能。

张谊生(2014)将现代汉语副词分为三大类:描摹性、限制性和评注性,三者的虚化程度依次递增。其共现顺序为:评注性副词—限制性副词—描摹性副词,因此,可以见到"是很 X"格式。其中,"很"为限制性程度副词,直接修饰 X,"是"作为评注性副词充任高位谓语,通过重读"是"强调"很 X",表达对其的肯定和确认。因此,"是很 X"的结构划分较为明了:[是[很 X]],"是很"仍为跨层结构。那么,"很是 X"的结构划分是怎样的呢?其词汇化程度如何呢?

3.3 "很是"的词汇化

上文论及,"很 X"中 X 从 A/AP 扩展至表示情绪、态度、理解、评价或状态的非典型 V/VP。"是"经历了形容词/指示代词、系词以及副词的发展历程,与"很"的虚化及 X 的"扩容过程"契合,作为焦点标记的"是"完全有资格和机会进入 X,并分别产生了"很是$_1$、很是$_2$":

"很是$_1$"尚为跨层结构,为"限制性副词+是$_{形容词}$"的结构,表示"很对、很好、很正确"的意义,一般作为答句单独/重叠成句,也可作为补语用于"V 得很是"等,"很是"后没有其他成分而完句。此类"很是"产生于明清,为当时的主要用法。

"很是$_2$"的词汇化程度较高,其后一般再修饰其他成分,即上文讨论的"很是 X"。此类用法在清代萌芽，清代晚期呈增长态势，经历民国的迅猛发展，到现代汉语中获得压倒性优势。"很是$_2$"自产生之始就倾向于与形容词性成分搭配，虽然与民国时期相比，现代汉语中其与名词、动词性成分的搭配比例有所上升，但仍保持与形容词性成分的搭配优势。根据 X 的不同类别，X 进入"很是 X"的自由度有差别，"很是"的词汇化程度也有变化。

"很是 X"一般做句子的谓语性成分，其中"很是"充当修饰语。在现代汉语中，名动形直接做谓语的自由度有别，一般而言，形容词和动词的述谓性较强，充当谓语的能力强于指称性较强的名词。名词若想做谓语，可以借助"是"的系词功能，也就是说"很是＋N/NP"中 N/NP 一般对"是"的依赖性较强，"是"在 N/NP 前还保留了一定的述谓性质，"是"不允许删除，如"很是问题、很是时候"等中，"问题"等名词做谓语尚需系词"是"的引介，"是"的系词功能依然非常明显。而诸如"很是关键、很是风光"等中兼具形容词性质和用法的名词，则对"是"的依赖性较弱，"是"或可删除而不影响命题的成立及语句的合法性。因此，两类"很是＋NP"中"是"的虚化程度不同，非典型名词前的"是"高于较典型名词前的"是"，虚化程度较高的"是"容易依附于前面的程度副词"很"而发生词汇化。

当 X 为心理动词尤其是性质形容词时，"很是 X"中"是"的可删除度更高，虚化程度更高，也更容易依附于"很"而词汇化。例如：

(28)他吃不下饭，睡不着觉，很是痛苦。

(29)女孩子心里很是委屈。

(30)马克站在一边安静地欣赏着这一幕，仿佛对此情此景很是享受。

由此看出，名动形在"很是 X"中具有相通性。张国宪(2007)

指出,名动形三类词之间存在相互演变的连续统:名词—区别词—性质形容词—状态形容词—动词。性质义便是各类之间相互演变的突破口,也正是"很是 X"中名动形相通的关键。根据上文统计的"很是"后接的名动形成分的比例(形容词＞动词＞名词),我们可以列出不同类别 X 进入"很是 X"的自由度:性质形容词＞抽象动词＞抽象名词。

谭景春(1998)给出了不同名词的性质义强弱等级:抽象名词＞指人名词＞指物名词＞专有名词。从左往右名词性逐渐增强,形容词化的可能性逐渐降低,其前的"很是"词汇化程度也逐渐降低。因此,不同的名词进入"很是 X"也有自由度区分:抽象名词＞指人名词＞指物名词＞专有名词。若与上述自由度序列合并,就形成:性质形容词＞抽象动词＞抽象名词＞指人名词＞指物名词＞专有名词。其性质义和进入"很是 X"的自由度逐渐减弱,其前的"很是"词汇化程度也逐渐降低。与之相应,"很是 X"的结构划分也处于[[很][是][X]]—[[很是]X]的渐变中。

词汇化的"很是","很"表示较高程度的语义,"是"表达确认、肯定的语义,"很是"为"限制性副词＋评注性副词"的深层结构,表示程度极高的确认和肯定,多用于陈述句、肯定句的谓语(或定语)的修饰语部分,具有程度副词的性质和功能。同时,通过"很是",言者表明了对命题明显的主观态度和立场,主观化显著。因此,我们赞同张金圈(2008)将"很是"认作"程度—语气副词"。从语用层面看,"很是"有凸显、强调后续成分的功能,为非典型焦点标记(刘林,2016)。

3.4 "很是"词汇化后的表现

3.4.1 "很是"词汇化之后,拥有了"很 X"与"是 X"都没有的新功能。① "很 X""是 X"的差别表明了"汉语一直处于逐步精密化和严密化的过程中"(魏兆惠,2016:44),下面对二者的区别做简要分析。

3.4.1.1 "很是 X"与"很 X"的差别

1)"很是 X"排斥单音节的 X,而"很 X"没有此限制。

2)"很 X"可以进行否定,而"很是 X"不可以。这说明"很是 X"表示的对命题的肯定和确认是毋庸置疑的。

3)"很 N/NP"中的 N/NP 一般排斥数量名结构,而多为光杆名词,如"很中国、很绅士"。"很是 N/NP"则可以后接光杆名词和数量名结构,因此,在同样后接 N/NP 的情况下,"很是 N/NP"中的 N/NP 保留了更多的名词义及其功能,当然其 N/NP 也并非典型的名词。例如:

(31)他很是个学戏的材料。

(32)米卢起初还和记者逗乐,很是一副惊喜的样子。

4)"很 X"可以受表认识情态的助动词修饰,而"很是 X"不可以。认识类助动词表示说话者对事件或状态的真实性的推测,如"可能、会、应该、一定"等,"可能、会、应该"表或然或者盖然,"一定"表必然。从"可能"到"应该"再到"一定",肯定的语气逐步加强。(李明,2016)可表客观程度高的"很 X"能受肯定程度不同的助动词修饰,②表示较强确认义的"很是 X"则排斥表示或然、盖然的"可能、会、应该"等,而接受表示高肯定性的"一定"等。"很"能修

---

① 董秀芳(2011)提出词汇化的不同阶段("<"表示词汇化程度依次增高):组成成分不能换序(主要涉及并列短语词汇化形成的复合词)<不再有同义的单音节对应形式(如"辜负"产生后,不再有"辜"或"负")<整体意义抽象、专指(如"提携、思念")<词性和句法功能变化。"很是 X"与"很 X"是 X"存在句法功能的差异,有较高阶段的词汇化表现。

② "很"还可以修饰"可能",以增强可能性。

饰"可能、会"等,"很是"却不能,但能修饰表示道义情态的"应该"。

(33)手头一定很是拮据。

(34)我感觉这次重谈素质教育很是应该,也很是时候。

5)储泽祥等(1999)、裴雨来(2009)等指出"很X"可以出现在部分复杂动词结构中:首先是诸如"很睡了一阵子"等"很VMO"类动量结构类型,笔者认为其例多不合语感,且"很X"一般不用于VM、VMO等动量结构,或者说在此类结构中,"很X"不如"很是X"自由。例如:

(35)很是热闹了一阵/很是吃了一惊

(36)那时这个铁皮屋顶、砖墙结构的固定市场在全县很是风光了一番。

(37)李金鏊回到天津,走路总是一瘸一拐的,很是减了几分威风。

其次是动宾结构,"很VO"的O为不受数量修饰的低生命度抽象名词,越具体越不自由,且VO尽量为短音节的。"很是VO"则不受此限制。例如:

(38)很吓唬人 ?很吓唬老百姓 *很吓唬我

(39)为了组织本届亚运会,广岛一共投入了150亿美元,这个数字很是吓唬住了一些亚奥理事会成员。

6)受现代汉语双音节韵律的要求,并列的动词或者形容词性成分,以及四字格成语更容易进入"很是X",而非"很X":

(40)造谣损人……令主管商业的地方领导很是恼火和头疼。

(41)赖巴科夫对自己的失利很是耿耿于怀。

"很X"与"很是X"表示对X的程度较高的肯定,但后者的程度更高更强,高至只能与高肯定性的"一定"结合,强至无法逆转、不能否定。高程度的语义也决定了搭配成分较高的"分量"——

"很是X"排斥单音节,能搭配数量名结构、较复杂的动量结构、较自由的动宾结构、并列成分以及四字格等。

张谊生(2003)认为词汇化过程中"副词+是"有"从前偏到后附"的演变过程,到最后"是"可有可无而不改变命题意义。从上面的辨析可知,"很是X"与"很X"存在一系列差异,此处的"是"并非可有可无,尚未完成"从前偏到后附"的演变过程。

3.4.1.2 "很是X"与"是X"的差别

1)"很是X"排斥单音节的X,而"是X"没有此限制。

2)"很是X"可较为自由地用于定语的修饰语部分,而"是X"不太自由。如:

(42)很是雄姿英发的样子/让我很是打动的一件事

3)"很是X"可以用于使令式,"是X"一般不可以。例如:

(43)这个发现,让我很是得意了一段时间。

但若"很是"置于使令成分之前,有时则可删除"很"。例如:

(44)这个发现,(很)是让我得意了一段时间。

4)与"是X"相比,"很是X"增加了确认的程度,增强了强调的语气。温素平(2010)指出"很是"为焦点标记词,"很"可以删除而不影响句子的成立,只是强调语气减弱。我们认为不能随意删除"很",否则上述很多句子不能成立。另如:

(45)我和他同一个单位,很是支持他的工作。

3.4.2 "很是"的词汇化还表现在"很、是"之间不能插入其他成分。通过CCL查找,找到了几个"反例":

(46)科学主义教育很难说是一种系统的、有系统主张的教育哲学。

(47)普遍模仿检验很可能是最好的检验标准。

很明显,这里的"很"并非修饰"是",且"是"并非焦点标记"是₂",仍有很强的系词性质,虚化程度较低,"很……是"也并非是"很是₂"插入其他成分而成的。我们还查到了"很不是(个)滋味/味/味道/时候/那么回事",虽然其凝固程度较高,尤其是"很不是(个)滋味/味/味道",没有相应的肯定形式。但是,其中的"是"同上例,"很是"也并非我们讨论的"很是₂"。总之,"很是"有较高的词汇化程度,之间很难插入其他成分,包括否定词。①

4 结论与余论

本文考察了"很是X"的历时发展,及其在现代汉语的语法、音节、句类等方面的表现,分别分析了"很"和"是"的历时发展,在此基础上,指出"很是"是在"很"搭配范围逐渐扩大、"是"逐步虚化的基础上,两者结合产生的。产生的"很是₁、很是₂"经过历时兴替,"很是₂"在现代汉语占据优势并发生了词汇化,词汇化后的"很是₂"又产生了诸多新的表现。

除了"很是X",我们还观察到一些"程度副词+是"产生的语言单位:"煞是、极是、更是、甚是、最是"等,它们虽更常见于近代汉语,尤其是早期白话中,但是通过我们搜索,现代汉语书面语中也有用例。其语法表现也反映了"是"的诸多历时发展轨迹:

程度副词+是_形容词——极是

程度副词+是_系词——更是

程度副词+是_副词——煞是、甚是、极是

---

① 作为焦点标记的"是"一般也不能被否定。

除此之外,现代汉语中还有"颇为、极为、最为"等类似的语言单位,它们是如何产生的?其历时发展如何?词汇化程度如何?在共时和历时层面上与"很是"的关系如何?同类型的语言单位是否存在共通的历时发展规律?这些都很是值得我们继续研究。

参考文献

储泽祥、肖　扬、曾庆香　1999　《通比性的"很"字结构》,《世界汉语教学》第1期。
董秀芳　2011　《词汇化:汉语双音词的衍生和发展》(修订本),北京:商务印书馆。
李　明　2016　《汉语助动词的历史演变研究》,北京:商务印书馆。
刘　林　2016　《汉语焦点标记词的分类与句法特征》,《语言研究集刊》(第十六辑),上海:上海辞书出版社。
裴雨来　2009　《现代汉语"很"充当修饰语的偏正结构研究》,《汉语学习》第3期。
石毓智　2001　《肯定和否定的对称与不对称》,北京:北京语言文化大学出版社。
谭景春　1998　《名形词类转变的语义基础及相关问题》,《中国语文》第5期。
王　静　2003　《"很"的语法化过程》,《淮阴师范学院学报》第4期。
魏兆惠　2016　《北京话副词"满"的来源及演变机制》,《语文研究》第1期。
温素平　2010　《作为焦点标记词的"是"分析——兼论"很是"、"最是"》,《焦作师范高等专科学校学报》第1期。
曾　芳、宋艳旭　2006　《"很是"考察》,《湖南科技学院学报》第7期。
张国宪　2007　《形容词化的语义认知基础》,《语法化与语法研究》(三),北京:商务印书馆。
张金圈　2008　《"很是X"结构的句法语义分析》,《十堰职业技术学院学报》第6期。
张谊生　2003　《"副+是"的历时演化和共时变异——兼论现代汉语"副+是"的表达功用和分布范围》,《语言科学》第3期。
张谊生　2014　《现代汉语副词研究》(修订本),北京:商务印书馆。

(本文原载《汉语学报》2018年第2期)

后　记

2017年10月20日至23日，第九届汉语语法化问题国际学术研讨会在安徽大学举行。会议由中国社会科学院语言研究所与安徽大学文学院共同主办，安徽大学文学院承办，商务印书馆协办。来自日本、新加坡和中国大陆及中国台湾的80余位学者出席了会议，会议收到论文80余篇。

现将部分会议论文辑成《语法化与语法研究》(九)。收入本集的论文大部分在这次会议上宣读过，会后又经过作者认真修改。由于各种原因，还有一些会议论文未能收入本集，这是我们引以为憾的。

本论文集的编辑和出版得到商务印书馆的大力支持，谨致谢忱。

《语法化与语法研究》(九)编委会
2019年1月

图书在版编目(CIP)数据

语法化与语法研究.九/吴福祥,吴早生主编.—北京：商务印书馆,2019
ISBN 978-7-100-17628-6

Ⅰ.①语… Ⅱ.①吴…②吴… Ⅲ.①汉语—语法—文集 Ⅳ.①H14-53

中国版本图书馆CIP数据核字（2019）第142725号

权利保留,侵权必究。

YŬFĂHUÀ YŬ YŬFĂ YÁNJIŪ
语法化与语法研究
（九）
吴福祥　吴早生　主编

商 务 印 书 馆 出 版
（北京王府井大街36号　邮政编码100710）
商 务 印 书 馆 发 行
北京艺辉伊航图文有限公司印刷
ISBN 978-7-100-17628-6

2019年9月第1版　开本850×1168 1/32
2019年9月北京第1次印刷　印张16
定价:58.00元